V&R Academic

Armin Paul Frank

Auch eine kopernikanische Wende?

Übersetzungsbegriffe französisch, englisch, deutsch – 1740er bis 1830er Jahre

Mit einem Beitrag zu Giacomo Leopardi von Harald Kittel

V&R unipress

FSC www.fsc.org
MIX
Papier aus verantwortungsvollen Quellen
FSC® C003147

Bibliografische Information der Deutschen Nationalbibliothek

Die Deutsche Nationalbibliothek verzeichnet diese Publikation in der Deutschen Nationalbibliografie; detaillierte bibliografische Daten sind im Internet über http://dnb.d-nb.de abrufbar.

ISBN 978-3-8471-0307-3
ISBN 978-3-8470-0307-6 (E-Book)

Printed in Germany.
Druck und Bindung: CPI buchbuecher.de GmbH, Birkach

Gedruckt auf alterungsbeständigem Papier.

Inhalt

Nationale Traditionen

Internationale Perspektiven

Vorwort · Preface · Avant-propos

> Die historische Wahrheit [...] ist das, was ich aufgrund möglichst adäquater hermeneutischer Interpretation eines (vergangenen oder gegenwärtigen) philosophischen Textes als das von dem historischen Philosophen Ausgesagte bzw. Gemeinte feststelle – ohne Rücksicht darauf, ob ich persönlich es für systematisch wahr halte oder nicht. Nach diesem Maßstabe kann das, was der historische Philosoph sagt, niemals falsch sein – ich kann nur falsch wissen oder interpretieren.
>
> (Helmut Seiffert)

Es gilt als gesichert, daß um die Wende vom 18. zum 19. Jahrhundert ein tiefgreifender, ein epochaler Wandel auf dem Gebiet der literarischen Übersetzung eingetreten ist. Diese entscheidende Zeitspanne zwischen Alexander Fraser Tytler und Friedrich Daniel Ernst Schleiermacher ist Teil der grundlegenden Reorientierung des Geisteslebens, insbesondere auf dem Gebiet der Philosophie, Geschichtsschreibung, Philologie, Poetik und Linguistik. Sie ist auch in der Theologie, in der Naturphilosophie – die sich mit der Naturtheologie überschneidet – und in der Dichtung deutlich spürbar. Die Poetik und die Wissenschaften zeigen eine überraschende Ähnlichkeit: Das Interesse an der Unwandelbarkeit allgemeingültiger Wahrheiten ging in dem Maße zurück, in dem die Idee des Prozesses, des immerwährenden Wandels in den Mittelpunkt der geistigen Aufmerksamkeit trat. Die Überlegung, ob der umstürzende Wandel auf dem Gebiet der Übersetzungspoetik als eine kopernikanische Wende gelten kann, erinnert daran, daß Immanuel Kants epochemachende Leistung, die althergebrachte Seinsphilosophie durch eine Bewußtseinsphilosophie zu erweitern wenn nicht gar zu ersetzen, unter diesem Kennwort diskutiert worden ist. Deutsche philosophisch gebildete Kritiker und Übersetzer wie August Wilhelm Schlegel und sein jüngerer Bruder Friedrich haben sich oft an Kant angelehnt, wenn sie ihre Poetiken und Übersetzungspoetiken entwarfen. Die Beachtung, die sie im Ausland fanden, diente somit auch der Verbreitung von Kants Ideen.

In der vorliegenden Studie bezeichnet »Übersetzungsbegriff«, gelegentlich auch »Übersetzungskonzeption«, ein Spektrum von Denkmöglichkeiten, das sich von flüchtigen Bemerkungen und kurzen Aussagen (»Übersetzungsauffassungen«) bis hin zu sorgfältig durchdachten Darstellungen (»Übersetzungspoetiken«) erstreckt. Die Übersetzungskunst aus der Sicht einer Poetik zu verstehen heißt – darin stimme ich mit Willis Barnstone überein –, einen hohen Anspruch zu erheben. Mit seiner *Poetics of Translation* (1993) wollte er ein helleres Licht auf Übersetzung als Kunst werfen. Die Idee einer Übersetzungspoetik anstatt einer Übersetzungstheorie bietet verschiedene Vorteile. Besonders wichtig ist, daß sich auf diese Weise ein begrifflicher Raum öffnet, der speziell für das Studium literarischer Übersetzungen geeignet ist. Als Literatur gelten hier mit Schleiermacher Texte, die nicht einen Sachverhalt darlegen, sondern Werke, die von Gedanken oder der Phantasie oder beidem so beherrscht werden, daß ihr Sinn nur mit den Wörtern zugleich da ist oder erst von ihnen erzeugt wird. Eine so verstandene Poetik kann leichter jene Fehlgriffe vermeiden, die entstehen, wenn die ganz andersartigen Anforderungen an Sach- und Fachtextübersetzungen – Barnstone bezog sich in diesem Zusammenhang auf die standardisierte Informationsvermittlung zwischen Sprachen, also auf das übersetzende Aufzeichnen wissenschaftlicher oder kommerzieller Dokumente – auch für literarische Werke gelten sollen.

Bedeutungsvoll ist es auch, daß die Übersetzungspoetik an die übliche Poetik für originale, unübersetzte Dichtung heranrückt. Dadurch werden wichtige literaturbezogene Ideen hervorgehoben, auf welche die sprachwissenschaftliche Übersetzungstheorie kaum oder gar nicht achtet. So gesehen haben die literarische Übersetzung und ihre Poetik zum Beispiel Teil an dem Ausklingen der klassischen und klassizistischen Poetik, die für sich beansprucht hatte, jederzeit und überall zu gelten. Die Poetik diente früher der Ausbildung hoffnungsvoller Dichter und angehender Übersetzer. Die »vorkopernikanische« regelsetzende Übersetzungspoetik konnte wie die Poetik originaler Dichtung im Berichtszeitraum auf eine etwa zweitausendjährige Geschichte zurückblicken. Sie blieb Teil des Schulunterrichts und findet auch heute noch ihren Platz in manch einem Seminarraum.

Mit Hilfe der Philosophie und zum Teil auch der Theologie führten die neue Poetik und Übersetzungspoetik drei wichtige Neuerungen ein. An die Stelle des Universalismus trat im Grundsatz eine Poetik, deren Kriterien auf den Kantischen Anschauungsformen Zeit und Raum sowie den Anlagen des jeweiligen Volkes beruhen. Daraus folgte zum einen, daß in der Poetik das »Nationalgenie« den »Menschengeist« veraltet erscheinen ließ. Zum andern führte das Interesse an zeitlichen Belangen und an der Kategorie des Wandels zur Entstehung der Literatur- und der Übersetzungsgeschichte.

Seit der Antike galt auch die Wirklichkeit als im Grunde genommen überall gleich, ebenso das Verstehen und Denken. Wiewohl die Sprachen verschieden geschnitten sind, eignen sie sich, so war man überzeugt, gleichermaßen dafür, das gemeinsame Allgemeine auszudrücken. Dies traf damals auf die mediterranen Nachbarländer Griechenland und Rom voll und ganz zu. Unternehmungen wie Alexanders Feldzug zur Errichtung eines östlichen Imperiums, das auch Indien einbeziehen sollte, und die Entstehung und Ausbreitung des römischen Weltreichs änderten daran wenig. Es bestand kein wirkliches Interesse daran, die fernen skythischen Stämme oder jene Wilden zu verstehen, die man sich mit dem Hadrianswall im Norden der abgelegenen britischen Inseln vom Leibe zu halten versuchte. Als Barbaren waren sie zu unterwerfen, und wenn dies nicht gelang, mit Grenzbefestigungen sicher auszuschließen. Lediglich die Germanen jenseits des Limes wurden einmal von Tacitus als die edlen Wilden des Altertums dem dekadenten Rom als Vorbild an Tugendhaftigkeit vorgehalten. Die Militärstützpunkte und Handelskolonien der Neuzeit kannten für die Eingeborenen auch wieder nur die Rolle von Menschen zweiter Klasse – Boys, nicht Männer. In den Siedlungskolonien konnte man immerhin nicht vermeiden, sich auf das fremde Klima und die Völkerschaften einzustellen, deren Lebensraum man eingeschränkt oder ihnen ganz genommen hatte. Für Missionare jedoch war es geradezu lebensnotwendig, die Urbevölkerung zu verstehen. Sie waren die »Do-it-yourself«-Ethnologen und vergleichenden Sprachwissenschaftler ihrer Zeit. Geographie, Ethnologie und Sprachen im großen Stil gehörten später zu den Aufgaben der wissenschaftlichen Entdecker.

Im 18. Jahrhundert war schließlich die Zeit gekommen, zu erkennen und anzuerkennen, daß der Boden, das Klima, die Pflanzen- und Tierwelt und, ja, auch die Menschen überall auf der Welt verschieden sind. Es ist zwar richtig, daß zwei große und grobe Kategorien geschaffen wurden: Kulturvölker und Naturvölker. Gleichwohl war es nun offensichtlich, daß die Menschheit erdweit nicht ein und dieselbe ist. Sie besteht aus Gemeinschaften oder Gesellschaften, die sich je nach Zeit, Raum und Anlagen voneinander unterscheiden. Eine Summe also aus Äpfeln, Birnen, Bananen und Kiwis? Nein: ein aus Unterschiedlichem bestehendes, strukturiertes Ganzes.

Jeder dieser Gemeinschaften wurde ein »génie de la nation«, ein »genius of a nation«, ein »Volksgeist« zuerkannt. So konnte ein Volk in kultureller Hinsicht als eine handelnde Person auftreten, die an ihrem sprachlichen, literarischen und geistig-moralischen Schicksal arbeitet.

Die Idee eines Nationalgenies konnte allerdings nur allzu leicht auf das Nationalistische zusammenschnurren, auf einen beschränkten, überheblichen und streitsüchtigen Nationalismus. Die Ausarbeitung der Nationalidee, die Johann Gottfried Herder in den 1780er Jahren vornahm, ging jedoch in eine ganz andere Richtung. Er zeigte, daß es möglich war, die Nation als ein eigenständiges Individuum und gleichzeitig und genau so wesentlich als ein Glied internationaler Vernetzungen zu denken. Diese Verknüpfungen, so Herder, sind nicht zufälliger Art. Sie beruhen auf einer Einschätzung der jeweiligen geographischen Lage, des historischen Entwicklungsstandes und der Leistungsbereitschaft und Leistungsfähigkeit der beteiligten Nationen. Daraus ergibt sich der Begriff einer Weltliteratur, die erheblich reicher ist als die überkommene Idee einer weltweiten Homogenität *in litteris*. Es ist der Begriff einer sich entfaltenden Vielheit, vielleicht gar einer Heterogenität. Wenn Internationalität eine Frage von Einheitlichkeit und Unterschiedlichkeit ist, so stand das klassisch-klassizistische Ideal für die Durchsetzung des Einheitlichen. Herder hingegen sprach sich für die Entwicklung und Pflege des Unterschiedlichen aus. Dies sollte nicht nach dem Zufallsprinzip geschehen, sondern dasjenige so gut wie möglich berücksichtigen, was eine Nation auf jenem Weg entwickeln und leisten kann, der durch die Flaggen der anderen Nationen abgesteckt ist. Aber auch sie bleiben nicht ein für alle mal auf demselben Fleck.

In diesem Denk- und Handlungszusammenhang entstand eine Neuerung, die für das Studium der Literaturen in der Tat eine neue Dimension erschloß. Insoweit die überlieferte Poetik Regeln für das Dichten und Übersetzen festlegte, ist sie präskriptiv und produktionsorientiert. Sie wandte sich an Dichter und Übersetzer, ließ aber auch Kriterien für die Kunst des Lesens erkennen. Insoweit sich die neue Poetik zu einem großen Teil an Leser wandte, ist sie zuallererst rückblickend und deskriptiv, letzteres einfach im Sinne eines Gegensatzes zur alten präskriptiven Orientierung. Auf diese Weise trug sie wesentlich zur Entstehung der Literaturgeschichtsschreibung als der Darstellung des Wandels auf dem Gebiet der Phantasie, des Fühlens und Schreibens bei. Wohl trifft es zu, daß die Grundannahme der einlinigen progressiven Literaturgeschichtsschreibung, wonach Neuerungen das Alte wertlos machen, im 20. Jahrhundert ihre Überzeugungskraft verloren hat. Im Berichtszeitraum freilich war sie den althergebrachten Chroniken deutlich überlegen, in denen sich kaum mehr als Daten, Fakten und Erläuterungen finden läßt.

In der vorliegenden Studie gelten literarischer und poetologischer Wandel als das Eröffnen einschlägiger neuer Möglichkeiten. Sie entwerten allerdings nicht das Vorhergegangene. Einem Historiker, der dies behaupten sollte, würde ich entgegenhalten: Poetiken, die als Schrift, Druck oder Schallaufzeichnung vorliegen und als veraltet gelten, stürzen nicht in ein schwarzes Loch. Sie befinden sich im Vorratshaus der Geschichte und können jetzt und jederzeit zurückgerufen werden, solange es noch eine einzige Kopie gibt. Eine solche Wiederentdeckung ist dann sinnvoll, wenn es bei der Rückschau gelingt, jene Argumente zu widerlegen, die ursprünglich zu ihrer Ablehnung geführt haben.

Die Grundorientierung der neuen Poetik entspricht zwei philosophischen Initiativen um die Mitte und gegen Ende des 18. Jahrhunderts. Zunächst erfand Alexander Gottlieb Baumgarten die Ästhetik als Erlebnis- und Argumentationsweise. Daß heißt nicht, daß die Philosophie zuvor die Schönheit übersehen oder gering geachtet hätte. Einige Philosophen taten dies freilich schon. Andere befaßten sich ganz selbstverständlich mit der Schönheit als Gegenstand der Philosophie. Und das hieß damals: auf der Ebene des Grundsätzlichen und Allgemeinen, wie es den höheren Geisteskräften, also dem Denkvermögen entsprach und in der Regel als Logik ausgearbeitet wurde. Baumgarten hingegen bezog sich auf die niederen geistigen Kräfte und entwarf eine Philosophie nicht des Allgemeinen und Abstrakten, sondern des Besonderen und Konkreten. Als so etwas wie eine Philosophie der Sinneseindrücke und ihrer Darlegung ist sein Projekt eine philosophische Parallele zu der Wiederentdeckung der Dichtung als einer Kunst der gestalteten Sinneseindrücke und erlebten Gefühle sowie des poetischen Enthusiasmus. Dies galt damals vor allem für die Hebräische Bibel, deren Poetik Robert Lowth zeitnah entwickelte. Während einer Zeit intensivster poetischer Tätigkeit von William Wordsworth bis mindestens John Keats und Percy Bysshe Shelley war Dichtung »the true voice of feeling«.

Freilich hat Baumgarten außerhalb der Fachphilosophie wenig Anklang gefunden. Kant war einer der ersten, der ihn schätzte. Einige der Werke Baumgartens standen auf der Leseliste für seine Studenten, und er knüpfte in seinen Werken gelegentlich an seinen Vorgänger an. So übernahm er die Bezeichnung eines seiner Schlüsselbegriffe von seinem Vorläufer, das »Ding an sich«. Sein wohl wichtigster Beitrag zur Philosophie, der auf verschiedenen Gebieten, darunter Poetik und Sprachtheorie, aufgegriffen wurde, ist die transzendentale Erkenntnislehre. Sie besagt im Kern, daß wir eben dieses »Ding an sich« nicht erkennen und verstehen können, sondern nur das »Ding für uns«, weil wir Anschauungs- und Denkformen in den Erkenntnisakt hineintragen. Auf diese Weise übersteigt der Gegenstand als solcher das menschliche Erkenntnisvermögen. Er transzendiert es. In diesem Sinne ist er transzendental, was aber mit Transzendenz nichts zu tun hat. Im 20. Jahrhundert, so könnte man argumentieren, ist Werner Heisenbergs Unbestimmtheitsprinzip eine Entsprechung in der Physik. Demgemäß sind wissenschaftliche Erkenntnisse von der jeweiligen Versuchseinrichtung mitbestimmt.

Ähnliches gilt für Sprachen und fürs Sprechen. Um eine Anleihe bei Schleiermacher aufzunehmen: Er setzte als gesichert voraus, daß nicht nur unser Denken, sondern auch unsere Existenz als denkende Wesen durch unsere Muttersprache entsteht. Wir können nur das denken und sprechen, was unsere Muttersprache zuläßt. Alles andere ist in einem sprachlichen Sinne transzendental. Freilich räumte er das Offensichtliche ein, daß nämlich Sprecher ihre Sprache ändern können. So galt Sprachbildung immer wieder als eine der Übersetzungsleistungen. Es liegt ja auf der Hand: Beim literarischen Übersetzen steht man immer wieder vor der Notwendigkeit, Äquivalente für die Art der Erzeugung von Bedeutung, das Aufrufen von Bildern und das Lenken von Gefühlen zu finden, die für die Sprache des Originals, aber nicht diejenige des Übersetzers charakteristisch sind. Es gibt »Dinge für diese Sprache« und »Dinge für jene« sowie für ein jedes Sprachenpaar verschieden große und verschieden strukturierte Schnittmengen.

Beim Stand der Übersetzungsforschung liegt es nahe, den Wandel, wie er sich auf dem Gebiet der Übersetzungskonzeptionen zwischen den 1740er und 1830er Jahren in Frankreich, dem Vereinigten Königreich und in den deutschen Ländern vollzogen hat, zunächst in den nationalen Kontexten und dann erst vergleichend auszuarbeiten. Denn vor allem dort entstanden die für diesen Wandel wichtigsten Schriften, ob sie nun die Übersetzerpraxis rechtfertigen oder dasjenige bestimmen sollten, was eine Übersetzung richtig und schön macht. Auch gilt, daß eine Fülle von Studien zu den einzelnen Nationaltraditionen sowohl für den Berichtszeitraum als auch über größere Zeitspannen vorliegt. Aber nur ganz wenige riskierten einmal ein Auge für das, was im Ausland vorgeht. Jeder einzelnen Arbeit verdanke ich Anregungen. Auch diese Arbeit bewegt sich zunächst im jeweiligen nationalen Rahmen, freilich in derselben Erkenntnisperspektive. So können sich aus dem Nationalen internationale Ähnlichkeiten ergeben und mögliche Vernetzungen aufscheinen. Damit entstehen die Grundlagen für den internationalen Teil der vorliegenden Studie.

Im Sinne einer Außenperspektive auf Italienisch, Deutsch und Französisch als Übersetzungssprachen ist ein ergänzender Beitrag von Harald Kittel zu Giacomo Leopardis vergleichender Wahrnehmung von deren Verhältnis zueinander in den internationalen Teil dieser Untersuchung aufgenommen worden.

Ähnlichkeiten und Übereinstimmungen kommen auf dreierlei Weise zustande: unabhängig voneinander, durch direkte Übernahme oder indirekt mit Hilfe von Vermittlern, also insbesondere von Rezensenten, anderen literarischen Journalisten oder privaten Korrespondenten. Die mir vorliegenden Dokumente lassen kaum mehr erkennen, als daß es Gemeinsamkeiten gibt. Nur in ganz seltenen Fällen war es möglich, eine Übernahme plausibel zu begründen. Hier bedarf es noch umfangreicher Grundlagenarbeit in Zeitschriften und Archiven, bevor es möglich ist, eine integrierte, die Leistungen der Autoren erkennende und anerkennende Geschichte der Übersetzungsbegriffe auch nur während des Berichtszeitraums auszuarbeiten. Vielleicht trägt die vorliegende Arbeit dazu bei, nicht bei Null anfangen zu müssen.

Die Dokumente, auf denen diese Studie aufbaut, habe ich aus den vorliegenden Sammlungen und Studien ausgewählt. Nur gelegentlich bin ich über das hinausgegangen, was meine Vorläufer als mitteilungs- und untersuchungswürdig angesehen haben. Eine erste, englische Fassung erschien vor zehn Jahren unter dem Titel »Main concepts of translating: Transformations during the Enlightenment and Romantic periods in France, Great Britain and the German countries« im zweiten Teilband des *Handbuchs für Internationale Übersetzungsforschung*. Ich fühle mich dem Berliner deGruyter-Verlag zu großem Dank verpflichtet, daß er die Veröffentlichung dieser verbesserten, erweiterten und auf Stand gebrachten Fassung gestattet hat. Ich bin realistisch genug, nicht zu erwarten, daß sie makellos ist. Der Göttinger V&R unipress danke ich sehr für die vorbildliche Betreuung dieses Vorhabens. Mein herzlichster Dank gilt MPBE, wie immer. Zu sachdienlichen Mitteilungen unter mapfrank@t-online.de lade ich ausdrücklich ein.

Zum Schluß möchte ich auf einige Stilgewohnheiten hinweisen. Die Darstellung historischer Handlungen und Ereignisse – von allem, was sich zu einer bestimmten Zeit am jeweiligen Ort abgespielt hat – steht in einer der Vergangenheitsformen. Die Gegenwartsform dient der Angabe von werkimmanenten

Gegebenheiten und von zeitenübergreifenden Sachverhalten. In Übereinstimmung mit einer Leitlinie des Verlags verzichte ich aus Gründen der besseren Lesbarkeit auf die gleichzeitige Verwendung weiblicher und männlicher Sprachformen. Sämtliche allgemeinen Personenbezeichnungen gelten gleichwohl für beiderlei Geschlecht. Ich habe es nicht immer vermieden, Werke als Metonymien für Autoren zu verwenden. Für die paraphrasierende Wiedergabe von Textteilen verwende ich drei Sprachformen: Einschub des Autorennamens, Umformung in den Konjunktiv und Beibehaltung des Indikativs. Letzteres geschieht unter anderem, aber nicht immer, wenn der Bezugstext am Anfang eines Absatzes oder größeren Abschnitts angegeben worden ist. Da im 18. Jahrhundert allenthalben die Schreibweisen noch stark variieren, verzichte ich darauf, die Zitate mit dem Salz und Pfeffer von [!] und [sic] zu überschütten. Die unterschiedliche Interpunktion in den drei Sprachen habe ich vereinheitlicht, wobei ich auch das Druckbild berücksichtigt habe. Zitatbelege stehen – oft kumuliert – am Ende eines Kapitels. Weiterführende Angaben finden sich kaum in den Anmerkungen. Was unnötig ist, braucht nicht gesagt zu werden. Was wesentlich ist, sollte im Text stehen und nicht darunter oder dahinter.

*

* *

> Historical truth [...] is that which I, after a thorough hermeneutical interpretation of a given historical text (past or present) have come to see as the historical philosopher's meaning and message – without regard to whether I personally consider it to be systematically true or not. By this criterion, what the historical philosopher has said can never be false – it is I who may be in error in my understanding or in my interpretation.
>
> (Helmut Seiffert)

It is an established fact that the outlook on literary translation changed radically at the turn of the eighteenth to the nineteenth century. The crucial decades between Alexander Fraser Tytler and Friedrich Daniel Ernst Schleiermacher are part and parcel of the fundamental reorientation in the humanities, notably in philosophy, historiography, philology, hermeneutics, poetics and linguistics that took place in those years. It also made itself felt in theology, in natural philosophy (which overlaps here with natural theology), and in poetry. There is a surprising coincidence in poetics and science. In both, the interest in the stability of perpetual verities faded as the idea of process, of constant change, became the new focus of intellectual endeavor. To consider the possibility that the transformation which translation poetics underwent, can be regarded as a Copernican turn is to remember that Immanuel Kant's epoch-making achievement of complementing if not replacing the traditionary philosophy of being by a philosophy of consciousness has famously been discussed under this head. In the German countries, philosopher-critics and translators such as August Wilhelm Schlegel and his younger brother Friedrich often relied on Kant when they devised their poetics and translation poetics. Their reception abroad thus helped to introduce Kant's ideas into the philosophical and poetological discourse elsewhere.

In this study, the term »Übersetzungsbegriff«, occasionally »Übersetzungskonzeption«, designates a spectrum of conceptual possibilities ranging from random remarks and brief statements (»Übersetzungsauffassungen«) to carefully argued expositions (»Übersetzungspoetiken«). To approach the art of translating in terms of translation poetics makes a strong claim, which I share with Willis Barnstone. Introducing his *Poetics of Translation* (1993), he explained that he sought to »brighten the focus on translation as art«. The idea of translation poetics rather than translation theory indeed offers a number of advantages. High among them is the capability of this terminological choice to open up a specific conceptual space for the study of literary translation. In this respect, I adopt Schleiermacher's definition of literature. He excluded texts that convey information about tangible matter. Literature, he argued, consists of works that are governed by thought or imagination. The experience which they convey, the sense that they make, is present only when the words are read, spoken, or exactly remembered. Indeed, their sense is often produced by the very words. This distinction makes it possible to avoid interference by the different requirements of what Barnstone called »routine information transfer, such as the interlingual recording of scientific or business documents«.

The term »translation poetics« is helpful also because it suggests a link with »general« poetics. It focuses on matters of importance which linguists do not normally attend to or which linguistic theory of translation is not designed to identify. Seen from this perspective, literary translation and its poetics play a part in the historical fading out of classical and neo-classical poetics, which was considered valid everywhere and at all times. Poetics had originally been set up for the instruction of aspiring poets and, for that matter, translators, too. The »pre-Copernican« rule-bound translation poetics had been in effect for some two thousand years, as had general poetics. It retained its sway in the classroom, and still does in many a contemporary one.

With the help of philosophy and, to some extent, theology, the new poetics and translation poetics ushered in three major innovations. Basically, the claim of universality was replaced by a poetics governed by the Kantian forms of perception, space and time, and the abilities of a given nation. It follows that the idea of the »genius of a nation« made that of the »mind of mankind« look out of date in poetics, just as the interest in temporal matters and the idea of change gave rise to literary and translation historiography.

In classical terms, reality is the same everywhere and at all times. So is thought and thinking for all humankind. Languages differ but are capable of communicating these shared generalities. This view made sense for Greece and Rome, Mediterranean neighbors. Exploits such as Alexander's military bid for an Eastern Empire, which was to include India, and the establishment of the Roman Empire did not change matters all that much. There was no real interest in understanding the tribes of distant Scythia or the wild men kept at bay by Hadrian's Wall in the North of the remote British Isles. Savages and barbarians all, they were to be conquered, and if this proved impossible, to be fenced out or killed off. On one occasion, Tacitus, describing the Germanic tribes as the noble savages of antiquity, held them up as models of probity for decadent Rome. The military and trade colonies of modern times again cast the indigenes in the part of second-class humans: boys, not men. In settler colonies, it was, at least, necessary to take the specifics of »foreign climes« into account. An understanding of the indigenes was essential to missionaries, who were the do-it-yourself ethnologists and comparative linguists of their times. Geography, ethnology, and languages on a large scale became the field of scientific explorers.

The point of this sketch is to suggest that the eighteenth century was the time when the diversity of soil, climate, botany, zoology, and, indeed, humankind, *terra*-wide, was finally a recognized fact. Humankind, it is true, was split into »civilized nations« and »savage tribes« – »Kulturvölker« and »Naturvölker« in German. Even so, it was more than evident that it was no longer possible to conceive of humankind as the same the wide world over. It was, rather, the sum of consociations that differed according to their places on the map, states of development, and endowments. A sum of apples, pears, bananas and kiwis? No, a structured total of differences.

These consociations went under such headings as »génie de la nation«, »genius of a nation«, and »Volksgeist«. Under a cultural perspective, nations came to be regarded as agents, each acting out its lingual, literary, and mental-moral-spiritual fate.

The idea of the »genius of a nation« could easily collapse into a narrow, arrogant, and quarrelsome nationalism. The opposite, most productive use of the idea was made by Johann Gottfried Herder in the 1780s. He showed that it was possible to conceive of nations both in their own right and, just as essentially, as linked in international networks. These links, Herder argued, are not haphazard. They depend on the awareness of the geographical place, historical state, and genius of the nations thus correlated. The resulting idea of world literature is much richer than the traditionary belief in world-wide homogeneity. It is the idea of unfolding plurality, if not heterogeneity. If internationality is a question of uniformity and diversity, the classical and neo-classical ideal was to achieve the former. In turn, the great objective of Herder was to recommend and promote diversity, not in a happy-go-lucky way but in the fullest possible awareness of what a nation can achieve when actualizing its potential in a variable course staked out by the flags of other nations, which do not stay put either.

The emphasis on the historical situation of a nation's development and its contribution to world literature indeed helped to open up a perspective of great moment for literary studies. Insofar as traditionary poetics laid down rules for the making of poems and translations, it is prescriptive and productive. It mainly addressed poets and translators, though it also provided criteria for the art of reading. Insofar as the new poetics is a poetics for readers, which also offered advice to writers, it is, first and foremost, retrospective and descriptive. The term »descriptive« does not lay claim to a philosophy of investigation but simply marks off what separates it from the concern with prescription that characterizes the earlier approach. In this way, it contributed significantly to the rise of literary history as a delineation of the changes that took place in imagination, thought, and writing. It is true that the main implication of unilinear progressive literary history, namely the assumption that innovations interdict the old ways, has been discredited in the twentieth century. Yet at the time under study, it was superior to the traditionary chronicle, which compiled dates, facts, and explanations.

In the present study, literary and poetological change is regarded as the opening up of pertinent new possibilities. They do not, however, invalidate what has gone before. To the historian who should make such a claim, I would answer that poetological concepts and modes of argumentation recorded in written, printed, or sonic documents, when they have gone out of use, are not sucked in by a black hole. They become part of the »storehouse of the past«, from which they can be recovered at any time, now and in the future. Such a recovery makes sense if, in retrospect, it is possible to disprove the arguments that led to their relegation.

The drift of the new poetics corresponds to two philosophical initiatives in the middle and late eighteenth century. At mid-century, Alexander Gottlieb Baumgarten invented aesthetics as a mode of experience and argument. This is not to claim that philosophy had, so far, overlooked or disregarded beauty. Some philosophers did. Those who treated it as a philosophical subject, discussed it at a general level appropriate to the higher mental powers, usually codified in terms of logics. Baumgarten, for his part, focused on the lower powers and developed a philosophy not of generality and abstractness but of particularity and concreteness. Introduced as something like a philosophy of sensuousness, his project is the philosophical equivalent of the rediscovery of poetry as an art of sensuous experience, feeling, and enthusiasm, as in Robert Lowth's contemporaneous poetics of the Hebrew Bible. For a period of intense poetic activity, from William Wordsworth to John Keats and Percy Bysshe Shelley, poetry was the »true voice of feeling«.

Baumgarten, it is true, did not receive much recognition outside the circle of professional philosophers. Kant was among the first of his colleagues to keep some of his works on the reading list for his own students and to develop some of his predecessor's ideas in his own work. Thus, he brought »die[...] Rezeptivität unserer Sinnlichkeit« into a difficult correlation with »den Gegenständen an sich«. Among his major contributions to philosophy, which had repercussions in many fields, including poetics and language theory, transcendental epistemology takes a special place. Accordingly, what we know is not the »thing as such«, but the »thing for us«. To know what an object of knowledge really is transcends the capability of knowing. In this sense, it is transcendental. In the twentieth century, Werner Heisenberg's »indeterminacy principle« is, arguably, a counterpart in physics. It postulates that the principles underlying a given experiment co-determine the findings.

A transcendental principle of a similar kind applies to languages. To take a leaf from Schleiermacher's poetics of translation: He insisted that not only our thinking but our very existence as thinking humans is the product of our native language. We can only think and speak what our language permits us to. The rest is transcendental, language-wise. On the other hand, Schleiermacher also subscribed to the obvious, namely that usage can bring about changes in a language. Indeed, translating has often been recommended as a way of forming and enriching a language. Evidently, literary translators will sometimes have to invent equivalents in order to make their language convey the meaning of the original, and for evoking images and feelings that are germane to the language of the original but not their own. There are »things for this particular language« and »things for that one«, with a certain range of overlap, a common core.

Given the state of research, the best way of exploring how translation poetics changed between the 1740s and 1830s is to study French, British, and German thought on this matter, first in national contexts and then comparatively. For these are the countries where translators were most active in explaining and justifying their practice or in speculating on what makes a translation correct and beautiful. There are, furthermore, a sizable number of studies on a national level, either for the period in question or more inclusive ones, yet with hardly more than a glance at what went on abroad. Every single one makes welcome contributions to my topic. But the different viewpoints and emphases, which can even result in differences of subject-matter, make it advisable to begin by studying these three national traditions separately. Thus, similarities emerge from national specifics, and a potential international network is likely to comes into view. This is the proper material for the concluding international part of my study. A brief complementary study, by Harald Kittel, of Giacomo Leopardi's comparative assessment of Italian, German, and French considered as languages for translating has been included.

Similarity and sameness come about in three different ways: independently, by direct borrowing, or indirectly, by way of mediating agents such as reviewers, literary journalists, private correspondents, and so forth. The documents available to me hardly show more than that there were certain similarities, and very rarely permit conclusions as to how they came about. Much spadework still needs to be done in magazines and archives before an integrative motivational history of translation poetics in Europe can be written. I trust that my map will make it unnecessary to start from scratch.

The documents under study have been selected from extant studies and collections of pertinent writings. On occasion, I went beyond what my predecessors thought worth including. A first version of this study, in English, »Main concepts of translating: Transformation during the Enlightenment and Romantic periods in France, Great Britain, and the German countries«, was published in the 2004 volume of the *International Encyclopedia of Translation Studies.* I am greatly obliged to the publisher, DeGruyter of Berlin, for permission to publish this new version, revised, enlarged, and brought up to date. I am enough of a realist not to expect it to be impeccable. I thank the staff of the Göttingen V & P unipress for their friendly assistance. And my most cordial thanks go to MPBE, as always. Pertinent opinions, necessary corrections, and well-argued criticism are welcome at mapfrank@t-online.de.

*

* *

> La vérité historique [...] est ce que je constate me basant plutôt sur une interprétation herméneutique la plus adéquate possible d'un texte philosophique (passé ou présent) par le philosophe historique sans tenir compte du fait que (personnellement) je le considère systématiquement vrai ou non. D'après ce critère, ce que dit le philosophe historique ne peut jamais être faux – je ne peux que le savoir ou l'interpréter faussement.
>
> (Helmut Seiffert)

Il est certain qu'au tournant du 18 au 19e siècle un changement profond s'est produit dans le domaine de la traduction littéraire. Le laps de temps décisif entre Alexander Fraser Tytler et Friedrich Daniel Ernst Schleiermacher fait partie de la réorientation fondamentale de la vie spirituelle, en particulier dans le domaine de la philosophie, des écrits historiques, de la philologie, de la poétique et de la linguistique. On la ressent également dans la théologie, la philosophie de la nature – chevauchant avec la théologie de la nature – et la poésie. La poétique et les sciences se ressemblent étonnamment. L'intérêt porté à l'immuabilité de vérités générales a diminué dans la mesure où l'idée du processus du changement perpétuel passa au centre de l'attention spirituelle. L'aspect sous lequel a été discutée la question de savoir si le changement décisif dans le domaine de la traduction peut valoir comme changement selon Copernic rappelle que l'influence d'Immanuel Kant, à savoir l'ancienne philosophie de l'être, peut être élargie voire remplacée par une philosophie de la conscience. Les critiques et traducteurs allemands ayant une formation philosophique comme Johann Gottfried Herder, August Wilhelm Schlegel et son frère cadet Friedrich se sont souvent inspirés de Kant en élaborant leurs poétiques et poétiques de traduction. Le succès remporté à l'étranger a permis de propager les idées de Kant.

Dans l'étude présente, le terme »Übersetzungsbegriff« appelé parfois »Übersetzungskonzeption« définit un spectre de possibilités de pensée qui s'étend de remarques passagères et déclarations brèves (»Übersetzungsauffassungen«) à des représentations soigneusement élaborées (»Übersetzungspoetik«). Comprendre l'art de la traduction du point de vue d'une poétique – j'approuve dans ce cas Willis Barnstone – est une chose très exigeante. Avec sa *Poetics of Translation* (1993) il voulait faire passer la traduction à de l'art. L'idée d'une poétique de la traduction présente différents avantages. Il est particulièrement important que se révèle un espace sémantique vraiment adapté à l'étude de traductions littéraires. On considère comme littérature les textes de Schleiermacher ne représentant pas un état de choses mais des œuvres dominées par des pensées, par l'imagination ou par les deux à la fois si bien que leur sens n'est compris qu'avec des mots ou est révélé grâce à eux. Une poétique ainsi comprise devrait également concerner les œuvres littéraires afin de pouvoir plus aisément éviter les erreurs résultant d'exigences différentes portées à des traductions de textes spécialisés et spécifiques. Barnstone se réfère à la transmission d'informations standardisées; il considérait que les enregistrements interhumains faisaient partie de documents scientifiques ou commerciaux.

Il est significatif que la poétique de traduction se rapproche de la poétique usuelle pour la poésie d'origine, non traduite. Ainsi sont mises en relief d'importantes idées se référant à la littérature dont ne tient guère compte ou pas du tout la théorie de traduction linguistique. Sous cet aspect, la traduction littéraire et sa poétique participent par exemple au déclin de la poétique classique exigeant d'être reconnue en tout temps et partout. Autrefois, la poétique servait à former des poètes prometteurs et de futurs traducteurs. La poétique de traduction avant l'époque de Kant pouvait, tout comme la poétique de la poésie d'origine, se référer à une tradition vieille de deux mille ans. Elle subsista comme matière d'enseignement et même aujourd'hui, elle trouve sa place à l'université.

A l'aide de la philosophie et en partie de la théologie, la nouvelle poétique et la poétique de traduction introduisirent trois innovations importantes. En principe, une poétique dont les critères reposent sur les concepts de temps et d'espace de Kant ainsi que sur les prédispositions des peuples respectifs remplaça l'Universalisme. S'en suivit que dans la poétique, le génie national relégua au second plan »l'esprit de l'homme« et que l'intérêt pour des questions temporaires ainsi que la catégorie du changement firent naitre l'histoire de la littérature et celle de la traduction.

Depuis l'Antiquité, la réalité était universellement valable. Il en est de même pour la compréhension et la pensée. On était convaincu que, bien que les langues soient différentes, elles expriment de la même façon ce qui leur est en général commun. Cela était entièrement valable pour les pays méditerranéens voisins comme la Grèce et Rome. La campagne d'Alexandre ayant pour but de créer un Empire oriental devant également inclure l'Inde et la naissance et l'expansion de l'Empire Romain n'apportèrent aucun changement. On ne s'intéressait pas vraiment à comprendre les lointaines tribus scythiques ou ces sauvages que l'on tentait d'écarter à l'aide du rempart d'Adrien au nord des lointaines îles britanniques. Le but était de les soumettre comme barbares et, le cas échéant, de les exclure à l'aide de points de défense frontaliers. Seuls les Germains au-delà du Limes furent un jour présentés par Tacite à la Rome décadente comme nobles sauvages de l'Antiquité et idéal de vertu. Dans les bases militaires et les colonies commerciales de l'époque moderne les indigènes n'avaient que le rôle d'homme de seconde classe, de Boys et non d'hommes. Dans les régions colonisées, on ne pouvait éviter de s'adapter au climat étranger et aux populations dont on réduisait ou usurpait l'espace vital. Pour les missionnaires, il était indispensable de comprendre les indigènes. Ils étaient les ethnologues et les linguistes »Do-it-yourself« de leur époque. Géographie, ethnologie et langues en général faisaient partie des tâches des explorateurs scientifiques.

Il était temps, au 18e siècle, de se rendre compte et de reconnaître que le sol, le climat, la flore et la faune et même les hommes sont différents dans le monde entier. Il est certes juste qu'ont été créées deux grandes catégories: les peuples civilisés et les peuples primitifs. Il est néanmoins devenu évident que l'humanité n'est nulle part la même. Elle consiste en communautés ou sociétés se distinguant selon l'époque, l'espace et les prédispositions. Un ensemble de pommes, de poires, de bananes, et de kiwis? Non. Un tout structuré très differencié.

Chacune de ces communautés a été reconnue comme »génie de la nation«, »genius of a nation«, un »Volksgeist«. Cela a permis à un peuple de se présenter comme personne active perfectionnant son avenir linguistique, littéraire, moral et culturel.

L'idée d'un génie national pouvait facilement se réduire au nationalisme, à un nationalisme limité, hautain et querelleur. L'élaboration de l'idée nationale conçue par Herder dans les années 1780 alla toutefois dans une toute autre direction. Il démontra qu'il était possible de considérer la nation comme un individu autonome et tout aussi important qu'un membre de réseaux internationaux. D'après Herder, ces alliances ne sont pas dues au hasard. Elles reposent sur l'estimation de la situation géographique respective, sur le niveau de développement historique, sur l'engagement et la performance des nations concernées. Il naît la notion d'une littérature mondiale considérablement plus riche que l'idée transmise d'une homogénéité mondiale *in litteris.* C'est l'idée d'une diversité naissante voire même d'une hétérogénéité. Si l'internationalité est une question d'uniformité et de diversité, l'idéal classique signifiait imposer l'uniformité. Herder, quant à lui, était partisan du développement et du maintien de la diversité. Cela ne devait pas dépendre du principe du hasard mais par contre tenir le plus possible compte de ce qu'une nation peut créer et réaliser sur la voie jalonnée par les drapeaux des autres nations. Mais ces dernières ne restent pas éternellement au même point.

Dans ce rapport de pensée et d'action naquit une innovation qui en réalité a ouvert une nouvelle dimension pour l'étude des littératures. Dans la mesure où la poétique traditionnelle a fixé des règles pour la poésie et la traduction, elle est prescriptive et orientée sur la production. Elle s'adressa à des poètes et traducteurs mais permit de reconnaître des critères pour l'art de la lecture. Dans la mesure où la nouvelle poétique s'adressa en grande partie à des lecteurs, elle est en premier lieu rétrospective et descriptive et ce dans le sens du contraire de l'ancienne orientation prescriptive. De cette façon, elle contribua essentiellement à la naissance de l'écriture de l'histoire de la littérature en tant que représentation du changement dans le domaine de l'imagination, du senti et de l'écrit. Il est vrai que l'écriture de l'histoire de la littérature progressive d'après laquelle les innovations ont rendu caduque l'ancienne a perdu sa force de persuasion au 20e siècle. Au cours de la période où les rapports oraux étaient courants, elle était nettement supérieure aux chroniques traditionnelles qui ne mentionnaient guère plus que dates, faits et explications.

Dans l'étude présente, les changements littéraires et poétologiques ouvrent de nouvelles possibilités qui ne dévaluent certes pas les résultats précédents. Je rétorquerais à un historien affirmant cela que les poétiques existant comme écrit, impressions ou enregistrements et considérées comme désuètes sont encore valables. Elles sont conservées dans l'histoire et peuvent être en tout temps consultées tant qu'il en existe encore une seule copie. Une telle redécouverte est alors sensée dans la mesure où il est possible de réfuter tous les arguments ayant mené à son refus.

L'orientation fondamentale de la nouvelle poétique répond à deux initiatives philosophiques du milieu et de la fin du 18e siècle. Alexander Gottlieb Baumgarten découvrit d'abord l'esthétique comme mode du vécu et de l'argumentation. Cela ne signifie pas que la philosophie ait auparavant négligé ou peu pris en considération la beauté, ce qu'ont déjà fait quelques philosophes. D'autres se sont occupés tout naturellement de la beauté en tant qu'objet de la philosophie. Et, à l'époque, cela signifiait: sur le plan du fondamental et du général, comme le réclamaient les forces spirituelles supérieures, la faculté de penser et fut élaboré en général comme logique. Quant à Baumgarten, il se référa aux forces spirituelles inférieures et ébaucha non une philosophie du général et de l'abstrait mais du particulier et du concret. Son projet était soit une philosophie des sens et de leur représentation à savoir une parallèle philosophique servant à la redécouverte de la poésie en tant qu'art des sentiments ainsi décrits, des impressions sensorielles ainsi que de l'enthousiasme poétique. Cela était valable pour la Bible hébraïque dont Robert Lowth a développé de façon moderne la poétique. Pendant une période d'activité poétique très intense de William Wordsworth au moins jusqu'à John Keats et Percy Bysshe Shelley la poésie était »the true voice of feeling«.

Il est vrai que Baumgarten a trouvé peu d'accueil favorable en dehors de sa philosophie spécifique. Kant fut un des premiers à l'estimer. Quelques-unes des œuvres de Baumgarten figuraient sur la liste de lecture de ses étudiants et il se référait occasionnellement à son prédécesseur. C'est ainsi qu'il adopta la notion d'un des mots-clés de son prédécesseur: »la chose en soi«. Sa contribution la plus importante à la philosophie qui fut reprise dans différents domaines dont la poétique et la théorie de la langue est l'enseignement de la reconnaissance transcendantale. Elle affirme essentiellement que nous ne pouvons ni comprendre ni reconnaître cette »chose en soi« mais seulement »la chose pour nous« car nous projetons dans l'acte de reconnaissance des formes de pensée et de conception. De cette façon, l'objet en tant que tel dépasse la capacité humaine de connaissance. Il le transcende. Il est dans ce sens transcendantal ce qui n'a rien à voir avec la transcendance. Au 20e siècle, tels seraient les arguments, le principe de non-détermination de Werner Heisenberg trouve son pareil dans la physique. Il s'ensuit que les connaissances scientifiques sont déterminées par le dispositif expérimental respectif.

Il en est de même pour les langues et la parole. Pour s'inspirer de Schleiermacher: il partait du principe que non seulement notre pensée mais aussi notre existence est déterminée comme capable de penser par notre langue maternelle. Nous ne pouvons que penser et dire ce que notre langue maternelle nous a appris. Au niveau linguistique, tout le reste est transcendantal. Il concéda certes l'évident, à savoir que les locuteurs peuvent modifier leur langue. C'est ainsi que la formation de la langue a toujours été considérée comme une des performances da la traduction. Il est évident que, dans la traduction littéraire, il faut toujours faire face à la nécessité de trouver des équivalents pour la création de signification, de l'appel d'images et de contrôle des sentiments ce qui est caractéristique pour celle d'origine mais non pour celle du traducteur. Il existe des »choses pour cette langue« et des »choses pour l'autre« ainsi que des points communs différemment importants ou structurés pour toute autre langue.

Dans l'état actuel de la recherche de la traduction, il est évident d'élaborer d'abord dans les contextes nationaux puis de façon comparative le changement tel qu'il s'est réalisé dans le domaine des conceptions de la traduction entre les années 1740 et 1830 en France, au Royaume Uni et dans les pays de langue allemande. Car c'est surtout là que naquirent les écrits les plus importants pour ce changement qui justifie la pratique du traducteur ou détermine ce qui est juste et beau pour une traduction. Il est vrai que sont à disposition de nombreuses études concernant les traditions nationales individuelles ainsi que pour la période concernée ou pour des périodes plus longues. Mais peu de personnes ont osé s'intéresser à ce qui se passait à l'étranger. Tous ces travaux m'ont permis d'avancer dans mes recherches. Ce travail évolue tout d'abord dans le cadre national respectif, certes dans la même perspective de connaissance. C'est ainsi que des ressemblances internationales peuvent découler du national et apparaître d'éventuels réseaux. C'est ainsi que naissent les bases de la partie internationale de l'étude présente.

Ressemblances et concordances se présentent sous trois aspects: indépendamment l'une de l'autre, par adoption directe ou indirecte, à l'aide d'intermédiaires comme par exemple de critiques ou autres journalistes littéraires ou correspondants. Les documents à ma disposition ne permettent guère de reconnaître qu'il y a des points communs. Seuls dans de très rares cas, il a été possible de justifier de façon plausible une adoption. Il faut encore un travail de base considérable dans les magazines et les archives avant qu'il ne soit possible d'élaborer une histoire intégrée des notions de traduction reconnaissant et intégrant les performances des auteurs si ce n'est que pendant la période en question. Peut-être ce travail contribuera-t-il à ne pas recommencer à zéro?

J'ai choisi les documents sur lesquels reposent cette recherche dans les collections et les études. Ce n'est qu'à certaines occasions que j'ai dépassé ce que mes prédécesseurs ont considéré comme digne d'être transmis et examiné. Une première édition en anglais a été publiée il y a dix ans sous le titre »Main concepts of translating: Transformations during the Enlightenment and Romantic periods in France, Great Britain and the German countries« dans le deuxième volume de *l'Encyclopédie internationale de la recherche sur la traduction.* Un éditeur se demande parfois si un article peut ne pas être publié ou s'il est important qu'il doive à tout prix être remplacé même si, pour respecter les délais, des imperfections ou même des erreurs sont inévitables. Je suis infiniment reconnaissant à la maison d'édition deGruyter à Berlin qui a permis la publication de cette édition corrigée et actualisée. Je suis suffisamment réaliste pour ne pas attendre qu'elle soit parfaite. Je remercie également V & R unipress de Göttingen pour le soutien exemplaire de ce projet. Comme toujours, mes remerciements les plus chaleureux à MPBE. Pour toute communication, veuillez vous adresser à mapfrank@t-online.de.

Französisch von Anne-Marie Zachariae

1 Einleitung

1 Fokus

Der Gegenstand dieser Studie besteht zuallererst aus den Vorstellungen vom guten und richtigen Übersetzen und in zweiter Linie von den Auffassungen vom kulturellen Wert von Übersetzungen, wie sie in Frankreich, im Vereinigten Königreich von Großbritannien und in den deutschsprachigen Ländern in der Hauptsache zwischen den 1740er und den 1830er Jahren erörtert, umkämpft und gepflegt worden sind. In dieser Zeitspanne des großen Umbruchs von, plakativ gesprochen, der Antikenorientierung in die Moderne fand auch eine fundamentale Neuorientierung der Übersetzungsbegriffe statt. Die Sattelzeit umfaßt etwas mehr als zwei Jahrzehnte um 1800. Alexander Tytlers aus der Fülle gegriffener rückblickender *Essay on the Principles of Translation* (1791) markiert deren Anfang. Ihr Enddatum ist jener zeitliche Zusammenfall von Ereignissen, der nicht auf menschliches Planen zurückgeht, aber dennoch historisch bedeutsam ist. Denn die dritte, erweiterte Ausgabe von Tytlers Werk erschien im selben Jahr, in dem auch das Leitdokument einer neuen Art, Übersetzung zu denken, veröffentlicht wurde: Friedrich Daniel Ernst Schleiermachers kulturprogrammatischer Akademievortrag »Ueber die Methoden des Uebersezens« (1813).

Auf eine Epochenzuordnung verzichte ich ausdrücklich. Sie müßte so wuchtige Periodenbegriffe wie Aufklärung und Romantik berücksichtigen und ihre jeweiligen nationalen Ausprägungen und Verläufe zueinander in Beziehung setzen. Eine Andeutung der dabei entstehenden Schwierigkeiten wird an Roy Porters Feststellung deutlich, seit 1720 seien in Großbritannien kaum noch radikale Stimmen laut geworden.

> Certainly, the most radical theories of the late Enlightenment – notions of democracy, the rights of man, republicanism, atheism – did not spring from England, and indeed met a hostile reception there. But England was to remain the model of the practical success of a regime that had cast off most of the vestiges of feudal society without plunging into anarchy and chaos.[1]

Als Grund führte Porter an, daß das Land mit John Locke, Arthur Ashley Cooper, Earl of Shaftesbury, Daniel Defoe und Bernard de Mandeville gewissermaßen seine Quote an Radikalismus schon am Anfang des 18. Jahrhunderts ausgeschöpft hatte. Die britische Aufklärung, so Porter, konnte sich deshalb getrost gegen die radikalstmöglichen Auswüchse in Frankreich wenden und pragmatisch vorgehen.

Ohne diese Angaben grundsätzlich in Frage zu stellen, ist an Autoren wie Thomas Paine und William Godwin zu denken. Paine, der zeitweilig in Frankreich und in den gerade unabhängig gewordenen Vereinigten Staaten lebte, setzte sich mit *Common Sense* noch 1776 für die Republik als Regierungsform ein, ergriff in *Rights of Man* (1791 – 1792) Partei für die Französische Revolution und verurteilte mit *The Age of Reason* (1794 – 1795) noch einmal vehement das Christentum. Und Godwins Interesse an der Französischen Revolution ließ ihn die *Inquiry Concerning Political Justice* (1791) schreiben, eine Verurteilung der Adelsherrschaft und eine Befürwortung nicht der Demokratie, sondern der Anarchie. Der Grundsatz, daß diejenige Regierungsform die beste ist, die am wenigsten regiert, wird noch heute von vielen US-Amerikanern rückhaltlos vertreten.

So bestehen auch für die Aufklärung nationale Unterschiede, jedenfalls in der Form unterschiedlicher Gewichtungen, aber mit nicht immer klaren Umrissen. Aus kontinentaleuropäischer Sicht erscheinen die Unterschiede noch schärfer, vor allem weil sie oft unterschiedlich regional oder institutionell zugeordnet waren. In Frankreich herrschte eine absolute und absolutistische Aufklärung vor, die das meiste Vorausgegangene als finster und irrational verwarf und in einem Blutbad endete. In den deutschen Ländern bildeten beispielsweise der Hof des dem Gemeinwohl verpflichteten, gleichwohl Kriege führenden Preußenkönigs Friedrich II, auch genannt der Große (1712 – 86, König seit 1740), und die Königliche Akademie zu Berlin zusammen so etwas wie eine Exklave französischer Kultur. Daneben wirkte dort der in der Kaufmannschaft und im Bürgertum verankerte Zirkel um Friedrich Nicolai, mit Gotthold Ephraim Lessing und Moses Mendelssohn als führende Stimmen, denen sich etwas später Johann Gottfried Herder anschloß. Es war insbesondere Herder, der ähnlich wie Lessing in schroffer Abkehr von allem Französischen und unter Aufgreifen britischer Anregungen Aufklärung als einen allmählichen welthistorischen Vorgang begriff und beschrieb, der gewissermaßen mit der Vertreibung aus dem Paradiese einsetzte und in national bestimmten Sprüngen und Zacken zur Humanisierung – idealerweise der ganzen Menschheit – im Sinne des Erwerbs von Vernunft und Billigkeit führte.[2] »Vernunft« ist bei Herder deutlich mehr als Raison, als der rationale Verstand, und »Billigkeit« dürfte einen Gerechtigkeitssinn bezeichnen, der weniger auf positivem Recht beruht als umgekehrt auf das abhebt, was als »aequum« angesehen wird und deshalb als Grundlage des positiven Rechts gelten kann. Wenn etwas recht und billig ist, stimmen juristische und ethische Kriterien überein.

Was nun die Übersetzung angeht, so ist eine Zäsur um 1800 schon von ihren Historikern – maßgeblich von Georges Mounin, Louis Kelly in *The True Interpreter*, Rolf Kloepfer, Julio-César Santoyo und neuerdings von Josefine Kitzbichler (»Paradigmenwechsel«) – bemerkt worden.[3] Eine besonders kompakte, aber nicht ganz unproblematische Pointierung verdanken wir George Steiner, der den Unterschied zwischen Tytlers und Schleiermachers Ansatz als Übergang von der ersten Epoche der grundlegenden Behauptungen übers Übersetzen und dem Aufweis technischer Merkmale zu derjenigen der Theorie und hermeneutischen Untersuchung beschrieb.[4] Jene erste große Epoche ist Gegenstand von Frederick M. Reners umfassender systematischer Darlegung *»Interpretatio«: Language and Translation from Cicero to Tytler* (1989), auf die zurückzukommen sein wird.

Es ist angebracht, auch abweichende Meinungen zu bedenken. So beklagte Julie Candler Hayes in ihrer jüngsten, lesenswerten Studie *Translation, Subjectivity and Culture in France and England, 1600–1800* (2009), daß Steiner, Kelly und Rener die »longue durée« zu einem einzigen historischen Moment verkürzt oder in einen eng umschriebenen Themenbereich zusammengepreßt hätten. Die Folge sei eine Enthistorisierung der Geschichte gewesen. Hayes zweifelte ausdrücklich Steiners Erklärung an, daß der hermeneutische Diskurs über das Übersetzen erst mit Schleiermacher eingesetzt habe. Angesichts eines derart pointierten Widerspruchs ist es nötig, schon hier unter Vorgriff auf spätere Darlegungen darauf hinzuweisen, daß selbst zu einer kleinen Theorie des historischen Wendepunkts die Idee der »longue durée« und die Vorstellung einer »Sattelzeit« gehören. Sie ist eine Zeitspanne zu beiden Seiten des Wendepunkts, die als das Verklingen überlieferter und nun als nicht mehr gesichert erscheinender Ideen und das Anklingen von neuen Gedanken und Gefühlen bestimmbar ist. Sie ist eine auf den Wendepunkt fokussierte Auswahl zweiten Grades aus der Ideen- und Geistesgeschichte. Angesichts dieser Auffassung von historischem Geschehen, Sattelzeit und Wendepunkt als verschieden dicht strukturierte Teile im historischen Wandel dürfte Hayes' Vorwurf der Verkürzung seine Kraft verloren haben. Natürlich gab es Hermeneutik schon vor 1800. Als Hermeneutik des Wissens beruhte sie – nicht nur für religiöse Texte – auf Hans Blumenbergs zweitem Wirklichkeitsbegriff, wonach Wirklichkeit und insoweit auch Wahrheit von Gott garantiert sind. Sie war eine Stellenhermeneutik, die auf der Annahme beruht, man müsse nur dunkle Stellen erklären, sie hell machen – Stellen, die wegen auktorialer Fehler von vornherein unverständlich waren oder wegen Problemen mit der Überlieferung unverständlich geworden sind –, und das Verständnis des Ganzen werde sich von selbst einstellen. Doch in der Zeit nach Immanuel Kant wurde im Namen einer Hermeneutik des Suchens die althergebrachte Vorstellung für veraltet erklärt. Unter einer historischen Perspektive trat freilich dieser zweite Begriff neben den ersten, so daß zwei Begriffe nebeneinander zu stehen kamen. Die Hermeneutik des Suchens beruht vor allem auf dem Grundsatz der unaufhebbar beschränkten menschlichen Erkenntnisfähigkeit und wurde durch die Annahme verstärkt, das Genie schaffe seine Werke nicht in Anlehnung an das, was vorliegt, sondern originär aus sich heraus und sei deshalb besonders verständnisresistent. In diesem Zusammenhang ist Larisa Cercels *Übersetzungshermeneutik* (2013) zu nennen.

Aus hermeneutischer Sicht erscheint es angebracht, sich der verschiedenen historischen Begründungen des Wirklichkeitsbegriffs zu vergewissern. Ich schließe mich Hans Blumenberg an, der vier Wirklichkeitsbegriffe unterschieden hat. In der Antike galt Realität als durch »*momentane Evidenz*« garantiert, als ein Begriff also, der »im Augenblick seiner Präsenz in seiner Überzeugungskraft unwidersprechlich da ist«.[5] Für »das Mittelalter und die als sein Resultat ansetzende Neuzeit« ist der Begriff der »*garantierten Realität*« etwas ähnlich definitiv Gegebenes. Gott gilt als der »verantwortliche Bürge für die Zuverlässigkeit der menschlichen Erkenntnis«.

Als »dritte Form des Wirklichkeitsbegriffs« nahm Blumenberg die »*Realisierung eines in sich stimmigen Kontexts*« an. Danach gilt »*Realität als Resultat einer Realisierung* als sukzessive sich konstituierende Verläßlichkeit« in einem Prozeß, der keine »endgültig und absolut zugestandene Konsistenz« kennt. Dieser Wirklichkeitsbegriff des Suchens in einem stets offen bleibenden Verlauf ist, so wird sich zeigen, auch die Grundlage des nach der Wende zum 19. Jahrhundert neu bestimmten Übersetzungsbegriffs. Auf der begrifflichen Ebene ging es allerdings nun nicht mehr um Garantie, sondern um Widerstand. Dementsprechend gilt der vierte Wirklichkeitsbegriff für Blumenberg als »antithetisch«. Realität ist demnach »*das dem Subjekt nicht Gefügige*«.

In diesem Rahmen können verschiedene Übersetzungsbegriffe ihren Platz finden. Der Berichtszeitraum steht, je später desto deutlicher, im Zeichen des entstehenden dritten Wirklichkeitsbegriffs. Er ist dort beispielhaft erkennbar, wo die gestaltete Ganzheit des zu übersetzenden Werks und der entstehenden Übersetzung in den Mittelpunkt der Aufmerksamkeit tritt. Als Teil dieser Neuorientierung wurde jede Nationalsprache als ein Medium angesehen, das nicht nur verschiedene Ausdrucksweisen, sondern auch unterschiedliche Sicht- und Denkweisen prägt. Diese neue Auffassung läßt sich als sprachphilosophische Form der Kantischen transzendentalen – nicht etwa transzendenten – Kritik bezeichnen, wonach die Erkenntnis von den Kategorien mitgeprägt ist, die der beobachtende Geist an den Erkenntnisakt heranträgt. Wer überzeugt davon ist, daß es, wie oben angedeutet, zwei Typen von Hermeneutik gibt – die nach-Kantische des Suchens und die der alten Dispensation, die eine Hermeneutik des Findens ist –, hat die Möglichkeit einer übersetzungspoetologischen Zuordnung. Der Lektüre und Übersetzung von Dichtung – auf jeden Fall derjenigen der Geniezeit und der literarischen Moderne – angemessen ist die Hermeneutik des Suchens. Für Sach- und Fachtexte und deren Übersetzung bleibt die Hermeneutik des Findens maßgebend.

2 Zur Methode

Im Grunde genommen gilt für die wissenschaftliche Erkenntnis das Dilemma, daß jedes durch methodische Beobachtung und beobachtende Methodik bestimmte Faktum ganz für sich allein steht und einsteht, zugleich aber alle Fakten als Erkenntnisgegenstände einen großen Zusammenhang bilden. Ein jeder Fall ist ein besonderer, doch alle Fälle hängen zusammen. Nun gibt es verschiedene Arten und Grade sowohl von Besonderheit als auch von Zusammenhang. Und es ist fraglich, ob je ein eindeutiger und notwendiger Zusammenhang zwischen Übersetzungsbegriffen und der Übersetzungspraxis bestanden hat.

Zur Charakterisierung meiner Darstellungsweise ist der Unterschied zwischen Ideen- und Geistesgeschichte wesentlich. Ideengeschichte achtet im Sinne der Psychologie und der Erkenntnislehre John Lockes eher auf chronologische Abfolge als auf historische Bedeutung und zeichnet deshalb vorzugsweise lineare Genealogien einzelner Ideen nach. Geistesgeschichte hingegen konzentriert sich auf das, was als historische Grammatik der Ideen eines Zeitraums gelten kann. Die vorliegende Studie hat eine weitaus geringere Reichweite, folgt aber der geistesgeschichtlichen Orientierung. Ihr Gegenstand ist die Begrifflichkeit einer einzigen internationalen Praxis im Umbruch. Mit dem Konzept einer Grammatik verbunden ist übrigens auch die Annahme, daß historischer Wandel nicht nur dann eintritt, wenn alles anders wird. Selbst die Änderung eines – wichtigen – Details kann dem Ganzen, in das es eingepaßt ist, eine neue Gewichtung, Neigung oder Richtung geben.

In dieser Studie beruht die Darstellung auf der philologischen Methode, die Ezra Pound einmal das Verfahren des »luminous detail« genannt hat, allerdings in einem anderen Zusammenhang.[6] Diskutiert werden jene kurzen Texte oder Textstellen, die ein helles Licht auf ihr Umfeld werfen, weil sie idealerweise zwei Bedingungen erfüllen oder ihnen zumindest nahekommen: Sie sind im Urteil des erfahrenen Philologen kennzeichnend für den größeren Zusammenhang, und sie umreißen das Problem oder die Lösung auf besonders einleuchtende Weise.

Die kompakteste Form, in welcher der kopernikanische Wandel der Übersetzungspoetiken vorstellbar wird, ist das Bild vom Kreuzungspunkt zweier Linien. Die absteigende steht für den allmählichen Abbau jener Auffassungen, die in der Antike vor allem in der Sprachphilosophie des Aristoteles, in Horazens Poetik, in Ciceros Redekunst und in der Rhetorik Quintilians entstanden sind. Sie wurden überall in den Schulen auch über das 18. Jahrhundert hinaus gut in Schuß gehalten. Viel des Neuen läßt sich als Partikularisierung, also als Fokussierung auf Einzelheiten und als Differenzierung und Detaillierung überkommener Verallgemeinerungen verstehen. Die ansteigende Linie steht für die Entstehung und Ausarbeitung neuer Begriffe vom Übersetzen und der Übersetzung. Keine der beiden Linien darf man als gerade und kontinuierlich denken. Im Sinne der Sattelzeit beginnen Neuerungen unter dem Dach der alten Ordnung, doch verstummen die alten Auffassungen nicht mit einem Schlag am Wendepunkt. Auch ist es einsichtig, daß genügend Platz für persönliche Ansichten vorhanden sein muß und daß die Gesamtheit der hier besprochenen Ideen und Zusammenhänge jeweils aus solchen persönlichen Ansichten hervorgegangen ist.

Neben der Kreuzung zweier Leitlinien läßt sich das historische Modell auch anhand dreier »Leitblöcke« ordnen: von der Supranationalität über die Nationalität (in Verbindung mit Internationalität) zur Transnationalität. »Supranationalität« steht für das, was seit Antike und Renaissance als Universalitätsanspruch für Poesie und Poetik bis weit ins 18. Jahrhundert hinein galt: Überall und jederzeit seien die Kunstregeln der Antike und später die Verstandesregeln des Rationalismus – im Sinne der »querelle des anciens et des modernes« – gültig und verpflichtend. Ich vermeide es, von Universalität zu sprechen, weil stets nur in einem Teil der jeweils bekannten Länder intensiv an diesen Dingen gearbeitet worden ist.

Im späteren 18. Jahrhundert entwickelte sich aus der ursprünglich französischen Idee des Nationalgenies in britisch-deutscher Zusammenarbeit die Ansicht, daß jede Nation Trägerin einer ihr eigentümlichen sprachlichen und literarischen Kultur sei. Herder war vor allem mit seinem »magnum opus«, *Ideen zu einer Philosophie der Geschichte der Menschheit* (1784–91), die treibende Kraft, freilich nicht in einem nationalistischen Sinn. Wie schon der Titel besagt, ging es ihm um die großen historischen Zusammenhänge in den Beziehungen der Völker, die ihre jeweils eigenen Leistungen in eine Weltkultur einbringen.

Die Neuheit dieses Denkens wird – fast möchte man sagen: blitzartig – durch die Tatsache deutlich, daß das Wort »international« laut *Oxford English Dictionary* erst 1780 in England auftauchte, zunächst in einem völkerrechtlichen Sinn. Frankreich folgte, so *Le Robert*, und verwendete den Terminus im juristischen und kommerziellen Verkehr zwischen Staaten. Aber auch für Literatur und Übersetzung gilt, daß die Nationen als Träger einer eigenen Kultur durch ihre Künstler, Kritiker, Übersetzer und Gelehrten und in Kenntnis oder Unkenntnis ihrer Nachbarn entweder gegeneinander oder miteinander – also international – handeln.

Das Wort »transnationality« muß gegenüber der Zeitangabe im *OED*-Eintrag (1921) auf den Eintritt der Vereinigten Staaten von Amerika in den Ersten Weltkrieg und zu Randolph Bourne rückdatiert werden.[7] Ursprünglich diente es zur Bezeichnung des Ideals der gelungenen Assimilation in einem Einwanderungsland wie den USA. In einem neueren Sinn bezeichnet Transnationalität jene Handlungen und Vorgänge, die von vornherein mit Blick auf das Ausland ausgeführt werden. Es handelt sich wohl um einen präzisierten Wortsinn von Globalisierung.

Läßt sich auf diese Weise eine Resultante bestimmen? Auf jeden Fall gilt, daß nach der kopernikanischen Wende auf dem Gebiet der Übersetzungsbegriffe zumindest im Fall literarischer und im prononcierten Sinn des Wortes kultureller Werke das instrumentale Verhältnis von Sprache zu Gedanken so nicht aufrechterhalten werden kann. Dies zeigt sich besonders gut an der althergebrachten zentralen Metapher für übersetzerischen Transfer: dem Bild des Umkleidens.

Die Umkleidemetapher dürfte in dem ehrwürdigen dualistischen Übersetzungsbegriff deshalb so plausibel erscheinen, weil der Unterschied zwischen Körper (dem Inhalt, der beizubehalten ist) und Kleidung (der sprachlichen Form, die ausgetauscht werden kann und muß) so offensichtlich ist. Wenn die Kleidung abgelegt ist, bildet sie ein greifbares Bündel, und was zum Vorschein kommt, ist der ebenso greifbare Körper, dem nun eine neue Tracht angemessen werden kann.

Aber wie verhält es sich mit der Umkleidemetapher im Fall literarischer Werke? Was ist Gedichtkörper und was Gedichtkleidung? Kleidung hat, so dürfte man wohl sagen, mit dem Sprachlichen zu tun. Was bleibt aber übrig, wenn man das Sprachliche abzieht? Es müßte im Analogieschluß das rein Gedankliche sein. Aber sind Gedanken ohne Sprache überhaupt begreifbar und begreiflich? Ähnliches gilt, wenn man das Werk als akustisches Phänomen auffaßt. Auch da bleibt kein Rest, nachdem die Ausschläge des Oszillographen zum Stillstand gekommen sind. Das Ergebnis dieser Überlegungen kann wohl nur lauten, daß sowohl das, was den Gedichtkörper als auch das, was die Gedichtkleidung ausmacht, etwas mit Sprache zu tun haben muß. Aber eine apriorische Zuordnung erscheint unmöglich. Die Lösung, die am argumentativen und historischen Höhepunkt der Neuorientierung der Übersetzungsbegrifflichkeit gefunden worden ist, läuft darauf hinaus, daß an die Stelle des Körper-Kleidungs-Dualismus ein Monismus trat, demzufolge Gedanke ganz Ausdruck ist und Sprache nur als eins mit dem Gedanklichen gedacht werden kann.

Hier sei noch auf ein Problem der historischen Ausarbeitung hingewiesen: Ich gebe zu bedenken, daß das Umkleidebild von Anfang an unrichtig war. Aber da es oft und an prominenten Stellen verwendet worden ist, bleibt dem getreuen

Historiker nichts anderes übrig, als es selber beschreibend zu benutzen, ohne es sich zu eigen zu machen.

3 Auswahlkriterien

Um Übersetzungsbegriffe herauszuarbeiten, ist es wichtig, sich zunächst einiger Unterscheidungen zu vergewissern. Im folgenden detaillierten, aber keine Vollständigkeit beanspruchenden Überblick steht die Frage nach der Art des vorliegenden Dokuments an erster Stelle. Begriffe heben sich natürlicherweise in aller Regel dann besonders klar und trennscharf ab, wenn sie einen Platz in gut durchdachten und formulierten Argumenten haben. Schwierigkeiten können sich immer dann einstellen, wenn ein Schriftstück im alten Sinne rhetorisch ist, also darauf angelegt, die Leser zu überzeugen oder zu überreden, sich bestimmte Ansichten zu eigen zu machen oder sich auf bestimmte Weise handelnd zu engagieren. Hinzu kommt, daß in Übersetzervorreden manchmal ein Unterschied zwischen dem Gesagten und dem besteht, was der Fall ist. Denn es gibt oft gute Gründe, eher auf die jeweils herrschende Meinung zu schwören, als einzugestehen, in gewissen Hinsichten einen eigenen Weg eingeschlagen zu haben. Andererseits kann es sich lohnen, in literarisch und unter Umständen auch politisch unruhigen Zeiten kühn eine neue gedankliche Richtung zu weisen, selbst wenn die angefertigte Übersetzung ihr noch nicht oder nur zum Teil gefolgt sein sollte. Es kann auch sein, daß eine Übersetzervorrede die herrschenden Vorstellungen einfach stillschweigend voraussetzt und sich auf das Kleingedruckte beschränkt. In beiden Fällen entsteht leicht eine schiefe Auffassung der Sachlage. Eine Besonderheit sind die umfangreichen Rezensionen und Übersetzungskritiken zur Zeit der Regelpoetiken, vor allem während der Verstandesepoche und – seltener – noch im ersten Viertel des 19. Jahrhunderts. Damals verließen sich die Kunstrichter nicht selten darauf, daß die Leitidee ihrer Beurteilung aus dem Urteil selbst ersichtlich ist, um so mehr, wenn sie eine breite Übereinstimmung im Wertesystem als gegeben ansehen konnten. Eine andere Form impliziter Theorie liegt in den Übersetzungen selber vor. Anhand der Übersetzerentscheidungen im Text lassen sich nämlich die leitenden Prinzipien und damit indirekt die textgewordene Übersetzungspoetik aufdecken. Dieser Sachverhalt ist einmal kurz unter dem Kennwort »Übersetzerische Aufmerksamkeit« diskutiert worden.[8]

In einer zweiten wichtigen Hinsicht läßt sich zwischen Übersetzungsbegriffen unterscheiden, die die Herstellung einer Übersetzung leiten, und solchen, die dem Gebrauch vorliegender Übersetzungen gelten. Wichtig ist in diesem Zusammenhang die Rolle, die dem Übersetzer zugewiesen wird. Eine wesentliche Neufassung der Übersetzerleistung ergab sich im Berichtszeitraum, als im Zuge des Geniekults Übersetzer nicht als Sprachtechniker, sondern – zumindest zeitweilig – wie Autoren selber als Genies aufgefaßt worden sind.[9]

Drittens spielt die Frage der Übersetzungseinheit eine wichtige Rolle. Die im Berichtszeitraum zunächst übernommenen Unterscheidung zwischen Wort und Sinn in einem Mikrokontext wurde auf Überlegungen zur Gestalt des ganzen Werks und seiner Übersetzung erweitert.[10] Mit fast gleichem Recht kann die Frage gestellt werden, ob sich eine Übersetzungslösung auf das gesamte Œuvre eines Autors auswirkt. Jenseits der Autorenebene sind für den Berichtszeitraum auch Fragen nach der Wechselbeziehung zwischen Übersetzung und einer literarischen Gattung oder einer literarischen Schule gestellt worden.[11] Schleiermacher schließlich spekulierte sogar über die utopischen Folgen des Übersetzens ganzer Literaturen.

Ebenfalls von großer Bedeutung ist das jeweilige Sprachenpaar. Übersetzungsprobleme und -lösungen, die begrifflich reflektiert werden, unterscheiden sich oft danach, ob zwischen eng, weitläufig oder so gut wie gar nicht verwandten Sprachen, Literaturen und Kulturen übersetzt wird. Das gilt auch für Unterschiede zwischen Übersetzungen aus dem Lateinischen in romanische und in nichtromanische Sprachen. Ähnlich verhält es sich mit Übersetzungen aus entfernt alten Sprachstufen.

Ein besonderer Fall von übersetzerischer Fremdheit liegt vor, wenn zum ersten Mal aus einer fremden Sprache übersetzt wird, weil es dann keine unmittelbaren Anknüpfungspunkte für den übersetzerischen Transfer gibt. Nicht unerheblich ist es auch, aus welchem Bedeutungsfeld ein Übersetzungsbegriff entwickelt worden ist: aus Theologie etwa, aus Psychologie oder doch aus Sprachphilosophie? – wenn aus Sprachphilosophie: aus welchem Sprachbegriff? einem instrumentalen oder medialen? wenn aus einem Literaturbegriff: aus Literatur als einer edlen Beschäftigung? als Ausdruck des Nationalen? als Geniestreich? wenn aus einem Kulturbegriff: aus geistiger oder materieller Kultur?

Schließlich gilt es zu entscheiden, ob die Begriffe als geistige Akte, also konnotativ im logischen Sinn des Wortes dargelegt werden, oder denotativ, in ihrer Hinwendung zu bestimmten Übersetzungslösungen oder Übersetzungen. Die vorliegende Darstellung dient einem konnotativen Überblick über Begriffe, so wie sie in aller Regel in argumentierenden Texten zu finden sind. Die Textgrundlage ist auch wegen der Unerreichbarkeit französischer und britischer Originaldokumente zumeist aus vorliegenden Sammlungen zusammengetragen worden, geht aber auch ein wenig darüber hinaus.

4 Forschungsstand

Selbstverständlich liegt umfangreiche Literatur zum Gegenstandsbereich vor. Aber vergleichende Darstellungen fehlen. Doch die Übersetzungsbegriffe, die in der großen Umbruchzeit von Gewicht waren, entwickelten sich gerade in den literarischen Wechselbeziehungen zwischen Frankreich, dem Vereinigten Königreich und den deutschsprachigen Ländern. Wohl finden sich vergleichende Bemerkungen in zusammenfassenden Darstellungen, von denen einige zugleich Anthologien sind, und in Anthologien, die mit Begleittexten ausgestattet sein können. Aber zur Bestimmung von Art und Maß der internationalen Verflechtungen auf dem Gebiet der Übersetzungspoetiken genügen sie nicht. Es handelt sich vor allem um Schriften beziehungsweise Editionen von Georges Mounin (1967), George Steiner (1975, ^{2}1992), Louis G. Kelly (1979), Frederick M. Rener (1989), Douglas Robinson (1991), Michel Ballard (1992), Rainer Schulte & John Biguenet (extrem selektiv für die Zeit nach Dryden, 1992), Miguel Ángel Vega (^{2}1994), Valentín García Yebra (1994), Dámaso López García (1996), Douglas Robinson (1997, ^{2}2002) und Daniel Weissbort & Astradur Eysteinsson (2006).

Die nationalen Traditionen der Übersetzungspoetik sind in ihrer Gänze oder in einzelnen Epochen schon öfter Gegenstand von Untersuchungen gewesen, die ebenfalls zum Teil anthologischen Charakter haben. Die weitaus größte Aufmerksamkeit galt bisher Frankreich und den deutschsprachigen Ländern. Darstellungen der französischen Tradition oder eines ihrer Teile finden sich bei Mounin (1955, ^{2}1994), Raymond Kelly (1957), Edmond Cary (1963), Rolf Kloepfer (1967), Roger Zuber (1968, ^{2}1995), Paul A. Horguelin (mit Exkursen zu »Les précurseurs latins« und »L'Apport canadien«, 1981), Wilhelm Graeber (1990), Hans-Wolfgang Schneiders (mit eingestreuten Bemerkungen zu Italien, 1995), Ballard und Lieven D'hulst (1996), Anon. (mit einigen Beiträgen zur spanischen Tradition, 1997), und Ute Felicitas Wetzel (2002). Die deutsche Tradition oder Teile davon sind Gegenstand der Arbeiten von Walter Fränzel (1913), Gerhard Fuchs (1935), Winfried Sdun (1967), Thomas Huber (1968), Andreas Huyssen (1969), Anneliese Senger (1971), Hans Joachim Störig (Anthologie, 1973), André Lefevere (Anthologie in englischer Übersetzung, 1977), Antoine Berman (1984) und Josefine Kitzbichler und anderen (zwei Bände zur Antikenübersetzung seit 1800, 2009). Die einzige wenigstens zum Teil vergleichende Studie französischer und deutscher Übersetzungsbegriffe ist die auf Leserbilder achtende Dissertation von Iris Konopik (1997).

Lange Zeit die einzige nennenswerte Darstellung von Übersetzungsbegriffen in England war – unter Ausschluß von Beiträgen aus anderen Teilen Großbritanniens – T. R. Steiners Anthologie aus dem Jahr 1975 für die Zeitspanne von 1650 bis 1800, mit Angaben auch zu Beziehungen mit Frankreich. Eine leichte Erweiterung für das 18. Jahrhundert bot Louis Kelly mit »The Eighteenth Century to Tytler« (2005), zusätzliche Angaben zu John Dryden finden sich bei Stuart Gillespie (2001). Zu der bemerkenswerten *Oxford History of Literary Translation in English* haben auch David Hopkins (2005) und Matthew Reynolds (2006) beigetragen; Reynolds freilich achtete weniger auf Dokumente und Konzepte als vielmehr allgemeiner auf Prinzipien und Normen im 19. Jahrhundert.

Eine Darstellung der spanischen Tradition war für diese Studie geplant, konnte aber aus verschiedenen Gründen nicht abgeschlossen werden. Hier seien wenigstens bibliographische Angaben mitgeteilt. Für die Zeit seit den 1980er Jahren habe ich einsehen können: Santoyo (1987), García Yebra (1994), Catelli & Gargataglia (mit einer auf das Andere abhebenden Studie zur Übersetzung in Spanien und Spanisch-Amerika, 1998), Santoyo (1999), Lafarga (1999), Lafarga (2004), García Garrosa und Lafarga (2004), Lafarga & Pegenaute (2004) sowie Santoyos Nachlese (2008).

Die Umstände der Publikation vieler relevanter Texte bringen es mit sich, daß ich mich sehr stark auf das Angebot in den einschlägigen Sammelwerken stützen mußte. In jedem Fall ist nur eine Auswahl davon für den Gegenstand von Bedeutung. Immerhin konnte ich in allen drei Nationaltraditionen gelegentlich noch nicht im Zusammenhang mit Übersetzungsbegriffen diskutierte Schriften aufgreifen.

5 Zur Begrifflichkeit

Der Terminus »Übersetzungspoetik« erhebt, von Willis Barnstones *The Poetics of Translation* (1993) herkommend, einen hohen Anspruch. Barnstone entwarf eine Poetik, die grundsätzlich für die literarische Übersetzung und die althergebrachte Kunst der *imitatio veterum* gelten soll. Ich für meinen Teil versuche, einen begrifflichen Raum zu öffnen, in dem sowohl ausgreifende oder gar umfassende Übersetzungspoetiken als auch in Vorwort oder Essay skizzierte Übersetzungsauffassungen ihren historischen Platz finden können. Der Überbrückung dieser ganzen Spannweite dient der neutrale Ausdruck »Übersetzungsbegriff«.

Indem ich also den Terminus »Übersetzungstheorie« der Erörterung von sach- und fachtextlichen Übersetzungen überlasse, können weniger oder überhaupt nicht literaturgerechte Interferenzen leichter bestimmt und entkräftet werden. Einen besonders gut geeigneten Ausgangspunkt für diese Unterscheidung bot Friedrich Daniel Ernst Schleiermacher in seiner Übersetzungspoetik von 1813. Sie ist immer noch bedenkenswert. Dort unterschied er einerseits das dem Dolmetscher und andererseits das dem Übersetzer »eigenthümlichste[…] Gebiet«. Es besteht aus

> jenen geistigen Erzeugnissen der Kunst und Wissenschaft, in denen das freie eigenthümliche combinatorische Vermögen des Verfassers an der einen, der Geist der Sprache mit dem in ihr niedergelegten System der Anschauungen und Abschattung der Gemüthsstimmungen auf der anderen Seite alles sind, der Gegenstand auf keine Weise mehr herrscht, sondern von dem Gedanken und Gemüth beherrscht wird, ja oft erst durch die Rede geworden und nur mit ihr zugleich da ist.[12]

Diese Definition im Sinne einer Bestimmung von Grenzen, die konzeptionell fest, pragmatisch aber gleitend sind, folgt Schleiermachers eigentümlicher Argumentationsweise, wonach er auf Gedankenfeldern, die sich zwischen zwei Extremen spannen, variable Abschnitte absteckt. Hier geht es einerseits um Schriften, in denen, wie es heißt, der Gegenstand herrscht, und andererseits um solche, in denen dies Gedanke und Gemüt leisten. Für erstere gilt:

> Je weniger in der Urschrift der Verfasser selbst heraustrat, je mehr er lediglich als auffassendes Organ des Gegenstandes handelte und der Ordnung des Raumes und der Zeit nachging, um desto mehr kommt es bei der Uebertragung auf ein bloßes Dolmetschen an.[13]

Träger des Arguments ist die Idee einer Ordnung des Raumes und der Zeit, auch als Ordnung der Dinge zu bezeichnen. So viel Denken auch in Sach- und Fachtexte sowie in ihre Übersetzung investiert wird – und das ist oft nicht wenig –, haben sie doch ihren Sinn nur darin, in der Ordnung der Dinge aufzugehen. Beispiele brauchen nicht lange gesucht zu werden: Betriebsanleitungen, Wegbeschreibungen, Geschäftskorrespondenz und viel Ähnliches mehr. Läuft das Gerät, ist der Weg erwandert oder das Geschäft zu beiderseitiger Zufriedenheit abgeschlossen, sind die Texte überflüssig geworden. Der Zweck solcher Texte, so läßt sich pointieren, ist erfüllt, wenn sie unnötig geworden sind. Sie später als Zeitdokumente wieder aufzugreifen, dient offensichtlich anderen Zwecken.

Genau das Umgekehrte trifft auf Werke zu, die in Schleiermachers Sinn vom Gedanken und Gemüt beherrscht sind. Sie sind oft erst durch die Rede entstanden. Das allmähliche Verfertigen von Gedanken beim Reden – und Schreiben – ist eine Erfahrung, die nicht nur Heinrich von Kleist gemacht hat. Schleiermacher war aber noch einen entscheidenden Schritt weitergegangen: Solche Gedanken und Gemütsäußerungen sind »nur mit ihr [der Rede] zugleich da«. Werke dieser Art lösen sich nicht in der Pragmatik auf. Sie sind nur da, wenn ihr Wortlaut gelesen, gesprochen oder wortwörtlich erinnert wird. Sie unter »Kunst und Wissenschaft« einzuordnen, leuchtet für Kunst unmittelbar ein. Hierher gehört Dichtung in all ihren Formen: Lyrik, Epik, Roman und andere Prosaerzählungen, Essayistisches, auch Drama und andere Medienformen.

Nicht so eindeutig verhält es sich mit dem Wissenschaftsbereich. Für Wissenschaft im szientifischen Sinn gilt diese Zuordnung nicht. Soweit es dabei um die Beschreibung von Beobachtungen und Versuchseinrichtungen geht, hat wissenschaftliche Fachliteratur wesentlich an der Ordnung der Dinge teil. Anders liegt es für das, was unter die mit Patina überzogene »Gelehrsamkeit« fällt. Werden darunter Werke verstanden, in denen die Ordnung der Ideen vorherrscht, läßt sich unter anderem an die Disziplinen Naturphilosophie, Kultur- und Geschichtsphilosophie, philosophischer Idealismus, ein Großteil der Psychologie sowie an spekulative Gedankengänge in allen Wissenschaften denken. Sie und Dichtung bilden das Feld der literarischen Poetik und der Übersetzungspoetik.

Vor diesem Hintergrund lassen sich Übersetzungsbegriffe aussichtsreich diskutieren. Barnstone hat recht, daß in jüngster Zeit Übersetzungspoetiken vor allem linguistisch und strukturalistisch orientiert sind.[14] Es muß nur hinzugefügt werden, daß Überlegungen zur Übersetzung bisher fast immer sprachnah vollzogen worden sind. Das deutsche Synonym lautet ja »Sprachmittlung«. Ich beziehe mich auch deshalb auf Jean Boise-Beiers kürzlich erschienene *Critical Introduction to Translation Studies* (2011) als auf eine von der kognitiven Linguistik und dem sprachwissenschaftlichen Strukturalismus herkommende Übersetzungspoetik. Ausdrücklich an Roman Jakobsons Grundsatzartikel »Linguistics and Poetics« (1960) anknüpfend, übernahm sie dessen Auffassung, »Poetics deals primarily with the question, *What makes a verbal message a work of art?*«[15] Eine Antwort lautet: A work of art is not a verbal message, ein literarisches Kunstwerk ist keine Mitteilung. Das entspricht der hochromantischen Poetik, wonach Schönheit die ästhetische Wahrheit ausmacht. Ähnliches gilt für die Moderne, allerdings ohne das Moment der Schönheit. Wer allerdings auch das Lehrgedicht und die *littérature engagée* in der Poetik berücksichtigen will, muß Platz für die Idee schaffen, daß auch Richtigkeit in der Sache zur Bestimmung literarischer Kunst gehört. Boise-Beier indes schrieb Jakobsons Auffassung weiter: »Poetics is the study of the literariness of literature and a poetics of translation is the study of how the literariness of literature is translated.«[16]

Nun faßte Jakobson trotz des Adverbs »primarily« den Begriff der Poetik sehr eng. Indem er sich auf eine Mitteilung von künstlerischem Wert berief, blieb er der ehrwürdig veralteten Auffassung von Literatur als kunstvoll ausgeschmückter Lehre verpflichtet. Diese Kunsthaftigkeit ist für ihn an einer besonderen Struktur aus Worten erkennbar, die in die Zuständigkeit der Linguistik als der umfassenden Wissenschaft von Wortstrukturen fällt:

> Poetics deals with problems of verbal structure, just as the analysis of painting is concerned with pictorial structure. Since linguistics is the global science of verbal structure, poetics may be regarded as an integral part of linguistics.[17]

Wieder folgte Jakobson seiner schwankenden Argumentationsweise. Er engte die Poetik auf ein Gebiet der Linguistik ein und deutete dennoch an, daß dies vielleicht nicht der Weisheit letzter Schluß ist. Denn diese Unterordnung steht im Zeichen eines »Vielleicht«: Nicht »poetics is an integral part of linguistics«, sondern nur »poetics may be regarded as [such]«. Es wäre auch wichtig zu wissen, ob er auch im Falle der Struktur eines Gemäldes eine umfassende szientifisch strukturierte Wissenschaft ansetzte, und wenn ja, welche?

Diese Denkfigur des »Ja, aber vielleicht doch nicht ganz« kennzeichnet Jakobsons Überlegungen zum Verhältnis von Poetik und Linguistik. In einem besonders gut gelungenen Argument dieser Art definierte er anhand seines sechsteiligen Modells der sprachlichen Funktionen die poetische als die Bezugnahme auf die Mitteilung selbst. Als nächstes räumte er ein, daß sich die literarische Kunst nicht in dieser Sprachfunktion erschöpft. Allerdings ist sie die dominierende. Schließlich forderte er, daß die Linguistik diese poetische Funktion auch in Äußerungen berücksichtigt, die nicht poetisch im Sinne von Literatur und Dichtung sind:

> The set (*Einstellung*) toward the MESSAGE as such, focus on the message for its own sake, is the POETIC function of language. This function cannot be productively studied out of touch with the general problems of language, and, on the other hand, the scrutiny of language requires a thorough consideration of its poetic function. Any attempt to reduce the sphere of poetic function to poetry or to confine poetry to poetic function would be a delusive oversimplification. Poetic function is not the sole function of verbal art but only its dominant, determining function, whereas in all other verbal activities it acts as a subsidiary, accessory constituent. This function, by promoting the palpability of signs, deepens the fundamental dichotomy of signs and objects. Hence, when dealing with poetic function, linguistics cannot limit itself to the field of poetry.[18]

In diesem sowohl dezidierten als auch vorsichtig abwägenden Abschnitt ist es unter dem poetologischen Aspekt wichtig, daß die Dichtung nicht auf die »poetisch« genannte, selbstbezügliche Sprachfunktion beschränkt wird. Freilich spielen in der Dichtung, sei sie in Versen, sei sie in Prosa abgefaßt, allgemeine sprachliche Probleme kaum eine Rolle, wohl aber spezielle. Zu ihnen gehört eine Art der Mehrdeutigkeit, die nicht als Anlaß für Mißverständnisse, sondern als Ausdrucksmittel komplexer Geisteshaltungen dient. Besondere Aufmerksamkeit verdienten auch die kühne Metaphorik und das Verhältnis von Zeile zu Syntax. Ob es zu der Fokussierung auf die einzelne Nachricht, die Jakobson vornahm, paßt, daß die bedeutsame Einschreibung von Bezügen zu anderen Werken ein wesentliches Merkmal literarischer Werke und deshalb für eine literarische Poetik von hohem Interesse ist, soll dahingestellt bleiben. Auch für Boise-Beier ist dies eine offene Frage.

Die literarische Beschaffenheit eines Werks, die nach Boise-Beier Gegenstand der literarischen Übersetzung und ihrer Poetik ist, hat zwei ausdrücklich benannte Grundlagen. Die eine bildet Jakobsons poetische Funktion im Sinne des selbstbezüglichen »focus on the message for its own sake«. Daneben steht eine kognitive Funktion, die auf einer Annahme beruht, welche Boise-Beier mit anderen Autoren – darunter Kenneth Burke – teilt, wonach Dichtung in Vers und Prosa die Arbeitsweise des menschlichen Geistes besonders gut erkennen läßt:

> Because [...] literature is just an especially good example of how the mind works, a poetics of translation is also a study of translation which particularly takes account of the way our minds work.[19]

Mit Rückgriff auf die kognitive Linguistik arbeitete Boise-Beier zu diesem Zweck und als Vorbereitung für die Übersetzung an Beispielen aus der englischen Literatur Strukturen des Lesevorgangs heraus. Die Strukturen, auf die sie achtete, sind nur bedingt solche der Aussage beziehungsweise der Vermittlung dessen, was der Fall ist, sondern Strukturen der offenen Sinnsuche. Hier berührt Boise-Beiers Vorgehen die Leseakttheorie mit ihrem Interesse an Unbestimmtheitsstellen als Anforderung an die Leser. Ich würde übrigens eher von Unterbestimmtheitsstellen sprechen, weil ja ihr Sinn im jeweils gegebenen Zusammenhang nicht gleich Null, aber eben auch nicht gleich hundert Prozent ist, und diese Hundert selbst bei gründlichstem Lesen nicht immer erreichbar sind. Die offene Sinnsuche sowohl in der Leseakttheorie als auch in Boise-Beiers Form der kognitiven Linguistik kann in einer Aporie enden, die als »a contradiction between different ›conclusions about the literary form of a text‹« ausgewiesen ist.[20] Es handelt sich beispielsweise um Strukturen kühner Metaphorik oder unaufgelöster und unauflösbarer Mehrdeutigkeit.[21] Solche im allgemeinen, aber nicht distinktiv modernistischen Werkstrukturen entsprechen dem vierten, dem »antithetischen« Realitätsbegriff im Sinne Hans Blumenbergs, wonach die Wirklichkeit »das dem Subjekt nicht Gefügige« ist.

Die interpretatorische Offenheit zeigt sich nach Boise-Beier in einer Dialektik von Freiheit und Einengung der Verständnismöglichkeiten:

> In poetry, where metaphor, or ambiguity, or the rhythms of speech serve to provide freedom of interpretation by involving readers in examining and reconfiguring their cognitive contexts, the repetition of semantic, syntactic, and phonological elements creates strong patterns in the text, an especially important aspect of poetry [...]. This repetition [...], also discussed as cohesion [...] or parallelism [...], serves to constrain the reader's interpretation and, through reiteration, to position the reader.[22]

Besonders deutlich zeigt sich diese Freiheit im Fall der Mehrdeutigkeit. Für sie gilt in literarischen Werken:

> Ambiguity will be used in a creative and complex way, that goes beyond merely the use of homophony or polysemy, and often leaves complex and very different interpretations open to the reader.

Diesem Grad der Freiheit steht freilich auch ein Grad an Bestimmtheit durch den Werkzusammenhang gegenüber, den Boise-Beier nicht zum Ansatz brachte.

Ich schlage in diesem Zusammenhang vor, ein literarisches Werk als Sinnbeziehungsweise Bedeutungspotential aufzufassen, das in hohem Maße dadurch entstanden ist, daß es der Autor in sein Werk hineingelegt hat, zum Teil aber auch dadurch, daß es erst im Akt des Schreibens entstanden ist. Es kann nur in einfachen Werken und in Sach- und Fachtexten vom Leser vollständig gehoben werden. Demgegenüber gibt es besonders im Barock und in der Moderne auch extreme Fälle: An George Herberts »Easter Wings«, dessen Druckbild zwei um 90 Grad gedrehte Flügelpaare abbildet, glaubte Boise-Beier zu entdecken, daß das Sinnpotential unausschöpflich ist, weil es nur Fragen aufwirft, aber keine einzige beantwortet. Am Ende einer Interpretation stünden bestenfalls Hypothesen.

Da war Boise-Beier wohl allzu ungeduldig. Was Herbert schrieb, macht Sinn. Er verwendete das Druckbild der Flügel als Strophenbild und hob in der emphatischen Endstellung zweimal das Fliegen semantisch hervor. Das Druckbild der zwei Flügel und das Sprachbild des Lerchenflugs in der ersten Strophe stützen einander. Auch daß es zwei Flügelpaare sind, paßt zu der Verbindung mit dem Konditionalsatz »I imp my wing on thine«. Das Verb stammt aus der Falknerei und bezeichnet das Einsetzen von Federn oder gar Flügelteilen, um die Flugfähigkeit der Falken zu verbessern. Es gibt also erkennbare Zusammenhänge zwischen Druckbild und Semantik beziehungsweise Poetik. Die Dialektik von Freiheit und Bestimmtheit greift also auch hier.

Unabhängig von diesem Beispiel faßte Boise-Beier ihre Übersetzungspoetik folgendermaßen zusammen:

> A translator could see a particular word order [...] as a result of [the author's] conscious choice, or simply as the style of the text, whether [the author] consciously intended it or merely unconsciously wrote it. One of the reasons stylistics developed in the 1960s as the application to literary texts of linguistic description was to say what was actually in the text, not because the author's intention was necessarily unimportant or did not exist, but because what can be observed in the text is there, as »the facts of language« [...], whether the author intended it or not, and its effects on the reader might be independent of the author's intention.[23]

In der Poetik kennt man den Grundsatz, man solle sich auf die Erzählung verlassen und nicht auf ihren Autor. Für die Moderne rief ihn D. H. Lawrence in den 1920er Jahren in Erinnerung. Allerdings reichen für diese Art der Lektüre die sprachlichen Fakten nicht aus. Selbst der Linguist Jakobson erkannte an, daß zur Poetik mehr als nur Sprachlichkeit gehört. Einen dieser Faktoren hat Boise-Beier selbst genannt: das Druckbild, das kein sprachliches, sondern ein graphisches Faktum ist. Ein zweiter ist das Metrum. Es beruht auf binärem Alternieren:

Thesis und Arsis. Aber sowohl das deutsche als auch das englische »Sprachmaterial« kennt vier Ebenen des Akzents, die für das akzentuierende Metrum auf zwei Ebenen hin abstrahiert werden müssen. Aus vier sprachlichen mach zwei metrische Ebenen – das nimmt diese metrischen Fakten aus den sprachlichen heraus. Es sei auch noch einmal daran erinnert, daß Strukturen der Bezugnahme auf andere Werke einen integralen Teil der literarischen Poetik bilden.

Um die Aufmerksamkeit genauer auf literarische Fragen der Übersetzung von Literatur zu lenken, möchte ich zu Barnstones Übersetzungspoetik zurückkehren:

> The word *poetics* suggests formal aspects of art that will be systematically treated, such as prosody (including meter, rhyme, and stanzaic structure), translatability, fidelity, and methodology (»word-for-word« literal versus »sense-for-sense« literary renderings), equivalence and difference (phonic and syntactic), diction (archaizing versus contemporizing), and syntax (original versus naturalized).
> *Poetics* also suggests taxonomy, the classification and naming of types of translations, such as John Dryden's *metaphrase, paraphrase,* and *imitation* or Novalis' *grammatical, modified,* and *mythical.* And, primarily perhaps, the word points to theory and methodology, which have been dealt with variously from biblical, Greek, and Roman times to the twentieth century. More recently, the emphasis has been on linguistic and structuralist approaches, on early Russian Formalism and semiotics, and on the rapid accumulation of deconstruction dicta by Jacques Derrida and his American counterparts.[24]

Diese kompakte, abstrakte Bestimmung von dem, was eine Poetik und Übersetzungspoetik ausmacht, müßte deutlicher und genauer ausgebaut werden. Was mindestens geschehen müßte, deute ich an, ohne es auszuführen, weil mein Interesse nicht einer systematischen Übersetzungspoetik gilt, sondern einer Geschichte übersetzungspoetologischer Positionen zwischen 1740 und 1839. Drei Bemerkungen genügen für das Notwendigste:

Die Einengung auf Formales als Gegenstand der Poetik schließt, erstens, Wesentliches aus. Denn Gattungspoetiken gelingen nicht ohne Berücksichtigung inhaltlicher Momente. Ich erinnere nur an die Ständeklausel und die Entstehung des bürgerlichen Trauerspiels. In der klassisch-klassizistischen Tragödie mußte der Held aus der Oberschicht stammen, mußte König oder von Adel sein. Nur so war eine der Tragik angemessene Fallhöhe garantiert. Im 18. Jahrhundert entstand zuerst in England die Auffassung, daß der tragische Fall auch ohne einen Herrscher auskommen kann, weil er geistig-moralischer Natur ist. Die erste so gestaltete Tragödie ist wohl George Lillos *The London Merchant* (1731), die erste wichtige deutsche Gotthold Ephraim Lessings bezeichnenderweise in England spielendes Prosastück *Miss Sarah Simpson* (1755). Das bürgerliche Trauerspiel ersetzte die Adelstragödie nicht sofort, drängte sie aber in zunehmendem Maße zurück. Allerdings titelte Eugène Ionesco noch 1962 das Aufbegehren gegen das Sterben und letztendlich den Tod mit *Le Roi se meurt*.

Zweitens halte ich es für angebracht, die binären Unterscheidungen zu überprüfen. Es ist sicher richtig, daß auch in der Übersetzungspoetik oft aus dem Gegensatz heraus argumentiert worden ist. Doch lehrt die Begriffsgeschichte, daß die gedankenbezogene Übersetzweise, also Sinn-für-Sinn, nicht die einzige Alternative zur Wort-für-Wort-Übersetzung ist. Denn in der sensualistischen Nachfolge John Lockes gab es auch die Forderung und die Praxis einer, wenn man so will, Sinnliches-für-Sinnliches-Übersetzung, einer Übersetzung Bild-für-Bild. Das heißt, daß die Geschichte der Übersetzungspoetik mehr als zwei Gegensatzpaare kennt.

Und um ein Drittes zu nennen: Die in der literarischen Übersetzung unvermeidliche partielle Differenz einer Übersetzungslösung beim Erreichen einer partiellen Äquivalenz ist nicht auf Phonetik und Syntax beschränkt, sondern betrifft alle Komponenten einschließlich des gar nicht seltenen Falles, daß eine an einer Stelle gelungene Übersetzung das Mißlingen an einer späteren Stelle unausweichlich macht. Denn wenn man alle Übersetzungslösungen nicht nur stellenbezogen, sondern auch auf das ganze Werk bezogen betrachtet, wird, so läßt sich zuspitzen oder auch überspitzen, Differenz fast eine so wichtige Kategorie wie Äquivalenz.

6 Die Zergliederung des Allgemeinen und andere Neuerungen

Einen guten Zugang zu Grundfragen der Geschichte von Übersetzungsbegriffen bietet Frederick M. Reners umfassende systematische Studie *»Interpretatio«: Language and Translation from Cicero to Tytler* (1989). Die länder- und zeitenübergreifenden Belege, die er zusammengetragen, ausgewertet und geordnet hat, machen es plausibel, daß seine weitreichende, anspruchsvolle These zutrifft. Demnach hat es in all den Jahrhunderten seit der Antike bis weit ins 18. hinein eine einheitliche Übersetzungstradition gegeben, da Übersetzer in allen Ländern an einer in den Lateinschulen übermittelten Lehre teilhatten. Deren Bindeglied besteht aus einer bestimmten Auffassung von Sprache und Redekunst.

Das bedeutet aber auch: Die in dem fundamentalen Umbruch in der Zeit zwischen Tytler und Schleiermacher entstandene neue Übersetzungspoetik konnte diese Überlieferung nicht verdrängen. Vielmehr blieben Schulen bis in die Gegenwart der Ort, wo neben beziehungsweise unter den Neuerungen der Grundsatz auch weiterhin gilt: »So wörtlich wie möglich, so frei wie nötig.« Zweitens ist Rener meiner Einschätzung nach in dem gesteckten Rahmen dessen, was man als Regelübersetzungspoetik bezeichnen kann, bisher unübertroffen, machte aber zu wenig Gebrauch von jenen Schriften, die vom dichterischen Enthusiasmus – dem »furor poeticus« – handeln. Denn die Auffassung vom Dichten als einem Überborden von überwältigenden natürlichen oder gar gottähnlichen Kräften, die keinen erkennbaren Regeln gehorchen, war schon in der Antike bekannt und lebte spätestens im 18. Jahrhundert wieder auf. Allerdings ist es eine harte Nuß, einen im Enthusiasmus wurzelnden praktikablen Übersetzungsbegriff zu entwickeln. Drittens sollte betont werden, daß die grundlegende Sprachauffassung instrumental ist und auf Gemeinsamkeiten im Denken und auf die Einheit der empirische Wirklichkeit abhebt. Ebenso wichtig ist schließlich die Einsicht, daß die Schultradition einen Bezugsrahmen für mehr als nur eine Position zur Verfügung stellt. Entstanden ist diese Auffassung bei Aristoteles:

> Aristoteles verstand die gesprochenen Worte (*phone*) als Zeichen (*symbola*) der von der menschlichen Seele empfangenen Eindrücke (*pathemata*) der Gegenstände, und die geschriebenen Worte (*graphemata*) galten ihm wiederum als Zeichen der gesprochenen. Gegenüber der Rivalität der sprachlichen Zeichen erschienen ihm die in der Seele von den Gegenständen erzeugten bildlichen Eindrücke stabil und für alle Menschen identisch. Das traf auch für die Gegenstände selber zu, obwohl die Menschen in ihren verschiedenen Sprachen zu deren Abbildung wie auch zu ihrer mentalen Vergegenwärtigung unterschiedliche Zeichensysteme verwendeten, sodass die Verschiedenheit der Sprachen auf eine der Schälle und Wortzeichen hinauslief.[25]

Die Annahme, daß es nur eine Wirklichkeit und, ihr entsprechend, nur eine einzige, allenthalben gleiche Gedankenwelt gibt, bestand auch über die Zeit des Rationalismus hinaus, als ihr Leibniz eine dezidiert verstandesgeleitete Ausprägung gab. Eine wichtige Variante ist die oben anklingende neuplatonische. Für sie gilt, daß sie in dem genannten Rahmen das Wahrnehmen, Reden und Übersetzen als abgeschwächte Formen des Schöpfungsaktes versteht. Beiden Auffassungen ist das dualistische Modell des Redens, Schreibens und Übersetzens zu eigen, dessen eindrücklichste Form das bereits kommentierte irreführende Bild vom sprachlichen Einkleiden des Werkkörpers ist. Eine besonders prägnante, chronologisch späte Auffassung ist Alexander Popes eleganter Gemeinplatz (zuerst 1709): »True Wit is Nature to advantage dress'd, / What oft was thought, but ne'er so well expressed.«[26] So gesehen galten auch Übersetzungen als verschiedene Einkleidungen ein und desselben Körpers, »divers vestemens donnez a un mesme corps«.[27]

Diesem Bild entsprechend wurden Übersetzungsschwierigkeiten vor allem in unterschiedlicher »copia« gesehen, also darin, daß der ausgangs- und übersetzungsseitige Wortschatz ärmer oder reicher, auf jeden Fall anders ist, wobei – nicht ganz richtig – ein im Vergleich ärmeres übersetzungsseitiges Vokabular als besonders problematisch angesehen wurde. Man suchte zur Lösung semantische, grammatische und rhetorische Verfahren.[28] Diese Konzeption ist zum

Beispiel noch kürzlich in einer Liturgie greifbar gewesen, die in Rom gefeiert wurde. Der Papst spendete seinen weltweiten Segen und verband ihn mit Weihnachts- beziehungsweise Ostergrüßen und -wünschen in vielen Sprachen. Theologisch gesehen ist der geistliche Gehalt gewiß stets derselbe. Der Unterschied liegt in der Äußerlichkeit des bloßen Ausdrucks: »in espressione italiana« und so weiter. Die sprachphilosophische Frage lautet freilich: Gibt es denn überhaupt so etwas wie bloßen Ausdruck? oder ist Ausdruck nur in Verbindung mit jeweils einem ganz bestimmten Ausgedrückten denkbar?

Auf jeden Fall in weltlichen Dingen hebt der Gedanke, daß der Sinn in Wörter eingekleidet wird, auf die Sicht der Redenden oder Schreibenden ab, von denen anzunehmen ist, daß sie normalerweise nur die Form des Ausdrucks suchen. Doch ist im Laufe der Zeit auch umgekehrt argumentiert worden. Danach entstehen Gedanken beim Reden, und im Fall von meditativer Dichtung ist das Dichten nicht nur Ausdruck, sondern bringt zumindest zum Teil auch die ausgedrückten Ideen, Empfindungen und Gefühle erst hervor. [29]

Der »sensus-verba«-Dualismus paßt vorzüglich in eine sprachlich-literarisch-kulturelle Lage, die sich als rational verstand und in der die Hauptrichtung des Übersetzens von einer überkommenen, nunmehr zu einer Gelehrtensprache gewordenen antiken Sprache zu den aus ihr entstandenen Volkssprachen verläuft. Als mit dem britischen Empirismus ein psychologisch begründeter Sprachbegriff entstand, bedurfte es einiger Anpassungen. Zudem machte die im 18. Jahrhundert deutlich zunehmende Übersetzungstätigkeit zwischen den modernen Sprachen, besonders wenn sie nicht auf der griechisch-römischen Antike fußten, deutlich, daß es Sprachunterschiede gibt, die beim Übersetzen an die Substanz gehen. Ihre Überzeugungskraft büßten die überkommenen Vorstellungen wohl dort am ehesten ein, wo Entdecker und Missionare – die aus der Not geborenen autodidaktischen vergleichenden Sprachkenner ihrer Zeit – auf außereuropäische Sprachen stießen, die mit den ihren fast gar nichts gemein hatten. Um sich zu verständigen, konnten sie versuchen, ihrem Gegenüber die eigene Sprache aufzuzwingen. Aber auch das gelang nur, wenn zumindest einige von ihnen nicht nur herausfanden, wie jene fremde Sprache funktioniert, sondern auch, in welchem Verhältnis die eigene zu den fremden – nicht selten abgrundtief fremden – Mentalitäten und Realitäten steht.

Eine solche Lage erforderte die Umkehrung des aus der Antike stammenden Modells. Das Hauptproblem war nun nicht mehr, einen vorgefaßten Sach- und Denkverhalt in einer Sprache und beim Übersetzen in einer zweiten zu formulieren. Vielmehr galt es, in der sprachlichen Äußerung Wörter zu unterscheiden, die Art ihrer Verknüpfungen zu bestimmen und ihren Sinn im Gefüge einer Sprache zu ermitteln, die nicht nur unverstanden, sondern unbekannt war. Es kam nun darauf an, Sinn in Äußerungen zu entdecken, wobei Wörter und ihr Sinn in jeder Sprache auf eigene Weise miteinander verbunden sind. Als

Schleiermacher anfangs des 19. Jahrhunderts kurz und knapp sagte, »Gedanke und Ausdruck sind ganz dasselbe«, bezog er sich zwar nicht auf dieses sprachliche Abenteuer. Aber auch bei ihm laufen Sprachunterschiede auf Unterschiede des Weltbilds hinaus.

Genau diese Auffassung steht im Mittelpunkt der »organischen« Sprachtheorie, die am Übergang des 18. zum 19 Jahrhundert entfaltet worden ist.[30] Sie hat ihre Entsprechung im Verständnis des dichterischen Werks als eines Organismus, als einer Struktur, die mehr ist als die Summe ihrer Teile. Das große Ziel eines damaligen Übersetzers wie August Wilhelm Schlegel war es deshalb, die sprachlichen Strukturen – das heißt: die der »parole« – und die poetischen wiederzugeben, damit der Leser der Übersetzung gefordert, aber auch befähigt wird, eine geistig-seelische Leistung zu vollbringen, die derjenigen zumindest nahekommt, die der Leser des Originals zu vollziehen hat.

Die Zergliederung des Sprachbegriffs führte also von (1) der Vorstellung, es gebe eine erdweit einheitliche Realität und Mentalität, die in verschiedenen, als Handwerkszeug angesehenen Sprachen verschieden, aber gleichwertig ausgedrückt werden können, über (2) das Bindeglied der Kantischen transzendentalen Erkenntnislehre, wonach jede materielle oder geistige Wirklichkeit nur so weit erkennbar ist, wie die Kategorien des erkennenden Geistes reichen, zu (3) der Auffassung, jede partikuläre Sprache, jede Nationalsprache sei zur Verkörperung und Ausgestaltung eines Weltbilds wesentlich und bilde ein entsprechendes Medium, in dem sich ihre Benutzer ungefähr wie Fische im Wasser tummeln können.

Ganz ähnliches gilt für den Literaturbegriff. Seine Zergliederung bedeutet das Ende der Idee, daß es einen supranationalen Kanon gebe, sei es derjenige der Alten, der Natur oder der Raison, an den man sich überall und zu allen Zeiten zu halten habe. In der Folge öffnete sich der Blick auf die nationalen Eigenheiten, die jeweils als nationalliterarischer Kanon angesehen wurden, der zu den anderen im Verhältnis von Verschiedenheit und Gemeinsamkeit steht. Herder verdanken wir die historisch-systematische Ausarbeitung eines kulturellen Globus aus komplementären nationalen Einheiten in einem abgestimmten Zusammenhang erdweiter Differenzierung.

Auch der Geschichtsbegriff erfuhr eine Partikularisierung, als an die Stelle der chronikartigen Aufzeichnung als neue Prestigeform die Darstellung des historischen Wandels trat. Die Aufmerksamkeit konnte sich auf distinktive historische Momente richten, ein jeder mit seinem ureigenen Kontext, in den nicht nur Dokumente, sondern auch literarische Werke derart eingebunden sind, daß das Vorhaben ihrer Übertragung in ein anderes räumlich-zeitliches Kontinuum einen Schwarm hermeneutischer Skrupel hervorrufen mußte.

Die Zergliederung machte auch hier noch nicht Halt. In der an einem supranationalen Kanon orientierten Poetik bedurfte der Autor »ingenium« – was hier eher Talent als Genie bedeutet –, um wie jeder andere dieselben Prinzipien und Regeln zu beherrschen und anzuwenden. In der neuen Ordnung hingegen ist ein poetisches Genie ganz natürlich Herrin oder Herr ureigener Ahnungen, Ansichten und Visionen, jeweils aus eigenem Recht und in eigener Autorität. Diese Autorität erwuchs nicht aus so etwas Allgemeinem wie etwa der Raison, sondern einer besonderen Sensibilität, so daß im frühen 19. Jahrhundert Dichtung als echte Stimme des Gefühls erscheinen konnte.[31] Unter einer ideengeschichtlichen Perspektive müßte man wohl zu Jean-Baptiste Dubos' *Réflexions critiques sur la poësie et la peinture* (1719) zurückgehen. Geistesgeschichtlich wäre es sicher genau so gut, wegen ihrer großen historischen Tragweite auf die etwas späteren Schriften Alexander Gottlieb Baumgartens – *Meditationes* (1735) und *Aesthetica* (1750–58) – einzugehen. Die Wortprägung »Aesthetica« ging um die Jahrhundertmitte auch in die französische und etwas später in die englische Sprache ein. Baumgarten hat als erster Philosoph die Ästhetik als Erkenntnis- und Darstellungsweise der »niederen« Sinne ausführlich dargelegt: »scientia sensitiva cognoscendi et proponendi«. Diese Art Wissen beruht unmittelbar auf der Sinneswahrnehmung und ist deshalb nicht allgemein und abstrakt, sondern konkret und gegenständlich. Indem er eine überraschende, neuartige Idee postulierte und erklärte, nämlich die der ästhetischen Wahrheit – was kategorial etwas anderes ist als die allegorische Einkleidung vorausgesetzter allgemeiner Wahrheiten –, eröffnete Baumgarten allen Künsten einschließlich der Musik eine neue Dimension. Zugleich wies er ihnen eine neue Würde zu, indem er die Geltungsansprüche der Rationalität einhegte und der Rhetorik eine Aufgabe zuwies, die sie in der Schultradition nicht besitzen konnte.[32] Es sieht fast so aus, als seien zum Beispiel John Keats' hochgemute Zeilen »Beauty is truth, truth beauty, – that is all / You know on earth, and all ye need to know« ohne Baumgarten so nicht zu denken.[33]

Zwei exponierte Neuheiten, die der ästhetischen Wahrheit und die des Genies als zwei Traditionsbrecher, forderten zwei weitere. Zum einen mußte die Hermeneutik so verändert werden, daß sie dazu geeignet war, den Sinn von solchen Kunstwerken zu suchen, die ihre eigene Poetik enthalten.[34] Zum andern war nun Raum für die Philologie als jene Disziplin, die anhand von Wörtern und Dingen eine Kultur in ihren Schriften und durch sie zu verstehen sucht.

Eine weitere äußerst wichtige Unterscheidung, die zwingend aus der Hinwendung zur Sinneswahrnehmung und zur experimentellen Methode folgte, war ein neuer Naturbegriff:

> Nature […] could be taken as identical with the laws of reason: inalterable, incontrovertible, axiomatic […]. But in the course of the eighteenth century, Nature came more and more to mean the factually given, the empirically verifiable, not the general but the individual, not the universal but the local, not the eternally unchanging but the constantly different.[35]

Wohl erscheint es mir richtig, bei diesem neuen Naturbegriff nicht ganz so sehr auf den Einzelfall zu setzen, wie Glenn Most es tat. Gewiß gibt es Wandel in der Natur. Aber auch der Wandel gehorcht Mustern, die den Einzelfall übersteigen. Dessen unbenommen liegt aber der philosophische Schlüssel zu dem geistesgeschichtlichen Wandel in der »kopernikanischen Wende«, die Kant in den 1780er Jahren mit seinen Fundamentalkritiken vollzogen hat. Der Königsberger Philosoph, der als Lektüre für seine Studenten auch Werke von Baumgarten angab, beschnitt die grundlegenden Annahmen der Rationalisten und widerlegte viele der empiristischen Anmaßungen. In der rationalistischen Aufklärung bestand Grund zu der Annahme, die Wirklichkeit sei rational und die Raison wirklichkeitsentsprechend. Kant hingegen argumentierte, daß sich der Verstand der Wirklichkeit mit ihm eigenen Anschauungs- und Denkformen nähert, so daß man von dieser Begegnung nur erwarten kann, daß die Gegenstände so zu verstehen sind, wie sie dem Menschen erscheinen, wie sie für ihn sind. Das »Ding an sich« entzieht sich der verstandesmäßigen Bestimmung. Kant nannte dies »transzendental«. Begreifbar ist nur das »Ding für uns«, uns Menschen. Anders als die Empiristen bestimmte Kant den Verstand nicht als eine Funktion der Materie, sondern wies auf seine apriorischen Strukturen hin. Mit einem sibyllinischen Lächeln wird in der Leibniznachfolge gern gesagt, alle Ideen seien durch die Sinne in den Verstand gelangt, außer der Idee des Verstandes. Werner Heisenbergs Unbestimmtheitsprinzip und der Perspektivismus der Einsteinschen Physik können möglicherweise als szientifische Entsprechungen von Kants Transzendentalphilosophie gelten.

Zu guter Letzt sei daran erinnert, daß die deutsche Literatur als Nachzüglerin im europäischen Raum galt, die deshalb der Übersetzung und anderen Formen literarischen Transfers viel zu verdanken hat. So ist es kaum verwunderlich, daß Übersetzungspoetik damals eine Prestigegattung bildete. In diesem Überblick verdient daher die deutsche Tradition besondere Aufmerksamkeit, ohne daß freilich die anderen zu kurz kommen dürfen.

7 Überlieferung und Erneuerung um die Jahrhundertmitte

Noch um 1750, so kann man pointieren, hielt die geistige Welt an den theoretischen und methodischen, wenn auch nicht immer an den religiösen Grundlagen einer gemeinsamen europäischen Kultur fest. Aufgeweicht wurde diese Auffassung durch den Ansatz eines Nationalgenies zunächst im französischen 17. Jahrhundert. Die Antiken- und die Nationalorientierung waren beide rationalistisch unterbaut. Jetzt versuchten besonders wagemutige Autoren, welthistorische Fundamente einzuziehen. Zu den jüdisch-christlichen und griechisch-römischen Traditionen waren zumindest zeitweilig nicht sehr umfangreiche, aber doch bedeutungsvolle Kontakte zum Nahen Osten hinzugekommen.

Unter Übersetzung verstand man, kurz gesagt, viererlei: (1) Im schulischen Sprachunterricht galt französisch »version« – das heißt, Übersetzung aus dem Lateinischen, so wörtlich wie möglich, so frei wie nötig – als ein wichtiges Lehr- und Lernmittel zum Beispiel zur Überprüfung des Textverständnisses. (2) Die eindeutige, präzise übersetzerische Übermittlung von Fakten in zum Teil formalisierten Dokumenten diente insbesondere der Medizin, der Rechtspflege und dem Handel. (3) In Glaubensdingen war penible übersetzerische Genauigkeit eine Frage des Seelenheils und oberstes Ziel. Oft ist das richtige Schriftverständnis von der Kirche in ihren verschiedenen Bekenntnissen durch entsprechende begleitende Deutungen und gegebenenfalls Umdeutungen sowie unter Umständen auch durch übersetzerische Abweichungen abgestützt worden.[36] (4) Insoweit die interliterarische Übung von »imitatio« und »aemulatio veterum« in aller Regel zwei Sprachen betrifft, überschnitt sie sich mit der Übersetzung, womöglich unter dem Motto »so frei wie möglich, so wörtlich wie nur gerade eben nötig«. Es spricht einiges dafür, diese Faustregel auch zur Bestimmung von Übersetzweisen zu jener Zeit heranzuziehen, als der klassizistische Geschmack in Frankreich vorherrschte und manch eine Übersetzung unter dem unhöflichen Etikett »schöne Ungetreue« firmierte. So gewichtig war dieser Ausdruck und so verbreitet die entsprechende Praxis, daß schon früh im 19. Jahrhundert die elegante Übersetzung »à la française« unter anderen Bezeichnungen von Anne-Germaine de Staël als charakteristisch französisch angesehen und von Anne Bignan als dreihundertjährige Leitidee französischen Übersetzens angegeben worden ist. Noch im Jahr 1955 trug eine französische Übersetzungsgeschichte diesen Ausdruck im Titel. Diese Ansicht war auch noch in den 1980er Jahren so tief verwurzelt, daß Berman 1984 seine Darlegung der verfremdenden Übersetzungsbegriffe der deutschen Romantik als Korrektiv zum französischen Usus stilisierte. Es bedurfte eines langen und eindringlichen Kapitels in Ballards *De Cicéron à Benjamin* (1992), um die historischen Verhältnisse zurechtzurücken.[37]

Unter deutschen Autoren und Übersetzern empfahlen manche – unter ihnen der frankophile Johann Christoph Gottsched und Karl Wilhelm Ramler – die Anwendung dieser französischen Übersetzweise. Für andere, vor allem für Herder, galten die »schönen Ungetreuen« als französisch und strikt zu meiden. Ich schlage eine Bezeichnung wie etwa »elegantes Übersetzen nach französischem Vorbild« vor.

Im Vereinigten Königreich war nach der Rückkehr des Königshofs aus dem französischen Exil im Jahr 1660 auch in Übersetzungsdingen eine Art »transmanchistisches« französisch-britisches Regime entstanden, zu dessen Selbstverständnis es gehörte, französische Importe mit autochthon Britischem zu verbinden. Das bedeutet, daß mit Dryden schon vor 1700 ein nationales und international vernetztes Nachdenken über das Übersetzen einsetzte. Man könnte – wohl etwas plakativ – sagen, daß zwar um 1700 im Vereinigten Königreich und um 1800 in den deutschen Ländern die leitenden Übersetzungsbegriffe deutlich verschieden waren, daß aber beide aus ähnlichen national-internationalen Verhältnissen hervorgegangen sind.

8 Exkurs: Die französisch-britisch-deutsche Triade

Der Gegenstandsbereich umfaßt geographisch Frankreich, das Vereinigte Königreich und die deutschen Länder. Wohl sind viele Aspekte der Übersetzungsbegrifflichkeit unzweifelhaft primär binärer Natur. Das Gesamtbild aber kann als Dreiecksverbindung verstanden werden. Auf derselben geographischen Grundlage beruht eine ausführliche und detaillierte Studie von Jörn Garber, »Peripherie oder Zentrum? Die ›europäische Triarchie‹ (Deutschland, Frankreich, England) als transnationales Deutungssystem der Nationalgeschichte« (1988), die ich in Erinnerung rufen möchte.

Garber argumentierte im wesentlichen imagologisch, indem er in der Hauptsache die Fremdbilder der beteiligten Nationen in ihrer Unterschiedlichkeit und im Hinblick auf die jeweilige innenpolitische Lage ausarbeitete. Dies ist auch für den Hintergrund dieser Studie von Belang, wiewohl für sie jene Ereignisse und Begriffe, auf die Garber in erster Linie achtete – »Ereignisbündel«, »Menschenmassen«, »Vereinheitlichungsprinzipien« und viele andere mehr[38] – kaum wichtig sind. Hier geht es um partikuläre, persönliche Ansichten, aus denen das Allgemeine in den Blick genommen werden kann und die von historischen Persönlichkeiten auch in diesem Sinn beachtet worden sind.

Garber war aus linkshegelianischer Sicht an der »Relevanz von Nationalgeschichte für die Menschheitsgeschichte« interessiert.[39] Hierfür empfahl er:

> Das Triarchiemodell ist normativ bezogen auf die Französische Revolution als Menschheitsrevolution. Im Unterschied zur Geschichtsphilosophie, die zumeist einen dialektisch einlinigen Verlaufsprozeß der Geschichte aus Antagonismusprinzipien konstruiert, geht das triadische Geschichtsmodell von der Entwicklungsgeschichte autogener Nationalgeschichten aus, die in ihrem Kulminationspunkt umschlagen in Menschheitsgeschichte. Die jeweilige »Nationalkultur« wird zumeist definiert als Folge solcher menschheitsgeschichtlichen Einbrüche innerhalb der Nationalgeschichte.[40]

Das Programm ist klar genug. Allerdings ist die Rede von der autogenen Nationalgeschichte eine unglückliche Wortwahl, die weiter unten auch als »geschlossene Nationalgeschichte« auftaucht.[41] Aus sich selbst heraus entwickelten sich die Völker – jedenfalls gemäß der einschlägigen Literatur schon des

18. Jahrhunderts – nur zu ihrer Anfangszeit, als sie zunächst noch ungeschriebene Familien- oder Stammesgeschichte erlebten. Sobald entwickelte Nationen nebeneinander standen, konnten ihre nationalen Interessen nur zu leicht in Konflikt geraten, so daß diplomatische oder kriegerische oder andere Reaktionen auf exogene Kräfte eine Nationalgeschichte mitbestimmten und es weiterhin tun. Das Problem der Autogenität in einer internationalen Welt suchte Garber dadurch zu lösen, daß er Einbrüche innerhalb der Nationalgeschichte auf die Nationalkultur umleitete, als ob diese keine historische Dimension hätte und nicht eng mit der Nationalgeschichte verbunden wäre.

Von besonderem Interesse ist die Verbindung zwischen National- und Menschheitsgeschichte. Das Umschlagen ersterer in die zweite ist eine allgemeine philosophische Ausdrucksweise, die freilich bei Garber deutlich hegelianisch klingt. Auf jeden Fall in der Geschichte der Übersetzungsbegriffe beschreibt dieser dialektische Mechanismus weder eine Entwicklung noch gibt er eine Erklärung. Eine jede Übersetzung ist potentiell ein Einbruch in die Literatur auf der Übersetzungsseite, der sie Modelle literarischer Themen und Ausdrucksweisen anbietet.

Eine auf zweifache Weise problematische Idee ist der normative Bezug des Triarchiemodells auf die Französische Revolution als Menschheitsrevolution. Ohne daß dieser Revolution etwas genommen werden muß, läßt sich aus heutiger Sicht sagen, daß die ältere Amerikanische Revolution mit der Unabhängigkeitserklärung von 1776 und der Verfassung von 1787 eine Nation hervorgebracht und eine Kultur vorbereitet hat, die stärker in der Welt präsent ist als die französische es je war, und auch heute noch Länder erreicht, die von der französischen Kultur eher weniger als mehr touchiert sind.

Das zweite Problem nehme ich auf, nachdem ich eine weitere »Annahme« Garbers mitteile, nämlich

> daß Weltgeschichte ihren Fortschrittsverlauf nur über den Umweg in sich geschlossener Nationalgeschichten verwirklichen könne, deren historische Individualität sich in der Gegenwart durch ihre komplementäre Bezogenheit auf alle anderen Nationalgeschichten zur Menschheitsgeschichte aufzulösen habe.

Dieses zweite Problem, das Garber mit dem Gedanken der Relevanz der Nationalgeschichten für die Menschheitsgeschichte hervorgerufen hat, liegt hier und an anderer Stelle darin, daß er mit dem normativen Bezug seines Geschichtsmodells auf die Französische Revolution einen besonders ausführlich und eindringlich ausgearbeiteten Entwurf einer solchen durch das Leben von komplementären Nationen hervorgebrachten Menschheitsgeschichte übersehen oder übergangen hat. Er findet sich in Johann Gottfried Herders »vorrevolutionären« *Ideen zur Philosophie der Geschichte der Menschheit* (1784–1791). Als Unterschied zwischen Herder und Garber soll hier nicht eine mehrbändige Ausarbeitung gegen gerundet 70 Seiten ausgespielt werden. Denn Konzepte können auch auf engerem Raum beschrieben werden. Der konzeptionelle Unterschied liegt wie ein Brennpunkt im jeweiligen Fortschrittsbegriff. Wenn man nämlich in den oben mitgeteilten Stellen »Fortschritt« ohne sozialistischen Zungenschlag liest, wird er als Leitbegriff von Herders Ideen deutbar. Für Herder bedeutete Aufklärung nicht ein Phänomen des 18. Jahrhunderts, sondern eine geistige und moralische Entwicklung von Anfang an, also, wenn man so will, seit Adam und Eva. Unter Fortschritt verstand er die Entstehung und die Zunahme von Vernunft und Billigkeit, woran die komplementären Nationen insoweit zusammenarbeiten, als die jeweilige nationale Ausgangslage nicht bei Null anfängt, sondern auf den Leistungen ihrer Vorläufer aufbaut. Der Begriff der Vernunft ging schon vor Kant über den Verstand hinaus, und Billigkeit läßt sich als Übereinstimmung von positivem Recht und dem Sinn für Gerechtigkeit verstehen. Mit der folgenden Aussage kam Garber der Auffassung Herders recht nahe:

> Diese Theorie eines differenten Entwicklungsmodus der Nationen als Bedingung des Menschheitsfortschritts kann aber erst wirksam werden, wenn die nationalen Entwicklungsformen als komplementäre Genesemodelle der Menschheitsgeschichte gedeutet werden.[42]

Anmerkungen

1 Porter, p. 151.
2 Vgl. Frank, »Translation and Historical Change«, p. 1461 *et passim.*
3 Vgl. Mounin, *Übersetzung*, p. 42; Kloepfer, pp. 45–46; Santoyo, *Historia* (2008), p. 13; Kitzbichler, *Theorie*, p. 15.
4 Vgl. G. Steiner, pp. 249.
5 Blumenberg, p.11; weitere Zitate bis p. 14.
6 Nach Witemeyer, pp. 21, 23–26.
7 Bournes »Trans-National America« erschien zuerst im *Atlantic Monthly* 108 (July 1916), 86–97; vgl. Bourne, p. 542.
8 Vgl. Frank, *Der lange Schatten*, p. 264.
9 Vgl. Huber, p. 75.
10 Vgl. Huber, p. 67.
11 Vgl. Sdun, p. 83.
12 Schleiermacher, »Methoden«, p. 41.
13 Schleiermacher, »Methoden«, p. 40.
14 Vgl. Barnstone, p. 6.
15 Jakobson, p. 350.
16 Boise-Beier, p. 114.
17 Jakobson, p. 350.
18 Jakobson, p. 356.
19 Boise-Beier, p. 114.
20 Boise-Beier, p. 115.
21 Vgl. Boise-Beier, p. 115.

22 Boise-Beier, p. 116; nächstes Zitat, p. 115. Die Auslassungen bezeichnen in den Text eingeschaltete Quellenangaben.
23 Boise-Beier, p. 123.
24 Barnstone, p. 6.
25 Mueller-Vollmer, »Sprachphilosophie« p. 9.
26 Pope, »Essay«, ll. 297 – 98.
27 Zitiert nach Rener, pp. 24 – 25.
28 Vgl. Rener, pp. 25 – 30.
29 Vgl. Kleist; Eliot, »Voices«.
30 Vgl. Gipper/Schmitter.
31 Vgl. Keats, *Life*, p. 184, und Reads Studie.
32 Vgl. Cassirer, pp. 354 – 60; Baumgarten, *Theoretische Ästhetik*, pp. X – XI.
33 Keats, *Poems*, p. 192.
34 Vgl. Mueller-Vollmer, »Language, Mind«, p. 9; Leventhal.
35 Most, p. 67.
36 Vgl. Barnstone, pp. 62 – 82, 138.
37 Vgl. de Staël; Bignan; Mounin, *Les Belles Infidèles*; Berman; Ballard, *De Cicéron.*
38 Vgl. Garber, pp. 124, 125, 132, u. ö.
39 Garber, p. 99.
40 Garber, p. 99.
41 Garber, p. 108.
42 Garber, p. 103.

Nationale Traditionen

2 Frankreich

1 Tradition und Innovation zur Jahrhundertmitte: Batteux und Prévost

Am Anfang dieser Studie stehen zu Recht zwei Übersetzer, von denen jeder einer charakteristischen Tradition verpflichtet ist, zugleich aber auf dem jeweiligen Gebiet praktisch und programmatisch bemerkenswerte Neuerungen eingeführt hat. Charles Batteux knüpfte als Antikenübersetzer an die althergebrachten Denkweisen der Schule und der Gelehrten an. Und Antoine-François Prévost d'Exiles, ein Romancier, der außerdem englische empfindsame Romane übersetzt hat, stellte sich, ebenfalls praktisch und poetologisch, auf den Boden der eleganten französischen Übersetzung – vulgo »belles infidèles«.

Batteux war alles andere als ein knöcherner Tafel-und-Kreide-Mensch. Er erwies sich vor dem Hintergrund des Schulprinzips »so treu wie möglich und so frei wie nötig« als ein Übersetzer und Poetologe mit viel Einfühlungsvermögen. Indem er das Programm der Versübersetzung als tonerhaltende Übersetzung entwickelte, setzte er sich von der ebenfalls althergebrachten Auffassung ab, die richtige Übersetzweise sei die sinnerhaltende. Insoweit ging er kühn einen Weg, dem mit der bemerkenswerten Ausnahme Johann Gottfried Herders spätere Übersetzer und Übersetzungspoetologen nicht zu folgen wagten.

Batteux läßt sich am besten an zwei Dokumenten studieren. Eine ausführliche Darstellung seines Begriffs vom tonerhaltenden Übersetzen im Zusammenhang nicht nur einer Poetik, sondern einer Kunsttheorie liegt mit *Les Beaux-Arts réduit à un seul principe* (1746) vor. Die didaktische Ausarbeitung als *Cours de belles lettres distribuées par exercices* (1747–48) war auch im Ausland – und da besonders in Spanien und den deutschen Ländern – verbreitet. Mir liegt die Göttinger Ausgabe von *Les principes de littérature* aus dem Jahr 1755 vor, die – ausweislich des Auszugs in Lieven D'hulsts unverzichtbarer Textsammlung – so gut wie wortgleich ist. Einschlägig ist auch das Vorwort zu seiner Horaz-

Übersetzung. Prévosts Ansichten sind in den Vorworten zu seinen Samuel-Richardson-Übersetzungen zu finden.

1.1 Der überlieferte Übersetzungsbegriff, Poetik und die Schönen Künste: Batteux

Charles Batteuxs hochgemutes Vorhaben beruht auf einer bemerkenswerten Verbindung von rückblickenden und vorausschauenden Momenten. Er war sich sicher, eine von der Raison geleitete Grundlage für die Geschmacksbildung gefunden zu haben.[1] Sein wohl wichtigster Beitrag besteht in der Eröffnung und Ausgestaltung eines eigenen, von den anderen kategorial unterschiedenen Denk- und Wissensbezirks, ausgeführt als Wissenschaft von den Schönen Künsten, und zwar mit besonderer Aufmerksamkeit für das Literaturschöne. Auf zeitnahe Parallelen gehe ich an geeigneter Stelle ein. Hier zählt, daß Batteux (1713–1780) – Abt, Professor für antike Rhetorik und Philosophie, Historiker, Linguist (»grammairien«), Sprachlehrer und Übersetzer aus dem Lateinischen – diese Neuorientierung auf der festen Grundlage der »latinitas«, des französischen Klassizismus und der Schultradition vorantrieb. Leitwörter wie »imitation«, »règle« und »goût« sowie die dezidierte Berufung nicht nur auf eine universale Ordnung der Dinge, sondern auch des Denkens, deuten auf diese Verpflichtung hin. Es gab deshalb gute Gründe, im sprachwissenschaftlich orientierten *Encyclopédie*-Artikel zum Thema »traduction« ausführlich auf Batteuxs Übersetzungsregeln Bezug zu nehmen. Aus Gründen der leichteren Verfügbarkeit habe ich zumeist aus Lieven D'hulsts Auswahl aus Batteuxs *Traité de la construction oratoire* (1763) zitiert, in dem die Regeln aus den 1740er Jahren nahezu wortgleich wiederholt worden sind.

(1) Batteuxs Regelwerk. Eine von Beispielen entlastete und zusammengedrängte Fassung von Batteuxs Übersetzungsregeln kann folgendermaßen lauten: Ausgangspunkt ist die zwischen wörtlichem und freiem Übersetzen vermittelnde Schultradition. Zur Wörtlichkeit heißt es: »[L]e premier principe de la traduction est qu'il faut employer les tours qui sont dans l'auteur, quand les deux langues s'y prêtent également«.[2] Daraus leitete Batteux elf Regeln der Übersetzungskunst ab. Deren letzte ist der übersetzerischen Freiheit gewidmet.

1. Qu'on ne doit point toucher à l'ordre des choses, soit faits, soit raisonnements, puisque cette ordre est le même dans toutes les langues, et qu'il tient à la nature de l'homme, plutôt qu'au génie particulier des nations.
2. Qu'on doit aussi conserver l'ordre des idées, ou de moins de membres.[3] [...]
3. Qu'on doit conserver les périodes, quelque long qu'elles soient, parce qu'une période n'est qu'une pensée, composée de plusieurs autres pensées

qui se lient entre elles par des rapports intrinsèques, et que cette liaison est la vie de ses pensées, et l'objet principal de celui qui parle. [...]

4. Qu'on doit conserver toutes les conjonctions. Elles ne sont comme les articulations de membres. [...]
5. Que tous les adverbes doivent être placés à côté du verbe, avant ou après, selon que l'harmonie le demande, ou l'énergie. [...]
6. Que les phrases symétriques seront rendues avec leur symétrie ou en équivalent. [...]
7. Que les pensées brillantes, pour conserver le même degré de lumière, doivent avoir a peu près la même étendue dans les mots. [....]
8. Qu'il faut conserver les figures de pensées; parce que les pensées sont les mêmes dans tous les esprits. [...] Pour ce qui est des figures des mots [...], on peut les remplacer par des équivalents. [...]
9. Que les proverbes, qui sont les maximes populaires, et qui ne font presqu'un mot, doivent être rendus par d'autres proverbes. [...]
10. Que toute paraphrase est vicieuse. C'est n'est plus traduire, s'est commenter. Cependant, quand il n'y a pas d'autres moyens pour faire connaître le sens, la nécessitée sert d'excuse pour le traducteur. [...]
11. Enfin, qu'il faut entièrement abandonner la manière du texte qu'on traduit, quand le sens l'exige pour la clarté, ou le sentiment pour la vivacité, ou l'harmonie pour l'agrément. Cette conséquence devient un second principe, qui est comme le revers du premier.[4]

Batteux stellte seine Übersetzungspoetik in ein doppeltes Spannungsfeld: einmal, wie gesehen, in das zwischen übersetzerischer Wörtlichkeit und Freiheit, und zum anderen in eines zwischen dem Nationalen und Supranationalen. Letzteres kommt dort in den Blick, wo Regeln aufgestellt werden, die als universal gelten, einerlei, ob man aus heutiger Sicht in den Geisteswissenschaften Allgemeingültiges für gegeben hält oder nicht. Der Eindruck eines übertriebenen Anspruchs läßt sich vermeiden, wenn man die Universalität zur Supranationalität zurücknimmt. Natürlich deuten beide Formulierungen über das Nationale hinaus. Universalität pocht allerdings an die Grenzen zum All, während Supranationalität zwar nicht jeweils den gleichen, aber doch stets einen relativ kleinen Kreis von Nationen umreißt, die miteinander in Verbindung stehen. So umfaßte das damalige literarische »Universum« außer der Antike kaum mehr als eine Handvoll Nationen, denen dieselben Prinzipien und Regeln dienen sollten. Zu ihren Gemeinsamkeiten gehören die Ordnung der Dinge und der Verstandestätigkeit (Regel 1), die der Ideen (2) sowie die der Gedankenfiguren (8). Die weiteren Regeln gelten für den übersetzerischen Umgang mit einigen Details, vor allem solchen, die den Satzbau lenken (3, 4). Mit Blick auf Stilmittel im engeren Sinn sind die Regeln 5 und 11 besonders sprechend. Es geht da insbesondere um

Klarheit, Ausdruckskraft, das Gemüt ansprechende Lebhaftigkeit und Harmonie. Letzteres Stilmittel bedeutet hier sicher mehr als nur Wohlklang, nämlich auch die Ausgewogenheit von Satzteilen und Teilideen (»membres«) wie in Regel 1. Es zeugt von einer weniger theoretischen denn praktischen Einstellung, daß Batteux mit der abschließenden Regel 11 für all jene Fälle, die sich nicht mit den kodifizierten Verfahren lösen lassen, die übrigen zehn widerrief. Er nannte Bedingungen – Klarheit, Lebhaftigkeit und Anmut – dafür, daß sich ein Übersetzer über alles hinwegsetzen darf, worauf ihn das erste, nicht numerierte Prinzip verpflichtet und zu dem er mit der letzten Regel das Gegenprinzip aufstellte. Unter den genannten Bedingungen galt es nun, so frei wie möglich und so wörtlich wie eben nötig zu übersetzen, damit der Text noch als Übersetzung durchgeht.

Teil von Batteuxs Übersetzungspoetik ist es auch, daß er »génie« in zweifacher Bedeutung verwendete. In Regel 1 taucht kurz die Idee des Volksgeists, »[l]e génie particulier des nations« auf. Und auch an jener Stelle in *Principes*, wo er als Teil einer kleinen »stylistique comparée avant la lettre« Möglichkeiten des Französischen zu denen des Lateinischen in Beziehung setzte, spielt dieses »génie« eine wichtige Rolle. Auf den entsprechenden Sprachbegriff werde ich noch ausführlicher eingehen. Hier muß eine Bemerkung zum Volksgeist genügen.

Heutzutage mag man vom Volksgeist nicht allzuviel halten. Ich habe kein Interesse daran, diese Redeweise wiederzuerwecken. Aber der Begriff spielt unter anderer Terminologie in Alteritätsstudien auch heute durchaus noch eine Rolle. Auf jeden Fall bildete er im 18. Jahrhundert je später desto deutlicher eine Denkgröße nicht nur in der Poetik, sondern oft auch in der Übersetzungspoetik. Der getreue Chronist muß sich darum seiner im Zeitzusammenhang annehmen. Das bedeutet anzuerkennen, daß sich damals zu dem, was immer noch – auch in der klassizistischen Denkweise – als allgemeingültig, weil aus der Menschennatur abgeleitet galt, ein weiteres Spannungsfeld öffnete: das zwischen dem Allgemein-Menschlichen und dem National-Historischen. Zusammen mit dem Spannungsfeld zwischen wörtlichem und sinngemäßem Übersetzen umschrieb es zumindest im Fall von Frankreich die Grenzen, in denen sich das Nachdenken über Übersetzen und Übersetzung bewegte.

Das, was allen Menschen gemein ist, so lautet die nachvollziehbare Folgerung, kann beim Übersetzen unbeschädigt bleiben. Was aber dem Geist nur einer Sprachnation entspricht, läßt sich nicht so einfach übersetzen. Dieses Gegensatzpaar ist zum Teil ausdrücklich, zum Teil in Andeutungen in Batteuxs Regelwerk greifbar. So wird mit der Begründung, das Denken sei überall gleich, in Regel 8 das bewahrende Übersetzen der Gedankenfiguren gefordert. Dieselbe Prämisse gilt schon für Regel 7, in der es um das bewahrende Übersetzen von glänzenden Gedanken geht. Nach Regel 9 sind Sprichwörter durch übersetzungsseitige Entsprechungen wiederzugeben. Da, so Batteux, Sprichwörter dazu dienen, Sachlagen, Umstände und Handlungsmomente auf den Punkt zu bringen, können sie manchmal wörtlich und manchmal dem Sinn nach, sollten aber auf jeden Fall in Sprichwortform übersetzt werden. Ob diese Annahme den Praxistest besteht, ist ungewiß.

Mit den Regeln 10 und 11 begab sich Batteux auf besonders vermintes Gelände. Zunächst verbot er ausdrücklich und mit Nachdruck die Umschreibung als Übersetzweise. Denn das Paraphrasieren bringe in Wirklichkeit nichts anderes als einen Kommentar zustande. Für den übersetzerischen Notfall setzte er allerdings auch diese Regel außer Kraft. Diese Festlegung ist aus zwei Gründen beachtenswert, einem allgemeinen und einem recht spezifischen. In der rhetorischen Überlieferung bedeutet nämlich Paraphrasieren die Wiedergabe des Textsinnes in eigenen Worten. Dieses Verfahren dient unterschiedlichen Zwecken: dem Autor zur Klärung von Bedeutung und Argument, den Lesern oder Zuhörern als Test ihres Textverständnisses und den Berichterstattern zur Komprimierung der Nachricht. Es kann dies sowohl in der Grund- als auch in der Übersetzungssprache gelingen. Und genau in diesem zweiten Fall, der über eine Sprachgrenze hinweggreift, ist die Bestimmung einer Grenze des Paraphrasierens geboten, sofern man sich gedanklich in jenem geistigen Raum bewegen will, den die Schultradition geöffnet und offengehalten hat.

In seiner systematischen Darstellung dieser Tradition wies nun Frederick M. Rener darauf hin, daß insbesondere jene Autoren, die die Übersetzung unter den Rahmenbegriff der »interpretatio« gestellt hatten, zur Herausarbeitung der Merkmale ihres Übersetzungsbegriffs gern auf Paraphrase und Metaphrase zurückgriffen. Am Beispiel von Andreas Schottus, eines vielseitigen Autors und Übersetzers des 17. Jahrhunderts, zeigte Rener, wie die Umschreibung zu einer zweigliedrigen Bestimmung des Interpretationsbegriffs beitragen kann, indem zwei Arten des Interpretierens unterschieden werden. Die »allgemeine« nannte Schottus »paraphrastica« und wies ihr das Erklären eines Textes in derselben Sprache zu. Die besondere Art des »Interpretierens« – so heißt bei Schottus das Übersetzen – bezeichnete er als »metaphrastica« und charakterisierte sie als »transfusio linguae«, als Umgießen von einer Sprache in eine andere.[5]

Vor diesem Hintergrund ist es nicht verwunderlich, daß Batteux das Paraphrasieren aus dem Bedeutungsbereich des Übersetzens ausschloß. Aber wie so oft in der Rede vom Übersetzen wurde die Terminologie begrifflich verschieden besetzt. So erinnerte beispielsweise Rener den Leser an Drydens Dreifachunterscheidung in Wort-für-Wort-Übersetzung (»ad verbum«, Metaphrase), in die von ihm bevorzugte sinnerhaltende Übersetzung (»ad sensum«, Paraphrase oder »translation with latitude«) und in die freie Nachdichtung (»imitatio«). Letztere betrachtete er als ein poetisches Verfahren.[6]

(1) Übersetzen von Versdichtung. Batteux unterschied drei übersetzungsre-

levante Gattungen: Geschichtsschreibung, Redekunst und Verskunst.[7] Mit den beiden ersten befaßte er sich nur kurz mit Empfehlungen zum Übersetzungsstil. Große Aufmerksamkeit widmete er hingegen der Versdichtung, indem er eine im 18. Jahrhundert als »ton poétique« oft besprochene poetologische Leitidee auf die Reglementierung der Versübersetzung anwandte.[8] Hierzu sind seine Ausführungen im Vorwort zu seiner Horaz-Übersetzung besonders sprechend.

Mit Blick auf tonerhaltendes Übersetzen bezog sich Batteux auf Beispiele aus der Malerei und auf eine überlieferte Zweiteilung. Zum einen könne man so vorgehen, daß die Übersetzung wie in der Malerei als vollständige Kopie an die Stelle des Originals tritt; zum anderen gebe es eine Art Schwarz-Weiß-Übersetzung, die bestenfalls an Sinn und Bedeutung heranführt.

> Je distingue deux sortes de traduction: la première est celle qui rend un auteur dans une telle perfection qu'elle puisse en tenir lieu, à peu près, comme une copie de tableau, faite d'une excellente main, tient lieu de l'original. La seconde ne tient pas lieu de l'auteur, mais elle aide seulement à en comprendre le sens, elle prépare les voies à l'intelligence du lecteur. Ce sera à peu près une estampe.[9]

Laut Batteux eignet sich die erste Übersetzweise nicht für Dichtung. Denn während sich ein Kopist derselben Farben bedienen kann wie der Maler des Vorbilds, ist dieser Weg für den Übersetzer nicht gangbar, weil ihm ja die Übersetzungssprache – jede Übersetzungssprache – eine andere Palette bietet. Phonologische, grammatische und syntaktische Unterschiede zwischen den Sprachen machen es immer wieder unmöglich, andere als abweichende und gelegentlich sogar abwegige lautliche und metrische Muster sowie Reime zu finden. Sollte andererseits ein Übersetzer diese Übersetzweise auf den Kopf stellen und versuchen, die Lautstruktur originalgetreu zu übertragen, zerfasert der Sinn unter seinen sorgsamen Händen und löst sich schließlich ganz auf, wie Louis Zukofskis Experimente mit ausschließlich lautgerechtem Übersetzen zeigen.[10]

Was für die Übersetzung von Dichtung gilt, müßte auch, angepaßt, auf stilistisch und rhetorisch sorgfältig gestaltete Prosa zutreffen, und zwar sowohl in ihrer euphuistischen als andererseits auch in ihrer planvoll kargen Ausgestaltung, weil ja auch der Prosaübersetzer mit verschiedenen Paletten – mit den Sprachenpaarunterschieden und mit unterschiedlichen Stilgewohnheiten – auskommen muß. Ein einfaches Beispiel betrifft die Periodenkunst von Thomas Mann, die in einer amerikanischen Übersetzung kurz und klein geschlagen worden ist, wohl um die Leser auf die ihnen möglicherweise vertrautere Linie von Hemingways Kurzsatzkunst zu führen.

Batteux sah allerdings nur den Übersetzer von Versdichtung dem Sprachenpaarzwang unterworfen. Deshalb empfahl er ihm die zweitbeste Methode an Stelle derjenigen, die unter anderen Gegebenheiten die erstbeste wäre, nämlich die tonerhaltende, weil der poetische Ton das Hauptmerkmal von Versdichtung sei. Dieses Argument führt zu einem Übersetzungsbegriff, der Wörtlichkeit anstrebt, sich aber mit einer Annäherung zufrieden gibt. Die Einsicht, daß übersetzerische Ziele oft nur annäherungsweise erreichbar sind, dürfte auch in anderen Zusammenhängen zutreffen. Hier jedenfalls paßt die annähernde Wörtlichkeit gut zu der Auffassung, daß poetische Diktion ein poetologisch hohes Gut ist. In diesem Sinne bezeichnete Batteux poetische Wörter und Wendungen als die Farben der Dichtung. Die annähernde Wörtlichkeit war für ihn nicht die schülerhaft-sklavische Art. Sie biete vielmehr dem Übersetzer die Möglichkeit, die Unterschiede zwischen Rede- und Reimkunst anzuzeigen. Mit textlichen Hinweisen ging er allerdings höchst sparsam um. Im Fall des rhetorischen Übersetzens genüge es, so Batteux, den Gedanken zu übermitteln und dessen Hauptteile syntaktisch hervorzuheben. Eine Prosaübersetzung von Versen verlange jedoch mehr: »Il faut outre cela représenter les traits particuliers tels qu'ils sont«.

Batteuxs Ideen vom guten und schönen Übersetzen passen daher bequem in den althergebrachten Zweig der Schultradition. Voraussetzung ist allerdings eine einheitliche, überall gleiche Weltsicht. Dasselbe gilt für die Gedanken. Ebenfalls vorausgesetzt ist eine Dichotomie von Gedanke und Ausdruck. Die Unterschiede zweier Sprachen haben instrumentalen Charakter. Das große Ziel ist es, so wörtlich wie möglich und so frei wie nötig zu übersetzen, und zwar in erster Linie mit Blick auf Ideen und Sachen und erst danach in stilistischer Hinsicht. Wo dies aus Gründen des Sprachenpaarzwangs nicht möglich ist, kann sich ein Übersetzer großzügige Abweichungen leisten, um Sinn und Bedeutung zu transportieren. Urteile darüber, was übersetzerisches Gesetz und übersetzerische Freiheit sei, spricht der Geschmack.

(2) Neuerungen. Nach Rener führte Batteux drei Neuerungen in die Übersetzungsbegrifflichkeit ein. Mir fallen allerdings weitere Neuerungen größeren Ausmaßes auf. Neu waren nach Rener (1) Batteuxs Anforderung an den Übersetzer, die Zielsprache zu beherrschen und (2) die Regel, »la période«, also den weitläufigen Satzbau beizubehalten. Im jetzigen Zusammenhang wird klar, warum: Es ist ein Mittel, die syntaktische und zum Teil wohl auch semantische Ausgewogenheit beim Übersetzen zu bewahren. (3) Die dritte von Rener hervorgehobene Neuerung ist der Bannstrahl gegen die Paraphrase. Weil ich meine, daß hier ein Irrtum vorliegt, muß ich ausführlicher werden.

> The most significant innovation is found in rule ten, significant because it is aimed at an important facet of the traditional conception of translation: its hermeneutical nature. A line of demarcation is thus being drawn between *traducere* and *interpretari:* »Que toute paraphrase est vicieuse. Ce n'est plus traduire, c'est commenter«. This rule stems from a source not yet identified. It is mentioned several years earlier (1751) by Gottsched: »...wiewohl ich die Regel

stets vor Augen hatte: Ein Uebersetzer müsse kein Paraphrast oder Ausleger werden«.[11]

Diese Ausführungen irritieren. Das Jahr 1751 ist nur aus der Sicht von 1763 (also von *Construction oratoire*) rückschauend. Denn Johann Christian Gottscheds Aussage von 1751 folgte dem Batteux zumindest der *Beaux-Arts* und des *Cours* in der Zeit. Für einen so stark an Frankreich interessierten Übersetzer und Poetologen wie Gottsched erscheint es nämlich eher unwahrscheinlich, daß er ein so bedeutendes Werk wie *Beaux-Arts* nicht gekannt haben sollte. Aber die Ablehnung des Paraphrasierens als einer legitimen Übersetzweise geht noch etwa 150 Jahre hinter Batteux zurück. Rener hatte selber auf ein frühes Argument dieser Art hingewiesen, bei Andreas Schottus im Jahr 1610.[12] Was wie ein Widerspruch erscheint, könnte sich dahingehend klären, daß Rener an dieser Stelle unter »Neuerung« die Einführung einer Idee in den französischen Denkzusammenhang meinte. Denn Gottsched ist offensichtlich ein Deutscher, der bei den Franzosen in die Lehre gegangen ist.

Die zwei Neuerungen, die mir besonders aufgefallen sind, betreffen das tonerhaltende Übersetzen und die Ausarbeitung einer Wissenschaft von Literatur- respektive Naturschönem. In diesen konzeptionellen Umkreis gehört auch die Poetik der »althebräischen Bibelpoesie«, wie Robert Lowth aus Oxford seine Entdeckung einer Prosodie und Poetik in Schriften des Alten Testaments bezeichnet hat. Daß es sich dabei um einen Bezugstext für Batteux gehandelt haben könnte, erscheint mir aus Gründen der Chronologie ausgeschlossen. Allerdings argumentieren die beiden Autoren ähnlich.

(3) Das tonerhaltende Übersetzen von Versdichtung in eine besonders ausgestaltete Prosa halte ich für einen Bruch mit der aus der Antike stammenden Auffassung, Dichtung sei ihrem Wesen nach metrische Rede, »poema est forma«. Alles andere, was übersetzerisch von Belang ist, folgt daraus. Bei Batteux freilich folgt vieles aus der Idee, das tonerhaltende Übersetzen von Versdichtung in Prosa biete die Möglichkeit, bei Sprachenpaarzwang wenigstens eine annähernd gelungene Übersetzung anzufertigen. Das heißt aber auch, daß Übersetzbarkeit hier zu einem Teil der allgemeinen Poetik wird. Das, so will mir scheinen, ist eine bemerkenswerte Neuerung.

Art und Ausmaß dieser Neuerung hängen von der genauen Bedeutung von Batteuxs Formulierungen ab. Die Einleitung zu seiner Prosaübersetzung von *Les Poësies d'Horace* aus dem Jahr 1750, die mir in einer Ausgabe von 1762 vorliegt, bietet die notwendigen Unterscheidungen und Argumente. An die Stelle des »ton poétique« ist hier zwar die »verve poétique« getreten.[13] Aber auch dies läßt den kleinen aber entscheidenden Schritt über die Schultradition hinaus erkennen. Unter Opferung von vielem, was wegen des Grundsatzes »poema est forma« beim Übersetzen nicht verloren gehen dürfe, kam es hier darauf an, in der

Übersetzung so viel von der rhythmischen Struktur und der poetischen Melodie zu bewahren wie möglich: »de porter dans la prose tout ce qu'elle peut recevoir du nombre et de la mélodie poétique«.

Nun bewegt sich Batteuxs Bestimmung des poetischen Tons ganz innerhalb der Grenzen, die – ausweislich von Littrés *Dictionnaire* – für seine Zeitgenossen galten. Ich schätze diesen Ton allerdings als noch enger umrissen ein. Das heißt, er umfaßt alle jene Stilmerkmale, klingende ebenso wie die von syntaktischer Ausgewogenheit, die als eine für eine Gattung oder Untergattung charakterisierende Stimm- und Stimmungslage galten. Auch die als jeweils kennzeichnend angesehene Wortwahl gehört hierher. Und was die Horaz-Übersetzung unmittelbar anbelangt: Batteux fand, daß jeder der Briefe einen eigenen Ton, einen »ton particulier« anschlägt, verstanden als »degré convenable de familier qui doit y régner«.[14]

Auch für »melos« gilt, daß Batteux zu bestimmen suchte, welche Eigenschaften französischer Prosa geeignet sind, eine Übersetzung so nahe wie möglich an die Prosodie des französischen Verses heranzuführen.[15] In Frage kamen hierfür kürzere ungleiche »cola«. Damit ihm dies gelinge, so Batteux, stellte er sein Gehör auf einen halbpoetischen Ton ein, den er so definierte: »en montant l'oreille sur un ton semi-poétique, inspiré en quelque sorte par l'harmonie même des vers latins«. Das Ergebnis ist rhythmische Prosa, eine Art von Prosodie, die, von der anderen Seite gesehen, als Reihung ungleich langer und strukturierter Blankverse erscheint, »une suite de vers libres sans rimes«.

Vielleicht läßt sich dieser Textverhalt dahingehend zusammenfassen, daß in Frankreich zur Mitte des 18. Jahrhunderts in der übersetzerischen Praxis ebenso wie in der Übersetzungspoetik ein Punkt in der Mitte zwischen Vers und Prosa angesteuert worden ist.

(4) Berührungen mit Baumgarten und Lowth. Drei Werke in drei Ländern und zwei Sprachen stehen in einem besonders engen Verhältnis zueinander: Batteuxs *Les Beaux-Arts réduit à un seul principe* (1746), Alexander Gottfried Baumgartens zweibändige *Aesthetica* (1750–58) und Robert Lowths *De sacra poesi Hebræorum: Prælectiones* (1752).

Meines Erachtens ist eine direkte Abhängigkeit unwahrscheinlich. Doch den Zeitgeist, diesen Kastenteufel, möchte ich lieber nicht bemühen. Es kommt wohl auf länderspezifische Kontexte an. Hier ist freilich nicht der Platz, sie auszuarbeiten, doch läßt sich sagen: Das große Ziel von Baumgarten war es, in Auseinandersetzung mit den vorliegenden rationalistischen und antikenorientierten Anschauungen eine neue, sinnliche Sicht auf die Künste als Wissenschaft der Ästhetik auszuarbeiten. Das enthusiastische Interesse Lowths war es, die distinktive Prosodie der poetischen Bücher des Alten Testaments zu rekonstruieren, soweit dies aus der überlieferten Konsonantenschrift möglich war.

Dabei ergab sich im Lichte der damaligen Klimatheorie, daß die Juden, die in einem heißen Land lebten, zu Flammen der Leidenschaften und des Enthusiasmus neigten, die auch in der Bibelpoesie lohten. Baumgarten argumentierte erkenntnistheoretisch-philosophisch, während Lowth poetologische Analysen vornahm. Mit der Einsicht in die Regeln der althebräischen Bibelpoesie entdeckte er einen nationalliterarischen Kanon, der an die Seite der supranationalen Kanons der Alten und der Raison zu stehen kam. Johann Gottfried Herder nahm den Ball auf und entwickelte das erdweite Bild der einander ergänzenden Nationalliteraturen. Mit Batteux hat Baumgarten auf jeden Fall eines gemeinsam: Ihrer beiden Interesse galt den freien und schönen Künsten.

Unter diesen drei Autoren erscheint mir Batteux als der am meisten in der Überlieferung Verhaftete. Er berief sich nämlich auf das in der Antikenrezeption groß gewordene Prinzip der »imitatio«, das er für die verschiedenen Künste verschieden auslegte. Sinnlichkeit kommt in der an John Locke gemahnenden Vorstellung der »impression« zum Ausdruck. Sein enthusiastisches Genie kommt jedoch, so wie ich ihn lese, nicht an die Gewalt der Stürme des Enthusiasmus heran, die bei dem Engländer Lowth herrscht. Auch Johann Jakob Breitinger erwog in seiner *Critischen Dichtkunst* (1740) eine von der »Wuth der Leidenschaften« befeuerte Dichtung.[16] Ähnlichen Stürmen sah sich Antoine-François Prévost d'Exiles beim Übersetzen aus dem Englischen ausgesetzt.

1.2 Der überlieferte Übersetzungsbegriff und *les liaisons dangereuses internationales:* Prévost

Prévost (1697 – 1763), bekannt wegen seines bewegten Lebens, erwarb sich einen Namen als Romancier. Als Übersetzer machte er sich besonders um den empfindsamen englischen Roman verdient, dem er für seine eigenen Romane vielfache Anregungen verdankte. Seinen Übersetzungsbegriff erläuterte er in Vorworten zu Übersetzungen zweier Romane Samuel Richardsons. Als stark gekürzte französische Fassung von *Clarissa Harlowe* erschien zunächst *Lettres angloises, ou histoire de Miss Clarisse Harlove* (1751 – 52). In den Jahren 1755 bis 1758 folgte eine extrem eingedampfte Fassung der *History of Sir Charles Grandison*, die den Kontinuität versprechenden Titel *Nouvelles lettres angloises, ou histoire du chevalier de Grandisson* erhielt.

In seine *Clarisse* übernahm Prévost nicht nur das Strukturierungsmittel des fiktiven Herausgebers, sondern erfand auch das, was Wilhelm Graeber treffend als Übersetzerzwischenrede bezeichnet hat.[17] Er schrieb nämlich selbstbezügliche Kommentare eines fiktiven Übersetzers in seinen Text ein.

Insgesamt lassen sich Prévosts Übersetzungsverfahren und seine Übersetzungspoetik als traditionsverhaftet, aber zugleich als an der Grenze des literarischen Übersetzens im Frankreich der Jahrhundertmitte stehend kennzeichnen. In seinen Vorworten nahm er – so will mir scheinen – zu einem Gutteil aus Freude am Argumentieren verschiedene Einstellungen zum Übersetzen ein. Ganz innerhalb des von Frederick M. Rener und Hans-Werner Schneiders (in *Ambivalenz des Fremden*, 1995) abgesteckten Rahmens bewegt sich seine Selbstinszenierung als Übersetzer. Denn bei Prévost gehören wie in der Schultradition die Wahl des Stoffes und seine Anordnung – »inventio« und »dispositio« – nicht zu den übersetzerischen Aufgaben, sondern ganz allein die »elocutio«, die sprachliche Ausführung.

Allerdings stilisierte sich Prévost zuweilen nicht als Übersetzer, sondern als Autor, der seinen Lesern Unterhaltung bieten will. Das ist nur folgerichtig, weil Kürzungen im Umfang von zwanzig oder dreißig Prozent – die Angaben variieren – von *Clarissa* und gewaltige siebzig im Fall von *Grandison* aufs schärfste in die »dispositio«, ja sogar deutlich in die »inventio« eingreifen, selbst wenn sie allein aus Gründen der »elocutio« vorgenommen worden sein sollten. Diese Eingriffe sind, so Prévost, notwendig gewesen, um in Frankreich zu gefallen. Im Vorwort von 1751 berief er sich auf zwanzig Jahre Erfahrung mit dem Übersetzen englischer Literatur. Man wisse in Frankreich, daß »pour s'y faire naturaliser, elle [la littérature anglaise] a souvent besoin de ces petites réparations«.[18] Kürzungen um zwanzig oder gar siebzig Prozent laufen aber auf eine höchst eigenwillige Definition von »petit« hinaus. Im Vorwort zur übersetzerischen *Grandison*-Zerstückelung ging Prévost noch deutlich weiter:

> Sans rien changer au dessein général de l'auteur, ni même à la plus grande partie de l'exécution, j'ai donné une nouvelle face à son ouvrage par le retranchement des excursions languissantes, des peintures surchargées, des conversations inutiles et des réflexions déplacées. Le principal reproche que la critique fait à Richardson est de perdre quelquefois de vue la mesure de son sujet, et de s'oublier dans les détails. [...] J'ai supprimé ou réduit aux usages communs de l'Europe, ce que ceux de l'Angleterre peuvent avoir de choquant pour les autres nations.[19]

Diese bereits von Schneiders hervorgehobene programmatische Erklärung unterstreicht nicht nur das Recht, sondern geradezu die Pflicht der Übersetzer, dort einzugreifen, wo sie im Hinblick auf ihr Zielpublikum Barbarismen in Wort und Ton zu erkennen glauben. In der Lage, in der Prévost sich sah, blieb ihm nichts anderes übrig als zu löschen, zu kürzen und umzuschreiben: »supprimer«, »réduire«, »changer«. Indem Schneiders an »prætermittere«, »addere« und »mutare« bei St. Hieronymus und auf »changer«, »retrancher« und »substituer« bei Prévosts Zeitgenossen Antoine-Henri de Bérault-Bercastel erinnerte, konnte er die Angaben zu Kürzungen in den zwei Vorworten in die klassische Übersetzungspoetik einordnen.[20] Bei anderen als barbarisch angesehenen Formen, zum Beispiel einem stark elliptischen Stil, kann ihm zufolge eine ähnlich heilende Wirkung von Erweiterungen ausgehen.

Doch was Prévost eigentlich im Sinn hatte, läßt sich an der Analogie erkennen, mit der er das Thema des *Grandisson*-Vorworts einführte. Er berief sich gleich zu Anfang auf eine überlieferte Redeweise unter Bildhauern und Skulpturenkennern, die ähnlich auch von Michelangelo berichtet wird. Danach zeigt sich künstlerisches Können dort, wo es gelingt, die schöne Statue zu befreien, die in einem unbearbeiteten Marmorblock oder Holzklotz eingekerkert ist: So stellte er – zumindest mit einem Seitenblick und ganz am Rande – eine Verbindung zwischen seinen Überlegungen zum Übersetzen und zeitnahen Bemühungen um eine umfassende Ästhetik der Künste her.[21] Dabei bezog er sich speziell auf »certains ouvrages d'esprit qui, sous une rude écorce, c'est-à-dire avec de grands défauts dans la forme, ne laissent pas de renfermer des beautés supérieures«.

Auch ihm hat mit Richardsons Romanen Rohmaterial in Form von verkrüppelten Bäumen vorgelegen, aus denen er jeweils ein schönes Werk herausübersetzt hat. Es gibt also keinen Zweifel: Das, was er mit dem englischen Text angestellt hat, ist weder ein »retrancher« noch ein »corriger«, sondern ein »établir ordre«: ein ordnendes Umdisponieren. Einen Stoff – in diesem Fall eine »grossièreté britannique« – zu ordnen, schafft Schönheit. Prévost ging jedoch argumentativ noch einen Schritt weiter. Der Zweck seiner Operation sei es gewesen, das Genie des Autors, das dieser verschludert habe, wiederzuentdecken – »retrouver le génie de l'auteur«.

Das heißt also: *Clarissa* ist ein attraktiver Rohling, aus dem der französische Sinn für schöne Ordnung beziehungsweise ordnungsgemäße Schönheit ein wahres Kunstwerk herauszuholen vermag. In dieser Übersetzungspoetik muß das tief verwurzelte kulturelle Überlegenheitsgefühl der Franzosen in ein schwieriges Gleichgewicht mit einer fremden Literatur gebracht werden, hinter deren Fassade eine literarische Qualität aufleuchtet, die auch deshalb fasziniert, weil sie aus französischer Sicht neu ist. Aber genau diese Faszination gilt es zu mildern. Denn eine Eins-zu-eins-Übersetzung wäre ein Ärgernis für den französischen Geschmack.

Diese Gedankenfigur, die nicht ohne Paradoxie auskommt, kennzeichnet sowohl das Vorwort als auch sein Verhältnis zum Roman selbst. Prévost zeigte mit großer Konsequenz sein Interesse an beiden Seiten. So ist es bestimmt keine schlechte Idee, das Vorwort mit einem großen Lob auf das gerade übersetzte Werk zu beginnen. Ist es dann aber nicht seltsam, daß Prévost gleich danach auf die drastischen Abweichungen zu sprechen kam, die sich mit Rücksicht auf den französischen Geschmack als notwendig erwiesen hätten? Er erzeugte so den Eindruck, als hätten kleine Reparaturen ungewohntes englisches Chaos in vertraute französische Schönheit verwandelt – »s'y faire naturaliser«, »einbürgern«

steht da. Aber in einer Volte, die das Zeug dazu hat, auch vom Leser einen geistigen Salto zu verlangen, gab er an, nicht alles Englische wegnaturalisiert zu haben. Er habe es sich zur Pflicht gemacht, das fremde Kolorit auch im Französischen spürbar zu machen: »[J]e me suis fait un devoir de conserver aux caractères et aux usage leur teintures nationales«.[22] Denn er wisse, daß damals »[l]'air étranger n'est pas une mauvaise recommandation en France« – vorausgesetzt, das Fremde schaut französisch aus.

Dieser Zickzackkurs zeugt weder von Verwirrungen, noch gründet er auf Irrtümern. Graeber, dem ich hier folge, hat überzeugend dargelegt, daß dieses Vorgehen Teil von Prévosts Übersetzungsstrategie ist.[23] Es kommt einiges zusammen: Prévosts fiktiver Übersetzer beklagt das fehlerhafte Englisch, das Richardson seinen Unterschichtfiguren zugeschrieben hat. Solche Stellen sind beim Übersetzen entweder gestrichen oder eingebürgert worden. In einem besonders schweren Fall überrascht ein Einschub: »Le style de cette lettre est fort grossier dans l'omission: l'imitation seroit choquante en François«.[24] In einer weiteren umfangreichen Übersetzerzwischenrede geht es darum, ob ein ganzes Bündel von Clarissas Briefen an vier verschiedene Freundinnen übersetzt oder einfach weggelassen werden soll. Schließlich entschied sich die Übersetzerfigur fürs Kürzen, weil diese Briefe nichts zum Gang der Handlung beitrügen. Doch wegen deren psychologischem Wert räumte er ein Übersetzungsopfer ein:

> Ces suppressions sont autant de sacrifices, que le Traducteur est obligé de faire au goût François, qui n'est pas pour les détails sans actions; car la plus inutile de toutes ces lettres a des beautés de caractère & de sentiments qui méritent d'être regrettées.[25]

Graeber übte eine bemerkenswerte Kritik an dieser Form des freien Übersetzens à la »belles infidèles«: Anders als Prévost es darstellte, ist die Hand des Übersetzers eigentlich unfrei, weil sie von dem geführt wird, was er nicht zu Unrecht für den Geschmack seines Publikums hielt.

Ein Muster zeichnet sich ab. Kürzungen werden zumeist mit dem raffinierten französischen Geschmack begründet, der vieles am Englischen anstößig findet und deshalb die Streichung oder Umarbeitung fordert. Verluste an englischen Grobheiten werden durch Gewinne an französischer Schönheit ausgeglichen. Eine literarisch fundierte Übersetzungskritik kann und sollte bei dieser Verlust-Gewinn-Rechnung besonderes Augenmerk auf den übersetzerischen Umgang mit der literarischen Gestaltung der Vorlage legen. Als Mittel hierzu könnten damalige literarische Schlüsselbegriffe wie zum Beispiel die moralisch-literarische »bienséance« dienen.

Graeber faßte seine Ergebnisse zu Prévosts *Pamela*-Übersetzung mit einer überraschenden, scharfsinnigen Wendung folgendermaßen zusammen:

> Es ist nicht sofort einsichtig, warum Prévost seine Abweichungen von der Vorlage so genau begründet: Die Übersetzungskritik war noch wenig entwikkelt, er hatte daher nicht zu befürchten, daß ihm jemand nach eingehendem Textvergleich Untreue vorwerfen würde. Will man diese Kommentare also nicht als Rechtfertigung sehen, so erscheinen sie als Werbung. Das Spiel mit nationalen Klischeevorstellungen steigert den Reiz eines fremden Werkes: Der Leser darf Neues, wenn nicht Unerhörtes erwarten – und wird doch gleichzeitig im Gefühl seiner nationalen Überlegenheit bestärkt. Es geraten also nicht die individuellen literaturästhetischen Werte eines Autors mit denen seines Übersetzers in Konflikt, sondern diejenigen zweier Nationen. Ein »Realismus« mit einer genauen Aufzeichnung soziolektaler Eigenheiten verstößt gegen die in Frankreich gültigen Gebote – und diese haben für französische Leser den Vorrang gegenüber der Wirklichkeitsnähe des Engländers.[26]

Ich möchte der Vorsicht halber einen Gedanken hinzufügen: Zwar nimmt Prévost Kürzungen und Änderungen im Namen des eleganten französischen Übersetzens vor. Die Übersetzerzwischenreden gehen allerdings einen Schritt weiter. Das übliche Mittel, Anstößiges – Barbarismen, Sensationen, Schreckliches und Schauerliches – von der als feinsinnig angenommenen französischen Leserschaft fernzuhalten, sind stillschweigende Auslassungen. Bei Prévost hingegen fällt oft das hellste Licht auf das Faktum einer solchen Auslassung oder Änderung. Auch gab er manchmal einen Hinweis darauf, was ausgelassen worden ist, wenn beispielsweise eine Übersetzerzwischenrede lautet:

> Ce tableau est purement Anglois; c'est-à-dire, revêtu de couleurs si fortes, & malheureusement si contraires au goût de notre Nation, que tous les adoucissemens ne le rendroient pas supportable en François. Il suffit d'ajouter que l'*Infâme* & le *Terrible* composent le fond de cette étrange peinture.

Sie steht an einer der Stellen, wo Ungehöriges, Sensationelles und Schandbares gestanden hat, und die Leser erfahren, daß all dies im Namen des Maßvollen, Normalen und Vertrauten unterdrückt worden ist.

Zusammen mit den Angaben im Vorwort weist diese Übersetzweise einen Übersetzungsbegriff aus, der in einer historischen Lage und für sie entwickelt worden ist. Es geht um ein Land, das seit langem an kulturelles Selbstbewußtsein und kulturelle Autarkie gewohnt ist, mit entsprechend hoher Anerkennung und Bewunderung im Ausland. Jetzt war freilich ein Punkt erreicht, an dem manche Leser, vom Fremden fasziniert, erkennen konnten, daß der eigenen Kultur eine Auffrischung durch Import und Anpassung gut täte. Anzupassen an das Vertraute war das verlockende Fremde. Prévosts Verarbeitung der Romane Richardsons läßt erkennen, wie dieser Umgang mit dem Neuen und Fremden aus einem Land, das nach bisheriger französischer Einschätzung literarisch wenig Nennenswertes zustande gebracht hatte, übersetzungslenkend und begriffsbildend geworden war.

Batteuxs und Prévosts Vorstellungen vom guten und schönen Übersetzen zeugen von der Art und dem Grad, wie zu jener Zeit, als die *Encyclopédie* entstand, überlieferte Ansichten zum Teil bestätigt und zum Teil abgewandelt worden sind. Unterschiede hängen nicht zuletzt von den Sprach-, Literatur- und Kulturpaaren ab, zwischen denen der Transfer stattfindet. Was das lateinisch-französische Paar angeht, konnte Batteux aus einer langen Überlieferung schöpfen. Doch seine Ablehnung der Versübersetzung und seine Empfehlung der tonerhaltenden Prosaübersetzung kratzten an Grundannahmen der Schultradition und deuteten Entwicklungsmöglichkeiten bei der Übersetzung von Dichtung an. Prévosts Übersetzweise und die entsprechenden Begriffe reflektieren ein ziemlich neues Sprach-, Literatur- und Kulturpaar, das englisch-französische, und eine recht neue Literaturform, den sentimentalen Roman. Im Zentrum des Verfahrens steht sein Trick, das Neue, Fremde, Aufregende nach Frankreich hereinzulassen, indem er es ausließ, aber zugleich andeutete, worum es sich handelt. Zu Ende gedacht führen diese Übersetzweise und Übersetzungspoetik zu einer nicht-hierarchischen Internationalität oder vielleicht eher zu einer Internationalität, die durch wechselnde und vergleichsweise flache Hierarchien gekennzeichnet ist. Es gab keine Literaturen mehr, die als unabänderliches Vorbild galten.

1.3 Vorzüge der englischen und Vorzüge der französischen literarischen Fähigkeiten: Yart

Im Jahr 1753 begann Antoine Yart (1710–1791), Abt und Mitglied der Akademie von Rouen, ein überaus produktiver Übersetzer, Literat und Dichter, mit der Veröffentlichung von acht Bänden mit Übersetzungen aus dem Englischen. Dieses Werk ist planvoll in die Rezeptionssituation eingepaßt, weil es dazu dient, damals noch nicht übersetzte britische Dichter bekannt zu machen, etwas über zwanzig an der Zahl. Yart steuerte außerdem eine Reihe von erläuternden Essays bei. Es findet sich darin zwar nur wenig zum sprachlichen Aspekt des Übersetzens, aber um so mehr zum literarischen, mit zum Teil erstaunlichen Bemerkungen und Wertungen, die ihn als einen Anglophilen ausweisen.

Yart beließ es bei der Erklärung, Übersetzungen seien Kopien, die der Urschrift ähneln, »copies, qui se ressemblent«.[27] Nach diesen Worten am Anfang des Vorworts zum ersten Band wandte er sich umgehend dem französischen Genie im Vergleich zum englischen zu und führte aus: Es sei notwendig, sich im Ausland umzutun, um Werke zu finden, die neue Möglichkeiten der Antikennachahmung zeigen, »chercher dans les ouvrages des étrangers, de nouvelles manières d'imiter les Anciens«. Die Erläuterung dieser Aufgabe klingt wie eine Erweiterung der Aussage Joseph Addisons von 1711 zur Überlegenheit der

Dichtung des englischen Genies über das regelgerechte Polieren im Sinne des französischen »Bel Esprit«:

> Le génie de l'invention est rare parmi nous; nous sommes moins capables de faire des découvertes, que nous ne sommes habile à les embellir; il y a plus loin pour nous du néant à l'être, que de l'être à la perfection; il faut nous éclairer des lumières de nos voisins, nous enrichir de leurs productions.[28]

Yart räumte in Umkehrung der Herabwürdigung ausländischer Literaturen durch Autoren des 17. Jahrhunderts wie Dominique Bouhours und Jean Menudier ein, daß der französische Geist nicht in jeder Hinsicht überlegen ist. Auf dem Gebiet der Erfindung im rhetorischen Sinn von »inventio« sei er auf ausländische Leistungen angewiesen. Dafür habe er eine ihm eigentümliche Begabung, nämlich die Fähigkeit, künstlerische Vollkommenheit hervorzubringen. Die französische Artistik des Perfektionierens mittels Polierens charakterisierte Yart als Kunst der Verknüpfung und der schönen Rede:

> L'ordre avec lequel les François lient leurs idées, la décence qui entre dans les caractères qu'ils offrent au Public, la précision & la clarté de leur style tribuent à polir les Muses Anglaises, elles se perfectionnent, elles devient aimables dans l'heureux commerce qu'elles ont avec les nôtres.[29]

Der französische Anteil an der Zusammenarbeit beim Herausbilden eines vollkommenen Gedichts entspricht der Idee Prévosts von dem, was ein französischer Übersetzer eines englischen Romans tun kann beziehungsweise tun muß: eine schöne Statue aus einem englischen Rohling heraushauen. Yarts Bild aus dem Bergbau ist insoweit ähnlich, als auch er die Trennung des Wertvollen vom Wertlosen anstrebt, das jenes verdeckt: »Creusons dans ces mines profondes [les poèmes anglais]; séparons l'or de la terre qui le couvre, polissons-le, et mettons le en œuvre«.[30] Ebenfalls eine Entsprechung bei Prévost haben Yarts Absicht und Praxis, den englischen Charakteren Schicklichkeit und feines Benehmen übersetzerisch beizubringen. Prévost hat, wie erinnerlich, Unschickliches weggelassen, aber angedeutet, was es war.

Eine Bilanz englischer poetischer Fehler und Stärken lautet bei Yart folgendermaßen: (1) Manche ihrer Metaphern sind bizarr. Dies könnte, so mag man vermuten, vor allem für die weithergeholte, oft verzwickte Bildlichkeit in der Metaphysischen Dichtung gelten. (2) Yart beklagte »la confusion & le désordre« bei seinen Autoren. Dies stimmt voll und ganz mit Beobachtungen anderer Übersetzer aus dem Englischen überein und gilt für Prévost ebenso wie, noch deutlicher, für Pierre-Prime-Félicien Letourneurs spätere Kritik an Youngs *Night Thoughts.* (3) Verbesserungswürdig war für ihn auch die Ungleichmäßigkeit ihres Stils. Yart setzte offensichtlich die Idee eines einheitlichen Autorenstils voraus. Allerdings hatte, wie erinnerlich, schon Prévost bei Samuel Richardson Stilschwankungen beklagt. Für sie kann es allerdings gute Gründe geben. So lassen sich nämlich schichten-, orts-, personen- oder situationsbestimmte Redeweisen unterscheiden, die ein Romancier gut und gern berücksichtigen kann, die aber in klassizistischer Zeit in der Literatur für »le cour et la ville« keinen Platz gefunden haben.

Auch für die englischen Stärken gilt die Dreizahl:[31] (1) Daß Yart englische »inventio« und »dispositio« – »de la fécondité & de la variété dans le fond & dans le plan de leurs ouvrages« – hervorhob, hängt zweifelsfrei mit seiner Ansicht von den Anleihen zusammen, die französische Autoren beim Ausland aufnehmen können. (2) Bei der Kraft ihrer Gedanken bezog er sich wohl auf die Horazische »vis«, eine Qualität, die in besonderem Maße auf die Erhabenheit der Ode zutrifft. Dieses Erhabene findet sich »dans le plus haut degré de pensée & de sentiment, dont l'esprit & le cœur de l'homme soient capables«, also in einer allgemein menschlichen Fähigkeit.[32] (3) Schließlich nannte Yart eine ähnliche Qualität des Sprachstils, nämlich »l'énergie dans leurs expressions«. Punkt zwei und drei zusammen lassen wieder den althergebrachten Dualismus von Gedanke und Ausdruck erkennen.

Diese drei Eigenschaften bilden, so faßte Yart sein Lob der englischen Dichtung zusammen, die Grundlage für das französische Programm des Hochglanzpolierens, »la source de mille beautés nouvelles pour des Écrivains judicieux et habiles«.

Im Zusammenhang mit diesen Leitgedanken von Yarts Übersetzungsprojekt erscheint es angebracht, seine Charakterisierung der Leitgattung des britischen Klassizismus, des Lehrgedichts, zu beachten. Im Lehrgedicht finde man jene Prinzipien und Regeln, an die sich englische Dichter halten und die deshalb zu erkennen geben, wie man englische Dichtung beurteilen muß.[33] Ganz besonders gilt das, so Yart, für Alexander Popes »Essay on Criticism«:

> Pope leurs [i. e. aux anglais] a enseigné la science de la Critique. [...] Le Poëme de Pope est devenue pour nous une nouvelle Art Poëtique, par la belle traduction en Vers que M. l'Abbé du Resnel en a faite.[34]

Indem Yart mit diesem englischen Versaufsatz von 1711 die *Art Poëtique* Nicolas Boileaus von 1674 auszulöschen suchte, beging er beinahe schon einen literarischen Hochverrat.

2 Die Gabelung der Übersetzungsstudien in der *Encyclopédie:* Beauzée und Marmontel

Der Eintrag »Traduction« in der *Encyclopédie* ist von Nicolas Beauzée, einem Sprachwissenschaftler – in damaliger Ausdrucksweise einem »grammairien« – verfaßt worden. Er steht in deren Hauptteil im 16. Band von 1765. Ein Beitrag aus literarischer Sicht fand einen Platz erst im vierten Band des Supplements von 1777. Der Autor dieses zweiten, Jean-François Marmontel, war ein angesehener Literat und Mitglied der Akademie. Diese Gabelung in Inhalt und Darbietung dürfte wesentlich dazu beigetragen haben, daß – so Lieven D'hulst[35] – seitdem kein einheitlicher Übersetzungsbegriff zustande gekommen ist. Unter einer historischen Perspektive ist es gleichwohl von Interesse, darauf zu achten, in welchem Verhältnis die neuen Auffassungen zur überkommenen aristotelisch-horazisch-ciceronischen Sicht der Dinge stehen und wohin diese Partikularisierungen und Differenzierungen geführt haben.

Auch die beiden *Encyclopédie*-Artikel weisen ein prekäres Gleichgewicht von stabilen und instabilen Momenten auf, das besonders spürbar ist, wenn man sie unmittelbar nacheinander liest und bedenkt. Beide nehmen ihren Ausgang in einer dualistischen Auffassung, gehen dann aber getrennte Wege. Bei Marmontel zeichnet sich stellenweise eine Auflösung dieses Dualismus ab. Beauzée, Marmontel – wie auch Batteux für Übersetzungen in Prosa – stimmen darin überein, daß des Übersetzers vornehmste Aufgabe Treue gegenüber den Gedanken seines Autors ist. Beauzée, Marmontel und Prévost handeln Sprachenpaarunterschiede unter den Bezeichnungen »génie« und »caractère« ab. Zwischen Beauzée und Marmontel gibt es aber deutliche Unterschiede in der Reichweite ihrer Überlegungen. Beauzée bezog sich auf die Bibel- und Antikenübersetzung und achtete in einem gewissen Umfang auf die Übersetzung als Schulübung. Marmontel, der sich über Bibel und Schule ausschwieg und sein Augenmerk auf die Lektüre gebildeter Leser legte, berücksichtigte ausdrücklich auch zeitgenössische Autoren. Wie Batteux richtete Marmontel einen Großteil seiner Aufmerksamkeit auf die Versübersetzung. Zur Frage des sozialen Nutzens von Übersetzungen nahm er Stellung, nicht aber zu ihrer literarischen Weiterverwendung.

2.1 Die *Encyclopédie* und linguistisches Übersetzen: Beauzée

Als Nicolas Beauzée (1717–1789) im Jahr 1765 die Ausarbeitung der sprachwissenschaftlichen Beiträge von seinem unlängst verstorbenen Lehrer übernahm, stand er am Anfang einer großen Karriere.[36] Die *Encyclopédie*-Beiträge bilden die Grundlage seiner als bedeutend geltenden *Grammaire général* aus dem Jahr 1767. Viele seiner Übersetzungen aus dem Lateinischen entstanden in den nächsten zwei Dekaden.

Beauzées Artikel zum Übersetzen, in dessen Titel »version « und »traduction« Seit an Seite stehen, beginnt mit strengen Unterscheidungen. Das führt dazu, daß Bezeichnungen, die ansonsten austauschbar verwendet worden sind, für einander ausschließende Kategorien zu stehen kommen. Indem er »copie« im Sinne von zwischensprachlicher Vermittlung als Rahmenbegriff für Übertragungen aller Art einführte, bediente er sich eines geläufigen Gleichworts für Übersetzung.[37] Auf einer niedereren Ebene traf er folgende Unterscheidung:

> Il me semble que la version est plus littérale, plus attachée aux procédés propres de la langue originale, et plus asservie dans ses moyens aux vues de la construction analytique; et que la traduction est plus occupée du fond des pensées, plus attentive à les présenter sous la forme qui peut leur convenir dans la langue nouvelle, et plus assujettie dans ses expressions aux tour et aux idiotismes de cette langue.[38]

Es ist kennzeichnend für Beauzées Übersetzungsbegriff, daß er strikt sprachimmanent orientiert ist. Anders als bei Marmontel finden sich beispielsweise kaum Überlegungen zum Zielpublikum. Zu einem szientifischen Ansatz paßt auch, daß Begriffe eng und streng festgelegt und die aus Stilgründen verwendeten annähernden Synonyme vermieden worden sind.

Andererseits mag ein scharfsinniger Leser den Eindruck gewinnen, daß Beauzées »version« doppeldeutig ist. Er übernahm nämlich eine gängige Unterscheidung, wonach »traduction« und nicht »version« für die literarische Übersetzung steht, und »version« nicht nur die Schulübersetzung aus dem Lateinischen bezeichnet, sondern auch einen weiteren alten, ursprünglich aus religiösen Gründen kanonisierten Text, nämlich die Heilige Schrift. Dabei berief er sich auf ein geläufiges Argument, wonach Bibelübersetzungen aus Ehrfurcht eher wörtliches als sinngemäßes Übersetzen verlangen.[39]

Gleichwohl sind folgende Komplikationen zu berücksichtigen: Bei Beauzée hat »version« eine zweite, weitaus bescheidenere Bedeutung, nämlich als vorbereitender Schritt auf dem Weg zur »traduction«. Sie ermöglicht »découvertes« über die Ausgangssprache und ist deshalb ein vorzügliches Lernmittel: »[L]es premiers essais de traduction ne peuvent et ne doivent être rien autre chose [qu'une version]«.[40] Ganz ohne Zweifel ist die Ehrfurcht vor Gottes Wort etwas ganz anderes als die schweißtreibenden Mühen der Schüler »ante portas latinitatis«. Und insoweit Beauzée fortfuhr, »traduction« als jene Art der »version« zu bestimmen, in der die Besonderheiten der Zielsprache berücksichtigt worden sind – »le tour propre de génie de la langue [d'arrivée]« –, kamen Bibelübersetzungen in die Gefahr, als nicht genügend ausgearbeitete »traductions« zu erscheinen.

Beauzée umging jedoch diese Schlußfolgerung, indem er sich auf eine ebenfalls althergebrachte Auffassung berief, wonach jeder Eingriff in die Gedanken des Autors, sei es durch Auslassung, Hinzufügung oder sonstige Änderung, eine Übersetzung beschädige, sei sie nun »version« oder »traduction«. Daß er solche freiere Übertragungen aus dem Gebiet der Übersetzungen ausschloß, zeigt seine sprachwissenschaftliche Orientierung noch einmal deutlich. Auch die heutige Linguistik fremdelt mit literarischen Übersetzungen. Doch solche Änderungen sind nur selten willkürlich. Sie sind oft unvermeidlich, wenn literarische Werke auf eine Weise übersetzt werden, die auf literarische Motive, Konstrukte und Strukturen achtet.

Weitere sprachwissenschaftliche Überlegungen zum Übersetzen finden sich unten unter »Le génie de la langue«.[41] Auch wenn es sich erweisen wird, daß Jean-François Marmontel die literarische Sicht auf das Übersetzen und die Übersetzung nicht kühn verfochten hat, zeigt sein *Encyclopédie*-Beitrag im Vergleich zu dem von Beauzée die Gabelung in einen sprachlichen und einen literarischen Zugang und eine entsprechende Begriffsbildung.

2.2 Die literarische Sicht als Anhang: Marmontel

Der Beitrag »Traduction, Belles Lettres« aus dem Jahr 1777 ist einer der vielen *Encyclopédie*-Artikel aus der Feder Jean-François Marmontels (1723 – 1799). Wer gerade Beauzées Darlegungen zum damaligen sprachwissenschaftlichen Übersetzungsbegriff gelesen hat, dem dürfte zuallererst der erhebliche Stilunterschied auffallen. Anstelle von dürren Definitionen, kargen Beschreibungen und penibelster Ausführung der Beispiele finden sich aufmerksame Leser überwältigt von rhetorischen Fragen, von anregenden oder auch rätselhaften Ellipsen, weit hergeholten oder auch abgeschliffenen Analogien und – »de bonne foi!« – Aus- und Aufrufen.

Der Ausgangspunkt besteht ebenfalls aus einer Definition von »version« und »traduction«, dargestellt als aktuelle Debatte, so daß der gewiß richtige Eindruck entstehen kann, der Autor stehe mit beiden Beinen in der intellektuellen Gegenwart:

> Les opinions ne s'accordent pas sur l'espèce de tâche que s'impose le traducteur, ni sur l'espèce de mérite que doit avoir la traduction. Les uns pensent que c'est une folie que de vouloir assimiler deux langues dont le génie est différent; que le devoir du traducteur est de se mettre à la place de son auteur autant qu'il est possible, de se remplir de son esprit, et de le faire s'exprimer dans la langue adoptive, comme il se fût exprimé lui-même, s'il eût écrit dans cette langue. Les autres pensent que ce n'est pas assez: ils veulent retrouver dans la traduction, non seulement le caractère de l'écrivain original, mais le génie de sa langue, et, s'il est permis de le dire, l'air du climat et le goût du terroir.[42]

Die erste Ansicht ist die zu Marmontels Zeit nicht mehr ganz so fest verwurzelte Grundlegung des eleganten Übersetzens. Der Übersetzer soll sein bestes geben, so zu schreiben, wie es der Autor getan hätte, wäre er ein Landsmann und Zeitgenosse des Übersetzers gewesen. Den möglichen und richtigen Einwand übersah oder überging Marmontel, daß nämlich dem Autor dann wohl kaum dieselben Gedanken eingefallen wären wie zu seiner Zeit und an seinem Ort.

Schließlich macht eine solche Andersheit ein Werk überhaupt erst übersetzenswert.

An dieser Alternative zum einbürgernden Übersetzen erscheint mir zweierlei erwähnenswert: daß sie meines Erachtens einige Neuerungen aufweist, zugleich aber durch eine erhebliche Auslassung auffällt. So forderten viele vom Übersetzer, auch den Stil des Autors für das Zielpublikum lesbar zu machen. Andere hatten den anspruchsvolleren Wunsch, den Geist der Ausgangssprache in die Übersetzung hineinzulegen.[43] Marmontel führte diese schwierigen Anforderungen an eine Übersetzung konziliant mit der Formel »wenn ich so sagen darf« ein. Zu ihnen gehören im Sinne der damals verbreiteten klimatologischen Kulturtheorie die Luft des ausgangsseitigen Klimas und der »goût de terroir«, der Geschmack des jeweiligen Bodens, den Weinhändler gern in ihrem Angebot anpreisen. Kanonbildend sind also des Autors Zeit, Ort und Sprache, aber nicht Merkmale der Übersetzung.

Was bei Marmontel in den Hintergrund tritt, sind die Gattungsmerkmale, die für Batteux so überaus wichtig waren. In diesem Zusammenhang gewinnt die mit Zurückhaltung eingeführte Aufmerksamkeit für Historisches und Nationales doch einiges Gewicht. Sie eröffnet einen Raum für neue begriffliche Möglichkeiten. Marmontel betrat ihn nur zögernd. In seiner ausgleichenden Art gab er beiden Seiten mit Einschränkungen recht. In Erinnerung an François de Malherbe räumte er die Selbstverständlichkeit ein, daß es zur selben Zeit unterschiedliche Geschmacksrichtungen geben kann. Den weltläufig höfisch-höflichen Lesern – »des gens du monde« –, die sich am »utile et dulce« im Sinne des Horaz erfreuten, stellte er die Gelehrten gegenüber – »des savants« –, die mehr von einer Übersetzung verlangen. In dieser Charakterisierung fehlt jede Spur von Pedantenschelte. Aber selbst ein Weltmann unter Marmontels Zeitgenossen dürfte angesichts der folgenden Analogie empfunden haben, daß das gelehrte Ansinnen keineswegs grundlos ist: Wenn ein Töpfer es übernommen hat, eine etruskische Vase nachzubilden, dürfe er sich nicht wundern, wenn sich sein Kunde weigert, ihm ein Stück im griechischen Stil abzunehmen.

Auch der größere Zusammenhang, in den die beiden Tendenzen zu stehen kommen, die Marmontel für »traduction« unterschied und beschrieb, weist eher auf ein literarisches als ein sprachliches Interesse hin. Demnach muß sich ein Übersetzer zwischen dem weltmännischen und dem gelehrten Geschmack entscheiden: »S'il s'éloigne trop de l'original, il ne traduit plus, il imite; s'il le copie trop servilement, il fait une version et n'est que translateur.«[44]

Dort von »imitation« zu reden, wo bei Beauzée »commentaire« steht, also eine seit der Antike wohlbekannte und gepflegte literarische Übung mit der literarischen Übersetzung zu verknüpfen, ist ein weiteres deutliches Anzeichen für Marmontels literarisches Interesse. Ich halte es nicht für ein Versehen, daß »imiter« dort steht, wo es um besonders schwierige Übersetzungsprobleme geht.

Das erinnert ein wenig an John Drydens Zuordnung.[45] Andererseits läßt seine Praxis erkennen, daß er das Verb »copier« auf die Bezeichnung jener sklavischen (»servile«) Übersetzweise einengt, die vor ihm Batteux und Beauzée als »version« diskutiert haben, allerdings nicht in bezug auf Bibelübersetzung.

Marmontels Rhetorik – oder vielleicht Eristik? – tritt besonders dort in Erscheinung, wo er den Abschnitt mit Definitionen beziehungsweise Pseudodefinitionen beschließt: »N'y aurait il pas un milieu à prendre?« Das rechte Mittel-Maß ist eine Leitidee, mit der zumindest seit der Renaissance der richtige Umgang mit kulturellen Dingen bezeichnet worden ist: die »goldene Mitte«. Man stößt auch in literatur- und übersetzungskritischen Äußerungen darauf. In Marmontels Ausführungen bleibt es aber offen, was das rechte übersetzerische Maß ist. Fast scheint es, als wolle er den Leser in die Debatte hineinziehen

Ein anderer Punkt schließlich, an dem Marmontel den übersetzerischen Diskurs öffnete, ohne ihn aber ins Weite zu führen, betrifft das Verhältnis von »pensée« zu »expression«. Auch in den 1760er Jahren war es nach meiner Kenntnis in Frankreich so gut wie unbestritten, daß es beim Übersetzen auf jeden Fall von Prosa die erste und vornehmste Aufgabe sei, die Gedanken des Autors getreu herüberzubringen. Damit hing auch die Meinung zusammen, gedankengeprägte Texte seien besonders gut übersetzbar, weil die Welt der Gedanken weltweit dieselbe ist. Weil die Ausdrucksweisen von Sprache zu Sprache und von Volk zu Volk nicht dieselben sind, aber dasselbe leisten können, sind Unterschiede ephemer. Schwierigkeiten ergeben sich seiner Meinung nach dann, wenn ein gedankenvolles Werk mit Kraft – »énergie«, Horazisch »vis« – geschrieben worden ist. Gleichwohl verharrten seine Überlegungen auf der vertrauten Grundlage der Schultradition. Aber Marmontel fügte dieser überlieferten Ansicht eine minimale, doch wichtige Beschädigung zu, als er – so lese ich es – zuerst Kraft und erst danach andere Qualitäten des Ausdrucks zu Attributen des Gedankens machte:

> Ainsi, à mesure que dans un ouvrage le caractère de la pensée tient plus à l'expression, la traduction devient plus épineuse. Or, les modes que la pensée reçoit de l'expression sont la force, comme j'ai dit, la noblesse, l'élévation, la facilité, l'élégance, la grâce, la naïveté, la délicatesse, la finesse, la simplicité, la douceur, la légèreté, la gravité, enfin le tour, le mouvement, le coloris et l'harmonie.[46]

Es ist bemerkenswert, daß hier im Gegensatz zu der herrschenden Auffassung dem Ausdruck – jedenfalls in einem Sonderfall – die Fähigkeit zugeschrieben wurde, modifizierend auf den Gedanken rückzuwirken. Insoweit ist bei Marmontel das kanonische Primat des Gedankens ein Stück weit in Frage gestellt und eine Richtung angedeutet, in der sich die Debatte um die Probleme des Übersetzens und des Übersetzungsbegriffs entwickeln wird, bis sie schließlich im 19. Jahrhundert bei Friedrich Daniel Ernst Schleiermacher ihren Höhepunkt erreicht.

Für die Übersetzung von Dichtung bot Marmontel wiederum eine eigentümliche Mischung von Fragen und Forderungen, und wiederum versuchte er, auf beiden Seiten der Debatte Fuß zu fassen. So empfahl er gegen Batteux, ausländische Verse in übliche französische umzuformen, riet aber in manchen Fällen zu einer sorgfältigen Prosaübersetzung.[47]

3 Goût de terroir, génie, mœurs: Die Zergliederung des Übersetzungsbegriffs

Im späteren 18. Jahrhundert wurden auch im französischen Übersetzungsdiskurs die Vielfalt des Geschmacks und die Eigenheiten der Sprachen, Literaturen und Kulturen sorgfältiger beachtet als zuvor. Das wohl bedeutendste Werk dieser Art ist ein deutsches, Johann Gottfried Herders »magnum opus«, *Ideen zu einer Philosophie der Geschichte der Menschheit* (1784–92), in dem er Anregungen aus den deutschen Ländern und dem Vereinigten Königreich aufgriff und weiterführte. Dadurch wirkte er auch der kulturellen Vormachtstellung Frankreichs entgegen, und es gelang ihm, neue Einblicke in Übersetzungsbegriffe und Wege zu ihnen zu öffnen. Im internationalen Vergleich entsteht allerdings der Eindruck, daß die Neuigkeiten und Neuerungen in Frankreich eher zurückhaltend als schwungvoll oder gar begeistert und nur verspätet zur Kenntnis genommen worden sind. Der deutsche »Sturm und Drang« jedenfalls reagierte ganz anders.[48]

Dieses Zögern beim Loslassen von erprobten Ansichten und Arbeitsweisen mag damit zusammenhängen, daß die Erfahrung der kulturellen Vorbildlichkeit über einen langen Zeitraum zu den Grundlagen der französischen Kultur zählte. Die vom guten Geschmack gesteuerte Regelpoetik und die elegante Übersetzweise, die den »goût classique« einzuführen half, erwies sich als bemerkenswert stabil. Selbstverständlich herrscht auch über Batteuxs Regelpoetik des Übersetzens aus den späten 1740er Jahren der gute Geschmack. Etwas mehr als zwanzig Jahre später, als Pierre-Prime-Félicien Letourneur seine elegante Übersetzung von Edward Youngs *Night Thoughts* vorlegte, gab er ihr eine kurze, prägnante Darstellung eben dieses Übersetzungsbegriffs und dieser Übersetzweise bei, ohne die geringste Spur eines schlechten übersetzungspoetologischen Gewissens. Erst ein weiteres Dezennium später, als er 1776 bis 1783 zusammen mit anderen eine Werkausgabe von Shakespeares Stücken in französischer Übersetzung vorlegte, änderte er seine Ansicht, ohne jedoch dem Geniekult zu verfallen. Letourneurs wechselnde Argumentation ist auch insofern richtungweisend, als damals die meisten übersetzungspoetologischen Neuerungen in Frankreich über die in einem weiten Sinne kulturelle Grenze des Ärmelkanals eingeführt worden sind.

Ein Thema, an dem sich der Wandel auf dem Gebiet der Übersetzungsbegriffe besonders gut ermessen läßt, ist der Ärger, den der französische gute Geschmack mit dem englischen Geniebegriff hatte. Ein Satz Voltaires schon aus dem Jahr 1733 über Shakespeare sagt alles Notwendige: »Il avait un génie plein de force et de fécondité, de naturel et de sublime, sans le moindre étincelle de bon goût et sans moindre connaissance de règles«.[49] Die Gewichtung ist eindeutig: Englisches Genie allein reicht nicht aus; es kommt auf den französischen Geschmack und die supranationalen Regeln an.

Diese Meinung Voltaires taucht als erste der drei Dichotomien auf, die Norbert Greiner und Felix C. H. Sprang als Grundlage von dessen Shakespearebild angegeben haben:

> Im wesentlichen gründet sich das Urteil auf drei Dichotomien: dem Genie steht dessen Regellosigkeit und Wildheit gegenüber; der bühnenwirksamen Kraft der Rhetorik der barbarische Geschmack seiner Zeit, dem die Diktion und die Stillage, besonders auch die Stilmischung Tribut zu zollen hatte; der tragischen Wirkung ein Mangel an Erhabenheit und *bon goût.*[50]

Hier ist die gefährliche Attraktivität des beginnenden Geniekults auch in Frankreich zum Greifen nahe.[51] Es besteht kein Zweifel, daß die weisesten Kritiker mit Alexander Pope einräumten, es gebe »a grace beyond the reach of art«.[52] In Frankreich ging die Rede von der »hardiesse heureuse«.[53] Aber ein »je ne sais quoi« der klassizistischen Poetik, das dem Dichter die Fähigkeit einräumt, gelegentlich ohne Regelfuchserei zu glänzen, ist weit entfernt von der »schöpferischen Macht«, die dem poetischen Genie zuerst in England zugeschrieben worden ist.[54]

Die Idee vom Originalgenie ist der wohl wichtigste Beitrag, der zur Abkehr von der überkommenen Regelpoetik geführt hat. Insoweit aber die übersetzerische Arbeit nicht in diesem Sinne original sein kann, weil sie ja als Ganzes auf einen Ausgangstext bezogen ist, kann Originalität in einer Übersetzungspoetik nur in abgeschwächter Form einen Platz finden. Man könnte Gemeinsamkeiten und grundlegende Unterschiede so ausdrücken: Die »belle nature«, die klassizistische Dichter mit Hilfe von allgemeinverbindlichen Regeln imitierend hervorhoben, läuft auf eine Auswahl aus »natura naturata« hinaus, aus einer als vorliegender Zustand verstandenen Natur: was Natur ist. Was hingegen der Dichter als Originalgenie nachzuahmen trachtet, ist ein Akt des Hervorbringens, ist »natura naturans«: wie Natur wirkt. Nunmehr geht es um die Naturkräfte im Sinne einer nach eigenen Gesetzen vorgehenden Tätigkeit. In einer Extremform gilt das Genie als ein Schöpfer zweiten Grades, ein Schöpfer seiner eigenen Welt.

Dieses Argument erinnert an Plato und den Neuplatonismus. Wer weniger weit ausgreifen und auf eine Weise argumentieren will, die der literarischen Übersetzung besser entspricht, kann sagen, die Leistung des Genies bestehe nicht darin, neue geglückte Formulierungen für überkommene Ideen zu erfinden, wie das Talent es tut. Vielmehr drücke sich das Genie in einem potentiell selbstzerstörerischen Prozeß aus. Bei James Russell Lowell heißt es knallhart: »Talent is that which is in a man's power; Genius is that in whose power a man is«.[55]

Diese Auffassung von Genie nicht nur im Sinne des aus der Antike und der jüdisch-christlichen Tradition hervorgegangenen göttlichen Hauchs – »afflatus« –, sondern im Sinne einer angeborenen Begabung, machte neue Ansätze in vielen Zweigen des kulturellen Lebens erforderlich und ermöglichte sie auch: im wesentlichen in Theologie, Philosophie (einschließlich der Sprachphilosophie), Psychologie, Poetik (einschließlich der Übersetzungspoetik) und Poesie.

In Frankreich stand die dementsprechende Erörterung unter dem Eindruck, daß »génie« vieldeutig ist, weil es die Bedeutung mehrerer lateinischer Wörter miteinander verbindet. Da ist zum einen lateinisch »genius loci« im Sinne des Schutzgeistes, des Fluidums einer Örtlichkeit. Auch »ingenium« gehört hierher. Diesem Wort entspricht zwar eher französisch »talent«, es bezeichnet aber auch den Sokratischen »daimon«. »Génie« steht zudem für die poetische Einbildungskraft, die in einer ihrer Traditionen zuallererst Homer zugeschrieben worden ist, ohne freilich die Maßregelung durch die Raison nötig zu haben. Bei Charles Perrault heißt es: »[une] divine flamme, [...u]ne sainte fureur, une sage manie«.[56]

Eine Äußerung wie diese ist zudem mit dem Erhabenen im Sinne des Longinus verbunden, dessen Bedeutung im späteren 17. Jahrhundert dank Nicolas Boileaus Übersetzung wiederentdeckt worden ist. Doch was im besonderen Maße zum Umbruch zwischen Klassizismus und Romantik beigetragen hat, ist die Aufsplitterung der Auffassungen von Natur und Geschichte. »Génie« in diesem Sinne spricht nicht so sehr aus göttlicher Autorität denn aus natürlicher Anlage. Es ist zugleich ein Natur- und Originalgenie.

Dieses Naturgenie wird vom Barden verkörpert, der nach damaliger Ansicht der Dichter und Magier des jeweiligen »Naturvolkes« ist. Denn in der schottischen historischen Soziologie galt es als ausgemacht, daß die Völker im Grunde genommen gleiche Entwicklungsphasen ungleichzeitig durchlaufen. So konnte Homer als ein solches Naturgenie aufgefaßt werden. Was nun für die Kulturgeschichte ganz besonders wichtig ist: Es ergab sich die Aufgabe, die »Homere« anderer Völker zu entdecken, die in ihrem Volk zu ihrem ganz eigenen Zeitpunkt aufgetreten sind. Der damals wichtigste unter ihnen ist der von James Macpherson erfundene schottische Ossian, der dem Bild entsprach, das sich die kulturmorphologische Literaturauffassung seiner Zeit vom Barden machte.

In der Sprachwissenschaft schließlich erfuhr das *génie* eine eigene, eigenartige Entwicklung. Anfangs diente, soweit ich sehe, das Wort nahezu als Synonym für das der Antike bekannte »proprietas«, wie zum Beispiel in Jean Menudiers *Le génie de la langue françoise, c'est à dire ses propriétés, ses élégances et ses curiosités* (1674).

3.1 *Le génie de la langue:* Möglichkeiten der Nationalisierung des Übersetzungsbegriffs

Die entscheidenden Fragen lauten: Läßt sich bestimmen, ob die Bezeichnung »génie« für ein Teilsystem oder die Sprache insgesamt steht? Und: gilt sie als Teil der rhetorischen Figur der Personifizierung oder verweist sie auf so etwas wie eine geistige Präsenz in einer Sprache, wie im Fall des deutschen Wortes »Sprachgeist«? Bis etwa zum Ende des 17. Jahrhunderts bezeichnete »génie« all jene Bestandteile einer Sprache, die sich einer rationalen Systematisierung entziehen.[57] Hans H. Christmann führte eine beachtliche Reihe solcher Personifizierungen in sprachwissenschaftlichen Arbeiten des späteren 17. Jahrhunderts an.[58] Handelt es sich um Ausdrücke im Sinne des damals mit Abstand vorherrschenden Dualismus – das heißt um Sprech- oder Schreibweisen, die eine elegante oder eine glänzende Wortwahl oder beides ermöglichen, ohne daß sie eine Rückwirkung auf die ausgedrückten Gedanken haben? Oder kann man annehmen, daß Dominique Bouhours (^{2}1676) oder eben auch Jean Menudier der etwa hundert Jahre späteren Auffassung von Marmontel applaudiert hätten, wonach sich manche Arten des Ausdrucks dem Gedanken nicht nur anschmiegen, sondern ihn verändern? In diesem Fall würde die Personifizierung die Präsenz einer geistigen Kraft in der betreffenden Sprache ausdrücken, wie Christmann es andeutete. Ich nehme hingegen an, daß die Idee eines »Sprachgeists« als Wirkkraft zwei im 18. Jahrhundert unabhängig voneinander gewonnene Einsichten voraussetzt: die Hypothese einer nicht-rationalen Wirkkraft in der Sprache und die Entstehung des philosophischen Idealismus.

Das Verständnis einer jeden Sprache als jeweils nicht-rationale, aber rational analysierbare Dynamik geht wohl auf John Locke zurück. Ihre systematische französische Ausprägung erhielt diese Auffassung, soweit ich sehen kann, erst im Jahr 1746, als Etienne de Condillac eine ältere Ansicht aufnahm und weiterführte, nämlich daß sich das *génie* eines Volkes in seiner Sprache so ausdrückt, daß der universalistische Begriff des Denkens eingeschränkt wird.[59] Christmann brachte das Problem auf den Punkt, indem er aus dem Kapitel »*Du génie des langues*« zitierte:

> [J]e demande s'il n'est pas naturel à chaque nation de combiner ses idées selon le génie qui lui est propre, et de joindre à un certain fonds d'idées principales différentes idées accessoires, selon qu'elle est différemment affectée. Or ces combinaisons, autorisée par un long usage, sont proprement ce qui constitue *le génie de la langue.* [...] Il [chacun qui a connaissance de ce long usage] y verroit comment l'imagination a combiné les idées d'après les préjugés et les passions; il y verroit se former chez chaque nation un esprit différent à proportion qu'il y auroit moins de commerce entr'elles. Mais si les mœurs ont influé sur le langage, celui-ci, lorsque les écrivains célèbres, en eurent fixé les règles, influa à son tour sur les mœurs, et conserve long-temps à chaque peuple sont caractère.[60]

Von der überlieferten Idee, daß der Menschheit ein gemeinsames Gedankengut zu eigen ist, blieb bei Condillac ein Fundus erstrangiger Gedanken. Die beigeordneten Gedanken hingegen sind für ihn sprachspezifisch. Er nannte ausdrücklich Gedankenverbindungen, die den Vorurteilen und Leidenschaften geschuldet sind. Die Wechselwirkungen von Sitten und der jeweiligen Nationalsprache bestimmen den Nationalcharakter, der durch langen Sprachbrauch im Sinne Ernst Leisis gefestigt wird. Dieser Sprachbegriff geht offensichtlich auf Distanz zum rationalen Universalismus.

Zwei Angaben Condillacs zeigen dies deutlich. Denn wenn jede Sprache die Ideen auf ihre Art verbindet und dann, von dieser Eigenart ausgehend, Verknüpfungen mit einem allgemeinen Fundus vornimmt, sind die Auswahl und Strukturierung hiervon ebenfalls kein universalistischer, sondern ein sprachspezifischer Vorgang. Das zweite Indiz ist die Berufung auf langen Sprachbrauch. Er beruht ebenfalls nicht auf Rationalität, sondern auf der Kontingenz des täglichen Lebens. Insbesondere David Hume, ein besonders radikaler Denker unter den britischen Empiristen, maß den Gebräuchen, Gewohnheiten und Sitten der jeweiligen Völker einen besonderen Erklärungswert zu, wie auch die so ausgestaltete Sprache die Lebensart ihrer Sprecher mitbestimmt. In diesem Zirkel, so scheint mir, wäre der Volksgeist – so es ihn gibt – greifbar.

Von diesem Berg Pisgah aus lassen sich die Möglichkeiten gut überblicken, die sich auch für das Verständnis von Übersetzen und Übersetzung ergeben, wenn man mit Condillac annimmt, daß jede Sprache eine Weltsicht – nicht unbedingt eine eigene Welt – entwirft. Doch wie Daniel Mercier gezeigt hat, verließ die französischen Übersetzungspoetologen des 18. Jahrhunderts der Mut, alle Folgerungen aus dieser Einsicht zu ziehen. Wenn sie diesen Aussichtspunkt gedanklich erreicht hatten, zogen sie es zunächst vor, den überlieferten Übersetzungsbegriff mittels verschiedener Hilfsmittel abzustützen. So bedeuten zum Beispiel die oben diskutierten Eigenheiten, daß die Teilmenge der supranationalen Ideen leichter zu übersetzen ist und sich die sprachspezifischen kaum oder gar nicht übersetzen lassen. Es ergab sich daher die Notwendigkeit, die Unterscheidungsmerkmale – und damit auch die Bedingungen von Übersetzbarkeit – sowohl konzeptionell als auch für die Praxis neu zu bestimmen. Es drängt sich mir aber nicht der Eindruck auf, daß diese Grenze je definiert worden ist. Ich neige zu der Annahme, daß es hierfür eine weiche und eine harte Unterscheidung gibt.

Wiewohl Beauzée hier wohl eher zur weichen Unterscheidung neigte, hatte er schon als Autor des *Encyclopédie*-Beitrags zur Sprache wichtige wissenschaftliche Impulse gegeben. Obgleich im Grunde Rationalist, berücksichtigte er auch Unterscheidungen und Begriffe, die in der nicht-rationalistischen Sprachwissenschaft geläufig waren. Er zeigte eine wissenschaftliche Katholizität, wie sie einem Autor von Handbuch- und Enzyklopädie-Artikeln gut ansteht. In dem Corpus, auf das ich mich beziehe, dürfte er einer der ersten Grammatiker sein, die erkannten, daß der Vergleich einer Übersetzung mit ihrer Vorlage Auskunft über die »copia« gibt: über den relativen Reichtum des Lexikons verschiedener Sprachen, einschließlich des Sprachbrauchs beim Herausbilden idiomatischer Wendungen.[61] Hans-Werner Schneiders sprach deshalb in *Die Ambivalenz des Fremden* von der Übersetzung als einer metalinguistischen Erkenntnisprozedur. Man könnte sicher auch eine Interpoetik entwerfen, die literarische Beziehungen und Bezogenheiten berücksichtigt. Und insoweit sich die Übersetzung und die Übersetzungsstudien im späten 18. und frühen 19. Jahrhundert nationalisierten, können sie auch dem Ermessen internationaler Verhältnisse dienen.

Daß sich die französischen Autoren in dieser Hinsicht zurückhielten, liegt nach Mercier in der Hauptsache daran, daß sie sich nicht von dem überlieferten Dualismus von Gedanke und Ausdruck lösen konnten. Zugegebenermaßen macht dieser Dualismus auf jeden Fall die Übersetzungspoetik und wohl auch das Übersetzen einfacher.

> Aussi doit-on considérer que, malgré la critique sensualiste du dogmatisme des grammairiens rationalistes, l'espace théorique dans lequel s'inscrit la pratique de la traduction à l'âge classique demeure celui de la distinction dans tout énoncé d'une *structure profonde* d'òu procède l'intégralité du sens (l'ordre analytique) et d'une structure, ou plustôt d'une *forme superficielle* d'òu résultent l'agrément et la qualité du discours (la construction élégante, les figures, le style).[62]

Diesen Teil zusammenfassend läßt sich erneut hervorheben: Die Annahme, daß das »génie« einer Sprache zur Steuerung der Gewohnheiten und Sitten eines Volkes beiträgt, eröffnet die Möglichkeit – ja sogar die Notwendigkeit –, den Sprachbegriff neu zu fassen. Diesem Vorhaben stand konzeptionell zweierlei entgegen: die im Sinne von Locke und Condillac empiristische Sprachphilosophie und die Einschränkung des – wie es später hieß – Sprachgeists nur auf einen Teil der Sprache. Eine Art unter mehreren, diese Neufassung in Gang zu bringen, bestand darin, auf die Idee eines repräsentativen, für ein Volk einstehenden

Genies zurückzugreifen. Das Genie in diesem Sinne verschmäht alle Regeln, es sei denn selbstgesetzte, und verwirft die Idee, der Verstand habe etwas mit den Künsten zu tun. Es erfindet eine eigengeprägte Vorstellungswelt.

3.2 Das Genie des Autors übersetzen: Eine literarische Perspektive

Um die neuen Ansichten vom Übersetzen und von der Übersetzung, die sich in der Folge von Batteux, Prévost, Beauzée und Marmontel aus literarischem Erkenntnisinteresse ergeben haben, zu verdeutlichen, ist es notwendig, auf den Hintergrund dieser Neuerungen einzugehen: auf das, was mit der unfreundlichen Metapher von den »belles infidèles« zusammengegriffen worden ist. Unter dieser Perspektive sind die folgenden Befunde aus Wilhelm Graebers Zusammenfassung besonders aussagekräftig.[63]

Die später zu einer Formel erstarrte Wendung begann ihre Laufbahn als eine spöttische Bemerkung, die Gilles Ménage in den 1650er Jahren zur Kritik an der Lukian-Übersetzung von Nicolas Perrot d'Ablancourt erfand. Sie wurde bald auf den Übersetzerkreis um d'Ablancourt angewandt. Im Verlauf der Zeit wurden ihr mehr und mehr Übersetzer zugeschlagen, und im Jahr 1830 schließlich bediente sich Anne Bignan dieser Formel, um – meines Wissens zum ersten Mal – ganze zweihundert Jahre französischer Übersetzertätigkeit zu verurteilen, so als bezeichne sie die einzige französische Übersetzungspoetik seit etwa 1630. Bekanntlich hatte François de Malherbe schon früh im 17. Jahrhundert die akademische (»goût de collège«) von der höfisch-höflichen Übersetzweise (»goût du Louvre«) unterschieden. Doch scheint sich die Auffassung einer nahtlosen Einheit französischen Übersetzens bis in die Gegenwart gehalten zu haben, als Antoine Berman 1984 seine Studien deutscher Romantiker in den Dienst einer Fundamentalkritik am Übersetzen in Frankreich stellte. Er forderte damals eine Art Übersetzungstreue, die »se construit consciemment contre les traductions à la française«.[64]

Im historischen Zusammenhang zeigte Graeber, daß d'Ablancourt darauf bestand, die Pflicht des Übersetzers sei es, das Genie – hier: das Charakteristische – des zu übersetzenden Autors zu bestimmen und ihm in der Übersetzung gerecht zu werden. Insoweit läßt sich der Übersetzer auf Treue gegenüber dem Fremden ein, ohne jedoch – um das Wortspiel weiterzuführen – »étrangères difformes« herzustellen. Um dieses Ziel zu erreichen, mußten Rezeptionshindernisse übersetzerisch beseitigt werden, damit das Zielpublikum den Kunstcharakter des übersetzten Werks und auf dieser Grundlage das entsprechende Genie erkennen kann. Was als erstes getilgt werden mußte, waren die Spuren dessen, was am fremden Werk als das harte Brot der Grobheit auffiel.

Nun belegten Ballard und Graeber überzeugend, daß die »belles infidèles«

nur für einen Teil der französischen Übersetzungspoetik und -praxis gelten. Ich nehme zudem an, daß sie in aller Regel auch dazu dienten, den gebildeten Teil des französischen Publikums davor zu schützen, von barbarischer Fremdheit angesprungen zu werden. Diese Schutzfunktion führte im Lauf der Zeit zu einer Stabilisierung der französischen Übersetzungskultur.

3.3 Das poetische Genie und die Zergliederung des Geschmacks: D'Alemberts literarische Perspektive

Jean le Rond d'Alembert (1717–1783) war einer der führenden Köpfe und Hauptautoren der *Encyclopédie.* Seine »Observations sur l'art de traduire« von 1759 außerhalb der Chronologie erst hier zu erörtern, hat einen einfachen Grund: Der Aufsatz setzt frühe französische Auffassungen nicht nur vom Sprachgeist, sondern auch vom Genie des Autors voraus, die in den *Encyclopédie*-Artikeln zur Übersetzung keine Rolle spielen, wiewohl das Genie einen eigenen Eintrag hat.

Als Rahmenbegriff für Übersetzungen aller Art verwendete d'Alembert das Wort »copie«. Daß Beauzée wenig später diese Terminologie übernahm, ist ein Hinweis auf die Autoritätsverhältnisse im Einzugsgebiet der *Encyclopédie.* Wie schon d'Ablancourt hob d'Alembert hervor, daß es die Pflicht des Übersetzers sei, »[l]e caractère de l'original« wiederzugeben. Er berief sich auf den alten Dualismus von »sensus« und »verba«, um Schwierigkeitsgrade beim Übersetzen zu bestimmen. Gedankenorientierte Texte galten als leicht und stilorientierte als schwer übersetzbar – mit einigen Ober- und Zwischentönen. Und er erklärte, anders als Batteux und in Übereinstimmung mit Marmontel, einem weiteren *Encyclopédie*-Autor, Verstexte müßten in zielseitigen Versschemata wiedergegeben werden. Freilich, so räumte er ein, sei das Ergebnis keine Übersetzung, sondern – in der immer noch geläufigen literarischen Redeweise – eine Nachahmung. »Goût« gilt nicht mehr als oberster Kunstrichter, sondern spielt eine untergeordnete, gleichwohl historisch wichtige Rolle.

Im Vordergrund stand zum einen die Untersuchung des Genies in bezug auf Sprache, Werk, Autor und »copiste«, zum anderen die Verknüpfung von »génie« hauptsächlich mit »caractère« und stellenweise mit »âme«, »physionomie« und »personnage«. Sprache steht bei d'Alembert nicht im Zentrum des Interesses. Manchmal setzte er das »génie« einer Sprache einfach voraus und benutzte diese Idee, um einen Zugang zu seinem eigentlichen Thema zu finden, zu den Aufgaben eines Übersetzers, die Genialität von Autoren zu übertragen, und zu den hierfür notwendigen Fähigkeiten. Zielstrebig eröffnete er sein Argument: »Si les langues ont leur génie, les écrivains ont aussi le leur«.[65] Wie so oft kann das »génie« der Sprache zweierlei bedeuten: eine geistige Identität oder die Summe beziehungsweise Struktur ihrer Ausdrucksmittel, die das umschreibt, was der Sprache und nicht nur der Sache nach gesagt werden kann.

> Sera-ce dans les occasions où la difficulté de traduire ne viendra que du génie des langues? Chacune a ses lois qu'il n'est pas permis de changer; parler latin en français sera plutôt une entreprise bizarre qu'une hardiesse heureuse. Mais quand on aura lieu de juger que l'auteur aura hasardé dans sa langue une expression de génie, c'est alors qu'on pourra en chercher de pareilles.

Als der große Stilist, der er ist, hat d'Alembert sicher nicht nachlässig geschrieben. Hier wird nicht das »génie« einer Sprache, sondern sie selbst Gesetzen unterworfen. Wer der Gesetzgeber ist, bleibt unklar. Eines aber ist sicher: Die Logik dieses Textes macht aus dem »génie« keine Person, sondern ein Attribut, das die Gesamtheit der Ausdrucksmittel der betreffenden Sprache umreißt. Die Unwandelbarkeit solcher Gesetze gehörte immer noch zu den philosophischen Grundannahmen. Sie entspricht der klassisch-klassizistischen Literaturtradition, wonach die Regeln der Kunst jederzeit und überall gelten. Im unmittelbaren Zeitzusammenhang klingt diese Annahme deistisch und erinnert an Newton. Wohl deutete sich damals die Einsicht an, daß auch die Sprache dem Wandel unterworfen ist. Doch die Zeit war – metaphorisch gesprochen – noch nicht reif für die Erkenntnis, daß zu den Gesetzen, die für eine Sprache gelten, ganz wesentlich auch Gesetze des Sprachwandels gehören, falls es Sprachgesetze überhaupt gibt, und nicht nur Gewohnheiten.

Was bedeutet es nun, daß zwei Sprachen im Akt des Übersetzens unter dem Gesichtspunkt des Wandels miteinander in Verbindung gebracht werden? Ein lateinisch-französisches Beispiel läßt erkennen, daß d'Alembert einen Gegenstand ansprach, der traditionell – bei Batteux, bei Beauzée – unter »version« fällt, hier aber zur poetologischen Idee der »imitatio veterum« hin geöffnet wurde:

> Peut-être est-il difficile de décider auquel de deux poètes [Virgile et le traducteur] ont donné la préférence, mais il est aisé de voir que les vers français ne sont nullement la traduction des vers latins. Traduire un poète en prose, c'est mettre en récitatif un air mesuré; le traduire en vers, c'est changer un air mesuré en un même, qui peut ne lui céder en rien, mais qui n'est pas le même. D'un côté, c'est une copie ressemblante, mais faible; de l'autre, c'est un ouvrage sur le même sujet plutôt qu'une copie.

Die Nachahmungspoetik hat Platz für literarische Werte, die sich der Reglementierung entziehen. Bei d'Alembert dürften die überlieferte Rede von der »hardiesse heureuse« und besonders eine Fügung wie »expression de génie« auf diese regelüberspringende Qualität hinweisen. Im vorliegenden Zusammenhang geht es freilich um etwas anderes, nämlich um die Frage, wie ein Übersetzer nicht nur dem Genie des Autors gerecht werden kann, sondern wie er das seine einbringt. Wie sieht das Verhältnis von des Übersetzers Genie zu dem des Autors aus?

Wenn eine Übersetzung dann schön und richtig ist, wenn sie die Eigentümlichkeiten des ursprünglichen Autors – als Metonymie für sein Werk – in einer zweiten oder in weiteren Sprachen lesbar macht, so fragt d'Alembert, wie soll man die Gewänder wechseln: »revêtir«?[66] Diese Metapher hat offensichtlich ihren Grund im alten Dualismus von Gedanke und Ausdruck.

Die erste Antwort lautet, daß diese übersetzerische Umkleidung nicht gelingen kann, wenn der Übersetzer von der Veranlagung her nicht dazu befähigt ist, »si on n'y est pas disposé par la nature«. Der Nachahmer-Übersetzer muß auf jeden Fall ein Naturtalent sein, vielleicht sogar ein Naturgenie: »Les hommes de génie ne devraient donc être traduit que par ceux qui leur ressemblent, et qui se rendent leurs imitateurs, pouvant être leurs rivaux«. So wie ich diese Angabe lese, liegt hier ein Zirkelschluß vor. Denn ob der auf der Übersetzungsseite imitierende rivalisierende Autor dem übersetzten Autor ebenbürtig ist, kann man wohl nur am Ergebnis, an der Übersetzung selbst ermessen. Der Übersetzungskritiker, der sich auf dieses Denkmodell einläßt, müßte zuallererst bestimmen – und das ohne Rekurs auf die Vorlage –, ob die Übersetzung in ihrem Entstehungszusammenhang als ein Geniestreich gelten kann. Wenn ja, könnte man die Vermutung anschließen, daß der nachahmende Übersetzer für diese Aufgabe genial veranlagt war. Freilich scheint mir der Versuch, an einer Übersetzung, wie auch immer sie beschaffen sein mag, zu bestimmen, ob sie in ihrem Kontext ein echtes Kunstwerk ist, wenig aussichtsreich. Vielleicht könnte dies ja einem dem Autor und dem Imitator-Rivalen ebenbürtigen genialen Übersetzungskritiker gelingen.

Dieser kaum tragfähigen Antwort hat d'Alembert bei der Vorbereitung seiner Schlußfolgerung eine zweite nachgeschickt. Sie engt den Spielraum für den Dualismus von Gedanke und Ausdruck stark ein und schlägt auf jeden Fall in der französischen Übersetzungspoetik eine neue Seite auf. Seine Metaphern klingen jetzt so, als hätte er die Absicht, Kunst als ein Naturprodukt zu definieren. »Dans les hommes de génie, les idées naissent sans effort, et l'expression propre à les rendre naît avec elles«.[67] Diese Erklärung kommt letzten Endes der als romantisch verstandenen organischen Konzeption eines Kunstwerks schon recht nahe. Auf sie wird zurückzukommen sein. Aber schon an dieser Stelle darf gesagt werden, daß hier ein Ansatzpunkt für ein poetologisches und übersetzungspoetologisches Forschungsprojekt vorliegt, das nationenübergreifend angelegt sein müßte.

Vielleicht können diese Überlegungen als Zwischenschritt dienen. Zunächst ist zu berücksichtigen, daß in obigem Zitat der offensichtliche Bildspender die Vorstellung von einer Geburt ist. Er zieht ein hortikulturelles Bildfeld nach sich, in dem eine Spannung zwischen heimischen Früchten und ausländischen herrscht, die in einem für sie fremden Boden aufgezogen werden. Nimmt man diese Metaphorik ernst, so kommt d'Alembert dem organischen Begriff von Kunstwerk und Übersetzung schon sehr nahe, bevor noch der Ausdruck geprägt war:

> Ainsi les fruits nés dans leur sol naturel par une culture ordinaire et des soins médiocres sont préférés aux fruits étrangers qu'on a fait naître dans ce même sol avec beaucoup peine et industrie; on goût les derniers, et on revient toujours aux autres.

Damit führte d'Alembert eine dreistufige Rangordnung für Autoren und Übersetzer ein. In ihr nehmen die besten Übersetzer einen Rang unmittelbar unter den besten Autoren ein, den »écrivains créateurs«. Drittrangig sind Schriftsteller, die nur das erreichen, was ohne Genie erreichbar ist. Ob es für Übersetzer, die es nicht in den zweiten Rang schaffen, einen vierten gibt, läßt sich vom Text her nicht sagen, würde aber naheliegen.

Für das Verständnis d'Alemberts ist es freilich wichtiger, seinen Andeutungen zu dem zweitrangigen Autorentyp, also dem der Übersetzer nachzuspüren. Das Genie, das ihnen eignet, schöpft Bilder und Ideen nicht aus dem Urbrunnen. Ihre Quellen sind andere Autoren. Wieder wird das Argument einer Metapher aufgebürdet. Übersetzer sollten sich, wie gesagt, nicht mit der Rolle des Kopisten abfinden, sondern danach streben, Nachahmer und Rivalen des jeweils zum Übersetzen anstehenden Autors zu werden. Wer das tut, sollte von den besten Graveuren lernen: Wiewohl sie im Vergleich mit ihrer vielfarbigen Vorlage in einem beschränkten Schwarz-Weiß-Medium arbeiten, können sie dennoch gewisse kompositorische Fehler der Vorlage ausmerzen oder Schönheiten einführen, die für das Medium der Gravur charakteristisch sind.

Auf diese Weise setzte d'Alembert eine Kunst des intermedialen Transfers mit der Kunst der zwischensprachigen Übersetzung in ein Analogieverhältnis. Die Gravur besaß damals ein gewisses Ansehen, während die Übersetzung – so sieht er es jedenfalls – in der Defensive ist. Vielleicht fällt auf diese Weise ja auch etwas Licht und Glanz aufs Übersetzen. Ähnliches mag geschehen, wenn die Idee des genialen Autors auf den Übersetzer-Nachahmer abfärbt. Was schließlich den Nachdruck angeht, mit dem d'Alembert darauf beharrte, daß der Übersetzer Fehler der Vorlage zu tilgen habe, so gibt es hier eine gewisse Verbindung zur eleganten Übersetzweise. Allerdings verzichtete er auf eine Herabwürdigung ausländischer Literatur und berücksichtigte die Kontexte eines jeden Werks. Aber das von ihm empfohlene imitierend-rivalisierende Übersetzen ist gewiß ein ästhetischer Akt.

Überlegungen, die d'Alembert gegen Ende des Artikels angestellt hat, erlauben eine weitergehende Einordnung seines Übersetzungsbegriffs. Auch hier verwendete er – was kaum mehr verwunderlich ist – eine Analogie, diesmal mit

Ausländern, die ein korrektes, aber nicht immer idiomatisches Französisch sprechen. Das kann, so bemerkte er, unter Umständen auch für Franzosen von Nutzen sein, weil auf diese Weise sogar eine Sprachbereicherung möglich ist, und sei es auch nur eine geringfügige.

> La conversation de ces étrangers (en la supposant correcte) est l'image d'une bonne traduction. L'original doit y parler notre langue, non avec cette timidité superstitieuse qu'on a pour sa langue naturelle, mais avec cette noble liberté, qui fait emprunter quelques traits d'une langue pour en embellir légèrement une autre. Alors la traduction aura toutes les qualités qui doivent la rendre estimable: l'air facile et naturel, l'empreinte du génie de l'original, et en même temps ce goût de terroir que la teinture étrangère doit lui donner.[68]

Ähnliche Kriterien sind seitdem öfter angelegt worden. Das erste besteht darin nachzuweisen, daß sich eine Übersetzung gut liest. Werke, welche die Voraussetzung hierfür nicht bieten, erklärte d'Alembert als einer Übersetzung nicht wert. Die Übersetzung müsse außerdem den Abdruck des »génie de l'original« tragen. Hier, in der zweitletzten Zeile des Artikels, sind zum ersten und einzigen Mal Genie und ein Textbegriff miteinander verbunden. Ganz am Anfang – in der zweiten Zeile – war die Rede vom »caractère de l'original«, und in beiden Fällen wird gefordert: Dieser Charakter beziehungsweise dieses Genie müsse auf die Übersetzung übertragen werden. Ist bei d'Alembert die Rede von nichts weiter als einer stilistischen Variante, oder ändert sich auch der Sinn? Ich neige dazu, eine stilistische Variante anzunehmen, die eine im Ausgangstext angelegte Bedeutung in ein neues, helleres Licht rückt. Das würde bedeuten, daß alle im Artikel angesprochenen beziehungsweise angedeuteten Kontexte von »génie« nunmehr in äußerst kompakter Form zusammengeführt worden sind, daß sie sich auf Eigenschaften eines Werks beziehen und daß bei der übersetzerischen Zusammenführung zweier Sprachen so etwas wie eine dichterische Persona, eine Art Sprecherfigur entstehen kann. Wie erinnerlich soll durch sie das Original in der Übersetzung »unsere« Sprache sprechen. Auch handelt es sich um eine Art konsekutiver Zusammenarbeit zweier verwandter Geister: des Genies des Autors, aus dem ausdrucksvolle Gedanken und gedankenreiche Ausdrücke hervorquellen, und dem des Übersetzers, der auf das gestimmt sein soll, was auf ihn sowohl aus der Vorlage als auch aus seiner wahlverwandten Reaktion zukommt, die ihren Reichtum und ihre Eigenart aus Zielsprache, -literatur und -kultur gewonnen hat. Insoweit ist der Übersetzer gebunden. Ist er ein Genie, handelt es sich um ein eingehegtes.

Es muß hier noch der »goût de terroir« berücksichtigt werden: jener Geschmack, den der Wein vom Erdreich annimmt, in dem der Rebstock verwurzelt ist. Wer wie d'Alembert argumentiert, eine Aufgabe des Übersetzers sei es, seine Leser diese fremde Heimaterde durchschmecken zu lassen, stützt seinen

Übersetzungsbegriff auf jene kippelige Verbindung zwischen dem zielseitigen, kulturimperialen »bon goût« und dem ausländischen, in der Regel bisher als verbesserungsbedürftig eingeschätzten »goût de terroir«. Dies entspricht im wesentlichen dem, was in Prévosts Praxis und Konzeption zutage getreten ist. Bei Überlegungen zu diesem Komplex erscheint es in besonderem Maße angezeigt, sowohl bilaterale poetologische Fragen des Übersetzens als auch multilaterale des Beitrags von Übersetzungen zur Ausgestaltung der eigenen Literatur zu bedenken. Wenn vom Übersetzer gefordert wird, Fehler des Autors zu verbessern – welche Maßstäbe gelten da? Wie es in den lauten Argumenten Prévosts für die Seite der Übersetzung oder aber leise für die der Vorlage klingt, wenn es zum Beispiel um den richtigen Territorialgeschmack geht? Viel weiter herauslocken ließ sich d'Alembert nicht. Immerhin zeigte er sich im Fall von Versdichtung offen für eine poetologische Lösung der besonderen Schwierigkeiten bei deren Übersetzung. Und er räumte dem nachahmenden Transfer einen klar bestimmten Platz neben der Übersetzung ein. D'Alembert hat die breite Trasse der eleganten Übersetzung noch nicht ganz verlassen, um auf lockendes, allerdings auch lockeres Gelände auszuschwenken. Mit zwei Rädern fuhr er noch auf dem Asphalt und mit zweien schon im Staub des Straßenrandes.

So bietet das unmittelbare Übersetzen über eine Sprach-, Literatur- und Kulturgrenze hinweg sowohl Chancen als auch Schwierigkeiten. Freilich fand im späteren 18. Jahrhundert das mittelbare Übersetzen mit Frankreich als Drehscheibe besondere Verbreitung, so daß zum Beispiel deutsche Übersetzungen englischer Romane aus französischen »Mittelübersetzungen« entstanden sind. Hierzu finden sich in Jürgen von Stackelbergs Werk sowie in Arbeiten, die von ihm angeregt worden sind, glänzende Beispiele.[69] Seine Prägung »Übersetzungen aus zweiter Hand« ist zu einem internationalen Kennwort geworden. Eine solche Bezeichnung läuft freilich Gefahr zu suggerieren, es handle sich nicht um neue, sondern um bereits getragene Ware. Hingegen hebt ein Terminus wie »Mittelübersetzung« darauf ab, daß die französische Übersetzung der Vermittlung des englischen Werks dient und vom »Weiterübersetzer« als Arbeitsmittel verwendet worden ist.

Indem ich abschließend auf d'Alemberts Unterscheidung von »bon goût« und »goût de terroir« zurückkomme, möchte ich auf eine Auswirkung nicht nur auf Letourneur und die Vermählung von Eleganz und Treue in der französischen Übersetzungskultur zu sprechen kommen, sondern auch auf die literarische Kultur des Landes hinweisen. Wenn, angenommen, ein genialer französischer Übersetzer wie von d'Alembert empfohlen verfährt, dann führt er französischen und ausländischen Geschmack in seinem Werk zusammen. Die jeweilige Kombination fällt von Fall zu Fall anders aus. Die beiden Geschmacksrichtungen können in der Übersetzung eher als Kompromiß oder als Konflikt, aber kaum je als glatte, fugenlose Verbindung aufscheinen. Unter diesen Bedingungen erlebt der gute Geschmack je nach dem ausländischen »terroir«, aus dem die Vorlage stammt, eine Nuancierung. Wenn man diese Nuancierungen aus der englisch-französischen, spanisch-französischen, deutsch-französischen und anderen Übersetzungsrichtungen nebeneinander denkt, wird deutlich, wie die Pluralität der Territorien zu einer Differenzierung, einer Zergliederung des zielseitigen Geschmacks beitragen kann.

3.4 Das Gewohnte und das Außergewöhnliche: Letourneurs literarische Perspektive

Gemeinhin gilt Pierre-Prime-Félicien Letourneur (1737 – 1788) – der im letzten Drittel des 18. Jahrhunderts maßgeblich zum französischen Interesse an englischer Dichtung beitrug[70] – als ein Übersetzer, der sich zunächst an die elegante Übersetzungskunst des »bon goût« hielt, um sich bald darauf in Poetik und Praxis wieder auf Übersetzungstreue hin zu orientieren.[71] Mir scheint, daß sich diese Entwicklung – wenn es denn eine Entwicklung war und keine Anleihe im Ausland – gegen starken Widerstand durchsetzen mußte. Zum einen gilt – so Michel Ballard in *De Cicéron à Benjamin* –, daß die Treue im Sinne der größtmöglichen Annäherung an den Sinn der Vorlage (»copie ressemblante«) zu allen Zeiten Befürworter hatte, auch im Berichtszeitraum. Zum andern läßt sich mit Wilhelm Graeber auch argumentieren, daß selbst die »belles infidèles« auf Treue eingestellt waren, nämlich auf Treue gegenüber dem französischen Geschmack der eleganten und höfisch-höflichen Art. Einen privilegierten Blick auf die entsprechenden Vorstellungen und Argumente gegen Ende des 18. Jahrhunderts eröffnen zwei von Letourneurs Vorreden.

Die Angaben, die er in der Einleitung zu seiner Übersetzung von Edward Youngs *Night Thoughts* im Jahr 1769 machte, lesen sich fast wie eine Kurzbeschreibung des eleganten Übersetzens. Er empfahl es – auch darin ist er rückwärtsgewandt – für die Übersetzung eminenter ausländischer Autoren, auch wenn diese nicht gerade Vorbilder des guten Geschmacks sind: »les auteurs de langues étrangères, qui avec un mérite supérieur, ne sont pas les modèles de goût«.[72]

Dieser Fall ist deshalb von besonderem Interesse, weil sich Letourneur als vertraut mit »Life, Death, and Immortality« erwies, wie es im Untertitel heißt. Als Gedichtzyklus erlauben es die *Night Thoughts*, den vielfach gefältelten Gang einer ausgedehnten Meditation nachzuvollziehen. Die Einführung läßt auch erkennen, daß sich Letourneur bewußt war, das Werk über einen rationalistischen Kamm scheren zu müssen, um es in Frankreich mit einigem Erfolg publik machen zu können. Wohl bestand damals auch in Frankreich eine gewisse

Neigung zur Empfindsamkeit, allerdings, so scheint mir, zu einer eher rationalistisch eingehegten, genau wie früher schon im Fall der Ode und anderer enthusiastischer Dichtung. So gesehen ist genau das, was *Night Thoughts* auszeichnet, auch der größte Fehler dieses Werks. Deshalb nahm sich Letourneur viele Freiheiten, um das zu bewahren, was er keinesfalls zu Unrecht als das Wesentliche ansah: die erhabene Unordnung von Schmerz und Genie,

> [ce] désordre sublime de la douleur et du génie [...], ces élans du l'enthousiasme, des mouvements de l'âme, cette succession rapide et tumultueuse des transports d'une âme agitée qui s'élance et bondit d'idées en idées, des sentiments en sentiments. Il ne faut qu'une sensibilité ordinaire, pour vous faire reconnaître d'abord que ces endroits sont consacrés au génie, et vous avertir d'en écarter la main téméraire et glacé de la méthode.[73]

Diese Ausdrucksweise ist auch für den Geniekult kennzeichnend, wie er in Großbritannien entstanden war und in den deutschen Ländern weiterentwickelt wurde. Die in weiten Sätzen springende Seele erinnert an Psalmenbildlichkeit, allerdings wohl stärker in psychologischer Hinsicht als in religiöser. Dasselbe geschieht mit »consacré«, gottgeweiht. Hier wurde dem Genie fast eine heiligmäßige Rolle zugesprochen.

Letourneurs Wort vom erhabenen Wirrwarr des tief bewegten Genies deutet auf eine Erfahrung hin, die jenseits des immer noch überwachten Bezirks der französischen Dichtung lag. Seine Zusicherung, ein normales Maß an Sensibilität reiche aus, um zu erkennen, daß man auf des Genies geheiligtem Boden wandele, lese ich als eine Beruhigungsstrategie. Denn es geht letztlich um Letourneurs Übersetzweise, die auf das Wegräumen des Anstößigen aus dem Haupttext und seine Verlagerung in Anhänge hinausläuft, wo sie von interessierten Lesern aufgesucht werden können. So, glaubte er, werde im Gewöhnlichen das Außergewöhnliche lesbar.

Für dieses Textverständnis möchte ich drei Belege anführen, drei Einträge auf Letourneurs Mängelliste. Was bei den Franzosen zuallererst auf Ablehnung stoßen würde, so vermutete er, sei

> une abondance stérile, une reproduction des mêmes pensées sous milles formes presque semblables, un retour perpétuel de l'auteur aux idées qu'il a déjà épuisées.[74]

Deshalb räumte er, wie er schrieb, alles weg, was bizarr, trivial und fehlerhaft war, tilgte jede Wiederholung, und verbannte diese Abschnitte in die Anhänge zu den jeweiligen Kapiteln – bei Young heißen sie »Nächte« –, aus denen sie stammen. Nun hätte ein Übersetzer im Stil der eleganten Übersetzweise Anstoß Erregendes wohl stillschweigend weggelassen. Prévost war bereits einen Schritt weitergegangen, indem er Anstößiges ausschloß, aber in Übersetzerzwischenreden andeutete, worum es sich gehandelt hat. Doch mit seiner neuen Methode konnte Letourneur hoffen, beiden Parteien gerecht zu werden: jener, die eine Übersetzung französisiert, und jener anderen, die sie vollständig haben wollte.

Der Wortlaut seines Tadels läßt erkennen, daß er jener überlieferten Denkrichtung anhing, die dazu tendierte, auch dort etwas Allgemeines zu verstehen, wo von Partikulärem die Rede ist. Ganz in diesem Sinn hat Samuel Johnson einmal dem Dichter geraten, bei der Beschreibung einer Tulpe nicht die genaue Zeichnung einer Blüte, sondern das für alle Tulpen geltende Tulpige wiederzugeben. Wer diese Auffassung teilt, wird mehr Wiederholungen bemerken als jemand, der wie viele heutige Leser gewohnt ist, aus jedem Ausdruck die besondere Nuance herauszupressen. Gleichwohl kommt selbst der streng auf Nuancierungen achtende Leser nicht umhin, in *Night Thoughts* Wiederholungen zu entdecken. Sie außer acht zu lassen bedeutet, wichtige Hinweise nicht nur auf den Aufbau des Werks, sondern auch auf dessen Hauptthema zu übersehen, das in diesem Fall im Psychologischen liegt. In *Night Thoughts* entfaltet sich der Geisteszustand eines Leidenden, der zwanghaft in einem Kreislauf von Gedanken und Emotionen verhaftet ist, die logisch oder rational erschöpft sein mögen, aber umso stärker die Seele bedrängen. Letourneur hat das Phänomen der psychischen Tretmühle erkannt – »sans cesse rentrer et tourner dans le même cercle« – und abgelehnt.[75] Aber ich habe bei ihm keinen Hinweis darauf gefunden, daß viele der Wiederholungen strukturbildend und insoweit auch sinnstiftend sind. Er konnte sie nur auf seine Mängelliste setzen.

Dieselbe Idee, nämlich daß das Detail dem Allgemeinen geopfert werden müsse, wann immer es zu einem solchen Konflikt kommt, zeigt sich auch in der Begründung dafür, daß Unerwünschtes in die Anhänge zu den einzelnen Kapiteln abgeschoben wurde. Dazu gehören

> tous les morceaux, tous les passages qui appartenaient uniquement à la théologie et aux dogmes particuliers de la révélation, et j'ais choisis ce qui était d'une morale plus universelle, comme l'existence de Dieu et l'immortalité de l'âme.

Das dritte Beispiel ist wohl das sprechendste. Wieder handelt es sich um eine Form der Verallgemeinerung oder Zusammenfassung, doch diesmal mit einer besonderen Note. Liest man den »Discours« nur im Hinblick auf seine Semantik, wird hier die große Ähnlichkeit mit der von Idee zu Idee springenden Seele deutlich; wieder geht es um Wiederholungen:

> Il [le poète] quitte une matière dans un chant pour la reprendre dans un autre. Il revient plusieurs fois, selon que les mêmes sentiments se renouvellent dans son âme, ou qu'il découvre de nouvelles réflexions et de nouveaux rapports.

Insoweit diese Bestimmung Wiederholungen betrifft, paßt sie vortrefflich zu Letourneurs Übersetzungspoetik. Doch wenn hier auch Neues zur Kürzung ansteht - neue Überlegungen und neue Bezugnahmen –, taucht ein fremdes Element auf, das freilich wenig bestimmt bleibt.

All diese Änderungen laufen in dem Grund-Satz des »Discours« zusammen: »Mon intention a été de tirer de l'Young anglais un Young français qui pût plaire à ma nation sans songer s'il est original ou copie«.[76] Mit Blick auf das Lesepublikum drückt diese Absichtserklärung auf begrifflicher Ebene das aus, was er zuvor mittels eines überlieferten Bildes als jene Kunst bezeichnet hatte, die es möglich macht, eine schöne Statue aus einem im ästhetischen Sinn formlosen Block herauszuarbeiten.

Letourneurs Übersetzungsbegriff verdankt also dem eleganten, höfisch-höflichen Übersetzen sehr viel, geht aber darüber hinaus. So trachtet der Übersetzer nach der Beibehaltung der »inventio« und der »elocutio« in französischer Umformung, verwirft aber Youngs »dispositio«. Wer ganz dieser Übersetzweise verpflichtet ist, hätte damals ungerührt dem Autor selbst in seine »inventio« hineingepfuscht, um alles Ungehörige zu beseitigen. Das ist Letourneurs Haltung nicht. Vielmehr bestand er aufs Nachdrücklichste darauf, daß er eine ungekürzte Fassung vorgelegt habe, freilich eine umdisponierte. Er nahm für sich in Anspruch, die auktorialen Fehler durch die Neuordnung des Werks behoben zu haben und danach so wörtlich übersetzt zu haben, wie es ihm nur möglich war und wie ihm »le génie de deux langues« es erlaubte.

Das Wort »fidélité« taucht in dem »Discours« von 1769 überhaupt nicht auf. Aber der Begriff ist Letourneur nicht fremd. In seiner Vorrede zum französischen Shakespeare - Vorrede 1776, Text aus der Feder mehrerer in den Jahren 1776 bis 1783 - steht Treue am Anfang des allerersten Satzes. Wer weiterliest, wird von der »fidélité« getreulich begleitet. Im Vergleich zur Poetik und Praxis im Fall von *Night Thoughts* mag es scheinen, als stünde die Shakespeare-Übersetzung auf dem Kopf. Graeber zitierte den Kern von Letourneurs neuer Programmatik:

> C'est une Traduction exacte & vraiment fidèle que nous donnons ici: c'est une copie ressemblante, où l'on trouve l'ordonnance, les attitudes, le coloris, les beautés & les défauts du tableau. Par cette raison même, elle n'est pas & ne doit pas être toujours rigoureusement littérale: ce seroit être infidèle à la vérité & trahir la gloire du Poëte.[77]

Während das große Thema des »Discours« von 1769 die Umdisponierung betrifft, die Letourneur in der Absicht unternahm, eine dem französischen Geschmack entsprechende Übersetzung anzufertigen, die ohne Kürzungen auskommt, kündigte er im Jahr 1776 eine wirklich treue Übersetzung an, die, so nahm er an, zugleich dem Ruhm Shakespeares gerecht werden wird. Auf dem ersten Listenplatz der Hinsichten, in denen diese Übersetzung treu ist, kommt zu stehen, worauf sich Letourneur im Jahr 1769 warf: »l'ordonnance«, »dispositio«, »Gliederung«. Damals geschah dies zumeist durch das Verbannen ungehöriger Abschnitte aus dem Text in die Anhänge. Im Jahr 1776 gehören selbst Kunstfehler zum Erhaltenswerten, wenn auch nur als letztes Glied einer Fünferreihe.

Auch in einer zweiten wichtigen Hinsicht unterscheiden sich die zwei Dokumente. Während der »Discours« auf die Behauptung hinausläuft, daß die französischen *Night Thoughts*, abgesehen von der Umverteilung des Textes, so wörtlich übersetzt worden sind, wie es die beiden Sprachen erlauben, bestand Letourneur im *Préface* von 1776 darauf, daß der Sprachenpaarzwang es notwendig macht, von der Wörtlichkeit abzuweichen, weil sonst Verstöße gegen die übersetzerische Treue unvermeidbar sind.

An dieser Stelle stieß Letourneur auf eine der Paradoxien des Übersetzens. In diesem Fall geht es darum, daß die Wertungen in den einzelnen Sinnbereichen nicht von Sprache zu Sprache gleich sind. Letourneurs Beispiel ist die Diskrepanz zwischen französischen Bezeichnungen für Haustiere und den englischen. Im Französischen gehören sie meist einem niedrigen Register an, im Englischen hingegen sind sie wertneutral. Seine Lösung war von jener Art, die aus heutiger Sicht manchmal als Erhaltung von Poetizität zu Lasten der Semantik erachtet wird.

Damit benannte Letourneur auch 1776 etwas, das schon 1769 ganz oben auf seiner Liste der Freiheiten gestanden ist. Beachtenswert ist, daß er außerdem im »Discours« angab, er strebe so viel Wörtlichkeit an, wie die Sprachenpaarunterschiede sie erlauben. Im späteren »Préface« hingegen erklärte er, diese Unterschiede machten es unmöglich, stets Treu und Wörtlichkeit zu üben.

In der Zeit nach Letourneur zeigte sich dann ein zunehmendes Interesse an Übersetzungstreue. Das heißt nicht, daß das Übersetzungsziel der Eleganz alle Anhänger verloren hätte. So setzten sich noch 1787 Charles-Joseph Panckoucke und Nicolas-Etienne Framery für eine Verknüpfung von Treue und Eleganz ein.[78]

Von besonderem Interesse ist auch Letourneurs Einsicht in eine weitere grundlegende übersetzerische Paradoxie, nämlich daß es nicht immer möglich ist, Treue in einer Hinsicht zu üben, ohne sie in einer anderen zu brechen. Es mag auch sein, daß er Jacques Delilles Aufsatz aus dem Jahr 1770 kannte, in dem dieser Umstand ausführlich dargelegt worden ist. Auch hier handelt es sich um eine konzeptionelle Neuerung.

3.5 Die Paradoxien der Treue: Delille

In der geistvollen, begeisterten Verteidigung der Versübersetzung, die er seiner *Georgica* von 1770 voranstellte, erklärte Jacques Delille (1738–1813), der die Paradoxie ebenso sehr liebte wie die Natur: »J'ai toujours remarqué qu'une extrême fidélité en fait de traduction était une extrême infidélité«.[79] In der Darlegung seiner Übersetzungspoetik – »le système de traduction que j'ai suivi« – brachte der Dichter und Virgil-Übersetzer den Zusammenprall zweier Treuebegriffe auf den Punkt, indem er sich gegen die Fortschreibung eines überkommenen Treuebegriffs in der Einleitung zu Pierre-François-Guyot Desfontaines' Virgilübersetzung von 1743 wandte. Desfontaines hatte die Ansicht vertreten, daß es von einer Versdichtung keine Übersetzung in Versen geben könne, sondern nur eine Nachahmung oder eine Umschreibung.[80] Nur eine Prosaübersetzung könne »la pensée«, »sense«, »Sinn« getreu wiedergeben. Demgegenüber vertrat Delille die Ansicht, das Übersetzen von Dichtung sei etwas ganz anderes als das von Prosa und verlange deshalb einen eigenen Treuebegriff. In England hatte sich schon 1656 John Denham in diesem Sinn geäußert; der profilierteste französische Vorläufer ist Batteux um die Mitte des 18. Jahrhunderts; und ein Deutscher hatte sich seit den 1760er Jahren wiederholt zu diese Auffassung bekannt: Johann Gottfried Herder.

Delilles großes Ziel war also nicht Treue der Form um ihrer selbst willen, sondern wegen ihres Ausdruckswerts. Das erste Beispiel betrifft etwas, das Letourneur ein paar Jahre später auch bemerken würde. Es geht hier um den hohen Stil und ist für die damalige französische Poetik von höchster Bedeutung. Das Problem wurde noch 1830 von Alfred de Vigny spöttisch als die liebe Not geschildert, die Übersetzer für das französische Theater in einer Tragödie mit einem Shakespeareschen Taschentüchlein hatten.[81] Es kann, so Delille, vorkommen, daß ein lateinisches Wort in den hohen Stil gehört, seine französische semantische Entsprechung aber niedrig markiert ist. In diesem Fall ist eine sinngetreue Übersetzung in einer wichtigen Hinsicht untreu, nämlich in ihrem stilistischen Wert:

> Un mot est noble en latin; le mot français qui y répond est bas: si vous vous piquez d'une extrême exactitude, la noblesse du style est donc remplacée par de la bassesse.[82]

Delilles These zur Werktreue besagt zweierlei: Zum einen kann Treue in einer Hinsicht Untreue in einer anderen Hinsicht unvermeidlich machen. Zum anderen können treue Übersetzungslösungen an einer Stelle die Entscheidungsmöglichkeiten an einer späteren in so hohem Maße einschränken, daß kein Spielraum mehr für übersetzerische Treue bleibt. Das offensichtlichste Beispiel ist die Reimlogik: Jedes Reimwort legt fest, aus welchem kleinen Fundus das Wort oder die Wörter stammen dürfen, die den Reim vollenden.

Auf diese Weise, so scheint mir, hat Delille das Übersetzungsziel der Sinntreue durch Treue im Hinblick auf poetische Qualität ersetzt. Das Motto seiner Methode könnte lauten: Ziele von Textstelle zu Textstelle auf die jeweilige künstlerische Qualität, auch wenn du dir deswegen semantische Freiheiten herausnehmen mußt; und laß es dich nicht bekümmern, wenn du mit einer perfekten Übersetzungslösung an einer Stelle die Tür zu einer perfekten Lösung in einer anderen Passage oder in mehreren zugeschlagen hast. So etwas ist nicht weiter schlimm, weil es – wie im nächsten Zitat ausgeführt – nicht darauf ankommt, daß immer dieselbe Qualität wie in der Vorlage gefunden wird. Es genügt, so Delille, daß die Anzahl dieser »beautés« dieselbe bleibt. Dies hält er für das beste Verfahren, um des Autors »génie«, »démarche« oder »physionomie« in der Übersetzungssprache lesbar zu machen. Ich bin dessen nicht sicher. Denn wenn eine Ausdrucksweise – zum Beispiel Metonymien – in einem Werk relativ gleichmäßig verteilt ist, in der Übersetzung aber ausschließlich oder überwiegend in einem einzigen Abschnitt Verwendung findet, dann ist gewiß die Physiognomie, das Antlitz des Autors verändert. Doch Delille faßte zusammen:

> [L]e devoir le plus essentiel du traducteur [en vers], celui qui les renferme tous, c'est de chercher à produire dans chaque morceau le même effet que son auteur. Il faut qu'il représente, autant qu'il est possible, sinon les mêmes beautés, au moins le même nombre de beautés. [...] [Q]uand il [le traducteur] ne peut rendre une image, qu'il y supplée une pensée; s'il n'y peut prendre à l'oreille, qu'il peigne à l'esprit; s'il est moins énergique, qu'il soit plus harmonieux; s'il est moins précis, qu'il soit plus harmonieux; s'il est moins harmonieux, qu'il soit plus riche. Prévoit-il qu'il doit affaiblir son auteur dans un endroit? Qu'il le fortifie dans un autre; qu'il lui restitue plus bas ce qu'il a dérobé plus haut; en sorte qu'il établisse partout une juste compensation, mais toujours en s'éloignant le moins qu'il sera possible du caractère de l'ouvrage et de chaque morceau.[83]

Es ist, so möchte ich meinen, ein bemerkenswerter konzeptioneller Schritt in der Übersetzungspoetik, so sorgfältig die Summe der verschiedenen lokalen Übersetzungslösungen zu beachten, wie Delille es tat. Dennoch ist – jedenfalls aus heutiger Sicht – das Kompensationsprinzip, das er befürwortete, keine ideale Lösung. Es gibt vier Schwierigkeiten zu bedenken: daß, erstens, poetische Qualitäten so leicht austauschbar sein sollen, setzt voraus, daß sie poetisch oder rhetorisch gleichwertig sind – was offenkundig nicht zutrifft. Zudem tragen sie, zweitens, nicht nur zur Gestaltung ihrer Kontexte bei, sondern gewinnen auch einen Teil ihrer Poetizität aus ihnen. Ihre Verschiebung an andere Stellen kann deshalb die Art und Qualität der Poesie verändern. Drittens kann beim Austauschen von poetischen Werten der Fall eintreten, daß, um die Trias zu wiederholen, »génie«, »démarche« oder »physionomie« erheblich verändert werden. Wenn zum Beispiel ein Miltonübersetzer es als notwendig erachten sollte, eine größere Anzahl von Ausdrücken, die den Gehörsinn ansprechen, durch Gedankenlyrik zu ersetzen, dann macht er aus einer mit auditorischer Einbildungskraft ausgestatteten Figur schon einmal einen grüblerischen Klügler. Die vierte Konsequenz beruht darauf, daß es auch eine Art Dichtung gibt, die nicht durch narrative, logische oder rhetorische Sequenzen Sinn und Bedeutung gewinnt, sondern durch die Logik der Einbildungskraft, die als Art und Abfolge ihrer Sprachbilder definiert worden ist. Dies gilt beispielsweise für T. S. Eliots *The Waste Land* und St. John Perses *Anabase.*[84]

Trotz dieser Schwierigkeiten ist Delilles Idee, nicht den Sinn, sondern poetische Qualitäten zu übersetzen – und sei dies noch so oft durch Austausch zwischen ihnen –, ein wichtiger Beitrag zum Wandel des Übersetzungsbegriffs im Frankreich des späten 18. Jahrhunderts. Er stieß die Tür der Poetik und Übersetzungspoetik weit auf für die Erkenntnis, daß Gedichte keinesfalls immer eindeutig sind, so daß Wörter und Wortgruppen – »morceaux« bei Delille – mehr als nur einen einzigen poetischen Wert haben können. Es ist richtig, daß er nicht weit genug ging. In dieser Hinsicht ist er, wie man gerne sagt, ein Kind seines Jahrhunderts. Eher rückschauend war, daß er am Dualismus von »fond des idées« und »mouvement du style« festhielt. Auch die Mehrdeutigkeit eines Gedichts war für ihn eher eine binäre Angelegenheit, insbesondere im Fall von semantischem und poetischem Wert. Doch bleibt dieser Dualismus für dreiteilige und höhere Formen von Komplexität offen.

Von besonderem Interesse ist Delilles Hinweis darauf, daß die geglückte Übersetzung eines Details an anderer Stelle zur Unübersetzbarkeit führen kann. So kann sich unter Umständen Übersetzerglück zugleich als Übersetzermißgeschick erweisen. Und trotz der dualistischen Tradition, in die er sich stellte, öffnete er Ausblicke sowohl auf einen neuen Übersetzungsbegriff als auch – vielleicht nicht ganz so deutlich – auf eine neue Auffassung von Dichtung, die Edgar Allan Poe zu einem technomorphen Konzept ausgebaut hat. Für die Übersetzung führten Delilles Überlegungen – jedenfalls zum Teil – zu einem um die Mitte des 19. Jahrhunderts bei Jakob Grimm formulierten Grundsatz: »Eine *treue* Übersetzung eines wahren Gedichts ist unmöglich, sie müßte, um nicht schlechter zu sein, mit dem Original zusammenfallen«.[85] Wichtiger sind wohl britische und deutsche Vorläufer.

In der französischen Tradition blieb Delille in der Diskussion. Der Gedanke der poetischen Qualität beziehungsweise des Effekts (»beauté«) spielte 1776 bei Letourneur und 1787 bei Panckoucke und Framery eine gewisse Rolle.

Neben dieser Idee der figurativen Ausgestaltung von Übersetzungen hat sich Delille auch vorsichtig zum kulturellen Zusammenhang und Zusammenhalt geäußert. Ich denke vor allem an die Vorstellung von der kulturellen Gleichheit der Nationen, wie sie in Charles de Seconat, Baron de Montesquieus *Esprit des lois* (1748) angelegt ist.

4 Übersetzungsbegriffe an der Wende zum 19. Jahrhundert

Die Zergliederung der Übersetzungsbegriffe ist nicht die einzige übersetzungspoetologische Tendenz an der Wende zum 19. Jahrhundert. Wer auf Kontinuität und Erneuerung achtet, wird fünf Positionen vorfinden, von denen einige die klassisch-klassizistische Tradition fortschreiben oder so umschreiben, daß sie, jedenfalls für ihren Autor, unter neuen Bedingungen weiterhin gelten kann. Sie werden hier nicht chronologisch, sondern in einer thematischen Ordnung behandelt.

4.1 Bewahrung des überlieferten Treuebegriffs: Laharpe und Vaultier

Es ist verständlich, daß Bibelübersetzer am ehesten auf größtmöglicher Genauigkeit beharren, da es sich letzten Endes um Gottes Wort handelt, auch wenn es in Menschenworten geschrieben steht. In der Einleitung zu seiner Psalmenübersetzung sah es Jean-François de Laharpe (1739–1803), der auch antike und moderne Dichtung übersetzte, im Jahr 1798 als unbestritten an, daß der Sinn der Heiligen Schrift mit allergrößter Sorgfalt und Genauigkeit wiedergegeben werden muß, mit »la fidélité la plus scrupuleuse«.[86] Er sah die »version littérale« und – bemerkenswert in der französischen Tradition – die Paraphrase als die zwei am häufigsten praktizierten Übersetzweisen an.

Ins frühe 19. Jahrhundert fällt die erste akademische Schrift zum Übersetzen in Frankreich, Marie-Claude-Fréderic Vaultiers (1772–1834) *De la Traduction* (1812), in der das Übersetzen als Transfer einer »proposition ou [...] série de propositions données« definiert wird.[87] In seinen Ausführungen stützte er sich stark auf das Regelwerk Batteuxs – den Delille übergangen hatte – und auf Desfontaines (1743).[88] Weil mir Vaultier nur in Lieven D'hulsts Ausschnitt vorliegt, kann ich größere Zusammenhänge nicht beurteilen, halte aber seine übersetzungspoetologisch konservative Haltung im Fall einer Antikenübersetzung historisch für erwähnenswert.

4.2 Das Beste zweier Welten: Treue und Eleganz bei Panckoucke & Framery und Patin

Im Geltungsbereich des eleganten Übersetzens schlossen Treue und Schönheit einander aus. Neu sind meiner Kenntnis nach im Frankreich des späten 18. Jahrhunderts Bemühungen, übersetzungspoetologisches Feuer und Wasser zu vereinen. In der Einleitung zu ihrer Übersetzung des »rasenden Roland« von 1787 erläuterten Charles-Joseph Panckoucke (1736–1798) und Nicolas-Etienne

Framery (1745–1810), wie ihnen dieses weltliche Mirakel gelang. Denn nicht nur siebzig Übersetzer, sondern jeder, der sich an ihr Verfahren hält, muß, so meinten sie, die einzig schöne und richtige Übersetzung herstellen können. So gesehen ist es auch selbstverständlich, daß sie jedem zur Übersetzung anstehenden Werk den Status einer heiligen Schrift zusprachen: »Tout original est un texte sacré, un modèle qui commande, auquel il n'est pas permis de rien changer«.[89] Demgemäß wandten sie sich unausgesprochen gegen Delilles Modell der austauschbaren »beautés«. Sie wollten diese Effekte ihrer Art nach und am selben Ort wie in der Vorlage:

> Il ne suffit pas de rendre les mots, les idées; c'est leur valeur, leur expression, leur tour que l'on doit surtout s'attacher à saisir, afin de produire dans la traduction le même effet que dans l'original; et l'on ne peut se flatter de parvenir à ce but, si l'on ne suit exactement le style et le mouvement de toutes les périodes de l'auteur.

Das ist ein löbliches Unterfangen. Aber es genügt eine Erinnerung an Delille um festzustellen, daß es undurchführbar ist.

Der Fall von Henri-Joseph-Guillaume Patin (1793–1876) liegt anders. Als Lateinprofessor und Ständiger Sekretär der französischen Akademie besprach er 1829 Pierre-François Delestres Übersetzung des Aeneas-Epos. Er fand, dem Übersetzer sei es gelungen, der Treue und der Eleganz gleichermaßen gerecht zu werden. Auch er bestand gegen Delille darauf, daß die Reihenfolge der Ideen strikt beizubehalten sei und das »mot *dominante*« an seiner Stelle bleiben müsse, weil anderenfalls jene Einheit verloren ginge, die es etwa im Sinne eines Zwischentitels bewirkt. In einer vergleichenden Analyse zweier Übersetzungen einer beispielhaften Stelle achtete er auf ganz ähnliche Dinge wie zur gleichen Zeit Anne Bignan. Er hatte nichts als Tadel für die elegante Umschreibung übrig und befürwortete eine Diktion, die sowohl Virgil als auch dem zeitgenössischen Französisch nahekommt. Überall, so scheint es, ist Feuer und Wasser.

4.3 Von der Poetik des Sinns zu derjenigen der Sinne: Saint-Simon

Seit etwa der Mitte des 18. Jahrhunderts ist auch in Frankreich jener antirationalistische, auf Sinneseindrücken aufbauende Empirismus aufgenommen worden, der in Großbritannien hauptsächlich mit den Namen John Locke und David Hume verbunden ist. Zu dem, was empiristische Argumente aus der Welt schaffen sollten, gehörte auch die Überzeugung, daß Gedanken die Substanz eines literarischen Werks sind und daß die Übersetzer deshalb diese Substanz zu übersetzen haben. Demgegenüber versuchte Maximilien-Henri de Saint-Simon (1720?-1799) im Jahr 1771, eine sensualistische Übersetzungspoetik aufzustellen. Zu diesem Zweck übernahm er anthropologische Grundannahmen, die aus der Antike überliefert worden waren, und erfüllte sie, wenn man so will, mit empiristischem Geist. Sein Übersetzungsbegriff im engeren Sinn und seine Ansätze zu einer Sprachtheorie beruhen voll und ganz auf Sinneswahrnehmungen (»sensations«) beziehungsweise Bildern (»images«).

Saint-Simon kündigte nicht zu Unrecht seine Poetik des wörtlichen und kraftvollen Übersetzens – »traduction littérale et énergique«[90] – als Neuerung an. Er scheint sich dabei aber auf unsicherem Boden bewegt zu haben, weil seine Argumente zum Teil widersprüchlich sind. Auf jeden Fall ging es ihm ausdrücklich um Übersetzungstreue: Die Aufgabe des Übersetzers ist »rendre avec fidélité les images, les phrases jusqu'à la ponctuation de son auteur«. An dieser Stelle steht das Bild im Zusammenhang mit einem sprachlichen und einem textlichen Element, die beide in der Übersetzung zu bewahren sind. Anderswo geht es nur um Bilder als Vermittler von Sinneswahrnehmungen.

Nun steht diese Auffassung vom Bild in einem anthropologischen Rahmen, der genau jenem entspricht, der von alters her für den Sinn beziehungsweise den Gedanken gezogen worden ist: »[L]a nature est une, et l'humanité n'est qu'une. La première offre partout de mêmes images, la seconde les reçoit partout également«.

Die Einheitlichkeit von Natur und Menschheit garantiert also diejenige der wahrgenommenen Bilder. Es muß überraschen, daß Saint-Simon diese Einheitlichkeit schon im übernächsten Satz im Namen der Klimatheorie und des Nationalitätsbegriffs infragestellte: »La nature suivant leurs divers climats modifie ses images, les peuples aussi suivant leurs divers usages varient leurs perceptions et leurs expressions«.[91]

Aber kaum ist diese Einheitlichkeit zerschlagen, folgt eine Heilung für die Kulturnationen:

> La république littéraire qui soumet à son autorité toutes les nations policées, sans égard à leur position sur notre globe, leur apprend à recevoir et à communiquer leurs sensations, par des images qui doivent se ressembler malgré la différence des expressions.[92]

Das ist nicht das einzige Hin und Her in Saint-Simons Übersetzungsbegriff, den er, wie gesehen, von Anfang an ins Zeichen der Wörtlichkeit gestellt hatte. An dieser Stelle in seinem Argument postulierte er freilich die Übereinstimmung von Bildern trotz unterschiedlicher Ausdrucksweisen, also gerade nicht die Übereinstimmung auf Wortebene.

Die Ablehnung des Sinns im rationalen Verständnis des Wortes und die Annahme der Sinne als Grundlage seiner Übersetzungspoetik gehen auch aus seiner Skizze einer europäischen »Universalsprache« hervor. Das Leibnizsche Projekt einer auf der Logik beruhenden Universalsprache hielt Saint-Simon für illusorisch, sah aber die Möglichkeit, durch Vermischen von Wörtern aus den europäischen Sprachen eine neue Sprache zu schaffen, die ebenfalls sensualistisch begründet wäre.

Batteux hatte die Sinntreue beibehalten und durch die Treue gegenüber dem Ton erweitert. Saint-Simon ersetzte sie durch die Treue gegenüber Bildern, hinter denen nicht Gedanken, sondern Sinneswahrnehmungen stehen.

4.4 Die Relativitätstheorie der Literaturen: Geoffroy, de Staël und Loyson

Ein beachtliches Motiv im französischen Kulturleben war und ist die Gewißheit, auch auf diesem Gebiet führend zu sein. Die elegante, höfisch-höfliche Übersetzung und ihre Poetik waren eine besondere Form dieses Überlegenheitsgefühls. In dem Maße, in dem aus dem Ausland bekannt wurde, wie sehr man sich an Frankreich orientierte, wuchs dieses Selbstwertgefühl weiter. Als die entscheidende Frage nicht mehr war, worin die Unterschiede zwischen den Nationen liegen, sondern wie sie zustande gekommen sind, wurden die Unterscheidungsmerkmale – damals vorrangig klimatische, genetische und historische Bedingungen – zu so etwas wie Determinanten. Insofern als die verschiedenen Nationen in substantiell gleiche, aber ungleichzeitig ablaufende kulturmorphologische Muster eingepaßt waren, fand man sich je länger desto komplizierter in vielfältige Hierarchien verwickelt, die ihrerseits einem steten Wandel unterworfen waren. Das Verhältnis von Notwendigkeit und Begleitumständen ist ein wichtiger Gegenstand in Montesquieus *L'Esprit des lois* (1748). Zum Teil auf dieser Grundlage entwickelte der Schotte Adam Ferguson in *An Essay on the History of Civil Society* (1767) seine stadiale Kulturmorphologie. Und im Jahre 1784 begann ein Deutscher, Herder, mit der Veröffentlichung seiner monumentalen Sprach-, Literatur- und Kulturgeschichte des Planeten »Terra« unter dem Titel *Ideen zur Philosophie der Geschichte der Menschheit* (1784–92).

In Frankreich waren seit den 1730er Jahren gelegentlich Hinweise auf die Relativität der Beziehungen zwischen Nationen, Sprachen und Literaturen aufgetaucht.[93] Etwa fünfzig Jahre später, im Jahr 1783, führte Julien-Louis Geoffroy (1743–1814) in seiner Rezension einer Übersetzung von Cervantes' *Galatea* die Debatte an einen Wendepunkt. Der eminente Kritiker zeigte sich überzeugt davon, daß Cervantes und Shakespeare noch in barbarischen Ländern und Zeiten aufgewachsen sind. Deshalb war es zwecklos, sie im Stil der eleganten Übersetzungen umzumodeln. Dieses Argument trägt noch das Imprimatur des Hochmuts in kulturellen Dingen, allerdings im Augenblick seiner Relativierung. Das Schlüsselwort heißt »barbarie«.[94] Barbarei ist seit der Antike das kulturelle Ausschlußwort. Nun galt wohl nicht ganz zu Unrecht in der kulturmorphologischen Stadienlehre, jede Nation sei zu einem frühen Zeitpunkt ihrer Geschichte barbarisch gewesen, wobei gerade die neueste Geschichte Beispiele vom Rückfall aus einer zivilisierten Stufe kennt. Auf diesen Zyklus zurückblickend fand Geoffroy, sein Land habe die Barbarei endgültig überwunden. Daraus ergab sich ein Interesse daran, sich wie Herder zu etwa derselben Zeit der Eigenheiten der verschiedenen Länder zu vergewissern. Das hieß, an Übersetzungen aus dem Englischen das spezifisch Englische herauszulesen, aus dem Spanischen die »hispanidad« und so weiter. Ihm lag daran,

> voir les Anglais, les Espagnoles, les Italiens dans le costume de leur pays. Je ne les reconnais plus quand ils sont habillés à la française; cette manie de mutiler et de défigurer les ouvrages sous prétexte de les ajuster a notre goût et nos mœurs me paraît extravagante; notre goût et nos mœurs sont-il donc la règle du beau? Pourquoi nous envier le plaisir d'étudier et de connaître les mœurs étrangères? Cette connaissance n'est elle pas un des plus grands avantages qu'on puisse retirer de la lecture? [...] Je veux voir les grands hommes tels qu'ils sont, avec la physionomie qui leur est propre, et même avec leurs défauts.

Daraus spricht eine mehr als deutliche Absage an den französischen Hegemonialanspruch in Geschmacksfragen. Das Argument und sein Duktus erinnern deutlich an den Herder der 1860er Jahre. Wie kann es gelingen, die Dinge so zu sehen, wie sie sind, und wie geht das im Medium der Sprache? Auch das, was als Fehler in der Charakterisierung fremdländischer Helden angesprochen wird, macht eine Nachfrage nötig, auch wenn das Problem unlösbar zu sein scheint: Liegt der Fehler in der Sprache und Literatur der Grundschrift oder auf der französischen Seite? Wenn letzteres der Fall sein sollte, dann klingt hier wohl doch noch der »goût classique« nach. Solche Inkonsequenzen und Ungleichheiten lassen die Schwierigkeiten erkennen, eine mittlerweile mehr als zweihundert Jahre alte Prestigepoetik in den verdienten Ruhestand zu entlassen.

Es dauerte schließlich bis ins 19. Jahrhundert, bevor die prinzipielle Gleichwertigkeit der Literaturen auch in Frankreich zu einem Thema wurde. Angeregt wohl von ihren Studien der deutschen Literatur und Kultur kam ihm Anne-Germaine de Staël im Jahr 1816 ganz nah. Eine ausführliche Auseinandersetzung mit diesem Thema hatte Charles Loyson in seiner Dissertation schon drei Jahre zuvor geführt. Wieder kann ich mich nur auf den Ausschnitt beziehen, den Lieven D'hulst in seine Dokumentensammlung aufgenommen hat. Der junge Mann scheint sich an Marmontels *Encyclopédie*-Beitrag zur literarischen Übersetzung orientiert zu haben. So stellte er die Sachlage als eine noch nicht abgeschlossene Debatte dar, die allerdings nur einen Teil der vorliegenden Positionen berücksichtigt:

> Les uns pensaient qu'on ne peut donner ce nom [traduction] qu'à l'ouvrage qui reproduit avec une exactitude scrupuleuse, non pas seulement la pensée de

> l'auteur en général, mais encore ses moindres idées, les nuances de sens les plus légères et les plus fugitives [...]. Ceux-là avaient raison de prétendre qu'on ne peut traduire les poètes qu'en prose. Les autres avaient une idée toute différente de la traduction, et surtout de la traduction de poètes. Ils croyaient que pour reproduire l'ouvrage d'un poète dans une langue étrangère, il est moins nécessaire de rendre avec une exactitude rigoureuse le sens littérale, que la hardiesse, le mouvement, les figures, et surtout l'harmonie de la phrase poétique; et ils n'ont pas eu moins raison que leurs adversaires, quand ils ont avancé que les poètes ne peuvent être traduits qu'en vers.[95]

Die als Gegensatzpaar stilisierten Auffassungen vom richtigen Übersetzen unterscheiden sich in ihren Gegenständen. Zur Lösung des Dilemmas empfahl Loyson nicht de Staëls Zugriff auf die Idee des »génie du poète«, sondern eine systematische Ausarbeitung nationaler, historischer und gattungsspezifischer Beziehungen:

> Mais ce caractère qui dépend du temps, du climat, et des mœurs; cette couleur locale qui varie d'une langue à l'autre, et dans le même langue d'une époque à l'autre, et à la même époque d'une genre à l'autre, si différente dans les chants sauvages du barde Ossian, dans les poèmes naïfs et sublimes du chantre de Troie, dans les vers savants de Virgile et de Racine: qui, des vers ou de la prose, pourra le mieux la conserver? Ici point de réponse générale et décisive. Tantôt le vers, tantôt la prose. Mais il est une règle certaine, un principe infaillible qui peuvent nous guider dans le choix. Quand la langue poétique du traducteur (car quelques paradoxes qu'on se soit plu à entasser à ce sujet, il y a dans toutes les langues une langue poétique), quand ce langue poétique, dis-je, a été formée a peu près dans les mêmes circonstances que elle de l'original, quand celle est à peu près au même degré de perfection, également distincte de celle de la prose, accoutumée à exprimer le même ordre d'idées, en usage chez un peuple qui est a peu près au même point de civilisation, de luxe, et, s'il faut le dire, de corruption; alors la traduction en vers est celle qui rendra le mieux le ton du style et les couleurs locales. Quand au contraire les deux langues poétiques n'ont point les rapports dont nous venons de parler, il faut traduire en prose sous peine de faire perdre à l'une des deux son caractère distinctif.

Ganz offensichtlich hat Loyson seine Ideen aus zeitnahen kulturmorphologischen Studien gewonnen. Einleitend klingen Montesquieu und Herder an. Die Wildheit der Bardengesänge verweist auf die Frühphase der stadialen Entwicklung. Daß der prototypische Barde Ossian heißt, läßt erkennen, daß Loyson unter dem Einfluß der »cause célèbre« des zurechtgefälschten schottischen Hochland-Homers stand. Aus den bei Lieven D'hulst wiedergegebenen Ausschnitten ist leider nicht ersichtlich, welche Dokumente dem Autor vorlagen. Man ist wohl auf der sicheren Seite, wenn man annimmt, daß er vieles davon von Vermittlern wie Anne-Germaine de Staël und Léonard Simonde de Sismondi und aus Zeitschriften bezog. Wem die *thèse* Loysons vorliegt, der könnte deren genauen Beitrag zum internationalen Kulturaustausch ermitteln.

4.5 Neuer Internationalismus: Courier und Bignan.

Zwei Studien aus den 1820er und 1830er Jahren können zusammengenommen als Abgesang auf die elegante Übersetzweise gelten. Zugleich sind sie eine Art Weiterführung von Loysons Internationalismus. Im Jahr 1822 kündigte Paul-Louis Courier (1772 – 1825) eine Neuübersetzung Herodots an, und acht Jahre später schenkte Anne Bignan (1798 – 1861) der Welt ihre *Ilias*-Übersetzung.

Bignan machte mit ihrer Ablehnung der höfisch-höflichen Übersetzungen reinen Tisch, indem sie gleich die gesamte französische Tradition dieser eleganten Übersetzweise hinwegfegte. So sprach sie von drei Jahrhunderten Übersetzungsgeschichte als »des versions de trois derniers siècles, justement surnommés de *belles infidèles*«.[96] Courier seinerseits wetterte gegen die »fausses bienséances«, »cette rage d'ennoblir« und »ce ton du cour« und steigerte sich zum Republikanerfluch: »L'imitation de la cour est la peste du goût aussi bien que des mœurs.«[97] Beide waren sich darin einig, daß Herodot und Homer in einer frühen Phase der Kultur lebten und dichteten – damals nicht so sehr eine chronologische als eine kulturmorphologische Aussage. In den fünf Phasen der Stadienlehre – Wildnis, Pastorale, Kommerz, Zerstörung und Wüstung – war dies die zweite, durch Viehzucht, Ackerbau und naturnahe Tugendhaftigkeit gekennzeichnete. Couriers selbstbewußte, an Montesquieu gemahnende Erklärung, daß »Hérodot et Homère nous représentent l'homme sortant de l'état sauvage, non encore façonné par les lois compliqués des sociétés modernes«, trifft fast ganz Bignans Ansicht, Homers Welt sei vor dem »âge civilisé« einzuordnen.[98] Diese Meinung beruht meiner Kenntnis nach auf sechzig Jahren Forschungsvorsprung vor allem im Vereinigten Königreich und den deutschen Ländern. Thomas Blackwell eröffnete diese Perspektive im Jahr 1753 mit *Enquiry into the Life and Writings of Homer.* Es folgte Robert Woods *Essay on the Original Genius of Homer* (1769). In den 1760er Jahren hatte sich Herder der Stadienlehre mit dieser auf Homers Lebenswelt zielenden Forschungsrichtung verpflichtet. Wenn man den Ton der Selbstbespöttelung beiseite läßt, stößt man hier auf eine große Ähnlichkeit mit Geoffroy:

> Die Franzosen, zu stolz auf ihren Nationalgeschmack, nähern demselben alles, statt sich dem Geschmack einer anderen Zeit zu bequemen. Homer muß als *Besiegter* nach Frankreich kommen, sich nach ihrer Mode kleiden, um ihr Auge nicht zu ärgern; sich seinen ehrwürdigen Bart, und alte einfältige Tracht abnehmen lassen; französische Sitten soll er an sich nehmen, und wo seine bäurische Hoheit noch hervorblickt, da verlacht man ihn, als einen Barbaren. – Wir

armen *Deutschen* hingegen, noch ohne Publikum beinahe und ohne Vaterland, noch ohne Tyrannei eines Nationalgeschmacks, wollen ihn sehen, wie er ist.[99]

Wie später bei Courier beruht Herders neue Sichtweise auf der Annahme, das zu kennen, was wirklich und wahr ist. Allerdings stehen Courier und Bignan einander näher als in ihrer möglichen Verbindung mit Herder. Für sie galt es, eine »fidélité rigoureuse« zu pflegen.[100] Die Übersetzer müßten sich die Vorlage gewissermaßen zu Herzen nehmen, sie müßten »littéralement« übersetzen, »mot à mot«.[101] Bignans Bild der gegensätzlichen Übersetzungsrichtungen erinnert in etwa an Friedrich Daniel Ernst Schleiermacher: »Loin de faire redescendre dans son propre siècle le modèle qu'il a choisi, il remontera lui-même jusqu'au siècle de son modèle«. Die Gegensätze sind modernisierendes und archaisierendes Übersetzen.

Außerdem stimmen Courier und Bignan in der Frage überein, welche Sprachform ein Übersetzer verwenden müsse. Hier war Courier der Eloquentere. Denn Bignan sah diese Frage stärker aus der Perspektive des »génie de l'auteur« und berief sich auf die internationalen Vorbilder William Cowper, Vincenzo Monti und Johann Heinrich Voß, während Courier im Verlauf seiner soziolinguistischen Philippika der Überzeugung Ausdruck verlieh, Herodot und Homer hätten in einer schönen weil archaischen Sprache geschrieben: »la langue belle [...] c'est à dire ancienne«.[102] Und er empfahl als Vorbild die Sprache Jean de Lafontaines: »[I]l faut employer une diction naïve, populaire et riche, comme celle de La Fontaine«. Diese Sprache empfahl sich auch wegen Lafontaines periodenübergreifenden Anleihen bei Clément Marot und François Rabelais.

Natürlich gibt es auch Unterschiede zwischen Bignan und Courier. Die von beiden angestrebte einfache Sprache fand bei Courier eine recht allgemeine Beschreibung, während Bignan Beispiele bevorzugte. Ein besonders sprechendes ist die nicht höfische und auch nicht höfliche Anredeform »tu«. Bei Courier findet sich eine analoge, ausführlich begründete Verwendung von Unterschichtensprache. Das Beispiel, das er wählte, bezieht sich auf die Eröffnungsworte der *Ilias* in zwei Übersetzungen: »Madame Dacier commençant: ›Déesse, chantez‹, je devine ce que doit être tout le reste. Homère a dit grossièrement: ›Chante, déesse, le courroux‹«.[103]

Mehr noch als Courier legte Bignan ihre internationalen Anleihen offen. Und während die Stadienlehre bei Courier es nahelegt, daß die Entwicklungsstufen wichtiger sind als die jeweilige nationale Entwicklung, daß also zwei Nationen auf derselben Stufe mehr gemein haben als zwei Stufen in der Entwicklung einer Nation, zeigte sich Bignan davon überzeugt, daß es allgemein-menschliche Merkmale jenseits räumlicher und zeitlicher Grenzen gebe:

> Quelle que soit la disparité que la religion, la politique, la morale et la marche de sciences interposent entre le caractère des siècles de l'Antiquité et le génie de nos jours, le fond des passions humaines n'a point changé.[104]

Wie schon so oft ist die anthropologische Konstante nicht mehr, wie traditionell in der klassisch-klassizistischen Überlieferung, rationaler Art, sondern beruht in der Tradition des Empirismus und Sensualismus auf den Leidenschaften.

4.6 Vielseitige Relativität: Littré

Zurecht ließ D'hulst seinen Überblick über hundert Jahre Übersetzungsdiskurs in Frankreich mit einem Auszug aus Paul-Emile Littrés (1801 – 1881) Aufsatz »La poésie Homérique et l'ancienne poésie française« (1847) ausklingen. Der eminente Sprach- und Literaturhistoriker faßte darin vorhergegangene Ansätze zusammen. Er selbst wies auf Courier hin, und D'hulst erwähnte Jean-Marie-Napoléon-Désiré Nisard[105]; andere Anknüpfungspunkte sind zum Teil so offensichtlich wie die oben diskutierten Vertreter der literarischen Relativität.

Littré wandte sich kaum weniger vehement gegen Absolutheitsansprüche in poetisch-poetologischer und übersetzungspoetologischer Hinsicht als Courier und forderte ausdrücklich »un point de vu relatif«.[106] Zugleich war er restlos davon überzeugt, daß nur archaisierendes Übersetzen in Frage kam. »Homère ne peut être traduit que dans la vielle langue de nos romans de chevalerie«. Dieselbe Ansicht vertrat später Rudolf Borchardt in »Dante deutsch«. Littrés Begründung lief auf die im 19. Jahrhundert zum Teil auch dank der deutschen philologischen Mittelalterforschung möglich gewordene Emanzipation des französischen »Altertums« von der seit der Renaissance vorherrschenden Anlehnung an das griechisch-lateinische – in Frankreich wohl eher das lateinische als das griechische – Altertum hinaus. Die Renaissance, so schrieb er mit einer Metapher für den Geschichtsverlauf, habe die natürliche Strömung der französischen Dichtung durcheinandergebracht.[107] Dieser Fluß der Geschichte sei primär sprachlicher Natur. Es gebe in ihm drei Phasen: Mittelalter (13. Jahrhundert), Renaissance (16. Jahrhundert) und Gegenwart (19. Jahrhundert). Die repräsentativen Werke seien die *Ilias* und das *Rolandslied*. Eine Eigenheit, auf die Littré besonders ausführlich und unter einer galanten Bekleidungsmetapher einging, ist die Pracht der Homerischen schmückenden Beiwörter, »la riche et pompeuse toilette des épithètes«, die es in gleicher Weise im *Rolandslied* gibt.[108] Bezugspunkt ist jeweils das Werk des Universalgelehrten Herder. Herauszufinden, ob es sich um eine direkte Bezugnahme oder um verschiedenartige Vermittlung handelt, bedürfte eines sorgfältigen Studiums sicher auch in Archiven, ist aber ein höchst wünschenswertes Thema für die international orientierte Übersetzungsforschung.

Anmerkungen

1 Vgl. D'hulst, »Unité«, p. 91.
2 Batteux, *Cours*, p. 26.
3 »Idée« hat hier noch die ausschließlich intellektuelle Bedeutung, nicht schon die von Voltaire favorisierte Lockesche des Sinneseindrucks und seiner cerebralen Folge. *Roberts* Belegstelle aus Voltaires *Dictionnaire Philosophique* lautet: »Qu'est-ce qu'une idée? C'est une image qui se peint dans mon cerveau. Toutes vos idées sont donc des images? Assurément: car les idées les plus abstraites ne sont que les suites de tous les objets que j'ai aperçus.«
4 Batteux, *Cours*, pp. 27–29.
5 Vgl. Rener, pp. 278–79.
6 Vgl. Rener, pp. 291–92.
7 Vgl. Batteux, *Cours*, p. 32; vgl. Rener, p. 172.
8 Ich danke Ulrich Mölk für seinen kollegialen und freundschaftlichen Rat. – Die drei Hauptgebiete der Poetik des Tons, bei den deutschen Minnesängern, im französischen 18. Jahrhundert und im frühen 20. Jahrhundert bei I. A. Richards und seinen englischsprachigen Schülern sind bisher noch nie zusammen untersucht worden.
9 Vgl. Batteux, *Cours*, p. 32.
10 Vgl. Lefevere, *Translating Poetry*, pp. 19–26.
11 Rener, p. 333.
12 Vgl. Rener, pp. 278–79.
13 Vgl Batteux, *Horace*, pp. v-vi; ebenso nächstes Zitat.
14 Batteux, *Horace*, p. xx.
15 Vgl. Batteux, *Horace*, pp. v-vi; ebenso nächstes Zitat.
16 »Wuth der Leidenschaften«: Breitinger, Bd. 2, p. 354 im Zusammenhang von pp. 352–98.
17 Vgl. Graeber, *Roman*, p. 166.
18 Prévost, »Clarisse«, p. 371.
19 Prévost, »Grandisson«, p. 376.
20 Vgl. Schneiders, *Ambivalenz*, pp. 122–23.
21 Vgl. Prévost, »Grandisson«, p. 376; ebenso nächstes Zitat.
22 Prévost, »Clarisse«, p. 371.
23 Vgl. Graeber, *Roman*, pp. 160–66.
24 Nach Graeber, *Roman*, p. 161.
25 Nach Graeber, *Roman*, p. 163.
26 Nach Graeber, *Roman*, p. 162.
27 Yart, Bd. 1, p. i.; nächstes Zitat, p. ii.
28 Yart, Bd. 1, p. iii; vgl. unten, p. 129.
29 Yart, Bd. 1, p. iv.
30 Yart, Bd. 1, p. v; ebenso nächstes Zitat.
31 Vgl. Yart, Bd. 1, pp. v-vi.
32 Yart, Bd. 2, p. 226.
33 Zusammengefaßt aus Yart, Bd. 2, pp. 1, 4.
34 Yart, Bd. 2, p. 3.
35 Vgl. D'hulst, *Cent ans*, pp. 17–18.
36 Vgl. Lambert, p. 110.
37 Vgl. Schneiders, p. 18.

38 Beauzée, pp. 42 – 43.
39 Vgl. *Encyclopédie*-Beitrag »Version« zur Bibelübersetzung und wenig später Ladvocat (1763) und Laharpe (1798).
40 Beauzée, p. 43.
41 Vgl. unten, Abschnitt 3.1 »Le génie de la langue«, pp. 82 – 96.
42 Marmontel, p. 48.
43 Vgl. Graeber, »Blüte«.
44 Marmontel, p. 49.
45 Vgl. unten, pp. 120 – 21.
46 Marmontel, p. 50.
47 Marmontel, pp. 52 – 53.
48 Noch im Jahr 1984 sah Berman Zeichen eines Aufbruchs, den seine Landsleute mehr als hundert Jahre verschlafen hatten.
49 Voltaire, p. 120.
50 Vgl. Greiner/Sprang, p. 2454.
51 Vgl. J. Bate, p. 78.
52 Pope, »Essay«, l. 153.
53 Vgl. d'Alembert, p. 40.
54 Vgl. Abrams, pp. 189 – 213.
55 Ich erinnere diese zwei Sätze, nicht aber die Fundstelle.
56 Zitiert von Most, p. 62.
57 Vgl. Schneiders, p. 76.
58 Vgl. Christmann, pp. 69 – 73.
59 Vgl. Mueller-Vollmer, »Sprachphilosophie«, pp. 135 – 36.
60 Nach Christmann, p. 75.
61 Zum Konzept des Sprachbrauchs vgl. Leisi, pp. 15 – 19.
62 Mercier, p. 78.
63 Vgl. Graeber, »Belles infidèles«.
64 Berman, *Epreuve* p. 62.
65 D'Alembert, p. 36; die nächsten Zitate pp. 40, 38.
66 D'Alembert, p. 36; ebenso die beiden nächsten Zitate.
67 D'Alembert, p. 39; ebenso nächstes Zitat.
68 D'Alembert, p. 40.
69 Vgl. Stackelberg.
70 Zu dieser Entdeckung vgl. Gillespie/Hopkins, p. 309.
71 Vgl. Graeber, *Übersetzervorreden*, pp. 174, 160 u. a.
72 Letourneur, »Discours«, p. 115.
73 Letourneur, »Discours«, p. 116.
74 Letourneur, »Discours«, p. 114.
75 Letourneur, »Discours«, p. 115; siehe auch die nächsten beiden Zitate.
76 Letourneur, »Discours«, p. 114.
77 Graeber, *Übersetzervorreden*, pp. 161 – 62.
78 Vgl. Panckoucke/Framery, p. 134.
79 Delille, p. 123.
80 Zu Desfontaines vgl. D'hulst, *Cent ans*, p. 121.
81 Vgl. de Vigny, pp. 92 – 93.
82 Delille, p. 123.
83 Delille, p. 124 – 25.
84 Vgl. Frank, »*Waste Land*«.
85 Vgl. Grimm, p. 115.
86 Laharpe, p. 147; ebenso nächstes Zitat.
87 Vaultier, p. 70.

88 Zu Defontaines vgl. D'hulst, *Cent ans*, p. 121.
89 Panckoucke/Framery, p. 134; nächstes Zitat p. 135.
90 Saint-Simon, p. 128; ebenso nächstes Zitat.
91 Saint-Simon, p. 129.
92 Saint-Simon, p. 129.
93 Vgl. Silhouette, Prévost.
94 Geoffroy, p. 185; ebenso nächstes Zitat.
95 Loyson, pp. 81 – 82; nächstes Zitat p. 82.
96 Bignan, p. 162.
97 Courier, pp. 152, 153, 154, 155.
98 Courier, p. 152; Bignan, p. 164.
99 Herder, *Werke* I, p. 307.
100 Courier, p. 155; nächste Zitate Bignan, pp. 162, 165.
101 Courier, p. 155; Bignan, p.162, nächstes Zitat p. 165.
102 Courier, p. 152; ebenso nächstes Zitat.
103 Courier, p. 153.
104 Bignan, p. 166.
105 Zu Nisard vgl. D'hulst, *Cent ans*, p. 211.
106 Littré, p. 100; nächstes Zitat p. 98.
107 Vgl. Littré, p. 99.
108 Littré, p. 100; ebenso nächstes Zitat.

3 Das Vereinigte Königreich

Im Vereinigten Königreich von Großbritannien schlugen Übersetzer und Übersetzungskritiker schon früh eigene Wege mit einer eigenen Thematik und Chronologie ein. Zugleich bestand jedoch auch ein gutes Maß an internationalem Zusammenwirken. Besonders eng war nach der Rückkehr des Königshauses aus dem französischen Exil im Jahr 1660 die Verbindung mit der höfisch-höflichen Kultur in Frankreich. So überholten damals Übersetzungen aus dem Französischen rein zahlenmäßig die aus den antiken Sprachen.[1] Zugleich konnte es geschehen, daß das französisierende Übersetzen und die Zuhilfenahme französischer Mittelübersetzungen abgelehnt wurden, etwa wie im Fall der Fabeln des Aesop. Deren direkte Übersetzung aus dem Lateinischen galt als Befreiung des Autors durch Anglisierung.[2] Einer besonders populären Literaturform, dem nicht selten höfischen Helden- und Liebesroman (»romance«), wurde ab etwa 1680 ein zunehmend bürgerlicher Ton anübersetzt.[3]

Was nun die Übersetzungsbegriffe angeht, so ist T. R. Steiners *English Translation Studies, 1650–1800* (1975) immer noch erste Wahl. Davon profitierte jeder, der sich seitdem mit diesem Gegenstand beschäftigt hat. Das gilt auch für den von Stuart Gillespie und David Hopkins betreuten Band der Geschichte der englischen Übersetzung, *Translation: Theory and Practice, 1650–1800* (2005), der erwartungsgemäß auch Ergänzungen anbietet. Aber niemand hatte den Mumm, Steiners Projekt ins 19. Jahrhundert weiterzuführen. Denn im vierten Band der *Oxford History* (2006) für die Zeit von 1790 bis 1900 wandte sich das Interesse von Dokumenten und Begriffen ab. Es standen nun Normen und Prinzipien des Übersetzens im Mittelpunkt.[4] Das Ergebnis kann sich sehen lassen. Wer aber die Begriffsgeschichte über 1800 hinaus verfolgen will, muß nach wie vor zu philologischer Quellenarbeit bereit sein und auch Zugang zu den Quellen haben. Mir war einiges davon für Percy Bysshe Shelley und Thomas Carlyle möglich. Dadurch kommt wenigstens ein Teil des britisch-deutschen Regimes (im Sinne von Anthony Pym) während einer Zeitspanne besonders regen Austauschs in den Blick. Denn die bisherige Hauptrichtung des Transfers von West nach Ost wurde um einen beachtlichen Austausch in die Gegenrichtung erweitert.[5]

1 Das Poetische an der Übersetzungspoetik

Wie anderenorts dienten anfangs die rhetorische und die im überkommenen Sinne interpretierende Schultradition dazu, Anschluß an die Antike zu finden und zu halten. Dies gelang, wie Theo Hermans ausführte, dadurch, daß zum Beispiel durch Bezugnahme auf Quintilians *Institutio Oratoria* (Buch 10) die Übersetzung in das weite Begriffsfeld der Nachahmung der Natur eingegliedert wurde. Darin nahm sie freilich eine nachgeordnete Stelle ein. Daneben, so Hermans, spielte ein zweiter Begriff eine Rolle, der ebenfalls unter »imitatio« geführt wurde, nämlich »a predominantly (but not exclusively) literary practice«.[6] Es begegnete also der britische Autor beziehungsweise Übersetzer dem verehrten Vorgänger in Ehrfurcht, trat aber im Sinne der »aemulatio« in einen respektvollen Wettstreit mit ihm.[7] Der Vollständigkeit halber sei hinzugefügt, daß damals das Übersetzen auch gelegentlich als Gegensatz zum Nachahmen definiert worden ist.

1.1 Übersetzen als Dichtung und Seelenwanderung: Chapman

Unter den Stimmen, die sich für »imitatio« oder »aemulatio« aussprachen, ist die von George Chapman (1559?-1634) besonders kühn in der Wendung, die er vorschlug. Er erklärte nämlich das Übersetzen von Dichtung kurzerhand zu einer poetischen Handlung:[8]

> Our divine Homer's depth and gravitie ... will not open it selfe to the curious austeritie of belabouring art, but only to the naturall and most ingenuous soule of our thrice-sacred Poesie.[9]

Im Jahr 1611 glückte ihm dann der Zauberspruch: »with Poesie to open Poesie«.[10] Wenn man ihn im Zusammenhang mit dem Passus über Homer liest, fallen sofort Parallelen und Unterschiede auf. »To open« ist offenbar kein poetologisches Fachwort, sondern bezeichnet entweder direkt oder im übertragenen Sinn die Handlung des Öffnens zum Beispiel einer Tür oder des Herzens, aber auch die Erschließung eines schwierigen Texts. Ich lese »depth« als eine verbreitete Metapher wie etwa in »tiefsinnig« und sehe eine Verbindung zwischen »gravitie« und dem Eigenschaftswort »grave« in dem inzwischen veralteten Sinn von »herausragend« oder »Autorität besitzend«. Das Werk eines solchen Autors erschließt sich nicht der mühsam anzuwendenden Regelpoetik.

Vielmehr bedarf es der »most ingenuous soule«. Aber hier stößt man auf eine besonders im 17. Jahrhundert verbreitete Verwechslung von »ingenuous« im Sinne etwa von ungekünstelt und arglos, freimütig oder treuherzig mit »ingenious«, das unter anderem so viel wie scharfsinnig und erfindungsreich bedeutet. So kann die Seele der übersetzungsseitigen Dichtung die Seele des zu übersetzenden Werks in der Übersetzung einfangen: »to capture the ›full soule‹ of the original«.[11]

»Seele« ist hier ein besonders wichtiges Wort. Es steht an dieser Stelle nicht im theologischen Sinn, sondern für eine Qualität des Werks. Und insoweit eine seelische Verbindung auch zu der übersetzungsseitigen Dichtung besteht, liegt es gar nicht so fern, diesen poetischen Akt als eine Art Seelenwanderung (englisch »metempsychosis«) zu verstehen. So wird das Geheimnis eines poetischen Werks und das »je ne sais quoi« des künstlerischen Umschreibens auf eine unbegreifliche Weise greifbar.

Im Zusammenhang seines Arguments bezog Chapman auch den Geist des Autors (»spirit«, »soule«, auch »ghost«) in diese Seelenwanderung ein. Auf diesem Wege wirke er auch auf den Übersetzer und helfe so, den Geist der Übersetzungsvorlage, der Grundschrift (hier: »spirit«) in einer zweiten, anderssprachigen Dichtung neu zu gestalten.[12] Dazu bedürfe es des »natural genius, a renewing altering force«. T. R. Steiners Ansicht, daß diese Neuerung unter dem Druck der im Entstehen begriffenen Idee des Erhabenen zustande gekommen ist, sollte mit jenen klassischen Stellen abgeglichen werden, an denen Dichtung als eine unlenkbare Kraft gedeutet wird. Zum einschlägigen Vokabular gehören im Deutschen Furor, Enthusiasmus, Inspiration, Wahn in einem positiven Sinn und – in der Tat – Erhabenheit.[13] Um diese Frage zumindest andeutungsweise zu klären, beziehe ich mich auf ein herausragendes Dokument, die Schrift des Longinus, im Berichtszeitraum zugänglich in Robortellis/Robortellos Ausgabe von 1554 und in Nicolas Boileau-Despréauxs Übertragung von 1674. Ich zitiere aus einer neueren Übersetzung:

> [F]rom the great natures of the men of old there are borne in upon the souls of those who emulate them (as from sacred caves) what we may describe as *effluences*, so that even those who seem little likely to be possessed are thereby inspired and succumb to the spell of others' greatness.[14]

Große Dichtung kann verzaubern. Im übrigen stimme ich David Hopkins zu, daß nach John Florio und Chapman auch Nicolas Perrot d'Ablancourt, John Denham und John Dryden »describe[d] the way in which writers are given life in later reworkings«.[15] Als lebenspendende Handlung versteht sich dieses Weitergeben durchaus auch in diesem weiteren Zusammenhang als Seelenwanderung. Auch gebe ich Steiner recht, daß die hohe Meinung, die Chapman von der Aufgabe des literarischen Übersetzers hatte, der hohen Meinung entspricht, die er von Homer besaß. Er stellte ihn, wie erinnerlich, mit dem Beiwort »göttlich« zumindest auf eine Ebene mit den Olympiern.

Die Beziehungen zwischen Frankreich und dem Vereinigten Königreich verstärkten sich während des Bürgerkriegs in den 1640er Jahren, der zur Errichtung des *Commonwealth* und später des Protektorats führte, als viele königstreue Engländer dem Hof ins französische Exil folgten. Nach der Wiedererrichtung der Monarchie im Jahr 1660 festigten sich diese Beziehungen zu einem den Ärmelkanal überspannenden kulturellen Regime.

Selbstverständlich hatte es auch auf übersetzerischem Gebiet wechselseitigen Austausch gegeben. Steiner wies darauf hin, daß d'Ablancourt zu seiner Thukydides-Übersetzung von 1662 erklärte, er habe kein Bild des Autors gezeichnet. Das wäre so etwas wie übersetzerische Mimesis. Statt dessen zeige die Übersetzung, wie der griechische Autor durch eine Seelenwanderung (französisch »métempsycose«) ein neues, zweites Leben gewonnen habe.[16] Ob hier eine Anleihe bei Chapman oder eine zufällige Parallele vorliegt, läßt sich beim gegenwärtigen Kenntnisstand nicht mit Bestimmtheit sagen. Für die andere Übersetzungsrichtung gab Steiner an, daß seit den 1640er Jahren französische Übersetzungsbegriffe – und da insbesondere die d'Ablancourts – in England zur Kenntnis genommen worden sind. Um diese Bezugnahmen in ihren größeren Zusammenhängen aufdecken zu können, bedarf es noch weiterer Grundlagenforschung.

Zum einen bewegte sich Chapman zweifellos im Rahmen der von Theo Hermans umrissenen literarischen Orientierung in den Übersetzungsbegriffen der Renaissance. Zum anderen eröffnete er mit seiner Formel »with Poesie to open Poesie« aber auch eine neue und bis heute nicht vergessene Perspektive.

1.2 »Dichtung durch Dichtung erschließen«: Denham und Cowley

Sir John Denham (1615 – 1669) und Abraham Cowley (1618 – 1667) sind Kenner des literarischen Lebens in Frankreich. Daß sie darin übereinstimmen, der Übersetzer schade seinem Autor mehr, wenn seine »Kopie« dem »Original« hinterherhinkt, als wenn Detailfehler vorliegen, paßt nicht so recht in die Schultradition der »version« im französischen Sinn des Wortes. So dürfte es auch eher ein patriotisches Bekenntnis sein, daß beide ihre Anknüpfungspunkte nicht in Frankreich suchten, sondern im Kern von Chapmans Übersetzungsbegriff, der Idee nämlich, daß es der Dichtung bedürfe, um Dichtung für andere Literaturen zu erschließen.

> [I]t is not his [the translator's] busines alone to translate Language into Language but Poesie into Poesie; & Poesie is of so subtile a spirit, that in pouring

out of one Language into another, it will evaporate; and if a new spirit be not added in the transfusion, there will remain nothing but a *Caput mortuum* [an inert residue].[17]

»Transfusion« im Sinne des Gießens eines flüchtigen (»subtile«) Reagens aus einem Reagenzglas in ein anderes trägt, noch verdeutlicht durch das alchimistische Fachwort »caput mortuum« (ein nicht mehr reaktionsfähiger Überrest), maßgeblich zu einem alchimistisch grundierten komplexen Bild des Übersetzungsaktes bei. Die anderen Ingredienzien gehen, perfekt eingepaßt, auf die Antike zurück: daß Sprache im Grunde genommen ein inaktives Behältnis für Gedanken ist und poetologisch »forma« ein ebenfalls inertes Gefäß für die poetische Substanz.

Ebenfalls im Jahr 1656 stellte sich Cowley in dieselbe Tradition, als er forderte, das, was beim Übersetzen verloren geht, durch neue Schönheit zu ersetzen.[18] Und wie später das Vorwort zu Alexander Popes Übersetzung der *Ilias* von 1715 zeigt, sprach auch er sich dafür aus, beim Übersetzen von Dichtung nicht nur Sinn und gegebenenfalls Bedeutung, sondern auch das Dichterische zu übertragen.[19]

Eine übersetzungspoetologische – nicht übersetzerische – Neuerung liegt meines Erachtens auch in Cowleys Vorwort zu seinem, wie er schrieb, »libertine way of rendering« zweier Pindarischer Oden vor. Er kennzeichnete dort eine literaturhistorische Eröffnungssituation, derzufolge in einer literarischen Kultur eine neue Stimme als Folge eines übersetzerischen Imports erklang, »[a new] *way* and a *manner* of speaking«.[20] Die Absicht, statt der Ideen eine Ausdrucksweise zu übersetzen, halte ich für eine kühne Neuerung. Sie klang meines Wissens erst wieder etwa neunzig Jahre später in Frankreich an, als Charles Batteux dem Übersetzer empfahl, den »ton« lateinischer Dichtung im Französischen wiederzugeben. Als poetischer Ton galt damals nicht nur metrischer und nichtmetrischer Klang, sondern auch die Einstellung auf eine Redesituation, zum Beispiel einen bestimmten Briefton.

Schon im Elisabethanischen Zeitalter hoben die britischen Übersetzungsbegriffe so deutlich auf »poesie«, »spirit« und »fire« ab, daß man darin eine aus der Zeit heraus verständliche Wiederaufnahme und Weiterentwicklung des antiken Geniebegriffs sehen kann. Bei Denham lautet der als Regel formulierte Grundsatz einfach, aber schwer zu verwirklichen: »Nor ought a Genius less than this that writ, / Attempt translation« (1648).[21] Vielleicht war er ja auch als eine Verbeugung vor Sir Richard Fanshaw als Übersetzer gemeint.

In der althergebrachten Tradition der Übersetzungspoetik setzte das Inselvolk am nordwestlichen Rand Europas nicht nur eigene Akzente. Es entstanden schon früh ganz eigene Arten, das Übersetzen und die Übersetzung zu verstehen und zu beschreiben. So wuchs ein geistiges Potential heran, das später auch im

Ausland aufgenommen und weiter ausgearbeitet worden ist. John Dryden steht an jenem historischen Ort, an dem diese Konsolidierung wohl am ehesten gelingen konnte.

2 Die Regeln der übersetzerischen Mimesis: Dryden

Die Studie von T. R. Steiner und der Aufsatz von David Hopkins belegen, daß Samuel Johnson in seinem Urteil nicht fehlging, John Dryden (1631 – 1700) habe »uns« die wohlbegründeten Regeln fürs Übersetzen gegeben. Dryden führte nämlich spät im 17. Jahrhundert, und fest verankert in der schulischen Übersetzerregel »so wörtlich wie möglich, so frei wie nötig«, eine Denk- und Redeweise über das Übersetzen ein, die um den Zentralbegriff »paraphrase, or translation with latitude« angeordnet ist und noch heute gern erinnert wird.[22] Diese Dryden-Tradition verlief aber keineswegs geradlinig, sondern in Sprüngen und mit Verwerfungen.[23] Als unerreichbar erwies sich die Integration der Pythagoreischen Orientierung, die Dryden in den 1690er Jahren eingenommen hat.[24]

2.1 Übersetzen als Mimesis

Ein Gleichwort für Übersetzung lautete damals auch in Frankreich oft »Kopie«, durchaus im Sinne des Duplikats einer materiell bildlichen Darstellung. Steiner führte aus, daß die Einleitung »Parallel of Poetry and Painting« zu Drydens Übersetzung von Charles-Alphonse du Fresnoys *De arte graphica* (1668) den bisher verstreuten Bemerkungen zu diesem Gegenstand Zusammenhang und Ordnung gegeben hat.[25] Übrigens orientiere ich mich an Steiners Vorschlag, als Grundlage von Drydens Übersetzungspoetik die Auffassung von Übersetzung als Abbild, als Form der Mimesis anzunehmen.[26]

Aber jede Analogie kommt einmal an ihr Ende. Für die Vorstellung der Übersetzung als Mimesis ist es das Wallriff der zweiten Sprache. Ganz ähnlich wie im Fall der Horazischen Formel »ut pictura poesis« beruht diese Auffassung auf einem intermedialen Irrtum. Das hat Gotthold Ephraim Lessing im *Laokoon oder die Grenzen der Malerei und Poesie* von 1766 überzeugend dargelegt.

Trotz dieser Einschränkung bietet das Verständnis vom Übersetzen als Abbilden eine weitgehende Erklärung des klassizistischen Übersetzungsbegriffs im Vereinigten Königreich. Anknüpfend an Meyer H. Abrams' *The Mirror and the Lamp* (1953) unterschied Steiner drei Typen oder Traditionen übersetzerischer Mimesis: Demnach ordnete Dryden die Absicht, die Vorlage quasi interlinear Wort für Wort abzubilden, der Metaphrase zu. Paraphrase bestimmte er als das

Abbild einer Auswahl beziehungsweise Abstraktion der distinktiven, analysierbaren Merkmale. Die dritte Konzeption zielt auf das Abbilden der transzendentalen Wirklichkeit, die der Übersetzungsvorlage zugrunde liegt, also ihrer geistigen Form (»eidos«), an der gemessen selbst das zum Übersetzen anstehende Werk nur ein Schatten ist. So fällt das Licht Platos – oder vielleicht dessen Schatten – auf diese Vorstellung.[27]

Steiner legte dar, daß der Begriff vom abbildenden Übersetzen im Sinne von Auswahl oder von Abstraktion – gelegentlich auch als »ideal mimesis« bezeichnet – im Zentrum des britischen klassizistischen Übersetzungsbegriffs steht. Gefordert war mehr als nur »general fidelity in artistic representation«, aber eben auch dies. Nur: Welche Merkmale in welcher Menge und Anordnung bewirken diese allgemeine Treue? Das Ziel – so verstehe ich Steiner an dieser Stelle – ist es, übersetzend das »ingenium«, »le génie«, »the spirit«, »den Geist« des Autors abzubilden, wie er in den Wörtern und Satzteilen, den Sätzen, den Absätzen in der vorliegenden Anordnung lesbar ist. Wer dieser Sache auf den Grund gehen will, muß zumindest auf den Verwandtschaftsgrad der beiden Sprachen und die Nähe oder Ferne der beiden Literaturen achten. Man muß bedenken, ob in einem gegebenen Fall die Reihenfolge der Elemente von Belang ist, oder ob sich der Geist in seiner eigenen Ordnung und nicht in der des Werks enthüllt. Andererseits: Ist nicht die Strukturierung eine vorrangige Tätigkeit des Künstlers?

Diese Idee einer allgemeinen Übersetzungstreue, die nicht Detail um Detail auf stellengleiche Korrespondenzen zwischen Grundschrift und Übersetzung besteht, paßt gut in einen klassizistischen Zusammenhang.

Demgegenüber setzte um die Mitte des 18. Jahrhunderts eine grenzüberschreitende Neuorientierung ein, und das zunächst wiederum im Vereinigten Königreich. Damals verloren die dichterischen Formen des Weiterschreibens ihre hohe Wertschätzung. Statt dessen rückte »original composition« in den Blick, und Dichtung wurde geschätzt, wenn sie sich gegen die Tradition wandte.[28] Die Idee des »genius«, die, neu akzentuiert, schon in der ersten Dekade jenes Jahrhunderts eingeführt worden war, erwies sich mehr und mehr als der neue Leitwert. In seiner emphatischen »romantischen« Bedeutung drängte er die überlieferten Bezeichnungen für das poetische Subjekt zurück oder gab ihnen neue Bedeutungen. Selbst das Übersetzen wurde auf Genialität abgeklopft.

2.2 Drydens Übersetzungsregeln

Insoweit Dryden auch nach seinem Tod für geraume Zeit den britischen Übersetzungsdiskurs dominierte, erscheint es sinnvoll, genauer auf seine Übersetzungsregeln einzugehen.[29] Zwischen 1680 und 1700 erörterte er seine

Grundsätze und Verfahren in Begleittexten zu seinen Übersetzungen. Wie überall in solchen Fällen gibt es Kontinuität und Wandel, und wie überall bestehen grundsätzlich zwei Möglichkeiten der Darstellung: Man kann, wie T. R. Steiner, einräumen, daß es durchaus Wandel gibt, und sich doch auf die Konstanten werfen. Ebensogut kann man David Hopkins folgen und alle Aufmerksamkeit auf den Wandel richten, weil Drydens Ansichten stets in Fluß waren,

> [in a] constantly evolving set of programmatic statements and reflections, often developing from the work of predecessors, composed over a course of two decades as a working translator, and deriving their authority as much from the poet's practice as from their cogency in the abstract.[30]

Wenn ich der ersten Möglichkeit zuneige, dann vor allem deshalb, weil sie der Ökonomie der Darstellung dient. In diesem Fall lassen sich auch Wendungen und Wandel registrieren.

Ausweislich seiner Vorworte nahm Dryden zu allen Zeiten die klassizistischen Überzeugungen ernst, betonte aber stets auch das, was er von der englischen Renaissance gelernt hatte. So war er davon überzeugt, daß – außer bei einem echten Übersetzungsfehler: aber was genau ist ein solcher? – beim richtigen Übersetzen kein Gedanke verlorengehen kann. Ebenso sprach er sich dafür aus, beim Übersetzen vorrangig den Charakter des Autors beizubehalten und nicht den des Werks. Unter den englischen Übersetzern bezog er sich mit Vorliebe auf Ben Jonson, John Denham und Abraham Cowley.

Seinen Übersetzungsbegriff legte Dryden auf einen mittleren Kurs zwischen Wörtlichkeit und Imitation fest. Die erste, die »verbal version«, knechtisch, wörtlich wie in der Lateinschule – »word for word, line for line« – heißt Metaphrase und entspricht der französischen »version«. Hier tritt Worttreue zur obligatorischen Sinntreue hinzu. Die eigentliche Übersetzung, die im Sinne Drydens mit Spielraum ausgestattet ist – ich werde auf sie zurückkommen –, verlangt natürlich Sinntreue, hält es aber nicht ganz so streng mit der Worttreue. Zwischen Metaphrase und Paraphrase liegt ein nicht weiter bestimmter fließender Übergang. Der Ausschluß von Metaphrase ist nicht theoretisch, sondern übersetzungspraktisch. Wegen der Einzigartigkeit einer jeden Sprache ist es nämlich unmöglich, Sinn- mit Worttreue vollständig zu verbinden.

Die Nachahmung schloß Dryden als Übersetzungsverfahren ganz aus, weil für sie weder Sinn- noch Worttreue erforderlich ist. Der Nachdichter verwendet vielmehr die Grundschrift als Modell oder Anregung für seine eigenen Wege der Dichtung. Es gibt nur einen einzigen Fall, in dem die Nachahmung an die Stelle der Übersetzung treten darf. Die zwei exaltierten Oden Pindars und die ebensolche des Horaz, die Cowley auf Englisch lesbar gemacht hat, widersetzen sich zwar jeder regulären Übersetzung. Die Nachahmung aber konnte gelingen, weil Cowley ebenso genial war wie die beiden antiken Dichter.

> Pindar is generally known to be a dark writer, [...] to soar out of sight, and leave his reader at a gaze. So wild and ungovernable a poet cannot be translated less literally; his genius is too strong to bear a chain, and Samson-like he shakes it off. A genius so elevated and unconfined as Mr. Cowley's, was but necessary to make Pindar speak English, and that was to be performed by no other way than imitation.[31]

Sein eigenes Ideal kennzeichnete Dryden als »paraphrase, or translation with latitude« und definierte diesen Spielraum im wesentlichen als Ort für alles, was von der Übersetzung des Sinnes abweicht, ihm aber nicht entgegensteht.[32] Beobachtungen an seinen Übersetzungen zeigen, daß er sich in diesem Spielraum recht großzügig bewegte, wobei es nicht immer klar ist, ob seine Änderungen wirklich nie dem Sinn widersprechen. Gleichwohl läßt sich diese Formel als Rahmen für seine Übersetzungsregeln verstehen. Der Übersetzer muß einen Korridor begehen, der zwischen Sinn- und Worttreue einerseits und andererseits Sinntreue bei Großzügigkeit in der Wortwahl und bei den Änderungen liegt, die den Sinn mit Hilfe der rhetorischen »amplificatio« variieren, ihm aber nicht entgegenstehen. Wegen Drydens Bedeutung in der Geschichte der englischen Übersetzungspoetik erscheint es angebracht, hier ins Detail zu gehen. Ich folge dabei Steiners Zusammenfassung recht eng. Die Regeln hat er Drydentexten entnommen.[33] Ich vereinheitliche sie als Anforderungen an den Übersetzer.

1. Be a poet.
2. Be master of both the original language and your own.
3. Understand the characteristics that individuate your author.
4. Conform your genius to that of the original author.
5. Keep the sense, generally speaking, sacred and inviolable and remain literal when gracefulness can be maintained.
6. When in doubt, render the genius of the author, not that of the original.
7. Make your author appear as charming as possible without violating his real character.
8. Be attentive to the verse qualities of both the original and the English poem.
9. Make the author speak the contemporary English he would have spoken.
10. Do not improve the original.
11. Do not follow it so closely that the spirit is lost.

Für die vierte Regel gilt: Wenn ein Übersetzer aufgefordert wird, seinen Genius auf den des Autors einzustellen, ihn also planmäßig zu steuern, kann es sich nicht um den Begriff einer überwältigenden poetischen Macht handeln, sondern um so etwas wie des Autors und Übersetzers Talent. Die fünfte Regel habe ich durch den Einschub von Drydens Bestimmung »generally speaking« in Steiners Zusammenfassung dahingehend präzisiert, daß diese Allgemeinheit des Sinnes und der Bedeutung den Anknüpfungspunkt für »latitude«, für den Spielraum bildet, der Elemente von Sinn und Wort umfaßt. Der Grad der Zuverlässigkeit dieser Zusammenstellung läßt sich an den ersten fünf Regeln ermessen, deren Fundstelle Drydens Ovid-Vorwort ist:

> No man is capable of translating poetry, who, besides [1] a genius to that art, is not [2] a master of his author's language, and of his own; nor must we understand the language only of the poet, but his particular turn of thoughts and expression, [3] which are the characters that distinguish, and as it were individuate him from all other writers. When we have come thus far, 'tis time to look into ourselves, [4] to conform our genius to his. [...] When they [the words] appear (which is but seldom) [5b] literally gracefull it were an injury to the author that they should be changed. [...] [5a] The sense of an author, generally speaking, is to be sacred and inviolable.[34]

Die ersten drei Regeln hat Steiner also nahezu wörtlich aus Drydens Text abgeleitet. Die erste läßt sich als Hommage an Denham und Cowley lesen. Allerdings fehlt bei Dryden deren Fokussierung nicht auf Sprache, sondern auf Dichtung. Die handfeste zweite Regel, die den Sprachenkenntnissen gilt, findet sich bei Dryden etwa sechzig Jahre vor Charles Batteux. Wenn ich anmerke, daß Frederick R. Rener sie als eine Neuerung des Franzosen bezeichnete, meinte er wohl eine Neuerung für Frankreich.[35] In der dritten Regel könnte das Verb »to individuate« wie ein kühner Neologismus erscheinen, ist aber schon damals ein Gleichwort von »to distinguish«, allerdings ein eher seltenes. Ich lese es so, daß des Autors charakteristische Merkmale so gut wie nichts mit der damals noch nicht vergessenen Humorcharakterologie zu tun haben, sondern auf das abheben, was sein Werk als das seine ausweist.

Dem zweiten Teil der fünften Regel kommt ein besonderes Gewicht zu. Er läßt die Hierarchie in Drydens Übersetzungspoetik erkennen. Denn überall dort, wo wörtliches Übersetzen ohne Einbuße an Eleganz möglich ist, gilt das Prinzip der Wörtlichkeit. Insoweit ist Batteux dem englischen Klassizisten ganz nah, und insoweit stehen beide fest auf der Grundregel der Schultradition: »so wörtlich wie möglich und so frei wie nötig«.

Die abschließende elfte Regel erinnert zwar an Chapmans Alchimistenvergleich, steht ihm jedoch entgegen, weil Dryden nicht den Ersatz des »spirit« der Grundschrift in der Übersetzung fordert, sondern dessen Erhaltung.

Drydens Anknüpfung sowohl an die Schultradition als auch an seine englischen Vorläufer ist offensichtlich. Die Antwort auf die Frage, ob sich in der Zukunft Änderungen einstellen werden, ist eine der Aufgaben der weiteren Untersuchung.

2.3 Immer wieder Seelenwanderung[36]

Um die Wende zum 18. Jahrhundert entstand eine Kontroverse um die Idee der Seelenwanderung und der Wiedergeburt. Sie wurde vermutlich durch den Pythagorasteil des 15. Kapitels von Ovids *Metamorphosen* angestoßen. Dryden nahm diesen Teil in seine im Sinne Ovids angefertigten Nacherzählungen in Versen auf, die 1699, im Jahr vor seinem Tod, unter dem Titel *Fables Ancient and Modern* erschienen sind. Offensichtlich ist zumindest »Wiedergeburt« im Zusammenhang mit Übersetzen und Übersetzung eindeutig eine Metapher. Auch kann es nicht verwundern, daß diese beiden Konzepte aus christlicher Sicht auf wenig Gegenliebe gestoßen sind. Aber es gab auch eine Verteidigung, wonach bei Pythagoras nicht die rationale Seele im christlichen Sinn gemeint ist, sondern die schon in der Antike bekannte Vitalkraft, »[a] sensitive and vegetative spirit«.[37]

Nach David Hopkins' Darstellung führte Ovid drei Bereiche der Pythagoreischen Lehre detailliert aus: (1) Die Substanzen bleiben zwar unverändert, aber alles andere ist einem ständigen Wandel unterworfen: Jahreslauf, Lebenslauf, Kreislauf der vier Elemente, und anderes mehr. (2) Jede Seele geht nach dem Tod ihres Inhabers in eine andere Kreatur ein, sei sie Mensch oder Tier. (3) Die Beseelung der Tiere führt zu einer starken Befürwortung einer vegetarischen Lebensweise.

Es mag sein, daß Pythagoras, wie Hopkins meinte, diese drei Annahmen aus Ägypten übernommen hat, doch gehören sie gewiß zum Grundbestand des Hinduismus. Nicht jede ist Teil einer übersetzungspoetologischen Ausdeutung. Es genügt, den erfolgreichen Übersetzer als Empfänger der Wanderseele (»transmigratory soul«) seines Autors auch in dem Sinn zu sehen, daß die übersetzerische Ausarbeitung dem Autor ein zweites Leben schenkt. Nach hinduistischem Glauben bedeutet Seelenwanderung allerdings nicht das Weiterleben ihres Inhabers – hier also des Autors in der Übersetzung –, sondern das Aufleben der Seele in einem anderen Wesen. Ich stimme jedoch mit Hopkins in der Würdigung der späten Übersetzungspoetik Drydens überein, mit »spiritual congeniality, transfusion, and incarnation« als Schlüsselworte. Er hat zurecht den Dryden der 1690er Jahre mit John Florio, Chapman, Denham und Perrot d'Ablancourt in eine Reihe gestellt.

3 Der wechselhafte Werdegang des Genies im 18. Jahrhundert

Zur Charakterisierung der britischen Übersetzungsbegriffe im 18. Jahrhundert ist auf zweierlei besonders zu achten. Es geht zum einen um die Entwicklung eines emphatischen Geniebegriffs und seine Aufnahme in Übersetzungspoetiken, und zum anderen bezieht sich – anders als in Frankreich aber, mit Einschränkungen, ähnlich wie in den deutschen Ländern – der erschlossene Übersetzungsdiskurs auf Antikenübersetzungen.

Die Auffassung vom dichterischen Genie als persongewordene Inspiration ist, wie gesehen, antiken Ursprungs. Doch sie hat ihre moderne Prägung im Sinne von August Wilhelm Schlegels »Einbildungskraft« und Samuel Taylor Coleridges »Secondary Imagination« im wesentlichen durch deutsche Radikalisierungen und Systematisierungen britischer Ideen gewonnen, die dann zum Teil wieder in britische Poetiken aufgenommen worden sind. Weil nun das Genie in diesem emphatischen Sinn als die freie autonome Kraft des Aufrufens, Gestaltens und In-eins-Bildens gilt, ist es schwierig, diesen Begriff auf die unvermeidlich abhängige Tätigkeit des Übersetzens anzuwenden. Es gibt jedoch auch einen weniger exponierten Geniebegriff, der einen Platz für das Übersetzen einräumt und zeitweilig in der Übersetzungspoetik aufgetaucht ist.

3.1 Am Beginn der englischen Tradition

Äußerungen zur Irrationalität des »ingenium« der Römer und deren Ansicht, es gebe einen den Dichter bewegenden göttlichen Hauch, sind auch in der britischen Poetik an prominenter Stelle zu finden. In der uns fernliegenden Sprache des frühen 17. Jahrhunderts bestand schon Ben Jonson darauf, daß wahre Dichter begabt seien, ihre Werke in poetischer Verzückung spontan hervorzubringen. Und eine programmatische Erklärung von William Wordsworth aus dem Jahr 1800, mit ihrem Kernsatz »All good poetry is the spontaneous overflow of powerful feeling«, ist zwar mit der Auffassung Jonsons nicht identisch, steht aber in einem offensichtlichen Kontinuitätszusammenhang.[38] Jonsons Beschreibung des dichterischen Akts als ungeregelt lautet:

> *First*, wee require in our *Poet*, or maker, (for that Title our Language affordes him, elegantly, with the *Greeks*) a goodnes of naturall wit. For, wheras all other Arts consist of Doctrine, and Precepts; the *Poet* must bee able by nature, and instinct, to powre out the Treasure of his minde; and, as Seneca saith, *Aliquando secundum Anacreontem insanire jucundum esse:* by which hee understands, the *Poeticall Rapture.* And according to that of Plato; *Frustra Poeticas fores sui compos pulsavit:* And of Aristotle; *Nullum magnum ingenium sine mixture demetiae fuit. Nex potest grande aliquid, & supra caeteros loqui, nisi mota mens.* Then it riseth higher, as by a devine Instinct, when it contemnes common, and knowne conceptions. It utters somewhat above a mortall mouth. Then it gets a loft, and flies away with his Ryder, whether, before, it was doubtful to ascend. This the Poets understood by their *Helicon, Pegasus*, or *Parnassus*; and this made *Ovid* to boast: *Est, Deus in nobis; agitante calescimus illo: / Sedibus aethereis spiritus ille venit.*[39]

Etwas später – und diesmal in Frankreich – bezog sich Charles Perrault wohl auf dieselben Autoritäten, als er mit Blick auf Homers berühmtes Genie »ce feu« benannte,

> cette divine flamme,
> L'Esprit de son Esprit & l'Ame de son Ame.
> [...]
> Une sainte fureur, une sage manie,
> Et tous les autres dons qui forment le Génie.[40]

3.2 Zum Geniebegriff im 18. Jahrhundert

Aus heutiger Sicht versteht sich das Genie als eine nicht lehr- und lernbare Begabung für eine überreichlich schaffende, ungekünstelte Spontaneität beim Entstehen von Kunstwerken. Demnach wirkt im Dichter, kurz gesagt, eine gottähnlich schöpferische Kraft. Für die britischen Spielarten im 18. Jahrhundert ist es entscheidend, außerdem nationale, natürliche und rationale Komponenten herauszufinden. »National« weist auf eine doppelte Abkehr hin: zum einen von den vermeintlich überall und jederzeit geltenden Regeln des Klassizismus und zum anderen von der französischen Literatur als dem Hort des Klassizismus. »Natürlich« hat ebenfalls eine doppelte Bedeutung: in erster Linie die Abwendung von der göttlichen Stimme und die Hinwendung zur Stimme der angeborenen Weisheit und in zweiter die nicht ganz uneingeschränkte Abwendung von der im Entstehen begriffenen großstädtischen und industriellen zu einer naturnahen Welt. »Rational« schließlich steht für einen zweiten Geniebegriff, einen, dem Leitlinien vorgegeben werden.

Die beiden Autoren, die für moderne Vorstellungen vom Genie maßgeblich sind und sie in die britische Poetik einführten, sind Anthony Ashley Cooper, Third Earl of Shaftesbury und Joseph Addison. Shaftesburys »Soliloquy, Or Advice to an Author« stammt aus dem Jahr 1710, der radikalere Essay Addisons erschien 1711 in seiner bemerkenswerten *Spectator*-Reihe. Bei Shaftesbury, dessen Stil eine Form der Wahrheitssuche ist, steht anderes – vor allem die Psychologie der gespaltenen Persönlichkeit, die sich in einem zweistimmigen Selbstgespräch findet oder gar erfindet – im Mittelpunkt des Interesses, während Addison in einem kompakten Aufsatz nichts als die Definition der zwei Geniebegriffe und die zugeordneten Kanons genialer Geister behandelte. Eines der Genies ist vom Zwang der Regelpoetik unberührt – »never disciplined by Rules of Art« –, das andere ist doch gewissen Einschränkungen – »Corrections and Restraints of Art« – unterworfen.[41] Der erste Geniebegriff gilt üblicherweise als der irrationale. Ich ziehe vor, ihn »autonom« zu nennen. Für den zweiten dürfte

»eingehegt« die angemessene Bezeichnung sein. Näheres ist unten unter Addison zu finden.

3.3 Shaftesbury zum Geniebegriff

Für Shaftesbury stand fest, daß ein Dichter mehr als nur Genialität im Sinne höchster Erfindungskraft bedarf.[42] Bei den Bestimmungen, die der Verfügung durch das Genie entzogen sind, geht es um »*knowledg*«, »*good sense*« und »those particular Rules of Art, which Philosophy alone exhibits«. Dieser Geniebegriff liegt nahe am lateinischen »ingenium«. Shaftesburys weitere Ausführungen lassen neue Akzente erkennen Auf dem Weg zur Definition des Dichters und seiner Fähigkeiten verglich er diese Kunstregeln mit Seekarten: »*Sea-Cards*, by which the adventurous Genius's of the times [antiquity] were wont to steer their courses, and govern their impetuous Muses«.[43] Demzufolge hielten sich die Unternehmungen der antiken Künstler an die von rationalen Erwägungen (»philosophy«) bestimmten, geplanten Schiffahrtslinien und bändigten so ihre überbordende Genialität, im Sinne der Klimatheorie definiert als »Heat and Ebullition of Fancy«, als die Hitze und die Wallungen der Erfindungsgabe. Es besteht natürlich die Möglichkeit, von diesen Routen abzuweichen und so das Genie zu entfesseln. Aber das kann ein gefährliches Manöver sein.

Routenfahren ist eines der Kennzeichen wahrer Dichter im Sinne Shaftesburys. Ein anderes läßt sich dort erahnen, wo der Dichter emphatisch »second *Maker*« genannt wird, der in seinem Werk den Schöpfer nachahmt, »imitate[s] the Creator«.[44] Eine Verknüpfung des Dichters mit dem Schöpfergott, die deutlich über die Bestimmung von »ingenium« hinausgeht, ist hier offensichtlich. Aber welcher Art ist sie? Bei Plato bedeutet Nachahmung eine Analogie auf der nächstniedrigen Ebene, so daß »second *Maker*« auch als der zweitrangige gelesen werden kann, ja geradezu muß, weil er mit dem Bild eines »just PROMETHEUS, under JOVE« veranschaulicht wird: mit dem eines Helden und Heilsbringers unter dem Höchsten des Olymp. Prometheus brachte bekanntlich den Menschen das Feuer, das auch das Element der Genialität ist. Wiewohl also für Shaftesbury das Dichten keine autonome Schöpfung ist, bleibt sie im neuplatonischen Sinn eine Gott und der Natur ähnliche. So verglich er den Dichter in einer Variante der Gleichung »deus sive natura« mit Gott als Künstler und mit der universell gestaltenden Natur.

> Like that Sovereign Artist or universal Plastick Nature, he [the poet] forms *a Whole*, coherent and proportion'd in it-self, with due Subjection and Subordinancy of constituent Parts. He notes the Boundarys of the Passions, and knows their exact *Tones and Measure;* by which he justly represents them,

marks the *Sublime* of Sentiments and Action, and distinguishes *the Beautiful* from *the Deform'd, the Amiable* from *the Odious.*

Die souveräne Leistung des Dichters zeichnet sich also durch dreierlei aus: (1) Die Charakterisierung des Ganzen, das er herstellt – wohl proportioniert und hierarchisch geordnet –, erinnert an den *ordo*-Begriff, mit dem im Mittelalter und auch noch im Elisabethanischen Zeitalter die Schöpfung bedacht worden ist. (2) Der Dichter hat gelernt, die Leidenschaften anhand ihrer Töne und Maße zu unterscheiden, wobei Shaftesbury lange vor Charles Batteux und Johann Gottfried Herder das Wort »Ton« ganz selbstverständlich neben »Versmaß« verwendete. (3) Er erkannte das Erhabene an. Bei aller Begeisterung für das Genie war Shaftesbury aber vorsichtig in dessen Ausgestaltung: Es gibt Regeln. Aber auch wenn diese – sollte man hinzufügen – philosophisch begründet sind, schränken sie das Genie doch ein. Ähnliches gilt für die Schiffahrtsrouten.

Bemerkenswert an Shaftesburys Begrifflichkeit ist zwar, daß Genialität zunächst einem einzelnen zugesprochen wird, daß es aber nicht dabei bleibt. Festzuhalten ist auch, daß sich das Wort »Individuum« hier verbietet, weil er ja annahm, der Geist eines Menschen bestehe aus zwei Teilen, ja Personen, so daß Monologisieren wie später bei Friedrich Schlegel ein Zwiegespräch mit sich selber ist.[45] Eingeführt wird dieses Genie zusammen mit bekannten Gleichwörtern: »[W]e have each of us a *Dæmon, Genius, Angel,* or *Guarding-Spirit*«.[46] Dämon, so sei hinzugefügt, ist hier wohl im Sokratischen Sinne zu verstehen.

Neben diesen auf den Einzelnen bezogenen Geistwesen erkannte Shaftesbury auch einen Genius von Kollektiven. Der wichtigste, weil folgenreichste ist der Geist einer Nation.[47] Offensichtlich dachte Shaftesbury »nation« als Plural, weil er den Singular als Plural konstruierte: »The British nation, though they have nothing of this kind [Panegyrick writings]«. Andere geistbegabte Kollektivbegriffe sind »Genius of our Writers« und »of our People«, sowie die Genies von »Antiquity«, »the Age« und »Mankind«. Das singuläre Genie eines Kollektivs ist schwer vorstellbar. Denkbar ist eine am Pfingstwunder orientierte Vorstellung, als sich auf jeden Anwesenden eine Flammenzunge legte, die gleichwohl den ganzen Geist übertrug.

Von besonderem Interesse ist die Zusammenfassung des kollektiven Geistes von Nationen und Zeiten: »Such is the different Genius of Nations and of the same Nation in different Times and Seasons […]«[48] Wenn man diese Bestimmung, die durch die Einführung der Jahreszeiten zugleich die Analogie des Jahreslaufs aufruft, im Zusammenhang mit dem einen Menschheitsgeist liest, kann man den Eindruck gewinnen, daß zwar erdweit jede Nation und jede Epoche von allen anderen unterschieden ist, sie aber miteinander ein Ganzes bilden, das aus wohlproportioniert zusammenhängenden und hierarchisch gegliederten Teilen besteht. Aus dieser innerweltlichen Perspektive erscheint diese

Idee wie der Ausgangspunkt von Charles de Secondat, Baron de Montesquieus rechtlichem und Johann Gottfried Herders kulturellem Weltbild.

3.4 Neuplatonismus bei Shaftesbury

Allein schon die bisher gewonnenen Einsichten in Shaftesburys Geniebegriff machen es möglich, zumindest in einer wichtigen Hinsicht eine geistesgeschichtliche Zuordnung vorzunehmen, die nötig erscheint, weil sie auch für manchen späteren Geniebegriff leitend war. Es handelt sich um eine englische Schule des Neuplatonismus. So wies R. L. Brett Shaftesbury als »a disciple of the Cambridge Platonists« aus.[49] Nach dieser Darstellung waren die Platoniker aus Cambridge Theologen, die sich mit aus Platos Schriften gewonnenen Argumenten dezidiert gegen den Anspruch wandten, das auf Isaac Newton zurückgehende materialistische, mechanistische und mathematische Weltbild erkläre alles, und was es nicht erklären kann, gebe es nicht. Unter den Philosophen stützte sich vor allem Thomas Hobbes in seiner Morallehre auf diese antiszientifische Deutung der Wirklichkeit, und in der Erkenntnislehre und Psychologie war John Locke, der Privatlehrer Shaftesburys, ihr erster Repräsentant.

Die weitreichendste und mit Shaftesbury eng verknüpfte Behauptung der Cambridger Schule ist wohl die folgende: »[W]ithin the natural world there is an organic principle, which, though not God himself, is a secondary and subordinate spirit which animates matter«.[50] Nicht zu Unrecht bezog Brett diese Vorstellung auf die neuplatonische »anima mundi«, die in Beziehung zu Ralph Cudworths Idee einer »plastic nature« steht. Auch hier verrät eine auffällige Wortwahl Shaftesburys Verwurzelung im Neuplatonismus.

Hier kommt nun das Zentrum der neuplatonischen Weltdeutung in den Blick, die – wiederum wegen sprachlicher Anklänge – auch diejenige Shaftesburys ist. Brett faßte zusammen: »God works in nature by a plastic power, which produces new forms by a process of growth«.[51] Das heißt: (1) Anders als im Deismus seiner Zeit greift Shaftesburys Gott in das Weltgeschehen ein. (2) Er tut das nicht mit eigenen Händen, sondern mit einer natürlich wirkenden Gestaltungskraft. (3) Insoweit ist die Erschaffung der Welt keine abgeschlossene Tat, sondern vollzieht sich durch die Zeiten hindurch. (4) Diese weiterführende Schöpfung verläuft nicht willkürlich. Als Wachstumsprozeß baut sie im Sinne eines Wandels auf dem jeweils Vorhergegangenen auf. International gesehen wird hier in siebzehn Wörtern ein Gottes- und Weltbild aufgerufen, das später bei Herder als Panentheismus auftaucht, als das Wirken Gottes mittels innerweltlicher Fähigkeiten und Kräfte.

Hierher gehört auch die Ansicht der Platoniker aus Cambridge wie auch

Shaftesburys, daß die Ganzheit der Weltordnung ihre Entsprechung in der Ganzheit einer Gedichtstruktur hat. Brett führte hierzu aus:

> The natural world was [...] like a vast poem, in which the symbols, as in poetry, had a significance beyond themselves. [...] God is a poet as well as a mathematician and philosopher and the world must be seen as the expression of God's thought in artistic as well as other forms.[52]

Entscheidend ist hier, daß der Dichter nicht Gott ist, sondern Gott unter anderem auch Dichter. Der Dichter ist, wie bereits gesehen, nicht mehr und nicht weniger als ein Prometheus unter Jupiter. Er erfindet oder erschafft nicht das Feuer, sondern bringt es entgegen Jupiters Willen vom Olymp, wo es natürlich schon existiert. Es ist das Bild des Dichters als Heros. Insoweit ist Shaftesburys Geniebegriff – entgegen R. L. Bretts und Erwin Wolffs Interpretationen – nicht der autonome, sondern der eingehegte. Wohl blitzen ab und an Ideen auf, die über letzteren hinausweisen, aber nicht wirklich über ihn hinausführen.

3.5 Addisons zwei Geniebegriffe

In der 160. Lieferung des *Spectator* vom 3. September 1711 unternahm Joseph Addison die definierende Arbeit am Geniebegriff, um die sinnentleerte Rede vom Genie, die er, wie er sagte, allenthalben vorfand, zurechtzurücken. Er unterschied zwei Geniebegriffe. Sie sind für ihn verschiedenartig, aber gleichrangig.[53] Addison führte aus:

> Among great Genius's, those few draw the Admiration of all the World upon them, and stand up as the Prodigies of Mankind, who by the mere Strength of natural Parts, and without any Assistance of Art or Learning, have produced Works that were the Delight of their own Times and the Wonder of Posterity. There appears something nobly wild and extravagant in these great natural Genius's, that is infinitely more beautiful than all the Turn and Polishing of what the *French* call a *Bel Esprit*, by which they would express a Genius refined by Conversation, Reflection, and the Reading of the most polite Authors. The greatest Genius which runs through the Arts and Sciences, takes a kind of Tincture from them, and falls unavoidably into Imitation.

Der Begriff dieser Art von Genie weist, zusammen mit weiteren Bestimmungen, wichtige Unterschiede zu dem Shaftesburys auf. (1) Er kommt ohne ausdrücklichen Gottesbezug aus und hebt hervor, daß dieser »natural genius« geboren, nicht gebildet wird. (2) Bildung kann ein solches Genie nur ver-bilden, und das heißt auch, durch die Zucht und Ordnung von Kunstregeln zähmen – »discipline [...] and br[eak] by Rules of Art« –, wenn nicht gar zerstören. (3) Vielmehr setzt sich dieses Genie über alle bestehenden Regeln hinweg und folgt, so könnte man hinzufügen, selbstgesetzten Regeln, die keinesfalls ausformuliert sein müssen. Sie liegen schwer erkennbar in der Spontaneität des Schaffensvorgangs. Insoweit ist das Genie der ersten Art autonom. (4) Zur Erläuterung der Naturhaftigkeit dieses Genies führte Addison den Begriff des Erhabenen ein, wodurch es als etwas Wildes erscheint. Man kann an einen weglos wuchernden Urwald denken. Das Naturgenie ist extravagant, bewegt sich abseits der gebahnten Wege und auch der Schiffahrtslinien Shaftesburys. (5) Dieses autonome Genie zeichnet sich durch eine Persönlichkeitsstruktur aus, die vom Allgemeinen weg zum Einzigartigen tendiert.

> [V]ery few Writers make an extraordinary Figure in the World, who have not something in their Way of thinking or expressing themselves that is peculiar to them and entirely their own.

Diese Art Genie erreichte laut Addison seine Blütezeit schon in der östlichen Antike. Er nannte Homer, das Alte Testament und Pindar in dieser Reihenfolge. Das einzige autonome Genie der Moderne, das er anerkannte, ist erwartungsgemäß Shakespeare. Unvermittelt und überraschend führte er daraufhin den zweiten Geniebegriff ein. Im Gegensatz zum Naturgenie handelt es sich hierbei – wenn ich so sagen darf – um das Bildungsgenie:

> There is another kind of Great Genius's which I shall place in a second Class, not as I think them inferior to the first, but only for distinction's sake as they are of a different kind. This second Class of great Genius's are those that have formed themselves by Rules, and submitted the Greatness of their natural Talents to the Corrections and Restraints of Art. Such among the *Greeks* were *Plato* and *Aristotle*, among the *Romans Virgil* and *Tully*, among the *English Milton* and Sir *Francis Bacon.*

Während das kennzeichnende Bild für das erste Genie der Wildwuchs ist, steht der geometrische französische Garten für das zweite: »[It] has been laid out in Walks and Parterres and cut into Shape and Beauty by the Skill of the Gardener«.

Das Problem – das sei noch einmal betont – ist, daß Addison zwei der Art nach verschiedene Geniebegriffe ansetzte, die ein gegensätzliches Verhältnis zu den Kunstregeln haben. Jochen Schmidt, der Historiker des modernen deutschen Geniebegriffs, übersprang diese Schwierigkeit in einem seiner vergleichenden Ausblicke, indem er den zweiten Geniebegriff einfach unerwähnt ließ.[54] Die Lösung liegt meines Erachtens darin, die einander offenbar widersprechenden Bestimmungen nicht unmittelbar aufeinander zu beziehen, sondern nur als Attribut des jeweiligen Geniebegriffs. Im ersten Fall fehlt es, im zweiten ist es integriert. Gleichwohl bleibt eine gewisse Skepsis. So bedeutet die Analogie für das Bildungsgenie, der barocke Garten, in dem die Natur geometrisch deformiert und zu Schönheit aus Menschenhand hingebogen wird, unausgesprochen auch die Erinnerung daran, daß es sich dabei um eine französische kulturelle Leistung handelt. Kann da nicht auch dieser Geniebegriff als eine als französisch markierte und mit der Bezeichnung Genie aktualisierte Version der klassisch-klassizistischen Poetik erscheinen, der planmäßig regelgerechten Kunstfertigkeit?

Wird Addisons Bezeichnung »natural genius« für das Genie der ersten Art als »Naturgenie« übernommen, erhält die Gegenüberstellung mit dem zweiten, dem »Bildungsgenie« eine terminologische Stütze. Auch das »Originalgenie«, also das Genie, das seinen Ursprung in sich selbst hat, ist hierfür eine eingeführte Bezeichnung. Und spricht man vom »autonomen Genie«, das seine Regeln selbst setzt, kann man das zweite das »eingehegte Genie« nennen, da es sich innerhalb der vorgegebenen Grenzen der Regelsetzungen bewähren muß.

Historisch gesehen ergaben sich nach Shaftesburys und Addisons Schriften folgende Möglichkeiten, vom Genie zu sprechen: (1) Das Wort dient zur Bezeichnung des autonomen Genies, das außer sich selbst keine Leitungsinstanz kennt, das also seine höchst eigenen Regeln und Gesetze in sich selber trägt. Das hat zur Folge, daß auch seine Werke autonom, also je und je eigengesetzlich sind. Allerdings dürfte uneingeschränkte Autonomie ein Werk unverständlich machen. (2) Die zweite Bedeutung bezieht sich auf das eingehegte Genie, das sich an vorliegenden Regeln und Gesetzen bildet, ohne daß bestimmbar wäre, wo der Autor wegen dieser Außengelenktheit seine Genialität an die Nachahmung und Routine verliert. (3) Es ist selbstverständlich, daß das Wort auch weiterhin mehr oder minder gedankenlos verwendet wurde, solange es zum poetologischen Wortstand gehörte. (4) Das Wort Genie steht auch für die Identität von Kollektiven. Hierher gehören vor allem Völker und Epochen, aber auch die gesamte Menschheit.

Die Geschichte des Geniebegriffs endet natürlich nicht an dieser Stelle. Aber für die Einschätzung der besonderen Anforderungen der Übersetzungspoetik genügt die Bezugnahme auf das eingehegte Genie Addisons, da ja ein Übersetzer immer durch die Vorlage in seiner Entfaltung festgelegt ist, so frei er seine Rolle auch interpretieren mag. Auf eine Art autonomen Geniebegriff können sich nur diejenigen berufen, die annehmen, der Übersetzer löse die Grundschrift bis zu ihrem schöpferischen Keim auf und lasse daraus ein neues Werk in der Zielliteratur erwachsen. Wie dies geschehen soll und wie man das Ergebnis beurteilen soll, ist freilich ungewiß.

3.6 Enthusiasmus: (Pseudo-)Longinus und Lowth

Im Jahr 1674 veröffentlichte Nicolas Boileau seine Übersetzung des spätantiken Traktats *Peri hypsous*. Die übliche Titelangabe lautet: »Über das Erhabene«. Es geht darum, fesselnde Literatur zu identifizieren und zu beschreiben. Da die

Wertvorstellungen in diesem Dokument andere sind als in der Regelpoetik, wirkte diese Schrift letzten Endes als Korrektiv. In England regte sie Robert Lowth (1710–1787) zu seiner begeistert aufgenommenen Oxforder Vorlesungsreihe der 1740er Jahre an, die 1753 als *De sacra poesi Hebræorum* erschienen ist. Lowth entwickelte speziell für dieses Schrifttum Prinzipien zur poetologischen Analyse der Hebräischen Bibel. Teile daraus, wie zum Beispiel die Psalmen, gehörten schon immer auch zum christlichen Kanon. Nun untersuchte Lowth das Alte Testament im Zusammenhang mit den weltlichen Kanons. Diese Studie erwies sich als heimliche Anregung für die Idee eines nationalliterarischen Kanons im internationalen Kontext.[55]

3.7 Ein neuer Naturbegriff: Newton

In der Nachfolge Francis Bacons begann im 17. Jahrhundert die Entwicklung des empirisch-mathematischen Zugangs zur Erforschung der Natur. Die Locke-Humesche empiristische Philosophie und ihre materialistische Psychologie der Sinneswahrnehmungen unterstützten diese Bemühungen. Wen diese Neuerungen überzeugten, der mußte auch einen neuen Naturbegriff entwickeln oder ihn übernehmen, sobald er entwickelt war.

> Nature came more and more to mean the factually given, the empirically verifiable, not the general but the individual, not the eternally unchanging but the constantly different.[56]

Gleichwohl enthält dieser neue dynamische Naturbegriff des steten Wandels weiterhin ein Element der Beharrung: das der damals als allgemeingültig angenommenen Naturgesetze. Daß das Kleine und den Menschen Nahe denselben Kräften folgt wie die Weitläufigkeit des Sonnensystems, ist der Grund dafür, daß Sir Isaac Newton (1642–1727) als Schöpfer zwar nicht einer Welt, aber eines universalen Weltbildes galt.[57]

3.8 Kulturmorphologie: Ferguson und Herder

Für den Begriff des Genies und seiner Wirkung ist eine Kulturmorphologie bedeutungsvoll, die in einer langen Entwicklung entstanden ist und deren Ausarbeitung im Berichtszeitraum außerordentlich dringlich geworden war. Die Europäer hatten nämlich im Zug ihrer Entdeckungen Stämme und Völker kennengelernt, die in ganz anderen, vortechnischen Kulturen lebten. Im Englischen mit dem Titel von Thomas Coles monumentalem Gemäldezyklus (1833–36) als *Course of Empire* bekannt, hatte dieses gesellschaftlich-wirtschaftliche

Weltbild bei dem Schotten Adam Ferguson (1729 – 1816) eine intensive und bei dem deutschen Johann Gottfried Herder eine ebenso eindringliche, aber im Sinne der »translatio imperii et studii« die Erde umspannende Darstellung gefunden.[58] In dem *Essay on the History of Civil Society* (1767) argumentierte Ferguson, daß jede Kultur, sei sie nun national oder anderweitig grundiert, einem der Natur unterworfenen wilden Zustand entwächst. Sie durchläuft dann ein die Natur in Maßen veränderndes landwirtschaftliches und danach ein überwiegend städtisches und merkantiles Stadium. Cole fügte noch die Stufe einer raffiniert-dekadenten Zivilisation hinzu, die wegen ihrer Verteidigungsunfähigkeit von barbarischen Angreifern hinweggefegt wird. Was als fünfte und letzte Phase übrigbleibt, sind überwucherte Ruinen und Trümmer, wie an der Saale hellem Strande. Zusammengenommen heißt diese Kulturmorphologie Stadienlehre oder Stadialismus.

Für mein Thema ist die Annahme von Bedeutung, daß »in the early periods of society, original Poetic Genius will in general be exerted in its utmost vigour«.[59] Infolgedessen begann allenthalben die Suche nach dem Homer des jeweiligen Volkes, dem Ursprungsautor der jeweiligen nachantiken Literatur. Die Aufmerksamkeit richtete sich vor allem auf jenes frühe, mittelalterliche Stadium, als dem Schema zufolge eine autochthone Entwicklung noch möglich war, bis die Antikenschübe der Renaissance ihr Wirkungspotential entfalten konnten. Thomas Percys *Reliques of Ancient Poetry* (1765) ist wohl der bekannteste Versuch, nicht das internationale, sondern das nationale Erbe wieder verfügbar zu machen. Dabei spielten auch die Lieder aus Shakespeares Stücken eine wichtige Rolle. Es waren aber zumeist seine Historiendramen und Tragödien, die ihn zum Originalgenie der englischen Dichtung machten. Zu diesem Shakespeare-Bild hatte seit den 1740er Jahren auch die Bühnenlaufbahn David Garricks beigetragen. Die am meisten bewunderte Gestalt eines modernen Homer war eine Zeitlang der angebliche Autor eines gefälschten Heldenepos des schottischen Hochlands, Ossian, das in einer angeblichen englischen Übersetzung seines Entdeckers, James Macpherson, eine Zeitlang als Werk eines Originalgenies galt. Im übrigen war das 18. Jahrhundert die Zeit, in der Homer als »natural genius« in seinem historischen und von literarischen Reisenden in seinem geographischen Umfeld aufgesucht worden ist.[60]

In den 1740er Jahren hatten schon Joseph Warton in *The Enthusiast or the Lover of Nature* und Mark Akenside in *Pleasures of the Imagination* die Natur als ursprünglich gefeiert, und dies galt insbesondere für die als hautnah empfundene Natur. Ein solches Naturerlebnis konnte nach damaliger Auffassung der Gesang des Originalgenies bewirken. Und obwohl Edward Young in seinen über England hinaus bekannten *Conjectures on Original Composition* (1759) nicht zögerte, antike Aussagen über göttliche Eingebung (»afflatus divinus«) zu zitieren, steht auch bei ihm das Originalgenie im Zusammenhang mit Bildern aus dem Reich der Natur. Dazu gehört maßgeblich zweierlei: die Vorstellung, daß die Natur als Schaffenskraft auch im Dichter wirkt, und die Idee, daß sich dies im Gedicht als »organische Form« niederschlägt. Beides ging mit einem erneuerten neuplatonischen Schub einher und ist von den deutschen Philosophen-Kritikern beziehungsweise Kritiker-Philosophen aufgenommen und ausgebaut worden.

3.9 Die britischen Übersetzer des 18. Jahrhunderts

Die britischen Übersetzer des 18. Jahrhunderts waren im allgemeinen in diesen Hinsichten weniger kühn als ihre deutschen Kollegen. Die Franzosen waren vielleicht noch zurückhaltender. Doch zirkulierte die Idee des angeborenen Genies in mehreren Ländern Europas und in den Vereinigten Staaten von Amerika. In den britischen Äußerungen zur literarischen Übersetzung, die T. R. Steiner ausgewählt und ausgewertet hat, wurde das Originalgenie schon in den 1740er Jahren zu so etwas wie einem obligaten Thema für Übersetzervorreden. Die Überlegungen gingen in verschiedene Richtungen, so daß kein einheitlicher Begriff entstand. Das dokumentarisch wichtige retrospektive Übersetzungshandbuch, das Alexander Fraser Tytler mit großem Erfolg an der Wende zum 19. Jahrhundert publizierte, zeigt einen zurückgenommenen Geniebegriff in einer Regel, die an John Drydens dritte erinnert: »[H]e is perfectly accomplished who possesses a genius akin to that of the original author«.[61]

3.10 Zum Genie eines Übersetzers

Was ein britischer Übersetzer unter »genius« verstand, läßt sich nicht immer trennscharf bestimmen. Das liegt auch daran, daß es leichter ist, auf Genialität zu schwören als sie zu erklären.

Ein anschaulicher Fall ist der von William Guthrie (1708 – 1770), der längere Zeit als Parlamentsreporter für Johnsons *Gentleman's Magazine* gearbeitet hat. Nach Ausführungen über die außerordentlichen Schwierigkeiten, Ciceros Reden zu verstehen, betonte er im Vorwort zu seiner Übersetzung von 1741, daß Genialität eine notwendige, aber nicht hinreichende Fähigkeit eines Übersetzers ist. Es bedürfe auch der »habitual Acquaintance with that Manner which characterizes his [i. e. the translator's] Original«.[62] Der Umstand, daß das Genie eines Übersetzers laut Guthrie auch andere Fähigkeiten besitzen muß, zeigt, daß es sich hier um den Begriff des eingehegten Genies handelt. In einer Variante der vierten Regel John Drydens erklärte er, der Übersetzer müsse sich in den

Grundtext hineinversetzen – »enter into the Spirit of the Original«. Wie dies geschehen soll, ließ er noch offen.

Ähnlich, aber pointierter argumentierte Thomas Gordon (gest. 1750) in der Einleitung zu seiner Sallust-Übersetzung von 1744: »I doubt [i. e. suspect] no Work of Genius can well be translated, but by an Author of Genius«.[63] In Umkehr von Chapmans Ansicht, daß die Seele des Autors vom Übersetzer Besitz ergreifen muß, suchte er das Übersetzungsproblem zu lösen, indem er darauf achtete, wer der Handelnde beim Übersetzungsakt ist: »The great Point in translating, is to pursue, or, if possible, rather to resume and possess, the Spirit and Character of the Author«. Daß der Autor beim Übersetzen in Besitz genommen werden soll, schreibt dem Übersetzer eine Macht zu, die mir bisher im Berichtszeitraum so eindeutig nicht erinnerlich ist.

Nur zwei Dekaden später wertete Christopher Smart (1722–1771) aus Anlaß seiner zweiten, der metrischen Horaz-Übersetzung von 1767, den Begriff des Übersetzergenies als derart selbstverständlich, daß er ohne Argument Angriffe auf diesen Begriff brüsk zurückwies, nämlich als eine absurde Vorstellung, »the absurd notion, ›That genius is not necessary for a Translator‹«.[64] Ähnliches gilt für Macphersons Vorwort zu seiner *Ilias*-Übersetzung, auf die ich noch zurückkommen werde.

Die genannten Übersetzer verfuhren trotz ihrer Berufung auf das Genie ziemlich unterschiedlich. Die Arbeitsweise, die Guthrie beschrieb, fiel bescheidener aus, als seine Grundsätze vermuten lassen. Denn das Eindringen in den Geist der Vorlage erforderte wiederum die Anwendung eines Pfeils aus Drydens Köcher, nämlich die neunte Regel.[65] Zudem sind manche Details auf eine Weise formuliert, die nur unter dem Begriff des eingehegten Genies Sinn ergeben. Denn für Guthrie kommt es darauf an, die Ausdrucksweise (»manner«) eines römischen Konsuls und Redners nachzuahmen. Zu diesem Zweck, so gab er an, ist es für den Übersetzer entscheidend, sich in das nächste Äquivalent einzuarbeiten, das zu seiner Zeit zu einer römischen Staatsrede zu finden ist: »[what] comes the nearest to what we may suppose his Author, were he now to live, wou'd pursue, and in which he wou'd shine«. Dementsprechend schätzte er die Zeit, die er selbst in beiden Kammern des Parlaments verbracht hatte, als die bestmögliche Vorbereitung ein. Dabei hörte er, wie er sagte, einige Reden, die Cicero – wenn er heute lebte – nicht nur begeistern würden: »[He] would hear both with Delight and Jealousy«.

Guthries Begriff dürfte zu Recht als sonderbar zu werten sein, doch ist er keineswegs uncharakteristisch. Gordon und Smart sind allerdings konzeptionell von größerem Interesse. Gordon, Journalist wie Guthrie, nahm Anregungen aus der britischen Philosophie auf, als er noch vor Maximilien-Henri Saint-Simon die Aufgabe eines Übersetzers von genialischen Werken nicht darin sah, deren Gedanken wiederzugeben, sondern deren Bildlichkeit. Es handelt sich um

> conceiving and forming the same Images, of seeing them in the same Light, of animating them with the same Spirit, as his Author [...] saw, formed, and conceived and animated them.[66]

Gordon setzte in diesem Zusammenhang auf den überlieferten Dualismus von Gedanke und Ausdruck und verlangte vom Übersetzer, äquivalente Formulierungen zu erfinden — »equivalent Phrases to clothe, convey, and recommend them [the Images], in a Language of very different Idioms and Contexture«. So erreichte er einen Punkt, von dem aus, wie unscharf auch immer, die Möglichkeit ins Auge gefaßt wurde, daß Ausdrucksweisen auf das Ausgedrückte rückwirken können. So gesehen dienen Kleider nicht nur dazu, den Körper zu umhüllen. Sie können ihn sogar in einem gewissem Umfang verändern: »His [an able Writer's] Manner is as significant as his Words, and therefore becomes Part of his Sentiments«.[67] Unter »Manner« verstehe ich die Ausdrucks- und Schreibweise und unter »Sentiments« soviel wie die sinnlich-emotional-geistigen Einstellungen.

Auf jeden Fall forderte Gordon, der Übersetzer müsse dasselbe tun können wie der Autor: »To be able to translate, a Man must be able to do something like what he translates«. Was dieser Seitenhieb aus dem Blickwinkel der Pragmatik genau bedeutet, läßt sich ohne Rekurs auf die Übersetzung nicht gut bestimmen. Sie ist mir aber nicht zugänglich. Ein wichtiger Hinweis stammt von Tytler. Demnach folgten Gordon und Macpherson dem elliptischen Stil weiter, als es den Übersetzungen gut tut.[68] Andererseits gilt die Ellipse als eines der unterscheidbaren Elemente der begeisterten Sprache eines Originalgenies. Sie wird als Anzeichen dafür genommen, daß ein Autor, vom Strom seiner Worte mitgerissen, manches Detail überspringt. Solche Satzbrüche lassen sich freilich auch absichtlich einsetzen, so daß es planmäßige Nachahmungen des genialischen Sprechens geben kann.

Auch Smarts Anrufung des Übersetzergenies gehört in diesen Argumentationszusammenhang. Die einem großen Genie zu verdankende herausragende poetische Qualität liegt in »the beauty, force and vehemence of *Impression*«.[69] Aus den Beispielen, die Smart anführte, geht hervor, daß er zum Teil an dem interessiert war, was in der traditionellen Rhetorik »vis« heißt, zum Teil am Erhabenen im Longinischen Sinn, zum Teil wiederum an Lockes Psychologie und schließlich daran, wie die einheitsstiftende Kraft eines eindrucksvollen Bildes auf eine Textstelle einwirkt. Ein solches Bild

> is a talent or gift of Almighty God, by which a Genius is impowered to throw an emphasis upon a word or sentence in such a wise, that it cannot escape any reader of sheer good sense, and true critical sagacity.

Nach Louis Kelly ist dieser strukturelle Begriff eng mit der Idee der semantischen beziehungsweise syntaktischen Scharnierstelle – »hinge of the sense« – verbunden, die Stephen Barrett schon 1759 in die Übersetzungspoetik eingeführt hat.[70] Sie galt es, mit Wörtern gleicher Stärke zu übersetzen. Ideen wie diese betreffen nicht die Wucht des Genies oder die Psychologie des Autors, sondern bezeichnen Merkmale des Werks und seiner Übersetzung. Sie tragen wieder zu einem werkzentrierten Übersetzungsbegriff bei, der für Detailbeobachtungen offen ist, so wie er damals auch von deutschen Autoren entwickelt worden ist.

4 Andere Poetiken der Antikenübersetzung

Dieser Titel bedarf einer Erläuterung. Denn in dem gerade abgeschlossenen Abschnitt ging es ebenfalls um Antikenübersetzungen. Der Unterschied liegt darin, daß dort der Geniebegriff im Zentrum des Interesses stand, während er hier keine oder kaum eine Rolle spielt, mit der möglichen Ausnahme von James Macpherson. Doch wies der Erfinder der Ossianischen Dichtung im Vorwort zu seiner Homer-Übersetzung auf andere Weise auf künftige Entwicklungen hin.

Ich beginne mit einer beschwingt formulierten Poetik aus Anlaß einer Homer-Übersetzung im frühen 18. Jahrhundert, die in manchen Hinsichten auf althergebrachte Prinzipien und Regeln zurückgreift, ohne rein traditionell zu sein. Insoweit kann sie als eine Art Referenzgröße für spätere Äußerungen zu Antikenübersetzungen dienen.

4.1 Etwas mehr als nur eine glänzende Neufassung: Pope

Zu den unbestreitbaren Stärken Alexander Popes (1668 – 1744) gehört es nicht so sehr, gedankliches Neuland zu erschließen. Dafür hat er ein ganz besonderes Talent, im Traditionellen zu brillieren. Offensichtlich baute er sowohl auf der Schultradition auf als auch auf anders orientierten Ideen englischer Vorläufer, am deutlichsten auf John Dryden, aber auch auf John Denham und wohl auch auf George Chapman. So lautet sein erstes Prinzip ähnlich wie eines von Dryden, und wie dieser stand er voll und ganz in der Tradition.[71] Bei Pope heißt es:

> It is the first grand Duty of an Interpreter to give his Author entire and unmaim'd; and for the rest, the *Diction* and *Versification* only are his proper Province.[72]

Das klingt recht großspurig, ist aber in der Sache kaum mehr als die alte rhetorische Regel, wonach »inventio« und »dispositio« – also Erfindung und Gliederung – des zu übersetzenden Werks unangetastet bleiben müssen und dem Übersetzer nur das, was übrigbleibt, also die sprachliche Formulierung – »elocutio« – in die Hand gegeben ist. Dies entspricht auch dem überlieferten Dualismus von Gedanke und Ausdruck, dem Pope schon im *Essay on Criticism* eine kompakte Definition von Dichtung gewidmet hatte: »True Wit is Nature to advantage dress'd, / What oft was thought, but ne'er so well express'd«.[73] Gestützt wohl auf Wentworth Dillon, Fifth Earl of Roscommon, ging er allerdings einen Schritt weiter, wenngleich nur einen kleinen, als er den Klang einer Verszeile, bestehend aus einer Verbindung aus Wortwahl, Syntax und Metrik, als akustische Nachahmung des Sinns auffaßte: »The sound must seem an Echo of the sense«.[74] Dieselbe Klangfigur fand er später beispielhaft in Homers Versen – »the Correspondence of their Sounds to what they signify« – und bei Virgil, »[who] never fail'd to bring the Sound of his Line to a beautiful Agreement with his Sense«. Selbstverständlich gehört diese Klangfigur zu den Ausdrucksmitteln und ist ein Element der »elocutio«. Sie ist aber auch ein klein wenig mehr, denn sie wird unmittelbar zu einem Gedanken oder Bild in eine ganz bestimmte Beziehung gesetzt. Natürlich muß der Vers dem Gedanken angemessen sein. Aber die klangliche Mimesis des semantischen Sinns trägt wesentlich zum poetischen Sinn bei. Wer sie erkennt, hat einen Gewinn an »claritas«. So verweist diese Idee kaum spürbar auf eine Denkweise, die gegen Ende des Jahrhunderts in der Sprachphilosophie und in deutschen Übersetzungspoetiken eine zentrale Stelle einnahm: die Identifikation des Ausdrucks mit dem Gedanken und des Gedankens mit dem Ausdruck.

In einem zweiten Argumentationsschritt griff Pope auf Drydens Dreiteilung der Übersetzweisen zurück: auf die Ablehnung der entgegengesetzten Extreme der Interlinearversion (»Metaphrase«) und der Nachahmung (»Imitation«) sowie auf die Dekretierung der einzig richtigen Übersetzweise, des Mittelwegs der »Paraphrase, or Translation with Latitude«. Zum Teil setzte Pope aber durchaus eigene Akzente. Wiewohl Annette Kopetzki auf ältere triadische Übersetzungskonzeptionen hingewiesen hat, kann für England als sicher angenommen werden, daß sich Pope in erster Linie auf Drydens kürzlich vorgelegte Ansichten bezogen hat.[75] Er kannte ebenfalls drei Übersetzweisen, mit der mittleren als der obligatorischen. Auf der einen Seite steht: »It is certain that no literal Translation can be just to an excellent Original in a superior Language«.[76] Dryden war, wie erinnerlich, urbaner, weil er nur jene Wörtlichkeit ablehnte, die nicht zugleich in der Übersetzungssprache anmutig oder elegant klingt. Zur gegenüberliegenden Grenze bemerkte Pope:

> [I]t is a great mistake to imagine (as many have done) that a rash Paraphrase can make amends for this general Defect; which is no less in danger to lose the Spirit of the Ancient, by deviating into the modern Manners of Expression.

Mit dem »allgemeinen Fehler« meinte Pope an dieser Stelle die wörtliche Übersetzung. Im Fall der »rash Paraphrase« ist es unklar, ob es sich bei dem Attribut um ein charakterisierendes oder ein differenzierendes Eigenschaftswort handelt, ob also jede Paraphrase oder nur die übereilte, unbesonnene

Umschreibung gemeint ist. Sicher ist nur, daß diese Wortwahl nicht der Drydenschen entspricht, weil die Paraphrase hier nicht die richtige Übersetzweise bezeichnet, sondern deren Grenze, die den Geist des jeweiligen Autors opfert.

Auch Pope zeigte sich, wie vor ihm Dryden und später Charles Batteux, pragmatisch und ließ im Sinne der Stellenhermeneutik eine im Grunde abgelehnte Übersetzweise für unverständliche Stellen zu, denen der Übersetzer anders nicht gerecht werden kann: »If there be sometimes a *Darkness*, there is often a *Light* in Antiquity, which nothing better preserves than a Version almost literal«.[77] Hier zeigen sich auf einprägsame Weise eine Gemeinsamkeit und ein Unterschied: Dryden öffnete die Paraphrase, also die Wiedergabe des Sinnes einer Rede in anderen Worten, hin zu einem gewissen Spielraum (»latitude«), Pope sah eine kurze Leine vor: »almost literal«.

Dieses »almost« ist von ziemlich großer Bedeutung. Es ist Anlaß für zwei nähere Bestimmungen, die Pope freilich nicht erläuterte. Wie Dryden wandte er sich gegen sklavische Wörtlichkeit, »a servile dull Adherence to the Letter«, reklamierte aber mit Denham gewisse Freiheiten, »Liberties [...] which are necessary for transfusing the Spirit of the Original, and supporting the Poetical Style of the Translation«. Außer diesem lebendigen Geist rückte er auch das »Feuer« eines solchen Gedichts in die Aufmerksamkeit des Übersetzers. Aber auch für diese Freiheit zog Pope eine feste Grenze. Sie liegt bei einer anderen Art des verbessernden Übersetzens, die er strikt ablehnte und deren Verfechter er der Selbsttäuschung zieh:

> [T]here have not been more Men misled in former times by a servile dull Adherence to the Letter, than have been deluded in ours by a chimerical insolent Hope of raising and improving their Author.

Auch hier besteht ein Bezug zu Dryden: »Do not improve the original«.

Im »Preface« folgen nun einige Hinweise zu Homers »elocutio«. So gelte es, dessen bedeutungsvollen Wechsel zwischen kahler und ausgeschmückter Rede übersetzend nachzuvollziehen.[78] Außerdem könnten Homers zusammengesetzte Attribute dort, wo die Übersetzungssprache ihrer wörtlichen Wiedergabe nicht gewachsen ist, durch Umschreibungen oder Einzelwörter ersetzt werden. Was schließlich Homers Wiederholungen angeht, so dürfe dabei nicht verbessert werden: »If they be tedious, the Author is to answer for«.

Dies sind im wesentlichen Angaben zur Wortwahl. Gemäß der eingangs vorgenommenen Bestimmung der Aufgaben des Übersetzers sind noch Hinweise zur Verskunst zu erwarten. Ein so gekennzeichneter Abschnitt folgt in der Tat. Aber Pope kam auch dort nicht über die bereits besprochene Verknüpfung von Klang und Sinn hinaus. Über den Versbau schwieg er sich aus. Gar nichts findet sich zu einem großen Thema seiner Nachfolger, wozu gerade seine Antikenübersetzung in paarweise gereimten fünfhebigen jambischen Versen den

Anlaß gegeben haben dürfte. Es gab nämlich eine intensiv geführte Debatte über Vor- und Nachteile dieses Schemas im Vergleich zum Blankvers. Auch dem quantitierenden Hexameter widmete Pope kein einziges Wort.

Popes Übersetzungspoetik ist also eine Drydensche »with latitude«. Der wichtigste Spielraum ist jene Klangfigur, bei der lautliche Werte dem Sinn entsprechen. Darin läßt sich die erste Ahnung der knapp hundert Jahre späteren Ansicht deutscher Sprachphilosophen und entsprechend orientierter Übersetzungspoetologen erhaschen, die Ausdruck und Gedanke als unauflösbare Einheit auffaßten.

Ein weiterer Vergleich mit der deutschen Antikenübersetzung im 18. und frühen 19. Jahrhundert und ihren Poetiken läßt einen wesentlichen Unterschied erkennen. Aus einem Gefühl der Wahlverwandtschaft wagten deutsche Dichter und Übersetzer die keineswegs unproblematische Nachbildung der griechischen quantitierenden Metrik. Ein Grund dafür mag sein, daß die romanischen Sprachen dem Latein nahestehen und auch das Englische dank des normannischen Sprachanteils eine größere Affinität dazu aufweist. So blieb unter den antiken Sprachen das Griechische die Hauptbezugssprache für das Deutsche.

Auch für die späteren britischen Antikenübersetzungen stellt sich die Frage, ob eine gemeinsame Poetik vorgelegen oder sich herausgebildet hat. Ihr charakteristischer Ort ist im britischen 18. Jahrhundert das Vorwort. Vorwörter sind zumeist kompakte Texte. Die wenigen Autoren, deren Herz so voll war, daß der Mund übersprudeln mußte, lassen aus dem Gegensatz heraus die knappe, dichte Gestaltungsweise des typischen Vorworts erkennen. So ist es üblich, gleich in das Argument hineinzuspringen und mit dem wichtigsten Gedanken zu beginnen. Manchmal wird eine Verbeugung vor der Leserschaft vorausgeschickt.

4.2 Übersetzen als Stellenhermeneutik: Francis

Philip Francis (1708?-1773) hatte mit seiner Horaz-Übersetzung (1747) Glück beim Publikum. Eine Auflage jagte die nächste. Innerhalb von zehn Jahren erschien die sechste. Danach ging es ruhiger zu, und die letzte suchte gegen Ende des Jahrhunderts ihr Publikum.

Als erstes und wichtigstes Ziel gab Francis an, den schwierigsten, aber vollkommenen römischen Dichter zu erklären.[79] Seine Erklärung sollte aber nur jenen wirklich dunklen Stellen gelten – »those passages only, which are of real, acknowledged Obscurity« –, die auch Pope zum Anlaß eines stellenhermeneutischen Arguments genommen hatte.[80] Zu diesem Zweck verzichtete Francis auf Streit mit Kommentatoren. Vielmehr wollte er seine Erklärung in einem poetischen und natürlichen Sinn verstanden wissen: »in that Sense alone, which seemed most poetical and most natural«.[81] Es kam also darauf an, die dunklen Stellen auf eine besonders erhellende Weise auszugestalten. Das konnte mit einer peniblen, regelgerechten Übersetzung nicht gelingen:

> Such a Design, if tolerably well executed, seemed to deserve some Encouragement; but to preserve his [Horace's] original Spirit in a punctual, regular Translation hath been so long considered as desperate that it were hardly modest to attempt it.[82]

Die Bezugnahme auf den »Spirit« des Dichters knüpft an Dryden und Pope an. Ob auch, wie bei Pope, Denham im Hintergrund steht, ist eher zweifelhaft, da dessen alchimistische Denk- und Redeweisen im Verlauf des 18. Jahrhunderts ihre Bedeutung verloren haben. Im Vergleich zu dem selbstbewußten, autoritativen Ton Drydens und Popes hebt sich Francis' apologetischer Duktus besonders deutlich ab. Was den Geist des Dichters angeht, so steht er bei Francis im Zusammenhang mit Enthusiasmus und begeisternder Ausdruckskraft, keinesfalls mit Denkfähigkeit (»mind«). Bald wird auch der Übersetzer durch eine nicht unübliche Forderung einbezogen, daß er nämlich dem Dichter in gleichem Geiste (manchmal auch »genius« genannt) begegnen müsse. Von hier ist es kein großer Schritt, auch lyrische Dichtung als mit diesem »Spirit« begabt anzusehen, das heißt, mit einer kaum eingeschränkten Gestaltungsfreude. Denn der Geist des Autors muß ja irgendwie im Werk erkennbar sein. Als Indiz dieser hochgemuten lyrischen Freiheit gilt bekanntermaßen die Unterdrückung der sonst üblichen Kohärenz, also der syntaktisch-rhetorischen Bindeglieder zwischen Gedanken, Bildern und Szenen. Sie macht, so Francis, in besonderem Maße sowohl die Qualität als auch die Schwierigkeit des Horaz aus. An dieser lyrischen Kühnheit sah er die meisten früheren Horaz-Übersetzungen scheitern. Es ist bemerkenswert, daß T. S. Eliot später genau diese Unterdrückung von Verbindungsstücken als Merkmal der von Ezra Pound und ihm selbst forcierten Richtung der Dichtung des 20. Jahrhunderts herausgestellt hat.[83]

Francis bewies auch ein deutliches Interesse an einer kritischen Sichtung der Übersetzungsgeschichte, indem er versuchte, den Ort seiner Übersetzung in der Reihe der britischen Horaz-Übersetzungen zu bestimmen. Allerdings diskutierte er seine Vorläufer fast nur im Hinblick auf ihre Schwächen, die er als erheblich einstufte. Denn die Horazischen Qualitäten schätzte er fast ganz als sprachgebunden ein, »almost peculiar to the Latin Tongue«.[84] Deshalb schrieb er das Scheitern der britischen Horazrezeption auch nicht der Unfähigkeit der Übersetzer zu, sondern deren unklugem Plan: »[W]e impute the Failure of his [Horace's] Translators to somewhat injudicious in their Design, or careless in their Execution«.

Im Zusammenhang seines Jahrhunderts ist es von Belang, daß Francis – ganz anders als Pope – der englischen Sprache nicht die Schuld oder Mitschuld am

Mißlingen älterer Horaz-Übersetzungen zuschrieb. Denn die Frage, ob das Englische als Übersetzersprache geeignet ist, erreichte zeitweilig sprachpatriotische Bedeutung. Im engeren Zusammenhang der Übersetzungspoetik von Francis ergibt sich jedoch angesichts des Umstandes, daß er bei der englischen Sprache keine Schuld gesehen hatte, eine gewisse Schwierigkeit, weil er ja auch erklärt hat, die Schönheit von Horazens Dichtung sei im wesentlichen sprachgebunden. Die Frage ist, ob er unter den Sprachauffassungen seiner Zeit jene teilte, die zwischen einem Kernbereich aller Sprachen unterschied, der das Übersetzen möglich macht, und einzelsprachlichen Randzonen, die sich ihm widersetzen. Die strengere Auffassung behauptet, die Sprachen seien durch und durch inkommensurabel. Wenn Francis nicht nachlässig formuliert hat, zielt das Attribut »general« auf den gemeinsamen Kern, genauso wie er bei der Mentalitätsfrage jene Ansicht übernommen hat, wonach das Wesen des Menschen überall und jederzeit gleich ist: »[H]uman Nature [...] is invariably the same in all Ages and Countries«.[85]

Auch hier steht also Francis auf dem damals immer noch ziemlich festen Boden der Überlieferung. Ähnliches gilt auch für Merkmale, die für Horaz als kennzeichnend angenommen wurden. Sie werden adversativ eingeführt:

> [...] but to preserve that Force of Expression, in which his peculiar Happiness consists, and that Boldness of Epithets, for which one of his Commentators calls him Wonderful, and almost Divine.[86]

Hinter dieser Beschreibung steht offensichtlich die Auffassung von der Horazischen »vis«. Wie Pope achtete Francis auf die poetischen Beiwörter – auf die später auch William Cowper zurückkam –, wobei deren Ausführung von Mal zu Mal verschieden ist.

Abschließend seien noch zwei Argumente genannt, die zwar nicht im Zentrum der eher konservativen Übersetzungspoetik von Francis stehen, aber im größeren Zusammenhang Aufmerksamkeit verdienen. Das eine betrifft die verbessernde Erweiterung durch Übersetzen. Diese ließ er im Gegensatz zu Pope ausdrücklich zu:

> In the usual Manner of Paraphrase it had not been impossible to have given them [i.e. the most difficult Parts of the Translation] more Spirit by enlarging the Poet's Design, and adding to his Thoughts.

Zweitens verurteilte Francis – wie später George Colman und Cowper – eindringlich die Zwangsjacke von Popes Einheitsprosodie, des paargereimten jambischen Pentameters.

4.3 Zwei Plädoyers für Blankversübersetzungen: Colman und Cowper

George Colman der Ältere (1732–1794) gab nach einigen Jahren Praxis seinen Anwaltsberuf auf und widmete sich mit Übersetzungen, Bearbeitungen und eigenen Stücken sowie zeitweilig als Leiter sowie als Miteigentümer und Eigentümer verschiedener Londoner Bühnen ganz dem Theater. Dementsprechend zielt das Vorwort zu seiner Terenz-Übersetzung von 1765 stärker auf die Theaterszene als auf Übersetzungsfragen. Sein mit großer Gelehrsamkeit vorgetragenes Plädoyer galt der Durchsetzung des Blankverses nicht nur in der Komödie, sondern auch in der Tragödie: »[I]t is now the life and soul of tragedy«.[87]

Die wenigen Angaben zum Übersetzen hat Colman nicht begründet. Das liegt wohl auch daran, daß er auf bekannte Auffassungen zurückgriff. So kritisierte er bisherige Übersetzer antiker Theaterstücke mit einer Erinnerung an das schulische Übersetzen: »[They] seem to have confined their labour to the humble endeavour of assisting learners of Latin in the construction of the original text«.[88] Er tadelte die Antikenübersetzer also dafür, daß sie sich an Wortwahl, Syntax und Wortfolge klammern, so daß die Vorlage durch die Übersetzung zwar hindurchscheint, aber kein spielbarer Text entsteht.

Zu seiner eigenen Übersetzweise bemerkte Colman ebenso apodiktisch: »It is the duty of an editor or translator to illustrate and explain the author«. Diese Angabe paßt zum einen in die Zeit und schlägt andererseits eine neue Perspektive auf das Übersetzen vor, die allerdings folgenlos blieb. Das Übersetzungsziel, den Autor ins rechte Licht zu rücken und zu erklären, hatte sich Philip Francis schon zwanzig Jahre zuvor vorgenommen. Für uneingeschränkt neu hingegen halte ich Colmans In-eins-Setzung der Aufgaben des Übersetzers und denen des Herausgebers, worunter ich im Zusammenhang mit Colmans Theaterpraxis auch den Bearbeiter von Dramen zur Einrichtung für die Bühne verstehe. Diese Einordnung habe ich so bisher noch nicht gefunden. Sie weist auf die interessante Möglichkeit hin, die literarische Übersetzung als eine Kunst des Aufführens, »a performing art« aufzufassen.

William Cowper (1731–1800) war wie Colman zunächst Rechtsanwalt und gab wie dieser den Beruf auf, allerdings infolge einer schweren Krankheit. Auch er widmete sich fortan der Literatur, zog aber die schriftliche Dichtung dem lauten, lebendigen Theater vor. Seine Homer-Übersetzung erschien 1791 als Abschluß einer besonders produktiven Dekade. Ich beziehe mich sowohl auf das Vorwort von 1791 als auch auf das zu einer Umarbeitung, die Cowper schon bald in Angriff nahm, aber niemals veröffentlichte.

An Cowper ist in extremer Form eine in der Folge von Pope im 18. Jahrhundert verbreitete Neigung unter Übersetzern zu beobachten, ihren Lesern und Kritikern eine Ehrerbietung entgegenzubringen, die oft die Grenze zur Demut, wenn nicht gar zu so etwas wie Unterwürfigkeit überschritt, wobei letztere Haltung sonst nur noch in Widmungen an adlige Gönner üblich war. Besonders spürbar wird dies dort, wo Cowper den Text von 1791 gegen besseres Wissen im Sinne der Kritiker abänderte: »Unwilling [...] to seem obstinate, [...] I conformed myself in some measure to these objections, though unconvinced myself of their propriety«.[89]

Beide Vorworte beginnen im Zeichen der Versübersetzung. Im ersten setzte sich Cowper in aller Deutlichkeit in der Sache, aber auf seine konziliante Art, von Popes Homer-Übersetzung ab. Seine Ausgangsfrage ist in beiden Vorworten, ob Verse reimlos oder gereimt zu übersetzen sind. Gemeint sind der reimlose jambische Pentameter in der Schule Miltons und dasselbe Metrum mit Paarreim, wie es Pope zur Vollendung gebracht hatte. Die Antwort kommt prompt und apodiktisch: »[A] just translation of any ancient poet in rhyme, is impossible«.[90] Denn der Reimzwang, so Cowper, macht es unmöglich, den ganzen Sinn und nur ihn wiederzugeben. Das gilt insbesondere für Popes Homer-Übersetzung, die zwar mit Werten englischer Originaldichtung glänzt, aber in übersetzerischer Hinsicht nichts taugt. Denn die Abweichungen von der Vorlage sind so vielfältig – »his deviations are so many«[91] –, daß die sinnzerstörende Wirkung des heroischen Reimpaars unübersehbar ist. Dementsprechend lautet Cowpers Kritik in einer reziproken Formel, daß Pope den Sinn Homers oft gänzlich verfehlt und ihm oft Eigenes in den Mund gelegt hat. Für sich selbst nahm er klipp und klar in Anspruch: »I have omitted nothing; I have invented nothing«. Diese Aussage sollte nicht angezweifelt werden, bevor nicht eingehende Beobachtungen an Vorlage und Übersetzung vorgenommen worden sind.

Damit ist die Grundlage von Cowpers Übersetzungspoetik erreicht. Wie auch andere britische Übersetzer des 18. Jahrhunderts folgte er Dryden bei der Suche nach einem Mittelweg zwischen dem, was er als Treue und Freiheit erkannte, »fidelity« und »liberality«. Terminologie und Einteilung des Begriffsfeldes folgen Dryden allerdings nicht. Eine Bearbeitung, in welcher der Sinn des Autors gegen den des Bearbeiters ausgetauscht wird, galt ihm begreiflicherweise nicht als Übersetzung.[92] Denn streng genommen läuft eine so bestimmte Bearbeitung auf ein englisches Originalgedicht etwa im Sinne von »imitatio« oder »aemulatio« hinaus. Dementsprechend kannte Cowper auch »imitation« und »paraphrase«, wobei letztere Bezeichnung gegen Dryden gekehrt ist. Zur Unterscheidung von Übersetzung und Bearbeitung griff er zur traditionsreichen Umkleidemetapher. Danach bietet die Übersetzung »the same author [...] in a different dress«.

Der nächste argumentative Schritt gelingt mittels der ebenfalls überlieferten Unterscheidung in freie und eng geschnittene Übersetzung, »free« und »close translation«.[93] Auch diese beiden Möglichkeiten hielt Cowper für ungeeignet:

»The former can hardly be true to the original author's style and manner, and the latter is apt to be servile. The one loses his peculiarities, and the other his spirit«. Da das knechtische Übersetzen als das schülerhafte Wort-für-Wort-Verfahren gilt, liegt hier der Sache nach die »metaphrase« Drydens vor, also die Interlinearversion. Cowper kam es darauf an, diese zwei gegensätzlichen Übersetzweisen zur richtigen (»just«) Übersetzung zusammenzuführen. So wichtig war ihm dieser Kompromiß, daß er ihn gleich zweimal definierte, aber immer noch mit einem gewissen Zögern:

> Were it possible [...] to find an exact medium, a manner so close that it should let slip nothing of the text, nor mingle any thing extraneous with it, and at the same time so free as to have an air of originality, this seems precisely the mode in which an author might be best rendered.[94]

Diese Argumente Cowpers laufen auf die Zurückweisung einer verbreiteten Ansicht hinaus, wonach so übersetzt werden muß, wie der Autor geschrieben hätte, wenn er dies in der Sprache des Übersetzers getan hätte. Cowpers Einwand ist pragmatisch und wird in einem Gedankenexperiment vorgetragen. Die Versuchseinrichtung, die man als eine Art Mini-Septuaginta bezeichnen könnte, nimmt sechs gewiefte Übersetzer an, deren Auftrag lautet, dasselbe antike Werk in dieselbe moderne Sprache zu übertragen. Das zu erwartende Ergebnis wäre der biblischen Septuaginta entgegengesetzt, denn es entstünden sechs grundverschiedene Fassungen, und alle wären vermutlich falsch:

> In the event it would be found that each had fallen on a manner different of that of all the rest, and by probable inference it would follow that none had fallen on the right.

Der eigentliche Grund für diese plausible Annahme, so läßt sich hinzufügen, liegt darin, daß – in Vorwegnahme historisch späterer Überlegungen – nie ein Werk, sondern stets ein Werkverständnis übersetzt wird, und das in literatursprachlicher Form. So konnte Cowper jetzt schreiben:

> On the whole, [...] as has been said, the translation which partakes equally of fidelity and liberality, that is close, but not so close as to be servile, free, but not so free, as to be licentious, promises fairest.

Diese beiden Definitionen haben einen so eigenen Duktus, daß es sich verbietet, sie als Umschreibung der auch heute noch umlaufenden Formel »so wörtlich wie möglich, so frei wie nötig« zu bezeichnen. Aber etwas haben sie doch mit ihr gemeinsam. Es ist dies die abwägende, nicht fest-stellende Gedankenfigur, die einen Kompromiß zwischen zwei Extremen annäherungsweise zu bestimmen sucht. Zwei Glanzlichter scheinen in diesen Definitionen auf. In der ersten ist es der Gedanke, daß eine Übersetzung im Sinne Cowpers zwar nicht wie ein englisches Original klingen, aber doch daran anklingen soll. Diese Freiheit wird in der zweiten Definition gegen die Nachahmung abgeschirmt, weil sie anders als diese nicht zügellos sein soll.

Von Cowpers Erläuterungen zu Details seiner Übersetzung möchte ich im ersten seiner Vorworte drei hervorheben: ein Verfahren, das an Pope erinnert, eine deutliche Absage an Pope, der ja die Unterlegenheit des Englischen gegenüber den antiken Sprachen bedauert hat, und eine genauere Angabe zum Verhältnis zwischen seinem Vers und demjenigen Homers. Das ist ein im Vereinigten Königreich seltener Fall von Überlegungen zur griechischen Metrik. Im zweiten Vorwort möchte ich mich auf die Homerischen zusammengesetzten Beiwörter in Verbindung mit Wiederholungen konzentrieren, denen auch Pope Aufmerksamkeit geschenkt hat. Um Mißverständnisse zu vermeiden sei vorausgeschickt, daß Ähnlichkeiten zwischen Cowper und Pope nicht unbedingt dadurch entstanden sind, daß der Jüngere bei seinem Vorläufer gewildert hat, sondern weil beide sicherlich die Gemeinplätze in der Literatur zu Homer kannten.

Im ersten Vorwort stimmte Cowper in der Frage der Schwankungen der Stilhöhe mit Pope überein: Beide sahen sie nicht als Fehler an, sondern als Zeichen von Homers hoher Kunst, weil sich darin die jeweilige Höhe der Handlung und der Rang der Charaktere spiegele. Homer »is grand and lofty always in the right place, and knows infallibly how to rise and fall with his subject«.[95]

Eine Bezugnahme auf Pope sehe ich eher in der strengen, allerdings indirekten Zurückweisung von dessen Ansicht, die englische Sprache sei den antiken unterlegen. Dort, wo es ihm, Cowper, nicht gelungen ist, die Kraft und Harmonie der Homerischen Verse angemessen herüberzubringen, wollte er – hier klingt Sprachpatriotismus auf – nicht der englischen Sprache die Schuld geben: »[I]t is neither my purpose nor my wish, should I be deficient in either, or in both, to shelter myself under an unfilial imputation of blame to my mother-tongue«.[96]

Was die Metrik Homers angeht, so hob Cowper die Kunst der Pause hervor. Sie sei Milton in seinem Blankvers vorbildlich gelungen. Daraus schloß er: »A translator of Homer, therefore, seems directed by Homer himself to the use of blank verse«.[97] Aber Popes heroisches Reimpaar läßt ebenfalls eine Poetik der Pause zu. Was ihm fehlt, ist die Leichtigkeit des Enjambements.

Mit eben diesem Lob des Blankverses und der Kunst der Pause begann Cowper sein zweites Vorwort.[98] Auch hier gehören Überlegungen zum zusammengesetzten Beiwort zu den wichtigen Erläuterungen textlicher Details. Cowper ging auf eine Weise darauf ein, die nahelegt, sie als Widerrede gegen Pope zu verstehen. Dieser hatte insbesondere jene Fälle beachtet, in denen die englische Sprache keine Zusammensetzung erlaubt und er deshalb Umschreibungen oder einfache Wörter wählen mußte. Cowper ging nun so weit zu sagen, daß nur die

Unkenntnis der englischen Sprache und Dichtung zu einer solchen Einschätzung führen kann:

> Compound epithets have obtained so long in the poetical language of our country, that I employed them without fear or scruple. To have abstained from them in a blank verse translation of Homer, who abounds with them, and from whom our poets probably first adopted them, would have been strange indeed. But though the genius of our language favours the formation of such words almost as much as that of the Greek, it happens sometimes that a Grecian compound either cannot be rendered in English at all, or, at best, but awkwardly.[99]

Trotz all dieser guten Gründe machte Cowper nun seine Leserschaft und seine Kritiker zu seinen Tyrannen und löschte in seiner Überarbeitung viele der zusammengesetzten Beiwörter und deren Wiederholungen. Pope, so ist erinnerlich, hatte fast trotzig auf der Übernahme aller Wiederholungen bestanden und dem Autor ein »Sieh du zu!« nachgerufen.

4.4 »Verbatim« oder die Öffnung zur aufgewerteten Wörtlichkeit: Macpherson

Ein Übersetzer, dessen Übersetzungsbegriff deutlich von dem anderer britischer Antikenübersetzer des 18. Jahrhunderts abweicht, ist James Macpherson (1736–1796). Der schottische Literat, Übersetzer und Manipulator des *Ossian*-Stoffes hatte schon 1773 eine *Ilias*-Übersetzung veröffentlicht und berief sich wieder auf den Geniebegriff. Das Fundament seiner Überlegungen ist der von Edward Young entwickelte Gedanke der Bürde der Vergangenheit. Macpherson beklagte vor allem die literarische Tyrannei Homers, »this unrivaled despotism, which he has established, in the regions of poetry«.[100] In Wirklichkeit hat Homer so etwas nie getan. Wenn er ein poetischer Tyrann war, dann haben ihn seine Bewunderer dazu gemacht.

Im Sinne des autonomen Geniebegriffs verwarf Macpherson die »imitatio veterum«, weil sie das Genie des Autors nicht erkennbar machen kann. Ohne die Verbindung zwischen dem Genie des Autors und dem des Übersetzers auszuführen, nahm er für sich in Anspruch, das seine habe ihn dazu befähigt, etwas von Homer lesbar zu machen, das alle seine Vorläufer übersehen oder übergangen haben: »[t]he simplicity, the gravity, the characteristical diction, and, perhaps, a great part of the dignity of Homer«. Hier liegt eine Übereinstimmung zwischen Macpherson und Johann Gottfried Herder vor. Ich sage ausdrücklich nicht eine Übernahme, weil für einen Nachweis persönliche Dokumente der beiden durchgesehen werden müßten. Doch die Möglichkeit besteht. Herder, der sich in vielem an Großbritannien orientierte, hatte in seiner Auseinandersetzung mit französischen poetologischen Positionen schon früher sein Ideal einer Homer-Übersetzung ganz ähnlich, aber ausführlicher begründet.

> Die Franzosen, zu stolz auf ihren Nationalgeschmack, nähern demselben alles, statt sich dem Geschmack einer andern Zeit zu bequemen. Homer muß als *Besiegter* nach Frankreich kommen, sich nach ihrer Mode kleiden, um ihr Auge nicht zu ärgern: sich seinen ehrwürdigen Bart, und alte einfältige Tracht abnehmen lassen: französische Sitten soll er an sich nehmen, und wo seine bäurische Hoheit noch hervorblickt, da verlacht man ihn als einen Barbaren. – Wir armen *Deutschen* hingegen, noch ohne Publikum beinahe und ohne Vaterland, noch ohne Tyrannen eines Nationalgeschmacks, wollen ihn sehen, wie er ist.[101]

Was den britischen Kontext angeht, so vermied der Schotte sowohl mit dem heroischen Reimpaar als auch dem Blankvers britische metrische Prestigeformen. Um die einfache Würde Homers erkennbar zu machen, rückte er seine Prosodie in Richtung Prosa und bediente sich eines freien Verses mit einem rhythmischen Schema aus zwei zweihebigen Halbzeilen mit ziemlich freier Silbenfüllung. Diese Versgestalt wird manchmal »podisch« genannt.[102] Wiewohl oft gereimt, erinnert sie an die altenglische Stabreimzeile, die freilich im Vergleich ausladender ist. Sie ist insoweit episch, als auch diese knappere Form in der Heldensage *Beowulf* Verwendung gefunden hat. Damit stellte Macpherson seinen Homer in eine frühe englische Tradition, schrieb also in gewisser Weise eine altenglische *Ilias*. Gelegentlich sind podische Strukturen auch in der Prosa des Pseudo-Ossian erkennbar. Insoweit hat er diesem vermeintlich altschottischen Epos – in der »ancient Erse language« – Homerische Anklänge eigener Machart gegeben.

Mit dieser freieren Versgestalt verschaffte sich Macpherson Freiräume für das Programm der wörtlichen Übersetzung aus dem Griechischen. Er strebte an,

> [to] translate[...] the Greek VERBATIM: Even to a minute attention to the very arrangement of the words, where the different idioms of the two languages required not a freedom of expression, to preserve the strength and elegance of the thought. Almost all Homer's compound epithets are rendered into English; and his characteristical modes of expression are imitated, if not retained, through the Translation.[103]

Hier stehen einige Gemeinplätze aus Homer-Kommentaren dicht beieinander: Stärke, Eleganz, zusammengesetzte Beiwörter. Auffällig ist die eigens hervorgehobene Wortfolge. Das ist umso bemerkenswerter, als in aller Regel angenommen worden ist, übersetzerische Eleganz habe nur dann eine Chance, wenn eine allzu große Nähe zur Vorlage vermieden und eine Annäherung an poetische Vorlieben der Kultur des Übersetzers gesucht wird. Rein konzeptionell kann ein planvolles wort- und wortfolgegenaues Übersetzen von der stümperhaften

Schülerwörtlichkeit durch die Bezeichnung »aufgewertete Wörtlichkeit« unterschieden werden. Das Übersetzungsziel wäre dann nicht, den Sinn getreu wiederzugeben, sondern den Text. Macpherson ging nicht ganz so weit. Er beabsichtigte, eine echte Homer-Übersetzung anzufertigen. Um dies zu erreichen, bemühte er sich, »the fire and vigour« der Vorlage ebenso wiederzugeben wie »[the] simplicity of expression and smoothness of language«.

Macphersons Überlegungen klingen oft noch recht tastend. Denn sie stehen mit dem Kennwort VERBATIM am Öffnungspunkt eines neuen, auch die Übersetzungspoetik betreffenden gedanklichen Raumes, den zeitgenössische Autoren auszumessen begannen. Wörtliches Übersetzen aus antiken Sprachen – französisch »version« – galt und gilt als Schulübung. Es spielte aber auch eine Rolle bei so etwas Erhabenem wie einer Bibelübersetzung. Manche Übersetzer hielten unverständliche Stellen für geheimnisvolle Hinweise in Gottes Wort, die nur durch wortfolgetreues Übersetzen weitergegeben werden können. Das Neue zu diesem Zeitpunkt ist, daß eine wörtliche und wortfolgetreue Übersetzweise nunmehr allgemein für literarisches Übersetzen und das Übersetzen gedankenschwerer Werke gelten sollte. Die eindringlichste Ausarbeitung steht bei Friedrich Daniel Ernst Schleiermacher im Jahr 1813. Die Idee in ihrer weitergeführten Form wurde allem Anschein nach später von Thomas Carlyle ins Vereinigte Königreich importiert.

Abschließend sei eine spätere Anmerkung zum Thema der wörtlichen Übersetzweise wiedergegeben, die ich Matthew Reynolds verdanke. Aus Anlaß eines Artikels in der *Edinburgh Review* für 1835, wonach

> in translation [...] we have of late been acquiring some new ideas; and it seems now to be pretty generally felt that the main object of a translator should be to exhibit his author and not himself. If a work is worth translating at all it is worth translating *literally*,

argumentierte Reynolds, daß

> [f]or this *Edinburgh* reviewer, the word »author« has shifted function. It no longer licenses the translator to correct what he takes to be errors of judgement in the source text, to improve its manners and clarify its ideas. Rather, you exhibit an author by mirroring his words.[104]

Das Verbot verbessernden Übersetzens ist zwar nicht neu. Dasselbe gilt für die Verwendung des Autorennamens als Metonymie für das Œuvre. Aber das wörtliche Übersetzen wurde, wie Reynolds ausführte, zum Kennzeichen des zu Beginn der 1840er Jahre begonnenen, groß angelegten und erfolgreichen Übersetzungsprogramms des Bohn-Verlags. Die wichtigsten Beiträge zur Übersetzungspoetik der aufgewerteten Wörtlichkeit entstanden am Anfang des 19. Jahrhunderts in den deutschen Ländern.

5 Retrospektive: Tytler

5.1 Tytlers »Case Law« des Übersetzens

Alexander Fraser Tytler, Lord Woodhouselee (1748–1813) war Richter und ein im Sinne der Zeit gebildeter »gentleman«, der biographische, historiographische, politische, juristische und philosophische Werke verfaßte. Darunter sind eine Biographie Petrarcas mit einer Übersetzung von sieben Sonetten sowie eine Übersetzung von Friedrich Schillers *Räubern.* Sein gewichtiges Kompendium *On the Principles of Translation* erreichte drei Auflagen, 1791, 1797 und 1813. Alle hatten denselben Tenor: Einem recht kurzen allgemeinen Teil folgte, bei einem mit dem »Case Law« – dem durch Präzedenzfälle geschaffenen Recht – vertrauten Autor wenig verwunderlich, als Tytlers eigentliche Leistung eine detaillierte richterliche Kritik vorliegender Übersetzungslösungen, die von Auflage zu Auflage deutlich an Umfang zunahm. Jeffrey F. Huntsman hat auf große Ähnlichkeiten mit George Campbells Einleitung zu dessen Evangelienübersetzung hingewiesen, die 1798 erschienen war. Nach dem Zeugnis der beiden Gentlemen des 18. Jahrhunderts handelt es sich um unabhängig voneinander gewonnene Erkenntnisse.[105] Ein Vergleich mit Campbells Vorstellungen folgt im Anschluß. Tytler faßte seine Ansichten folgendermaßen zusammen:

> I would […] describe a good translation to be, That, in which the merit of the original work is so completely transfused into another language, as to be as distinctly apprehended, and as strongly felt, by a native of the country to which the language belongs, as it is by those who speak the language of the original work. […]
> It will follow,
> I. THAT the Translation should give a complete transcript of the ideas of the original work.
> II. THAT the style and manner of the writing should be of the same character with that of the original.
> III. THAT the translation should have all the ease of original composition.[106]

Die ersten beiden Prinzipien folgen inhaltlich wie auch der Reihenfolge nach der klassischen Einteilung in »res« und »verba« des Grundtexts, das dritte erinnert an das klassizistische Interesse an übersetzungsseitiger Eloquenz.

Die Aufgabe des Übersetzers sah Tytler im Sinne von Drydens übersetzerischer Mimesis darin, »to give his picture the same force and effect«, die das Original hat.[107] Deshalb gilt die Regel: »He is not allowed to copy the touches of the original, yet is required, by touches of his own to produce a perfect resemblance«. Hier kam auch Tytler dem Gedanken nahe, stilistische Äquivalenzen seien durch Abweichungen zu erreichen. Konsequenterweise sprach er in diesem Zusammenhang von Stil, allerdings im Sinn von Ungezwungenheit, von

Leichtigkeit, also Eigenschaften der Sprache des Übersetzers. Es handelt sich um »the attainment of ease of style«. Auch die Rede vom »character [of] style and manner« bezieht sich auf Stileigenschaften, in diesem Fall auf gattungsgemäße.[108] Und die weitere Forderung, die Einheit von ungezwungener Darstellung (drittes Prinzip im obigen Zitat) und Treue (die beiden ersten Prinzipien) zustande zu bringen, schließt sogar an George Chapmans Idee der übersetzerischen Seelenwanderung an: »To use a bold expression, he [the translator] must adopt the very soul of his author, which must speak through his own organs«.[109]

Über Matthew Reynolds hinausgehend, sehe ich eine weitere Anknüpfung an das 17. Jahrhundert darin, daß das Bild vom Umgießen an John Denhams Lob Sir Richard Fanshaws erinnert.[110] Bei Tytler geht es zwar nicht um »spirit«, sondern um »merit«. Letzteres ist noch einmal ein klassizistischer Wert, nämlich ein Hinweis auf die von der Gesellschaft der Gebildeten mitgetragenen Hierarchie künstlerischer Ausführung. Deshalb wäre es meines Erachtens irreführend, die Wendung »original composition« im dritten Prinzip in jenem prononcierten Sinn zu lesen, den ihr Young in Abwendung von der eher klassizistischen Gesellschaftsorientierung und der Hinwendung zur eher romantischen Naturorientierung im Sinne der »natura naturans« gegeben hat. Vielmehr hielt Tytler an der rationalen Durchdringung der Übersetzungsvorlage fest:

> [H]e [i.e. the translator] must have a mind capable of discerning the full merits of the original, of attending with an acute perception to the whole of his reasoning, and of entering with warmth and energy of feeling into all the beauties of his composition.

Diese Orientierung Tytlers zeigt sich auch daran, daß er vom Übersetzer erwartete, er werde seinen Autor ins beste Licht rücken. Zu diesem Zweck sollte er schriftstellerische Fehler durch Auslassung, Umgestaltung oder Hinzufügung ausmerzen. Anlaß hierzu bieten Sätze und Absätze, deren Sinn unklar oder eindeutig mehrdeutig ist, und vor allem auch solche, die Redundanzen, Beleidigungen des guten Geschmacks und Irrtümer in der Sache aufweisen.[111] Hier übernahm er – wohl eher unabsichtlich – ein schon von Antoine-François Prévost ausgeführtes und erläutertes Verfahren der übersetzerischen Korrektur oder sogar der Kürzung von Textstellen, die den vergleichsweise besseren Geschmack des Zielpublikums beleidigen könnten. Genaugenommen liegt hier ein Zielkonflikt zwischen werk- und leserbezogenen Werten vor, wobei die werkbezogene Orientierung die neuere, differenzierte Option ist.

5.2 Exkurs: Die Prinzipien von Campbells Bibelübersetzung

Jeffrey F. Huntsman hat auf eine Rezension hingewiesen, in der die Vermutung ausgesprochen worden ist, Tytler habe sich im Jahr 1791 für seine drei Prinzipien unausgewiesen im Theorieteil von George Campbells Bibelübersetzung von 1789 bedient. Die beiden Herren tauschten sich über den Verdacht des Plagiats aus und befanden übereinstimmend, sie seien unabhängig voneinander auf die drei hochgradig ähnlichen Grundsätze gestoßen.[112] Daß Tytler Campbells Gedanken gekannt haben muß, geht daraus hervor, daß er unter Quellenangabe zwei Beispiele aus derselben »Dissertation X« zitierte beziehungsweise paraphrasierte, in der sein Vorgänger seine drei Prinzipien aufgestellt hatte. Übersetzungshistorisch ist die Frage des Plagiats nur in dem Sinne interessant, als ein unabhängiges Zustandekommen zeigen würde, daß es sich dabei um eine damals verbreitete übersetzungspoetische Vorstellung handeln könnte. In Verbindung mit James Macphersons Wörtlichkeitsprinzip könnte man so eine Verdichtung der Schultradition kurz vor dem Ende des 18. Jahrhunderts erkennen.

Campbells drei Prinzipien lauten:

> [L]et us consider what a translator, who would do justice to his author, and his subject, has to perform. The first thing, without doubt, is to give a just representation of the sense of the original. This, it must be acknowledged, is the most essential of all. The second thing is, to convey into his version, as much as possible, in a consistency with the genius of the language which he writes, the author's spirit and manner, and, if I may so express myself, the very character of his style. The third and last thing is, to take care, that the version have, at least, so far the quality of an original performance, as to appear natural and easy, such as shall give no handle to the critic to charge the translator with applying words improperly, or in a meaning not warranted by use, or combining them in a way which renders the sense obscure, and the construction ungrammatical, or even harsh.[113]

Campbells erstes und wichtigstes Prinzip, das der Vermittlung des Sinnes, hat bei Tytler denselben Wichtigkeitsgrad, ist aber schlichter, weil rein quantitativ: »a complete transcription of the ideas«. Im Vergleich mit Tytlers bloßer Vollständigkeit ist Campbells »just representation« abwägend: passend etwa, oder wohlbegründet.

Das zweite Prinzip betrifft bei Campbell »the author's spirit and manner«. Auch hier war Tytler mit einer einfacheren Qualität zufrieden: »style and manner«. Indem er die Fähigkeit des Autors zu begeistern hervorhob, bezog sich Campbell anders als Tytler nicht nur auf Äußerliches. Deswegen steht Tytlers »character« – jedenfalls im weiteren Zusammenhang – eher für ein Gattungsmerkmal als für die Persönlichkeitsstruktur des Autors. Beide wußten um die

Inkommensurabilität der Sprachen. Campbell bezog sich schon an dieser Stelle auf den Genius der Übersetzersprache, Tytler führte ihn dort ein, wo es um die übersetzerische Freiheit und ihre Grenzen geht.

Die Ähnlichkeiten sind von einer Art, die die einfache Übernahme durch den späteren Autor nicht zwingend macht. Denn es gibt eine gemeinsame Quelle in der Schultradition: die Unterscheidung von »res« und »verba«, Sache und Sprache, also einerseits von Sinn, Bedeutung, Ideen und andererseits von Wortschatz, Grammatik, Stil und künstlerischer Gestaltung.

Für diese zwei Bereiche fordern beide Autoren Treue, wobei in beiden Fällen das Hauptgewicht auf »res«, auf die Sache fällt. Gemäß der Schultradition wird Treue durch Wörtlichkeit erreicht, weil schon der heilige Hieronymus wußte, daß auch die Wortfolge einen Sinn haben kann, auch wenn er sich nur schwer heben läßt. Dementsprechend nannte Campbell in einer Unterscheidung, die Tytler so nicht kannte, die üblichen zwei Extreme der Übersetzung: »[F]rom one extreme, we derive what is called a close or literal, from the other, a loose and free translation«.[114] Es ist nur konsequent, daß Campbell für das Übersetzen der Heiligen Schrift Wörtlichkeit bevorzugte, denn »we are not entitled to use so much freedom with the dictates of inspiration«. Demgegenüber dürfen sich Übersetzer weltlicher Werke gewisse Freiheiten herausnehmen.

In diesen beiden Extremen ist, wie schon bemerkt, der Schulgrundsatz »so wörtlich wie möglich, so frei wie nötig« lesbar, der auch in Tytlers Argumenten präsent ist, allerdings nicht so klar und deutlich wie bei Campbell. Wörtlichkeit gilt in erster Linie dem Sinn, Freiheit ist die Notwendigkeit, die aus den Eigenheiten der Zielsprache folgt. Diese Eigenheiten stehen bei beiden Autoren im Mittelpunkt des dritten Prinzips. Campbell zögert etwas: Dieses Prinzip »seems solely to regard the quality of the performance in the translator's language«.[115] Tytlers drittes Prinzip klingt zwar anders, ist aber gar nicht so weit davon entfernt: »[T]he translation should have all the ease of original composition«. Es ist die Übersetzung, die wie ein Originalkunstwerk wirken soll, also als künstlerische Leistung in der Übersetzersprache. Außerdem stimmen beide Autoren darin überein, daß sie im Verlauf der Ausführungen dieses dritte Prinzip de facto mehr und mehr im zweiten aufgehen lassen.

Wenn ich es richtig sehe, sind an diesem Punkt der britischen Übersetzungsgeschichte zwei verschiedene Tendenzen wirksam, die gleichwohl gewisse Ähnlichkeiten aufweisen. Die eine blickt auf die Schultradition zurück, die stärker auf Worttreue setzt als auf übersetzungssprachliche Ausgestaltung, ohne letztere ganz zu vernachlässigen. Die andere, die aufgewertete Wörtlichkeit, erwies sich als zukunftsorientiert. Sie beruht auf »original composition« im emphatischen Sinn Edward Youngs, was den werkbezogenen Aspekt der Leistung des Originalgenies hervorhebt. Wie bereits argumentiert, kann der Übersetzer kein autonomes Genie, sondern nur ein eingehegtes sein. Er erweist sich freilich als originell in einem außergewöhnlichen Sinn, nämlich als »verschroben«. Denn wer Macphersons typographischem Weckruf »VERBATIM« oder dem emphatischen »translate *literally*« der *Edinburgh Review* folgt, schreibt unweigerlich ein eigentümliches, den Regeln der Übersetzungssprache nicht entsprechendes Idiom. Hier öffnet sich ein Fenster auf eine wichtige übersetzungspoetologische Frage, die zugleich eine übersetzungshistorische ist: Ist diese aufgewertete Wörtlichkeit eine englische Erfindung, ist sie ein Import oder ist sie beides? Diese Entscheidung sei späteren Forschern anempfohlen.

6 Das frühe 19. Jahrhundert: Fortführen, Abweichen, Importieren

Das 19. Jahrhundert ist im Hinblick auf britische übersetzungspoetologische Dokumente noch nicht erschlossen. Mir sind lediglich Überlegungen Percy Bysshe Shelleys und seines Zeitgenossen Thomas Carlyle bekannt. Beide blickten auf Tytler zurück, wobei Carlyle dies häufiger, aber weniger zustimmend tat, und jeder nimmt eine bedeutsame Stellung in der britischen Übersetzungsgeschichte ein. Shelley verband seit langem wieder einmal Platonische und neuplatonische Überzeugungen mit ansonsten ganz konventionellen Ideen. Carlyles Überlegungen sind besonders deswegen wichtig, weil er als herausragender Vermittler deutscher Literatur gilt. Es wäre gewiß nicht verkehrt, beide als zeitgleiche Antipoden zu betrachten. Während sich Shelley mit Entschiedenheit gegen »close translation«, also die am Wortlaut der Vorlage klebende Übersetzweise wandte, befürwortete Carlyle ebenso strikt Worttreue, »literal fidelity«, die er wohl eher von deutschen Befürwortern übernommen hat, als daß er sich an Macpherson angeschlossen hätte.

6.1 Ein begeisterter Dichter und politischer Aufrührer: Shelley

Percy Bysshe Shelley (1792–1822) hat sich, wie James Anastasios Notopoulos dargelegt hat, wegen seines für einen Frühverstorbenen umfangreichen übersetzerischen Œuvres auch als Übersetzer verstanden, und das nicht nur aus dem Griechischen.[116] Ich kann Notopoulos in großem Umfang folgen.

Shelleys Interesse am Übersetzen wechselte sich mit seinen anderen literarischen Tätigkeiten nicht ab, sondern war mit ihnen kopräsent. So arbeitete er 1820–1821 an der Übersetzung von Platos *Gastmahl*, an seiner Poetik, der *Defence of Poetry*, an dem intensiv autobiographischen »Epipsychidion« und an der Totenklage für John Keats, »Adonais«. In seiner Poetik folgte er der Platonischen Dialektik der absteigenden Stufen. Als erste und oberste Stufe galt ihm die Dichtung als Fähigkeit der Phantasie. In zweiter Linie stand Poesie für die vollkommene Verwirklichung dieser Fähigkeit, und das heißt wohl, für den phantasievollen Ausdruck dessen, was als ausdruckswert und ausdrucksfähig angesehen worden ist. Drittens geht es ihm um die Unterscheidung zwischen metrischer und ungemessener Rede unter dem Kennwort »Medium«. So skizzierte Shelley in drei Sätzen, die durch das kleine Wörtchen »hence« und insoweit durch eine Geste des Herleitens miteinander verbunden sind, eine eindrucksvolle dreigliedrige Analogie, die dem Gang der Anschauung eine neue Richtung gibt, nämlich auf die als Fluch fehlinterpretierte Bestrafung des babylonischen Übermuts. So gesehen kommt wiederum die Übersetzung in den Blick, die, von dieser Sprachenverwirrung herausgefordert, sie nur dann – und das nur in der Phantasie – überwinden könnte, wenn sie in der Zielsprache organisch aus einem Samen emporwächst.

> Sounds as well as thoughts have relation both between each other and towards that which they represent, and a perception of the order of those relations has always been found connected with a perception of the order of the relations to thoughts. Hence the language of poets has ever affected a certain uniform and harmonious recurrence of sound, without which it were not poetry, and which is scarcely less indispensable to the communication of its influence, than the words themselves, without reference to that peculiar order. Hence the vanity of translation; it were as wise to cast a violet into a crucible that you might discover the formal principle of its colour and odour, as seek to transfuse from one language to another the creations of a poet. The plant must spring from its seed, or it will bear no flower – and this is the burthen and the curse of Babel.[117]

Was nun Shelleys Vorstellung vom Dichten angeht – sie könnte kaum anspruchsvoller sein: »A poet participates in the eternal, the infinite, and the one«. Dichtung »strips the veil of familiarity from the world, and lays bare the naked and sleeping beauty, which is the spirit of its forms«. An die Stelle des oft homoerotischen Eros in der griechischen Philosophie tritt bei Shelley sinnliche und beinahe märchenhafte Heteroerotik – Schneewittchen als »Maja desnuda«. Seine Poetik des Verfremdens durch Entautomatisierung findet sich noch neunzig, hundert Jahre später bei Ezra Pound und den russischen Formalisten. Diese eigentümliche, exaltierte Verquickung von Platonischen, neuplatonischen und, wenn man so will, Shelleyschen Momenten geht freilich zu Lasten des Übersetzungsbegriffs, der allerdings mit einer enthusiastischen Übersetzungspraxis einhergeht. Gemäß Platos Mimesislehre und der Doktrin der Wirklichkeitsebenen Plotins steht das Wort »imitation«, mal etwas enger, mal weiter bestimmt, für

> the lesser term of the proportion of being and experience; if God is, the universe is an imitation; if all things are, shadows and reflections are imitations; if the products of man's handicrafts are, his representations of them are imitations.[118]

Dementsprechend sind Kunstwerke, einerlei, ob sie menschliches Handeln oder Natur- und Kulturgegenstände darstellen, Nachahmungen niedrigen Grades und recht schattenhafte Dinge, und um Übersetzungen, die in einem Abhängigkeitsverhältnis von literarischen Werken stehen, ist es noch trauriger bestellt. Aus dem Blickwinkel Platos haben Dichter keine Rechte, und Übersetzer schon gar nicht. So ist es nur konsequent, daß Plato sie aus seinem idealen Staat, der *Republik*, verbannte und von Übersetzern ganz schwieg – insoweit die Griechen überhaupt an Übersetzungen interessiert waren. In der weniger selbstherrlichen Stimmung der *Gesetze* räumte er dann Dichtern eine untergeordnete Rolle als Lichtbringer für Augen ein, die sich auf die Düsternis der Schattenwelt eingestellt hatten. In dem Maße, in dem die Lehrlinge beginnen, selber Licht zu sehen, sinkt der Nutzwert von Poesie.

Eine Umwertung Platonischer Werte wurde möglich, als Plotin die Platonische Nachahmung als ein Ausfließen aus einer höheren Ebene umdeutete, als Emanation. Wenn man die philosophischen Probleme, die mit Begriffen wie Chorismus und Parousie einhergehen, beiseite schiebt, läßt sich sagen: Die Mimesislehre stempelte die jeweils niedrigere Ebene als bloße Erscheinung ab, während die Lehre von der Emanation feststellt, daß jede niedrigere Ebene, so eingeschränkt sie auch sein mag, doch an der höheren Wirklichkeit teilhat. Demgemäß konnte Plotin darauf bestehen, daß die Künste nicht das Materielle kopieren, sondern zum Schöpfungszentrum in der Welt der Ideen zurückkehren und aus ihm aufs Neue hervorgehen:

> [T]hey [the arts] give no bare reproduction of the thing seen but go back to the reason-principles from which nature itself derives, and, furthermore, that much of the work is all their own.[119]

William K. Wimsatt und Cleanth Brooks verknüpften diese Vorstellung vom Rückgriff der Künste auf das Ein und Alles nicht zu Unrecht mit dem – noch längst nicht geeinten – Deutschland der Schlegels und dem England Coleridges und Shelleys.[120]

Nun besteht kein Zweifel, daß Friedrich Schiller (»Das verschleierte Bild von Sais«), Friedrich Schlegel (»Rückkehr zum Licht«), Novalis (»Die Lehrlinge von Sais«), Samuel Taylor Coleridge (eher in seiner Poetik als seiner Poesie) und Shelley (»Hymn to Intellectual Beauty«) zu denjenigen gehören, die um die Wende zum 19. Jahrhundert neuplatonisches Gedankengut nahezu begierig aufnahmen, was damals auch für die Naturphilosophie galt. Offensichtlich gehört zu diesen Vorstellungen wesentlich das Bild des Entschleierns. So verliert der Neophyt Schillers den Verstand, als er das Gebot bricht, wonach Sterbliche den Schleier, der über der kolossalen Statue der Wahrheit liegt, unerlaubt nicht heben dürfen. Die Lehrlinge des Novalis waren vermutlich weiser, als sie angesichts dieses Verbots den Entschluß faßten, selber unsterblich zu werden. Ist dies nun ein Anzeichen von Wahnsinn, verstanden als überspannter Idealismus, oder ein Ausdruck von Resignation, weil es realistischerweise unmöglich ist, unsterblich zu werden?

Die zentralen Angaben in Plotins Ausführungen zur geistigen Schönheit waren anders gewichtet:

> [T]he artist himself goes back, after all, to that wisdom in nature which is embodied in himself; and this is not a wisdom built up of theorems but one totality, not a wisdom consisting of manifold detail coordinated into a unity but rather a unity working out into detail.[121]

Die romantische Ausprägung dieses dichterischen Wissens (»poetic wisdom« bei Coleridge) ist die »organische Form«, die Coleridge in *Shakespearean Criticism* mit außerordentlich großer Hilfe von August Wilhelm Schlegels *Vorlesungen über dramatische Kunst und Literatur* (1809) der »mechanischen Form« gegenüberstellte:

> The form is mechanic when on any given material we impress a predetermined form, not necessarily arising out of the properties of the material, as when to a mass of wet clay we give whatever shape we wish it to retain when hardened. The organic form, on the other hand, is innate; it shapes as it develops itself from within, and the fullness of its development is one and the same with the perfection of its outward form.[122]

Diese Unterscheidung ist eine Beinahe-Übersetzung aus Schlegels *Vorlesungen:*

> Mechanisch ist die Form, wenn sie durch äußre Einwirkung irgendeine[m] Stoffe bloß als zufällige Zutat, ohne Beziehung auf dessen Beschaffenheit erteilt wird, wie man z. B. einer weichen Masse eine beliebige Gestalt gibt, damit sie solche nach der Erhärtung beibehalte. Die organische Form hingegen ist eingeboren, sie bildet von innen heraus und erreicht ihre Bestimmtheit zugleich mit der vollständigen Entwicklung des Keims.[123]

Schlegel schloß mit einer Zuwendung zur Kunst:

> Auch in der schönen Kunst, wie im Gebiete der Natur, der höchsten Künstlerin, sind alle echten Formen organisch, d. h. durch den Gehalt des Kunstwerks bestimmt. Mit einem Worte, die Form ist nichts anders als ein bedeutsames Äußres, die sprechende, durch keine störenden Zufälligkeiten entstellte Physiognomie jedes Dinges, die von dessen verborgenem Wesen ein wahrhaftes Zeugnis ablegt.

An dieser Stelle wird eine charakteristische Shelleysche Note beziehungsweise Tönung in Schlegels Überlegungen zum Verhältnis von Sprachlaut zu Gedanken und von innerer zu äußerer Form vorweggenommen: eine ausgesprochene, wenn auch nicht alles durchdringende Sinnlichkeit. Dort, wo er von der »Physiognomie jeden Dinges« spricht, die »von dessen verborgenem Wesen ein wahrhaftes Zeugnis ablegt«, steht bei Shelley das Veilchen. Es galt seit William Wordsworth als bescheiden schönes, zart widerständiges Wildblümchen von symbolischer Kraft. Selbst wer hier den verborgenen Plotinbezug nicht erkennt, der dürfte die Logik des Bildes vom Veilchen im Schmelztiegel nicht übersehen. In Shelleys romantischer Auffassung überfällt dieses zerstörerische Bild die Leser mit dem Gegensatzpaar von mechanisch-szientifischer und organisch-poetischer Ordnung.

Hier liegt in Shelleys Verteidigung der Dichtung der Übergangspunkt von Poetik zu Übersetzungspoetik. Denn indem der Tiegel einen chemischen wenn nicht gar alchimistischen Sinn aufruft, führt er auch zu John Denhams Übersetzungspoetik des Umgießens von Dichtung in Dichtung. Beim Übersetzen von Dichtung – zumindest im romantischen und modernistischen Sinn – versagen die üblichen Methoden, weil zur Dichtung mehr gehört als nur »res« und »verba«. Dichtung ist auch keine Maschine, wie wenig später Edgar Allan Poe es haben wollte, sondern in ihrer romantischen Ausprägung ein Gewächs. Das bedeutet auch, daß ein Gedicht nicht im üblichen Sinn übersetzt werden kann, sondern – wie auch Shelley schrieb – aus seinem generativen Kern, aus seinem Samen in einer anderen Sprache erneut emporwachsen muß.

Soviel ich sehen kann, gibt es zwischen Shelley und Tytler zwar textliche, aber keine konzeptionellen Berührungspunkte. Auch Tytler kannte ja ein Umgießen, allerdings eines von künstlerischem Wert. Aber das war nicht Shelleys Idee.

Als Ergebnis steht dreierlei fest: (1) In den 1820er Jahren ist im Vereinigten Königreich ein Platonisch-neuplatonischer Übersetzungsbegriff erkennbar. (2) Dabei spielt es eine Rolle, daß konkrete, auf deutscher Seite entwickelte poetologische Konzepte jenseits des Kanals aufgenommen wurden. (3) Zugleich zeigt es sich, daß Shelley Anleihen bei der Poetik des 17. Jahrhunderts aufgenommen hat, so daß er gewissermaßen an einem Kreuzungspunkt von englischer Tradition und deutsch-englischem Transfer zu stehen kommt.

6.2 Thomas Carlyle, »without question the greatest single interpreter of German literature«

Thomas Carlyle (1795–1881), ohne Frage der größte Vermittler deutscher Literatur, war ähnlich wie Shelley sehr zurückhaltend in der Beurteilung des eigenen Könnens.[124] Seine Überlegungen zum Übersetzen sind noch deutlicher als bei seinem Zeitgenossen keine Verallgemeinerungen, sondern gewinnen ihre Autorität aus den Erfahrungen mit konkreten Übersetzungsproblemen. Insoweit könnte man sie als konkrete Theorie bezeichnen. Und anders als Shelley berief sich Carlyle auf den althergebrachten, verbreiteten Grundsatz, »to convey the Author's sentiments, as he himself expressed them«.[125] Im Jahr 1824, als er Interpretationen von Johann Wolfgang von Goethes *Faust* sammelte, die seiner Ansicht nach fehlerhaft waren, unterzog er Shelleys Verständnis einer vernichtenden Kritik. Er gehöre zu denjenigen, die den Illustrationen von Friedrich August Moritz Retzsch aufgesessen sind und in Goethe einen »wild mystic, a dealer in demonology and osteology« sähen.[126] Nicht nur Shelleys Begeisterung für Retzsch, sondern auch seine Übersetzung zweier *Faust*-Szenen ist von Timothy Webb detailliert untersucht worden.[127] Die Übersetzung der Walpurgisnacht-Szene erschien 1822 im *Liberal*, und die des »Prologs im Himmel«, der zu seiner Zeit immer noch als empörend blasphemisch gelten konnte, folgte im Jahr 1824 in den *Posthumous Poems*.[128]

Carlyles Übersetzweise der weitestgehenden Orientierung an der Grundschrift beruht eher auf Friedrich Daniel Ernst Schleiermachers Ideen als auf Macphersons Programm des »VERBATIM«. So merkte er schon zu seiner ersten Übersetzung an, daß es sein vorrangiges Bestreben sei, treu zu sein: »to copy faithfully«. In seiner Einleitung zur *Wilhelm-Meister*-Fassung heißt es dann: »Fidelity is all the merit I have aimed at«.[129] Ob er sich mit dieser Ankündigung absichtlich an Alexander Fraser Tytlers »to transfuse the merit« anschloß, oder ob es sich um eine unabsichtliche Kontinuität handelt, muß offen bleiben. Wenn sich Carlyle an dem richterlichen Kritiker orientiert haben sollte, geschah dies nur halbherzig. Der Wert einer Übersetzung liegt, wie erinnerlich, bei Tytler in Treue verbunden mit Leichtigkeit oder Ungezwungenheit des Stils und übersetzungsseitiger Eloquenz. Letztere fehlt in Carlyles Bestimmung der Aufgabe des Übersetzers, kommt aber gelegentlich in Randbemerkungen zum Ausdruck. Indem ich seine Ausführungen zur *Wilhelm-Meister*-Übersetzung vollständig wiedergebe, möchte ich den Ideen eines eminenten Vermittlers und Übersetzers Raum geben, dem die ihm gebührende Aufmerksamkeit in Übersetzungsdingen bisher nicht zuteil geworden ist. Die einzige Monographie, die Carlyles Übersetzungen zum Thema hat, stammt aus dem Jahr 1925 und gehört zu jener Art, welche die Übersetzungsstudien lange Zeit diskreditiert hat. Sie beginnt mit »Chapter One: Errors« und fährt mit solchen Rotstiftlisten bis zum Ende fort. Sie möge ungenannt vergessen werden.

Bei Carlyle heißt es:

> Fidelity is all the merit I have aimed at: to convey the Author's sentiments, as he himself expressed them; to follow the original, in all the variations of its style, has been my constant endeavour. In many points, both literary and moral, I could have wished devoutly that he [Goethe] had not written as he has done; but to alter anything was not in my commission. The literary and moral persuasions of a man like Goethe are objects of a rational curiosity; and the duty of a

> translator is simple and distinct. Accordingly, except for a few phrases and sentences, not in all amounting to a page, which I have dropped as evidently unfit for the English taste, I have studied to present the work exactly as it stands in German. That my success has been indifferent, I already know too well. In rendering the ideas of Goethe, often so subtle, so capriciously expressive, the meaning was not always easy to seize, or to convey with adequate effect. There were thin tints of style, shades of ridicule, or tenderness, or solemnity, resting over large spaces, and so slight as almost to be evanescent; some of these I may have failed to see; to many of them I could do no justice. Nor, even in plainer matters, can I pride myself in having always imitated his colloquial familiarity without falling into sentences bald and rugged, into idioms harsh or foreign; or in having copied the flowing oratory of other passages, without at times exaggerating or defacing the swelling cadences and phrases of my original. But what work, from the translation of a German novel to the writing of an epic, was ever as the workman wished and meant it? This version of *Meister*, with whatever faults it may have, I honestly present to my countrymen: if, while it makes any portion of them more familiar with the richest, most gifted of living minds, it increase their knowledge, or even afford them a transient amusement, they will excuse its errors, and I shall be far more than paid for all my labours.[130]

Es ist offensichtlich, daß dieser Text in der britischen Tradition der übersetzerischen »captatio benevolentiae« steht, der demütigen Selbstkritik, ja Selbsterniedrigung gegenüber der erhofften Leserschaft. Für den Kenner der Aufnahme deutscher Literatur im Vereinigten Königreich wie auch in den Vereinigten Staaten ist es aber auch klar, daß Carlyle hier immer noch dem Tenor der veröffentlichten Meinung folgt, wonach die Moralität von Goethes Œuvre äußerst zweifelhaft, seine poetische Kunst hingegen über alle Kritik erhaben sei. Die ersten Sätze sind, so meine ich, sorgfältig an Tytlers erster Regel entlang geschrieben. Das Ziel, das Carlyle für sich beanspruchte, nämlich die »sentiments« dem Ausdruck des Autors entsprechend wiederzugeben, verspricht jedoch ein höheres Maß an Treue als Tytler in seiner ersten Regel festgelegt hat: »to give a complete transcript of the ideas of the original work«. Tytler ging es um Ideen, die ich bei ihm eher in einem rationalistischen als in einem empiristischen Sinn lese, Carlyle um einen geistig-seelisch-sinnlichen Komplex, also um Empfindungen und Gefühle, die erlebte Ideen umfassen, aber auch über sie hinausgehen. Ähnliches gilt für seine Absicht, der Vorlage in all ihren stilistischen Schwankungen nachzustreben, im Vergleich zu Tytlers zweiter Regel, »the style and manner of writing should be of the same character with that of the original«. »Charakter« hebt wohl auf eine einheitliche Stilform ab, während Carlyle viel genauer die Beachtung stilistischer Variationen zu seinen Übersetzungszielen rechnet. Ebenso sorgfältig erklärte er sich verpflichtet, den »tints of style«, also unterschiedlichen Abtönungen nachzuspüren. Sein wichtigstes Instrument ist zwar nicht das Mikroskop, könnte aber die Lupe sein. Großflächige

Stilbegriffe wie zum Beispiel der klassisch-klassizistische Gattungsbegriff haben bei ihm keinen Platz. Sein großes Anliegen war vielmehr, die stilistische Vielfalt eines Werks abzubilden.

Diese Nuancierungen entsprechen den Neuerungen, die Goethe mit der Übernahme lyrischer Subtilität in die Erzählkunst eingeführt hatte. Zu ihnen zählen auch unterschiedliche Einstellungen zu ein und derselben Situation, etwa als Sehweisen verschiedener Personen. Grobschlächtige Varianten wie zum Beispiel komische Einschübe gehören eigentlich einer anderen Poetik an. So gesehen folgen Unterschiede zwischen Tytlers und Carlyles Übersetzungsbegriff auch literaturhistorischem Wandel.

Carlyle führte diesen Dialog mit Tytler allerdings noch weiter. Zunächst gab er an, er habe in moralischer Hinsicht viel an Goethe auszusetzen, habe davon aber nur Spuren unübersetzt gelassen, weil die Ausübung von Zensur nicht zu den Aufgaben eines Übersetzers gehört. Die Sorgen französischer Übersetzer des 18. Jahrhunderts, die im Umgang mit britischen Ungehörigkeiten die Buchseiten gleich in Zehnerbündeln herausrissen, teilte er nicht. Er hielt es auch nicht mit Tytlers Grundsatz, der Übersetzer dürfe sogar Ideen austauschen, allerdings nur nachgeordnete (»accessory«). So bewegte er sich kritisch im Rahmen dessen, was Tytlers Freibrief vorgegeben hatte. Doch unterscheiden sich die beiden Auffassungen nicht nur quantitativ. Tytler gab den Übersetzern grundsätzlich Dispens und mahnte sie nur, Zurückhaltung zu üben. Carlyle hingegen sah Kürzungen nur in verschwindend geringem Umfang als gerechtfertigt an, und das nur in extrem verstörenden Fällen. Er schloß diesen Satz mit der Erklärung, er habe aufs Sorgfältigste darauf geachtet, das Werk so wiederzugeben, wie es auf Deutsch lautet. Nach Tytler sollten Autoren dankbar sein, wenn fehlerhafte Stellen beim Übersetzen getilgt oder verbessert werden. Carlyle hingegen wollte, ähnlich wie Letourneur im Fall der Shakespeare-Übersetzung, Cowper und Herder, seinen Autor auch mit seinen Unzulänglichkeiten so zeigen, wie er ist. Er ließ erkennen, daß ihm einiges am *Meister* diskussionswürdig erschien, bestand aber darauf, daß der Übersetzer seine Stellung nicht dazu mißbrauchen dürfe, das Diskussionsergebnis durch entsprechende Manipulationen vorab festzulegen. Tytlers und Carlyles Argumente sind fallbezogen, wobei ersterer auch noch drei Prinzipien einführte. Tytler wandte sich an Übersetzungsfachleute, Carlyle sprach seine Leser an. Tytlers Ansatz beruht auf gattungsmäßigen und moralischen Vorgaben, Carlyle argumentierte strikt im Hinblick auf Werktreue.

Der oben wiedergegebene Abschnitt aus Carlyles Vorrede ist meines Wissens seine größte zusammenhängende Ausführung zum Übersetzungsproblem. Anderweitige kürzere Bemerkungen bestätigen oder erweitern sie. Dabei achtete er mehr auf literarische als auf sprachliche Dinge. Zur Sprache stellte er lediglich fest, daß die Angst vor der Schwierigkeit des Deutschen für Englischsprechende eine Ausrede ist, weil zwischen beiden Völkern eine enge sprachliche und geistige Verwandtschaft besteht.[131] Der Blick auf Literarisches eröffnet oft literaturvergleichende Perspektiven. Eine Art Verwandtschaft mit literarischen Gemeinsamkeiten und Unterschieden ergibt sich daher auch aus Carlyles Überblick über Erzählweisen in deutschen Romanen.[132] Ähnliches gilt für seine Bemerkungen zu den Schwierigkeiten beim Übersetzen des Stils von Ludwig Tieck:

> In the process of translation he [Tieck] has necessarily lost, and perhaps in more than the usual proportion; the childlike character of his style was apt to diverge into the childish; the nakedness of his rhymes, perhaps only the wavering between simplicity and silliness, must in my hands too frequently have shifted nearer the latter.

Diese Selbstkritik mündet in einer Beschreibung dessen, was ihm an der deutschen Erzählkunst besonders übersetzenswert erschienen ist: »[S]uch works as his [Tieck's] come on us unprepared; unprovided with any model by which to estimate them, or any category under which to arrange them«.

Carlyle charakterisierte auf diese Weise eine wiederkehrende »Inter-Situation« von besonderer übersetzungs- und literaturhistorischer Bedeutung. In diesen Fällen findet der Übersetzer in seiner Sprache und Literatur kaum etwas, das seinen Zwecken dient. Deshalb muß er nicht nur in literarischer Hinsicht, sondern auch in sprachlicher etwas erfinden, das seine Sprache und Literatur nicht kennt. Damit erweckt er unvermeidbar den – richtigen – Eindruck, daß mit seiner Übersetzung etwas Ungewohntes, Fremdes lesbar geworden ist. Ich möchte diese Konstellation eine Eröffnungssituation nennen. Dies sind gewissermaßen Knoten im internationalen Netz von Literaturen und Übersetzungen. Sie auszuarbeiten würde auch der Literaturkomparatistik Stabilität verleihen.

Anmerkungen

1 Vgl. Gillespie/Hopkins, p. 135.
2 Vgl. Gillespie/Hopkins, p. 291.
3 Vgl. Gillespie/Hopkins, p. 339.
4 Vgl. France/Hayes, pp. 59–82.
5 Vgl. Oppel, Bd. 2.
6 Hermans, p. 1421; ähnlich T. R. Steiner, p. 11.
7 Vgl. Hermans, p. 1426.
8 Ich übernehme hier T. R. Steiner, pp. 11–12.
9 Nach Steiner, p. 10.
10 Ebenfalls Steiner, p. 10; das war möglicherweise schon 1608 (vgl. Chapman, p. xvi).
11 Steiner, p. 10.
12 Vgl. Chapman, p. xiii; nächstes Zitat bei Steiner, p. 12.
13 Zur Erhabenheit in der antiken Poetik vgl. auch Murray, »Poetic Genius«.

14 (Pseudo-)Longinus, p. 80.
15 Hopkins, »Translation, Metempsychosis«, p. 146.
16 Vgl. Steiner, p. 17.
17 Denham, »Preface«, p. 65.
18 Vgl. Cowley, p. 67.
19 Vgl. Pope, »Preface«, p. 94.
20 Cowley, p. 67.
21 Denham, »Fanshaw«, p. 63.
22 Dryden, »Preface/Ovid«, p. 68.
23 Vgl. Steiner, pp. 43 – 44; Hopkins, »Theories«, p. 55.
24 Vgl. Hopkins, »Translation, Metempsychosis«, insbes. p. 147.
25 Vgl. Steiner, p. 36.
26 Vgl. Steiner, pp. 35 – 37.
27 Vgl. Steiner, p. 39; ebenso nächste Zitate.
28 Vgl. dazu W. J. Bate.
29 Zur fortdauernden Bedeutung von Drydens Übersetzungspoetik vgl. Hopkins, »Theories«, p. 55.
30 Hopkins, »Theories«, p. 55.
31 Dryden, »Ovid«, p. 70.
32 Vgl. Dryden, »Ovid«, p. 68.
33 Vgl. Steiner, p. 28. Die Regeln 1 – 5, 8 und 10 stammen aus dem Vorwort zu der Übersetzung von Ovids Briefen (1680) und je eine aus den Begleittexten von *Sylphae* (1685), eines von seinem Verleger veranstalteten Sammelbandes, von den Satiren Juvenals und Perseus (1693) und der *Aeneis* (1697). Regel 6 ist mein Einschub, und dementsprechend ändert sich die weitere Zählung. Kleine Stiländerungen lassen alle Regeln gleichermaßen als Anweisungen an Übersetzer erscheinen.
34 Dryden, »Ovid«, p. 71.
35 Vgl. Rener, pp. 331 – 32.
36 Ich folge hier weitgehend Hopkins, »Translation, Metempsychosis«.
37 Hopkins, »Translation, Metempsychosis«, p. 147.
38 Wordsworth, p. 501.
39 Jonson, p. 263.
40 Perrault, pp. 172 – 73.
41 Addison, Bd. 2, pp. 284, 285.
42 Vgl. Shaftesbury, p. 104; auch die nächsten Zitate.
43 Shaftesbury, p. 110; ebenso nächstes Zitat.
44 Shaftesbury, p. 111, wie auch die nächsten Zitate.
45 Vgl. Shaftesbury, pp. 104, 99 u. ö.
46 Shaftesbury, p. 92.
47 Vgl. Shaftesbury, pp. 115, 116.
48 Shaftesbury, p. 143.
49 Brett, p. 28.
50 Zitiert nach Brett, p. 25.
51 Zitiert nach Brett, p. 26.
52 Brett, p. 21.
53 Vgl. Addison, Bd. 2, p. 285; ich zitiere ohne Seitenangabe aus dem kurzen Artikel, pp. 283 – 86.
54 Vgl. Schmidt, p. 215.
55 Vgl. Frank, »Translational and Historical Change«, bes. pp. 1470 – 72.
56 Most, p. 67.
57 Vgl. Seibold/Neuser.
58 Zum Gemäldezyklus vgl. Fletcher, p. 375.

59 Duff, p. 268.
60 Vgl. Most, p. 67.
61 Tytler (1791), p. 225, (^{3}1813), p. 372.
62 Guthrie, p. 98; auch nächstes Zitat.
63 Gordon, p. 102; nächstes Zitat p. 101.
64 Smart, p. 29.
65 Zitate und Zusammenfassung folgen hier Guthrie, pp. 98–99.
66 Gordon, p. 101; auch nächstes Zitat.
67 Gordon, p. 102; ebenso nächstes Zitat.
68 Vgl. Tytler (1791), pp. 121–22.
69 Smart, p. 130; ebenso das nächste Zitat; hierzu vgl. L. Kelly, p. 74.
70 Vgl. T. R. Steiner, p. 38.
71 Vgl. oben, Abschnitt 2 »Die Regeln der übersetzerischen Mimesis: Dryden«, p. 121: »Keep the sense ›sacred and inviolable‹ and remain literal when gracefulness can be maintained«.
72 Pope, »Preface«, p. 17.
73 Pope, *Essay*, ll. 297–98.
74 Pope, *Essay*, l. 365; zu Roscommon vgl. Pope, *Essay*, ed. Ward, pp. 58–59; nächstes Zitat Pope, »Preface«, p. 11.
75 Vgl. Kopetzki, pp. 56, 57 u. ö.
76 Pope, »Preface«, p. 17; ebenso nächstes Zitat.
77 Pope, »Preface«, p. 17; ebenso nächstes Zitat.
78 Vgl. Pope »Preface«, p. 17; zum weiteren vgl. pp. 18–19.
79 Vgl. Francis, p. 103.
80 Francis, p. 103; zu Pope vgl. »Preface«, p. 17.
81 Francis, p. 104.
82 Francis, p. 103.
83 Vgl. Eliot, »Preface« zu St. John Perse.
84 Francis, p. 104; ebenso nächstes Zitat.
85 Francis, p. 108.
86 Francis, p. 106; ebenso nächstes Zitat.
87 Colman, p. ii.
88 Colman, p. i; nächstes Zitat p. xxiv.
89 Cowper, »Preface 2«, p. xix.
90 Cowper, »Preface 1«, p. ix.
91 Cowper, »Preface 1«, p. x; ebenso nächstes Zitat.
92 Cowper, »Preface 1«, p. x; ebenso nächstes Zitat.
93 Cowper, »Preface 1«, p. xi; ebenso nächstes Zitat.
94 Cowper, »Preface 1«, p. xi; ebenfalls nächste Zitate.
95 Cowper, »Preface 1«, p. xii.
96 Cowper, »Preface 1«, p. xi.
97 Cowper, »Preface 1«, p. xiii.
98 Vgl. Cowper, »Preface 2«, p. xviii.
99 Cowper, »Preface 2«, pp. xx-xxi.
100 Macpherson, *Homer*, Bd. 1, pp. ii-iii; nächstes Zitat p. xvi.
101 Herder, *Werke*, Bd. 1, p. 307.
102 Vgl. Turco, insbes. pp. 20–24.
103 Macpherson, *Homer*, Bd. 1, p. xix.
104 Reynolds, p. 65.
105 Vgl. Huntsman, pp. L–LI.
106 Tytler (1791) pp. 13–14, (1813) pp. 15–16.
107 Tytler (1813) p. 212; nächstes Zitat pp. 211–12.
108 Tytler (1813) p. 110.

109 Tytler (1791) pp. 133 – 34, (1813) pp. 212.
110 Zu Reynolds vgl. dort p. 64; zu Denham und Fanshaw vgl. Tytler (1791), p. 65, (1813) p. 75; zu Ruhm vgl. (1813), ebenda.
111 Vgl. Tytler (1813) pp. 28, 36, 40 – 50, 54.
112 Vgl. Huntsman, p. XXXIII.
113 Campbell, Bd. 1, pp. 445 – 46.
114 Campbell, Bd. 1, pp. 447 – 48; nächstes Zitat p. 448.
115 Campbell, Bd. 1, p. 446 – 47.
116 Vgl. Notopoulos, p. 395.
117 Shelley, p. 560; nächste Zitate pp. 558, 580.
118 McKeon, p. 154.
119 Plotin, p. 106.
120 Vgl. Wimsatt/Brooks, pp. 117 – 18.
121 Plotin, p. 109.
122 Am ehesten wohl zugänglich in Coleridge, p. 656.
123 A. W. Schlegel, *Vorlesungen*, Bd. 2, p.109; nächstes Zitat pp. 109 – 10.
124 Das Zitat findet sich bei Morgan, 52.
125 Carlyle, Bd. 23, p. 10.
126 Carlyle, Bd. 23, p. 4.
127 Vgl. Webb, pp. 147 – 68; er stützt sich stark auf Vail, von dem er auch den einen oder anderen Sprachfehler übernommen hat.
128 Vgl. Vail, p. 93; nächstes Zitat Carlyle Bd. 21, p. 15.
129 Carlyle, Bd. 23, p. 10; zum nächsten Zitat vgl. oben, p. 150, unter »Retrospektive: Tytler«.
130 Carlyle, Bd. 23, pp. 10 – 11.
131 Vgl. Carlyle, Bd. 21, pp. 5, 6.
132 Vgl. Carlyle, Bd. 21, pp. 3 – 4; nächstes Zitat Bd. 21, p. 267.

4 Die deutschsprachigen Länder

Im Berichtszeitraum gab es weit über dreißig deutschsprachige Länder. Mit Ausnahme der deutschen Kantone der Schweiz waren es Königreiche und Fürstentümer, zum Teil ganz winzige, die zwar irgendwie einen Bund bildeten – der »Deutsche Bund« war bestenfalls eine Assemblée von Fürstenhäusern –, und sich dennoch manchmal erbittert bekriegten. Das heutige Spanien mit seinen autonomen Regionen und die Gemengelage im Vereinigten Königreich von England, Wales, Schottland und Nordirland sind diesem Zustand nicht ganz unähnlich. Allerdings lag in Großbritannien anders als in den deutschen Ländern die Entscheidungsbefugnis bei den zentralen Institutionen Parlament und Monarch, unter ständiger Verschiebung der politischen Entscheidungsbefugnisse zum Parlament. Es gab Zeiten des Miteinander- und Gegeneinanderwirkens.

Eine weitere Ähnlichkeit besteht darin, daß man sich damals auf gemeinsame germanische Wurzeln berief. So dienten laut Samuel Kliger im 17. und 18. Jahrhundert die Goten als Synekdoche für germanische Siedler auf den britischen Inseln, die unter anderem die Demokratie in der Form des Folkething mitgebracht hatten. Dieses Bewußtsein ethnischer Nähe hat es sicher leichter gemacht, ein britisch-deutsches Regime – im Sinne von Anthony Pyms mehrzentriger, länderübergreifender Organisationsform von literarischem und kulturellem Austausch – aufzubauen. Auf jeden Fall waren um die Mitte des 18. Jahrhunderts in England und Schottland auch für die Übersetzungspoetik auf eher pragmatische Weise neue Ideen entstanden. Deutsche Autoren gaben sich daran, sie systematisch und historisch auszubauen und zu radikalisieren. Dadurch entstand ein Potential für noch kühnere poetologische Gedanken, von denen einige wieder in Großbritannien als Innovationen aufgenommen worden sind. Manches von diesem Gedankengut ist von der übersetzerischen Produktion überhaupt noch nicht eingeholt worden.

Es ist selbstverständlich, daß auch die deutschsprachigen Länder an den aus der Antike überlieferten Übersetzungsbegriffen Anteil hatten. Im frühen 18. Jahrhundert waren dies die lateinischen »loci«, seien sie nun wohlverstanden oder nicht. Es geht dabei zumeist um Stellen bei Horaz, Cicero, Quintilian und Plinius dem Jüngeren. Sie sind zum Teil durch den Brief des Heiligen Hieronymus an Pammachius, zum größeren Teil jedoch durch die Schultradition überliefert worden. Ein anderer Weg führte über Pierre-Daniel Huets *De interpretatio libri duo* (1661): zitiert, erläutert, erweitert. So hat sich nach Anneliese Senger die Leipziger Gottsched-Schule Huet gründlich zu eigen gemacht, vor allem wohl dank ihres Übersetzungspoetologen Georg Venzky. Ganz allgemein lehnten sich Gottsched und sein Kreis der französischen Literatur an.

Die Angehörigen der Züricher Gruppe um Johann Jakob Breitinger und Johann Jakob Bodmer schrieben zunächst Gottsched und Venzky fort. Sie öffneten sich auch gegenüber John Dryden, so daß damals das Haupteingangstor für englische Übersetzungspoetik in den deutschen Sprachraum in der Schweiz lag. Auch Göttingen war daran beteiligt. Wer sich für die deutschsprachige Übersetzungspoetik im Berichtszeitraum interessiert, tut gut daran, ihre Zentren zu unterscheiden, auf deren Verhältnis zur Schultradition zu achten, das eher problematische Verhältnis zu Frankreich zu berücksichtigen und für Neuerungen aus dem englischsprachigen Raum offen zu sein. Dann kann auch Klarheit über innerdeutsche Entwicklungen gewonnen werden.

Als Hauptbelege dienen zunächst Breitingers anthropologische und zugleich sprachphilosophische Begründung der Übersetzung sowie je eine Übersetzungsdefinition aus den beiden Schulen. Die eine stammt von Venzky, die andere wiederum von Breitinger. Die philosophischen und geistesgeschichtlichen Zusammenhänge stehen am Anfang dieser Erkundungen.

1 Klassisch-klassizistische Begriffe: Anlehnung an Frankreich oder das Vereinigte Königreich

Die überlieferten Konzeptionen wurden in den 1730er und den frühen 1740er Jahren, so Hans Martin Gerlach, im Sinne der geistigen und kulturellen Allmacht des großen Systematikers des Rationalismus, Christian Wolff, philosophisch begründet.[1] Dieser Zusammenhang zeichnet sich folgendermaßen ab:

Luther hatte sich beim Übersetzen fromm in die von Gott in das Menschenwort der Bibel eingeschriebene Wahrheit vertieft. Andere begaben sich mit gleicher Innigkeit auf die Suche nach Gottes Wahrheit im Buch der Natur, und das heißt, auch im Kosmos (mittellateinisch »ordo«): in der Weltordnung, in der geordneten Ganzheit der Schöpfung. Jedes Ding ist mit den zugehörigen distinktiven Attributen ausgestattet. Auf diese Weise in Gottes Ordnung eingepaßt, gelten solche Attribute als schön, als Ornamente. Ornamente in diesem Sinn sind sowohl charakteristisch als auch wahr, gut und schön. Sie sind »cosmic images«.[2]

Diese Idee lebte in der Sprache selbst. So konnte beispielsweise Venzky von den »ordentl. natürlichen Gaben und Fähigkeiten [sprechen], womit ein Übersetzer ausgezieret sein muß«.[3] Das offensichtliche Schlüsselwort lautet »ausgezieret«, also ausgeschmückt. Zu dem Talent und den Fähigkeiten, die ein Übersetzer mitbringen muß, gehört auch die Kenntnis der Weltordnung. Er muß rational erkennen, ob und wann seine Arbeit ordentlich, ordnungsgemäß, der Ordnung entsprechend ist. Und sein Schönheitsbegriff macht es möglich, die sinnliche Komponente als Bestätigung der Wahrheit und des Ethos des jeweiligen kosmischen Bildes aufzufinden.

Wiewohl textlich nur ein kleines Detail, ist diese Idee für das philosophische Weltbild der damaligen Zeit von besonderer Bedeutung. Baruch Spinoza hatte in der posthumen *Ethica* (1677) argumentiert, daß im Hinblick auf das Buch der Natur Gott und Natur austauschbar sind – »deus sive natura« –, und trug so zur Naturalisierung des Begriffs der gottgegebenen Ordnung bei.[4] Gottfried Wilhelm Leibniz ging einen Schritt weiter und betrachtete den Verstand als notwendiges und hinreichendes Organ, diese Ordnung zu entziffern. Wolff, der von früh an mit Leibniz korrespondiert hatte, stellte seine bemerkenswerte Geisteskraft in den Dienst der Entwicklung einer rationalen Entsprechung zum Kosmos. Zwischen 1713 und 1725 arbeitete er ein strenges rationales System menschlichen Wissens aus. Es war so streng, daß Wolff mit zwei Grundsätzen auskam: dem »principle of identity« and Leibniz' »principle of sufficient reason«.[5] Gemäß dieser Auffassung, die ich hier unter der Doppelperspektive aus ihrer Zeit heraus und aus heutigem historischen Rückblick darzulegen versuche, war es jetzt die allgemeine Fähigkeit des menschlichen Verstandes, welche die eine und ewige Wahrheit garantiert. Ich verzichte darauf, diese Annahme zu hinterfragen, möchte aber zu Bedenken geben, daß der Verstand ungleich verteilt ist und unterschiedlich genutzt wird.

Johann Christoph Gottsched, der, wiewohl Wolffianer, auch auf dem Schönen beharrte, war der erste, der einen entsprechenden Zugang speziell zur Literatur und in einem bestimmten Umfang auch zur literarischen Übersetzung zu entwickeln suchte.[6] Daß, nebenbei gesagt, das Schöne bei Wolff keinen Platz hatte, muß nicht heißen, daß er ein Banause war. Es gibt unter rationalistischer Perspektive einen genuin philosophischen Grund hierfür. Das Erleben des Schönen beruht nämlich auf sinnlicher Wahrnehmung. Ästhetik bedeutet genau das. In einem durchrationalisierten Denksystem kann sie keinen Platz finden. Historisch gesehen ist Alexander Gottlieb Baumgarten der erste, der – 1750 bis 1758 – das Konzept einer Philosophie des Schönen als Sinneserkenntnis und der Wissenschaft davon ausarbeitete. Das große philosophische Problem lag darin, die Kluft zwischen dem Verstand als der höheren und der Sinneswahrnehmung als der niedrigeren Form der Erkenntnis zu überbrücken. Solche philosophischen Skrupel hatte Gottsched nicht. Er verhielt sich pragmatisch, indem er argumentierte, daß Dichten und Übersetzen rationale – und das heißt auch lehr- und lernbare – Fertigkeiten sind und ihren Mann in Lohn und Brot bringen können.

Eine besonders ins Auge springende Anknüpfung an Wolff ist auch an der Verwendung des Wortes »critisch« abzulesen. Es bedeutete damals – ganz im Sinne des Philosophen – die systematische Anwendung des Verstandes, um die Prinzipien und Gesetze zu erkennen, die einen Lebens- oder Arbeitsbereich regeln. Aus dieser Perspektive erscheinen Erkenntnisse nach Art eines Systems als eher zufällig, so daß sie bestenfalls Faustregeln abgeben können. Die einschlägigen deutschen und schweizerischen Autoren vor 1750 stimmten trotz erbitterter Grabenkämpfe um Details in dieser Hinsicht überein. Gottscheds *Versuch einer critischen Dichtkunst* (1730) liegt mir in der 4. Auflage von 1751 vor. Im Jahr 1740 erschien Johann Jakob Breitingers zweibändige *Critische Dichtkunst.* Von 1732 bis 1744 gaben Gottsched und andere seines Kreises *Beyträge zur critischen Historie der deutschen Sprache, Poesie und Beredsamkeit* heraus, darunter Georg Venzkys »Bild eines geschickten Übersetzers« (1734).

Was schließlich die beiden Positionen trennte, läßt sich zuallererst und in aller Kürze an einer in der Renaissance favorisierten Horazischen Formel, »utile et dulce«, in Kombination mit einem anderen Horazwort, »ut pictura poesis«, erkennen. Gemäß der damaligen Kunstauffassung soll Dichtung Nutzen bringen, indem sie auf anziehende Weise belehrt. »Dulce« bezeichnet den Zuckerguß über der Wahrheit, die dem Sprichwort zufolge bitter ist. Des weiteren gefällt die Lebendigkeit des Ausdrucks. Sie springt im Untertitel von Breitingers Poetik in der zweitgrößten Titelzeile, »Poetische Mahlerey« ins Auge, die wie die Hauptzeile in roter Farbe besonders auffällt. In diesen Zusammenhang gehören auch die anderen poetologischen Angaben, so die zum Wunderbaren.

Ich setze hier den weiter unten argumentierten Umstand voraus, daß Gottsched am Höhepunkt der rationalistischen Dichtungskonzeption in den deutschen Ländern steht. Im Vergleich hierzu ist Malerei ein sinnliches, ein visuelles Geschäft, zumal sie damals grundsätzlich als gegenständlich verstanden worden ist. Demnach stellt der Maler – so banal es klingen mag – ein Bild her, in dem Naturgegenstände plastisch, und das heißt, dem Schein nach greifbar dargestellt werden. Das dichterische Bild hingegen ist beim Schreiben wie beim Lesen eines literarischen Werks eine nur in der Einbildungskraft lebende, also intangible Vorstellung. Das einschlägige Begriffsfeld für Linguistik, Poetik und Ästhetik von Leibniz bis Baumgarten ist zwischen Verstand und Sinnlichkeit ausgespannt. Die im Sinne Breitingers (und Bodmers) ausgearbeitete Poetik von Dichtung als Malerei ist ein wichtiger Schritt in der Entfaltung dieses Projekts auf dem Weg von einem eher auf dem Verstand beruhenden Literaturbegriff zu einem eher sinnlichen.

In diesem Spannungsfeld diente für Gottsched und anfangs auch für Breitinger das Wunderbare als wichtigstes Lockmittel auf der Seite des »dulce«, wofür beide Autoren als Beispiel die Tierfabel herangezogen haben. Zum Verständnis ist es wichtig, stets auf das Dreiecksverhältnis von Wunderbarem, Wahrscheinlichem und Wahrem zu achten. Wo das verstandesmäßig Wahre vorherrscht, ist die intellektuelle Veranschaulichung durch Allegorisierung das bildschaffende Verfahren der Wahl, ganz wie bei Gottsched. Wenn andererseits das poetisch Bildliche derart in den Vordergrund tritt, daß man von einer Logik der Phantasie sprechen kann, ist der Weg frei für eine neue poetische und kritische Orientierung. Übersetzer, die poetologisch auf der Höhe der Zeit standen, verhielten sich entsprechend.

Der Streit verschärfte sich, als der Züricher Johann Jakob Bodmer, Autor der *Critische[n] Abhandlung von dem Wunderbaren in der Poesie* (1740), zwei Jahre später eine Versübersetzung von Miltons *Paradise Lost* folgen ließ. Gottscheds Haupteinwand bestand darin, daß dieses biblische Epos nicht den Regeln gehorcht, die er in seiner *Critische[n] Dichtkunst* (1740) aufgestellt hatte. Aus diesem Grund, so donnerte er, hätte es gar nicht übersetzt werden dürfen, um aufstrebende deutsche Dichter nicht irrezuleiten. Schließlich lief der Streit aus dem Ruder, und auf der Trasse Leipzig-Zürich-Leipzig sausten Vorwürfe selbst wegen kleinster oder auch bloß vermeintlicher Übersetzungsfehler hin und her und wieder zurück.

Diesem Umfeld verdankt die überlieferte Übersetzungspoetik um die Jahrhundertmitte ihre deutsche Färbung. Wer wie Anneliese Senger (1971) und Ingrid Konopik (1997) Übersetzungsstudien als eigene Disziplin auffaßt, tut gut daran, so wie die beiden Autorinnen mit Venzkys Bild eines geschickten Übersetzers anzufangen. Wer wie Thomas Huber (1968) und Friedmar Apel (1982) die im 18. Jahrhundert entstehende neue Übersetzungspoetik in ihrem geistesgeschichtlichen Kontext auszuarbeiten sucht, dürfte vernünftigerweise einen anderen Zugang wählen. Ich für meinen Teil lasse mich zunächst von denjenigen Argumenten leiten, die bei Gottsched und Breitinger als kulturanthropologische Grundierung greifbar sind.

Bei Gottsched überwiegt die klassisch-klassizistische Poetik bei weitem. Ihr zufolge gelten die Grundsätze von Literatur und Übersetzung als universell, und in beiden Fällen müssen sie von vorbildlichen Werken abgeleitet sein. Das kann nicht auf dieselbe Weise geschehen. Für Dichtung und Rhetorik bestand im frühen 18. Jahrhundert ein vergleichsweise fester Kanon. Für die im damaligen Sinne »moderne« Literatur war ein Kanon erkennbar im Aufbau. Als vorbildlich eingeschätzte Übersetzungen existierten damals, wenn überhaupt, nur solche, die im engeren Umkreis der Literatur- und Übersetzerschulen von Leipzig und Zürich standen. Die damals übliche ausführliche, detaillierte Übersetzungskritik kann als Mittel zur Identifizierung vorbildlicher Übersetzungen gelten. Etwas später versuchte Johann Gottfried Herder, einen Platz für die neue deutsche Übersetzungskunst und -poetik freizulegen, indem er gegenüber Frankreich auf Distanz ging und Anregungen aus Großbritannien aufgriff.

1.1 Eine anthropologische und sprachphilosophische Position: Breitinger

Wenn ich den Ausgangspunkt bei Johann Jakob Breitinger (1701 – 1776), einem Professor für Hebräisch und Griechisch, und nicht im Gottschedkreis suche, so habe ich zwei Gründe. Seine Schreibweise erlaubt es besonders gut, leuchtende Details herauszugreifen, Details, die ein Licht auf größere Textfelder oder Wissensbereiche werfen. Und insoweit der spätere Autor auch auf Vorläufer zurückschaute, läßt er besser dasjenige erkennen, was Leipzig und Zürich trotz aller Streitereien gemeinsam haben. Wiewohl ich zunächst auf Gemeinsamkeiten achte, werde ich Unterschiede in den herangezogenen Dokumenten weder übersehen noch übergehen. Eine zusammenhängende Darlegung der Züricher Neuerungen folgt unten unter »Neues Licht für die Aufklärung: Antirationalistisches aus Zürich«.[7]

Breitingers Sprache ist aus heutiger Sicht altertümlich und erfordert beinahe so etwas wie eine innersprachliche Übersetzung. In einem Abschnitt, in dem der Wechselkurs auf dem internationalen Geldmarkt die leitende Bildlichkeit abgibt, erklärt der Züricher seine Überzeugung, daß

> alleine in verschiedenen Sprachen würcklich gleichgültige Wörter anzutreffen seyn, also das ungleiche Sprachen nicht anderst zu achten seyn, als so viele verschiedene Sammlungen vollkommen gleich viel geltender Wörter und Redensarten, welche mit einander können verwechselt werden, und, da sie alleine in Ansehung ihrer äusserlichen Beschaffenheit des Thones und der Figur voneinander abweichen, sonst der Bedeutung nach mit einander völlig übereinstimmen. Die Sprachen sind ein Mittel, dadurch Menschen einander ihre Gedancken offenbaren können: Da nun die Gegenstände, womit die Menschen sich in ihren Gedancken beschäftigen, überhaupt in der gantzen Welt einerley und einander gleich sind; da die Wahrheit, welche sie mit dieser Beschäftigung suchen, nur von einer Art ist; und da die Gemüthes-Kräfte auf eine gleiche Art eingeschränckt sind, so muß nothwendig unter den Gedancken der Menschen eine ziemliche Gleichgültigkeit statt und platz haben; daher denn solche auch in dem Ausdrucke nothwendig wird. Auf diesem Grunde beruhet nun die gantze Kunst, aus einer Sprache in eine andere zu übersetzen.[8]

Diese wuchtigen Sätze beruhen auf der damals kanonischen Annahme, Sprachen dienten dazu, Gedanken zu übermitteln. Die Sprachen sind Dienerinnen des Gedankens. Die Gemeinplätze der Schultradition sind hier in jener verstandesmäßigen Form versammelt, die Robert S. Leventhal 1994 unter Hinweis vor allem auf Christoph Wolff als semiotische Interpretation darlegte.[9]

Das bedeutet, daß sowohl Wörter und Redensarten als auch Gedanken – also die Verstandeskräfte – und Gegenstände, mit denen sich Menschen in Gedanken beschäftigen, überall und jederzeit genau dasselbe bedeuten. Deshalb, so lautete die Annahme, läßt sich die eine Wahrheit in allen Sprachen gleichermaßen ausdrücken. Die niederen oder »Gemüthes-Kräfte«, so heißt es, sind ähnlich verfaßt. Eingerahmt ist dieser Abschnitt von dem Ausdruck der Wechselkursbildlichkeit, also von den »würcklich gleichgültige[n] Wörter[n]« bis zu der »ziemliche[n] Gleichgültigkeit« der Gedanken. »Gleichgültig« ist ein veraltetes Synonym für »gleichwertig« oder »äquivalent«, wie auch in der Rede von »vollkommen gleich viel geltende[n] Wörter[n] und Redensarten«. Dieses Wortpaar kann Anlaß dazu geben, die Frage der sinngleichen Wörter in ein und derselben Sprache zu überdenken.

Ebenfalls erneut zu erwägen wäre, ob alle Wörter einer Sprache Äquivalente in allen anderen Sprachen haben. Von der Position aus, die Breitinger einnahm, ist es klar, daß dies der Fall ist. In einem rationalistischen Weltbild mit einer einzigen Wirklichkeit und Wahrheit sowie einer einzigen Gedanklichkeit ist – dies sei wiederholt – lediglich für einen instrumentellen Sprachbegriff Platz. Als übersetzungsrelevante Sprachen galten damals, nebenbei bemerkt, die drei antiken mit Latein als der wichtigsten, die romanischen mit Französisch als Hauptsprache sowie die englische als einer Mischsprache, einem germanisch-romanischen Derivat. In diesem Komplex war damals das Deutsche noch ein fast unbeschriebenes Blatt. Das bedeutet aber auch, daß die extrem fremden nah- und fernöstlichen, afrikanischen und amerikanischen Sprachen auf jeden Fall während des Berichtszeitraums in der Übersetzungspoetik noch nicht reflektiert worden sind. Der universalistische Anspruch der klassisch-klassizistischen Poetik versuchte, auf einem viel zu schmalen Fundament das Gleichgewicht zu halten.

Wer sich angesichts dieses Sprachenspektrums zum Beispiel an Charles Batteux erinnert, den wird Breitingers Lehre von der allseitigen Äquivalenz überhaupt nicht überzeugen. Wer aber die logischen Implikate der Einheitlichkeit auf allen Ebenen ernst nimmt, wird, insbesondere wenn er auf der Grundlage der Leibnizschen »Konstruktion einer logischen Kalkülsprache« argumentiert, Breitingers Angaben als schlüssige Folgerungen verstehen.[10] In diesem Argumentationszusammenhang sind nicht »gleichgültige« Wörter sinnlos, weil sie auf nichtexistente Gedanken und Gegenstände verweisen. Damit wäre auch das »Verwechseln« – altertümlich für »(Um-)Wechseln« – illusorisch geworden.

Ein besonderes Verständnisproblem wird von der »ziemlichen Gleichgültigkeit« aufgeworfen. Zwar kann, wie gesehen, »Gleichgültigkeit« als Synonym für »Gleichwertigkeit« stehen. Ziemliche Gleichgültigkeit würde nach dem heutigen Verständnis ein recht hohes Maß an solcher Äquivalenz bedeuten. Diese Lesart übersieht, daß Breitinger hier nichts mit Skalen oder Graduierungen im Sinn hat, sondern nur mit absoluten Werten, mit dem, was »würcklich« oder »vollkommen« äquivalent ist. Nun gibt es laut dem Grimmschen *Deutschen Wörterbuch* eine hierzu passende Bedeutung von »ziemlich«, nämlich als das, was der »göttliche[n], rechtliche[n] und soziale[n] Ordnung« entspricht. Das Kennzeichen ist die »Angemessenheit auf beiden Seiten«. Das Ziemliche ist das, was in die gottgeschaffene Ordnung paßt und für alle, die daran teilhaben, recht und billig ist. Breitingers Begriffe beruhen, wie gesehen, auf einem universellen, durchrationalisierten Denk- und Sprachsystem. Da aus dieser Sicht nur der Denkinhalt eines Wortes zählt, ist Übersetzen so leicht oder so schwer wie der Tausch von Louisdors in Gulden. Der Klang einer Münze und das Bild ihrer Prägung sind wie Breitingers »Thon« und »Figur« nicht Gegenstand der Transaktion, es sei denn man prüft eine Münze auf die Möglichkeit, daß sie Falschgeld ist.

Soweit, so gut. Wenn man aber übersetzungshistorisch vorgeht, gewinnt die bereits besprochene Behauptung, Sprachen seien Sammlungen von vollkommen bedeutungsgleichen Wörtern, eine herausragende Bedeutung. Denn bei Johann Gottfried Herder und seinen Nachfolgern gilt das genaue Gegenteil. Achtet man ausschließlich auf das Bezeichnen von Dingen, die in Raum und Zeit existieren, ist Bedeutungsgleichheit durchaus möglich. Läßt man sich hingegen auf Nebentöne und naheliegende Assoziationen ein, sind die Verknüpfungsmöglichkeiten in den verschiedenen Sprachen deutlich verschieden. Diese Wende in der deutschen Sprachphilosophie und Übersetzungsbegrifflichkeit am Übergang vom 18. zum 19. Jahrhundert setzt mit Gotthold Ephraim Lessing und Herder ein.[11]

1.2 Ein rationalistischer Übersetzungsbegriff: Venzky

Bevor es sinnvoll ist, sich auf diese Entdeckungsreise zu begeben, steht die Pflicht, den rationalistischen Übersetzungsbegriff weiter zu erläutern. Wenn ich mich dabei vor allem auf Georg Venzky (1704–1757) beziehe, geschieht dies zum einen, weil er der Übersetzungspoetologe der anderen wichtigen deutschen Übersetzerschule der Zeit ist, der von Leipzig, und des weiteren, weil er vor relativierenden Angaben nicht zurückscheute und zum Beispiel die Grade der Sprachkompetenz, die von gebildeten Europäern damals zu erwarten waren, in Rechnung stellte:

> Uebersetzungen sind [...] Schriften, welche eine Sache oder gelehrte Arbeit in einer andern und gewissermassen bekannteren Sprache, als in welcher sie anfänglich von ihrem Verfasser geschrieben worden, zu dem Ende erzählen, daß so

> wohl Unwissende, als auch in der Grundsprache einer Schrift ungeübte eben diesen Sachen in einer ihnen bekanntern Sprache mit grösserem Nutzen und Vergnügen lesen können. Personen, die nützliche Schriften in andere Sprachen einkleiden, werden also Uebersetzer genennet. [...] Hat sie [»eine glückliche Uebersetzung«] den Verstand einer ursprünglichen Schrift deutlich und vollständig ausgedrücket: So ist sie so gut, als das Original selbst.[12]

In Venzkys Definition – die laut Annemarie Senger an der von Pierre Daniel Huet orientiert ist[13] – taucht die Horazische Alternative »aut prodesse aut delectare« als die aufklärerische Aufgabe auf, den weniger Gebildeten und nach Möglichkeit auch den Ungebildeten auf gefällige Weise die Wahrheit zu vermitteln. Ebenfalls eine aufklärerische Idee dürfte es sein, daß als Original nicht die jeweilige Übersetzungsvorlage gilt, sondern die ein für alle Mal faktenorientierte erste Formulierung einer Sache in einer beliebigen Sprache. Auch hierfür bilden die Annahme eines einheitlichen Weltbildes und des allgemeinen Denkvermögens sowie eine feste Kanonbildung die notwendigen Voraussetzungen. Wie diese Entscheidung angesichts der seitdem ausufernden, ja geradezu uferlosen Literaturproduktion gelingen soll, steht dahin.

Venzky stützte sich für seine Definition auf die überlieferte dualistische Konzeption, daß nämlich ein Gedanke in verschiedenen Gewändern auftreten kann und Übersetzen eine Form des Umkleidens ist. Es erscheint auch kennzeichnend, wohl aber nicht distinktiv für die Aufklärung, daß Venzky die Übersetzer nützlicher Schriften und deren ursprüngliche Verfasser als Teilhaber an einem großen Belehrungsprojekt auffaßte. Ähnliches gilt für die von Gottsched nach klassischem Vorbild vorgeschlagene Zusammenarbeit vom Typus »aemulatio«, wonach jeweils ein als vorbildlich angesehener Autor und ein Übersetzer, der mit einem Hauch von Konkurrenz behutsam Abweichungen vornimmt, die Sache der Dichtung fördern. Die Zusammenarbeit, die Venzky befürwortete, soll nicht nur dazu dienen, dunkle Stellen in einem Werk zu erhellen. Die Möglichkeit, daß sich der Text beim Übersetzen verdunkeln kann, bedachte er wohl weniger. Das lag vermutlich an der aufklärerischen Überzeugung, daß man mehr weiß als die Vorläufer und zugleich einen überlegenen Verstand besitzt. Damals war es wohl unvorstellbar, daß ein Autor in künstlerischer Absicht dunkle Stellen in seinen Text einschrieb, zum Beispiel zu einem einfachen Zweck wie dem der Spannungserzeugung. Auf jeden Fall stellte Venzky dem Übersetzer die Aufgabe, Sachfehler des Autors zu korrigieren. In diesem Sinne ist nicht die Textvorlage, sondern die Sache selbst Maßstab für das richtige Übersetzen.

In dieser Übersetzungskonzeption ist also – wie schon in der Antike – der Gegenstand das wesentliche, der ihn abbildende Gedanke das entscheidende und der ihn einkleidende Text das unwichtigste Glied dieser rationalistischen Kette. Die Übersetzungstreue ist eine komplexe Sache, selbst wenn Venzky keine erkennbaren hermeneutischen Rücksichten genommen hat. Ich stimme Anneliese Senger zu, wenn sie darlegt, daß Venzky der Zusammenarbeit zwischen Übersetzer und Autor als höchstes Ziel und höchste Verantwortung vorgibt, der Wahrheit und der Sache so, wie sie ist, zu dienen.[14] Freilich muß man später, in der Zeit nach Kant, wohl sagen: wie sie der Vernunft erscheint, also für uns als vernunftbegabte Wesen da ist. So ist nach Venzky des Übersetzers Auftrag, die Wahrheit der Sache oder der Umstände bestmöglich auszudrücken – was zuvor schon die Aufgabe des Autors war. Wenn zudem die Übersetzung auch noch den Charakter des Autors, so wie er sich aus dem Text erschließt, abbildet, hat der Übersetzer alles getan, was man vernünftigerweise von ihm verlangen kann. Ob er all dies zusammen wirklich leisten kann?

1.3 Der rationalistische Übersetzungsbegriff am Übergang: Breitinger

Geht man von dieser an Gottscheds Perspektive ausgerichteten Übersetzungsdefinition direkt zu Johann Jakob Breitinger über, treten Unterschiede zur Leipziger Position hervor. Achtet man aber auf das Kleingedruckte und die hin und her wogenden peniblen Übersetzungskritteleien, schrumpfen die Unterschiede um ein beträchtliches, bleiben aber bestehen. So wie Breitinger sie definierte, ist die Übersetzung

> ein Counterfey, das desto mehr Lob verdienet, je ähnlicher es ist. Darum muß ein Uebersetzer sich selber das harte Gesetze vorschreiben, daß er niemahls die Freyheit nehmen wolle, von der Grundschrift, weder in Ansehung der Gedancken, noch in der Form und Art derselben, abzuweichen. Diese müssen in einem gleichen Grade des Lichtes und der Stärcke unverändert bleiben, und nur die Zeichen derselben mit gleich viel geltenden verwechselt werden. Milton muß uns in der Uebersetzung eben dieselben erhabenen und verwundersamen Bildnisse und Schildereyen, in eben der Ordnung, wie in dem Originale, vorstellen, und in dem Gemüthe der deutschen Leser eben die hohen Begriffe und abwechselnden Bewegungen hervorbringen, welche sie wahrnehmen und empfinden würden, wenn ihnen die Zeichen bekannt wären, worinn der Ausdruck im Englischen eingekleidet ist.[15]

Auch hier ist der beste Zugang der über eine Art innersprachliche Übersetzung. Wie nicht anders zu erwarten, knüpft diese Definition erkennbar an Breitingers oben diskutierte anthropologische und sprachphilosophische Begründung des Übersetzens an. Hier zielt die ganz und gar traditionelle Darstellung der Übersetzung im Bild eines Portraits auf ein einziges, aber überragend wichtiges Kriterium ab: auf hochgradige Ähnlichkeit. Daß, nebenbei bemerkt, Milton als Vorbild dient, hängt wohl auch damit zusammen, daß die *Paradise-Lost*-Übersetzung seines Züricher Mitstreiters Bodmer sowohl hoch geschätzt als auch stark umstritten war.

Die Frage stellt sich nun, ob ein Wort wie »Portrait« als Gegenstand der Anschauung doch ein Maß an Lockescher Sinnesphilosophie in den Rationalismus Wolffscher Provenienz eingeführt hat. Klar ist jedenfalls eins: Breitinger zeigte sich überzeugt, daß eine Übersetzung, die die Gedankenstruktur der Vorlage wiedergibt, mit Notwendigkeit im Geist des zielseitigen Lesers dieselben hochgemuten Ideen und geistigen Bewegungen aufrufen kann, wie wenn er die Zeichen verstünde, in die sie in der Vorlage eingekleidet sind.

Diese Definition ist ähnlich althergebracht wie die Venzkys. Beiden Autoren geht es um dasselbe, nämlich den richtigen Transfer. Der Leipziger klingt durch und durch rationalistisch, wenn es bei ihm heißt, eine gelungene Übersetzung »erzählt [den] Verstand [Sinn] einer ursprünglichen Schrift deutlich und vollständig«, so daß sie so gut ist wie das »Original«. Bei Breitinger findet sich eine hochgradig ähnliche Forderung in einer alternativen Formulierung, daß nämlich der Übersetzer beim Abbilden weder im Hinblick auf die Gedanken noch auf deren Art abweichen dürfe, sondern gehalten sei, lediglich die Zeichen gegen die semantisch gleichen in der anderen Sprache auszutauschen.

Wohl stehen also die beiden Auffassungen eng beieinander, sind aber keineswegs identisch. Venzkys Übersetzer soll erzählen, einer aus Breitingers Schule abbilden. In einem literarischen Medium läuft letztere Tätigkeit darauf hinaus, visuelle Sinneseindrücke beim Leser aufzurufen, als da sind »Counterfey«, »Bildnis« und »Schilderey«. Das in einem Übersetzungsbegriff höchst seltene Verb »erzählen« klingt bei Venzky recht dürr. Rationalisten strenger Observanz meiden sinnliche Sprache. Das einzige Bild in Venzkys elf Zeilen findet sich in der Einkleidemetapher. Und das ist eine so weithin geübte Redeweise, daß sie wohl als eigentliche Aussage lesbar ist.

Das »Gemüthe« der Leser schließlich, in dem Breitingers Übersetzer äquivalente Begriffe und Bewegungen hervorbringen soll, ist ein bemerkenswertes Wort. Laut Grimms *Deutschem Wörterbuch* weist es eine außerordentliche Bedeutungsbreite auf, deren Komponenten einander überschneiden. Von Anfang an bis ins 19. Jahrhundert konnte »Gemüt« für die Gesamtheit der geistigen Vermögen stehen und zusammen mit »Leib, Körper« den ganzen Menschen bezeichnen. Zur selben Zeit konnte es aber auch für die Extreme »Denken, Verstand, Vernunft« einerseits und andererseits für »Herz, Stimmung« stehen. Da Breitinger das Gemüt als Ort sowohl von »hohen Begriffe[n]« als auch von »abwechselnden Bewegungen« (Gemütsbewegungen, Gemütsregungen) auswies, dürfte kein Zweifel daran bestehen, daß er die umfassende Bedeutung im Sinn hatte. Damit schaffte er in seinem Übersetzungsbegriff Platz auch für die Emotionalität eines Texts.

Hierin unterscheidet er sich ebenso deutlich von Venzky wie bezüglich der sinnlichen Komponente. Die Einführung von Emotionalität und Sinnlichkeit in den Rationalismus Wolffs und Gottscheds ist die konzeptionelle Leistung Breitingers. Es wäre für eine Geschichte der Übersetzungsbegriffe wichtig, genauer zu untersuchen, welche aus dem Vereinigten Königreich übernommene Ideen (von Locke? von Dryden?) bei den englandfreundlichen Züricher Poetologen eine Rolle gespielt haben. Auch hier wäre wohl Archivarbeit erforderlich. Jedenfalls lassen diese nicht rationalistischen Qualitäten erkennen, in welche Richtung sich die Schweizer Schule bewegt hat.

2 Neues Licht für die Aufklärung: Antirationalistisches aus Zürich

Was Breitinger und Bodmer nicht nur für die Poetik, sondern auch für die Übersetzungspoetik geleistet haben, ist unbestritten und unbestreitbar. Freilich bestehen ihre Beiträge zur Frage des Übersetzens zumeist aus verstreuten antirationalistischen und geschichtsbezogenen Bemerkungen und nicht aus zusammenhängenden konzeptionellen Ausarbeitungen. Insgesamt ist der Sprachgebrauch der Züricher noch stärker in der Überlieferung verwurzelt als derjenige Venzkys. Dieser Umstand führte immer wieder zu Mißverständnissen.

Ein typischer Fall ist eine Bemerkung G. Plückebaums aus dem Jahre 1966 zu Bodmers »Von der erforderten Genauigkeyt beym Uebersetzen« (1746), die Anneliese Senger und Iris Konopik übernommen und erweitert haben.[16] Es geht um die Annahme Plückebaums, daß Johann Jakob Bodmer (1698–1783) – ein Gymnasialprofessor für Geschichte und Politik – hier eine Übersetzweise befürwortete, die weit über seine Zeit hinausweist. Wenn man jedoch Bodmers Äußerungen in ihrem Zeitkontext liest, erscheinen sie eher als die Wiederaufnahme einer seit der Renaissance bekannten Idee, daß nämlich die dichterischen Verfahren der »imitatio« und »aemulatio« sowie analoge Übersetzweisen dazu dienen können – wenn nicht gar sollen –, eine Sprache zu bereichern. Dazu gehört auch die wörtliche Übersetzung von Gedankenfiguren wie etwa Metaphern. Weder Gottsched noch Venzky konnte daran Anstoß nehmen.

Die meiste Aufmerksamkeit für die innovativen Gedanken der Züricher hat meines Wissens Friedmar Apel (1982) gezeigt. Aus einer historisch-poetologischen Sicht deckte er eine Reihe von Widersprüchen in Breitingers und Bodmers Schriften auf, die er nicht zu Unrecht als Spuren interpretierte, die antirationalistische Impulse bei ihrem Streit wider den vorherrschenden Rationalismus ihrer Zeit auch formal in der Züricher Grundorientierung hinterlassen haben. Die meisten Neuerungen faßte Apel als Folgen einer Umorientierung auf: weg vom Interesse an Gegenständen und Gedanken und hin zur Sprache der Übersetzung. Damit kappte er das, was bisher als anthropologische Grundierung der Übersetzungsbegriffe gegolten hatte.

Ein charakteristisches Argument Apels beginnt mit der richtigen Beobachtung, im Rationalismus sei der althergebrachte Gedanke gültig geblieben, daß die Denkinhalte überall und jederzeit dieselben sind. Diesem Umstand ist es, wie erinnerlich, zu verdanken, daß die Sprachen, wiewohl verschieden, als aus zueinander passenden Synonymen bestehend angesehen wurden, so daß einem geschickten Übersetzer ein Austausch eins zu eins gelingen kann. Dies ist auch der Grundsatz Gottscheds. Aber für Breitinger gilt, daß er »die Gedanken und deren sprachlichen Ausdruck wesentlich stärker aneinander bindet« als vielleicht Gottsched oder auch Wolff.[17] Bei Apel heißt es:

> So existieren nach Breitingers Theorie gleichgültige Zeichen »alleine in verschiedenen Sprachen«, d.h. Breitinger schließt die Existenz wirklicher Synonyme innerhalb einer Sprache aus, was die engere Bindung der Form der Wörter an den Inhalt bereits voraussetzt. Überdies stellt Breitinger dem Begriff der Ordnung den der Verbindung und des Zusammenhangs an die Seite und nimmt damit strukturelle Gesichtspunkte in die Analogievorstellung hinein, wodurch über die Betrachtung des einzelnen Wortes, ja sogar des einzelnen Satzes hinausgegangen wird, was letztlich zur Aufsprengung der Annahme der Existenz eindeutiger Zuordnungen führen muß.

Der kritische Punkt liegt in der Annahme, daß das Fehlen echter Gleichwörter in ein und derselben Sprache den Wortinhalt und die Wortform enger aneinander bindet. Die Frage lautet, ob dies eine moderne Interpretation ist oder Breitingers Argument im Sinn der Zeit so zu lesen ist. Denn das Problem braucht keineswegs semantisch, sondern kann auch sprachökonomisch verstanden werden: als Folge der Ökonomie der Schöpfung bei all ihrer Fülle. Aus rationalistischer Sicht sind nämlich Synonyme in einer Sprache überflüssig wenn nicht gar störend. Wer in der Sprachphilosophie bewandert ist, wird sich an eine Meinung erinnern, wonach alle Sprachen einen gemeinsamen rationalen Kern aufweisen, der dem gemeinsamen Denkgebäude entspricht. Kenner wissen aber auch, daß andere Autoren angenommen haben, jede Sprache verfüge außerdem über eigentümliche nichtrationale Elemente, die unter verschiedenen Bezeichnungen geläufig waren. In Frankreich hießen sie zumeist »génie«, bei Breitinger und anderen »idiotismi«. Und dieser Einzigartigkeit galt ein Großteil seines poetologischen Interesses.

Anders als Apel sehe ich das eigentlich Explosive an Breitingers Konzeption in seiner Auffassung von Zusammenhang und Verbindung. Sie rückt meines Erachtens punktuell den Blick auf eine unerkannt gebliebene Form-Inhalt Dialektik in seinem Gesichtskreis und dem seiner Leser. Die Verschiebung der Aufmerksamkeit hin zu sprachlichen Merkmalen ist, so möchte ich meinen, der Grund für Breitingers Ausführungen zu der Art und Weise, wie ein schöner und wahrer Gedanke und dessen richtiger und schöner Ausdruck einander stützen.[18] Ähnlich verhält es sich mit seiner Verteidigung einer Übersetzungslösung, die Gottsched getadelt hatte, weil der Bildempfänger moralisch ungehörig sei, wogegen Breitinger sie wegen der poetischen Angemessenheit des Bildspenders als beispielhaft hervorhob.

Eine andere von Breitingers wichtigen Ideen liegt in der eingehenden Diskussion der »Machtwörter, [...] bildhafte[r], stark konnotierte[r] Ausdrücke und Redewendungen«.[19] Ganz ähnliche Ideen zirkulierten nach der Jahrhundertmitte auch in England: Stephen Barretts »hinge of the sense« (1759) beispielsweise oder Christopher Smarts »vehemence of Impression« (1767). Gemeint ist die dichterische Fähigkeit, ein Wort oder einen Satz mit einer Macht auszustatten, welche die Aufmerksamkeit des Lesers zwingend steuert. Handelt es sich dabei um Antworten auf Breitinger? Haben sich Barrett, Smart und Breitinger auf einen gemeinsamen Vorläufer bezogen? Sind sie unabhängig voneinander auf diese Idee gestoßen? Es bedarf noch vieler Ausgrabungen, bevor eine vollständige internationale Geschichte der Übersetzungskonzeptionen geschrieben werden kann.

Zu der von Apel diskutierten sprachphilosophischen Wende gehören auch literarische Momente. Eine damals besonders in England und in den deutschen Ländern verbreitete Ansicht besagt, daß die höchste schriftstellerische Kunst diejenige Schreibart ist, die Breitinger einmal die »pathetische, bewegliche oder hertzrührende« genannt hat.[20] Es handelt sich nicht um eine gedankenvolle Sprache, sondern um ein leidenschaftliches Idiom:

> Die Eigenschaft dieser Sprache besteht demnach darinnen, daß sie in der Anordnung ihres Vortrags, in der Verbindung und Zusammensetzung der Wörter und Redensarten, und in der Einrichtung der Rede-Sätze sich an kein grammatisches Gesetze, oder logicalische Ordnung, die ein gesezteres Gemüthe erfodern, bindet; sondern der Rede eine solche Art der Verbindung, der Zusammenordnung, und einen solchen Schwung giebt, wie es die raschen Vorstellungen einer durch die Wuth der Leidenschaften auf einen gewissen Grad erhizten Phantasie erheischen; also daß man aus der Form der Rede den Schwung, den eine Gemüthes-Leidenschaft überkommen hat, erkennen kan.[21]

Ich stimme Apel zu, daß Breitingers Zuordnung des natürlichen Ausdrucks der Leidenschaften des Herzens zur höchsten Form der Dichtung nicht auf eine Neuinterpretation des hohen Stils klassischen Ursprungs hinausläuft. Sie ist nur recht oberflächlich mit den klassischen Hierarchien verbunden. Ich zögere allerdings, mit ihm anzunehmen, daß sich Breitinger nicht auf Vorläufer stützte, sondern ein bemerkenswertes Zeugnis prophetischer Vorausschau an den Tag legte:

> Trotz der Befangenheit im Religiös-Moralischen hat Breitinger mit geradezu prophetischem Weitblick Einzelphänomene einer dichterischen Sprache beschrieben, die es zu seiner Zeit nicht gab.[22]

Wie Apel es sieht, war Friedrich Gottlob Klopstock der bedeutendste deutsche Dichter, der sich Breitingers und Bodmers Ideen zu eigen machte.[23]

Was mir besonders auffällt ist, daß die poetologische Position, die Breitinger in den 1740er Jahren bezog, in ihrem Kern jener oben genannten, ähnlich »hertzrührenden« Poetik nahekommt, die ebenfalls in den 1740er Jahren, aber in England entstanden ist. Dort entwickelte der Oxforder Bischof und Poetikprofessor Robert Lowth die Poetik der althebräischen Bibelpoesie. Im englischen und deutschen Sprachraum sind also praktisch gleichzeitig hochgradig ähnliche poetologische Positionen eingenommen worden. Worauf ich hier besonders hinweisen möchte ist, daß das Alte Testament auch in Breitingers Kategorien ähnlich gelesen werden kann wie von Lowth. Und während mir Klopstocks Unterscheidung zwischen der »feurige[n] Stunde der Ausarbeitung« und der »kälteren der Nachbesserung« eher nach Horaz als nach Breitinger klingt – oder wenn nach Breitinger, dann nach Horaz durch Breitinger –, stimme ich Apel zu.[24] Klopstocks Liebesaffäre mit der deutschen Sprache im Bild eines jungen Mädchens und seine Ansicht, daß Sprache ein Organismus ist, dem eine eigene »causa efficiens« innewohnt, macht sie – die Sprache, das Mädchen – zu des Dichters Miterfinderin. Hier öffnen sich in der Tat neue Perspektiven auf Poetik und Übersetzungspoetik.

3 Auf dem Weg zur Wasserscheide

Das Bild einer Wasserscheide setzt keineswegs historischen Determinismus voraus. Ich behaupte nicht, daß das Rad der Geschichte – was auch immer das sein mag – unumkehrbar über die Poetik und Übersetzungspoetik Johann Christoph Gottscheds, Georg Venzkys, Johann Jakob Breitingers und Johann Jakob Bodmers hinweggerollt sei. Ich meine, es bestehen aus historischer Sicht gute Gründe dafür, daß für die »nächste Generation« das Wolffsche System ziemlich alt aussah. Es gehört zu den Aufgaben des Historikers, diesen Wandel wenn nicht zu erklären so doch zumindest verständnisvoll zu registrieren. Und aus heutiger Sicht möchte ich niemandem das Recht absprechen, Meinungen von der anderen Seite der Wasserscheide aufrechtzuerhalten. Was man vernünftigerweise erhoffen, erwarten, verlangen kann ist, daß die Einwände, die gegenüber den alten Gedanken geltend gemacht worden sind, sorgfältig, streng und ehrlich überprüft werden. Nur wenn sich dabei herausstellen sollte, daß sie nicht tragen, ist es vernünftig, sich an das Alte zu halten.

Mein Argument verläuft parallel zum Abschnitt »Die Zergliederung des Allgemeinen und andere Neuerungen« in der Einleitung, ist aber auf deutsche Verhältnisse zugeschnitten. Der größere Zusammenhang besteht aus einem britisch-deutsch-französischen Transferdreieck. Das Argument ist geschichtsbezogen, mit der Formel »nicht mehr A, sondern B« als mehr oder minder deutlichem Orientierungspunkt. Anhand deutscher Dokumente befasse ich mich mit Literatur, Poetik und Kritik unter gelegentlicher Berücksichtigung anderer humanwissenschaftlicher Disziplinen. So kann ich zu den damals neuen Übersetzungskonzeptionen vordringen. Einige eher nebensächliche, gleichwohl charakteristische Fragen werden am Rande angesprochen.

3.1 Die Nationalisierung des Parnaß

Ein überkommenes Bild für die alte Ordnung der Dichtung und der anderen schönen Künste ist der Berg Parnaß, dem Apollo heilig und dem Dionysos, und den Musen in einer göttergegebenen, unveränderlichen Hierarchie zugeordnet. Es handelt sich gewissermaßen um ferne, ewige und regelsetzende Einteilungen und Bestimmungen. Auch Dichtung galt – außer für Plato – als eine Methode, die ewigen Wahrheiten aufrechtzuerhalten oder zumindest an sie zu erinnern, und zwar in Formen gegossen, die überall und jederzeit auch für ein neues Publikum gefällig sein sollten. Dichter und Übersetzer arbeiteten zusammen im Weinberg von *to kalón*, von Wahrheit, Tugend und Schönheit.

Die Nationalisierung des Parnaß ging in der zweiten Hälfte des 18. Jahrhunderts in einer Umdeutung und Aufwertung althebräischer Bibelpoesie vor dem Hintergrund der damaligen englischen Poetik weltlicher Dichtung vonstatten. Der maßgebliche Erneuerer ist, wie schon bemerkt, Robert Lowth. Er stellte die althebräische Bibelpoesie als eine Dichtung in einer ursprünglichen Sprache neben die griechische und lateinische. Richtungweisend für dieses Projekt ist der spätlateinische Autor Longinus mit seiner Schrift über das Erhabene – oder vielleicht besser das Erhebende – in der Dichtung. Bei Lowth hat weder die Dichtung der Alten noch die rationale Dichtung der Modernen ein Primat: Es sind dies die Leidenschaften. In einer apodiktischen Grundsatzerklärung heißt es knapp und chiastisch: »Ut verba dicam, mere sermone utitur Ratio, Affectus loquuntur poetice«.[25] Noch knapper: Die Raison spricht wörtlich, poetisch aber sprechen die Leidenschaften. Dichtung war für ihn eine kraftvolle Ausdrucksweise (»orationis vis«), welche die Leidenschaften aufwühlt (»quæ movet affectus«). Der Ode schrieb er die Macht zu, »ipsamque affectuum arcem protinus expugnare«. Sie kann also ihren Lesern den Schild aus der Hand schlagen, so daß sie schutzlos einer heranstürmenden Macht ausgesetzt sind. Klassizistische Leser hätten sich für diese Poetik der Überwältigung schön bedankt. Einer ihrer Wortführer, Nicolas Boileau, hatte schon 1672 diese Odengewalt, die Abraham Cowley 1656 übersetzend anerkannt hatte, auf mehr als eine Weise gezähmt. Seine 15 Zeilen über die Ode schließen demgemäß: »Chez elle un beaux désordre est un effet de l'art«.[26] Das ist gewiß alles andere als Sturmesbrausen.

Lowths alttestamentarische Bibelpoetik ist insoweit eine Nationalisierung, als zu seiner Zeit sowohl für die auf die Antike bezogene als auch für die rationalistische Poetik eine supranationale und -zeitliche Reichweite beansprucht wurde, während sich Lowth ausdrücklich auf die Dichtung eines einzigen Volkes zu einer bestimmten Zeit seiner Geschichte bezieht, deren Datierung allerdings offen blieb.

Johann Gottfried Herder nahm die Lowthschen Vorlesungen auf seine charakteristische Art auf, indem er ihnen eine eigene Schrift entgegenstellte, die eng mit der seines Vorläufers verzahnt ist, aber stets Platz für weiterführende Antithesen hat: *Vom Geist der Ebräischen Poesie* (1782–83). Er ersetzte die ontologischen Gesetze, die Lowth aufgestellt hatte, durch historische Regelmäßigkeiten. Dadurch traten die Nationen als die handelnden Literatur- und Kulturträger in Erscheinung. Sie stehen nach Herder jeweils zunächst für sich und bilden erst im Lauf der Zeit als eigenständige, distinktiv Handelnde einen wandelbaren erdweiten Verbund wechselseitiger Ergänzung bei der Aufgabe, jenes Optimum an (literarischer) Kultur aufzubauen, das einer jeden Nation an ihrem Ort, zu ihrer Zeit und gemäß ihrer angeborenen Fähigkeiten möglich ist. An die Stelle des einen ewig-stabilen Parnaß trat das flexible Netz einer vergleichsweise flachen Hierarchie von Nationalliteraturen. Seine Dynamik beruht auf verschiedenartigen und verschieden weitläufigen geographischen, zeitlichen, sprachlichen, literarischen und kulturellen Entfernungen voneinander, die weniger ausgemessen als erfühlt wurden. Jetzt galt es, mit einer zunehmenden Zahl literarischer Nationen zu rechnen, eine jede mit ihrem eigenen Antlitz und Charakter. Was Herder und die anderen frühen Befürworter dieser Sicht der Dinge im Unterschied zu ihren Nachfolgern im 19. Jahrhundert kaum je vergaßen, war die Tatsache der literarischen Zusammenarbeit, ohne daß sie auch die geschlossenen Grenzen des kulturellen Isolationismus dort außer Acht ließen, wo sie existierten.

Die literarisch-kulturelle Partikularisierung endete nicht an den Landesgrenzen. Eine wichtige (Wieder-)Entdeckung des 18. Jahrhunderts war das poetische Genie, das im wesentlichen in Nachfolge britischer Poetiken auch in anderen Ländern ein erneutes oder verstärktes Interesse fand und auch neu gefaßt wurde.[27]

3.2 Das poetische Genie in den deutschsprachigen Ländern

Das Original- oder Naturgenie wurde im Verlauf des 18. Jahrhunderts zum Schlüsselwort. Edward Youngs einschlägige *Conjectures on Original Composition* (1759) wurden gewissermaßen postwendend ins Deutsche übersetzt (1760). Dieses epochale Werk trug maßgeblich zur »Geniezeit« und dem »Sturm und Drang« bei. Johann Georg Hamann, Heinrich Wilhelm von Gerstenberg und Herder gehörten zu den ersten, die die Anregung aufnahmen. In seinen *Sokratischen Denkwürdigkeiten* (1764) fragte und antwortete Hamann:

> Was ersetzt bey *Homer* die Unwissenheit der Kunstregeln, die ein Aristoteles nach ihm erdacht, und was bey einem *Shakespear* die Unwissenheit oder Übertretung jener kritischen Gesetze? Das *Genie* ist die einmüthige Antwort. Sokrates hatte also freylich gut unwissend seyn; er hatte einen Genius, auf dessen Wissenschaft er sich verlassen konnte.[28]

Herder erläuterte den Geniebegriff folgendermaßen:

> [V]iele starke, lebhafte, getreue eigne Sensationen, auf die dem Menschen eigenste Art, sind die Basis zu einer Reihe von vielen starken, lebhaften, getreuen, eignen Gedanken, und das ist das Originalgenie.[29]

Dies ist die begeisterte Antwort eines jungen Mannes auf die Argumente eines alten. Indem Herder die deutsche Poetik auf diese Weise auffrischte, gab er auch den Ideen Youngs neue Farbe. Seine Definition erinnert an John Locke. Aber ein deutscher Autor steht Herder näher. Denn was er hier zelebrierte, ist sinnliches Wissen, das eher auf Baumgartens Ästhetik als auf Lockes Empirismus beruht. Herder kannte den Erfinder der philosophischen Ästhetik sehr genau. Denn er skizzierte in detaillierter Auseinandersetzung mit Baumgarten eine eigene Ästhetik.[30] Im Reisejournal unterschied er ganz im Sinne Baumgartens zwischen den niederen und höheren Fähigkeiten, zwischen Ästhetik und Psychologie, zwischen Sinnes- und Verstandeswahrheit.[31] Auf diese Weise ergänzte auch Herder das abstrakte logische Wissen, das den Philosophen mindestens seit Plato so sehr am Herzen gelegen hatte. Er zielte wohl auf jene geniale Individualität oder vielleicht sogar Idiosynkrasie, die die Schriften seines Mentors und väterlichen Freundes Hamann so widerständig macht.

Ein zweites wichtiges Merkmal des Begriffs vom Originalgenie in Großbritannien ist der Nachdruck, mit dem Anthony Ashley Cooper, Third Earl of Shaftesbury, und Thomas Addison den Begriff und das Verfahren der Nachahmung ablehnten – eine Ablehnung, die Edward Young vorsichtig systematisierte. Der Autor dürfe nicht die Natur abmalen, wie er sie vorfindet, und schon gar nicht, wie ein anderer sie vorgefunden und selbst abgemalt hat. Für ein Originalgenie ist Natur nicht Gegenstand, sondern Wirkkraft. Wenn ein Werk in der Phantasie des Genies wächst, ist »Form« nicht länger etwas Äußerliches, kein

Schema mehr, das mit »Stoff« ausgefüllt wird. Shaftesbury sprach von »innerer« Form, die eng mit dem poetischen »Ton« zusammenhängt. Letzterer steht im Mittelpunkt von Herders Poetik und Übersetzungspoetik.[32] Deswegen wäre es ratsam, die Quellen aufzusuchen und in diesem Zusammenhang auf Charles Batteuxs Idee vom tonerhaltenden Übersetzen als wahrscheinlichem Bezugspunkt Herders einzugehen. Auch dieser nicht so fern liegende Zusammenhang ist bisher unbeachtet geblieben.

Die Aufmerksamkeit für die Art und Weise, wie ein Werk eines Originalgenies zum Ausdruck kommt, trug auch dazu bei, daß das Interesse an jener poetischen Zusammenarbeit verblaßte, die der klassischen und klassizistischen Poetik keineswegs fremd gewesen ist. Zugleich entstanden neue Anforderungen an Kritik und Hermeneutik, auf die ich im Zusammenhang mit innerer beziehungsweise organischer Form zurückkommen werde. Hier geht es mir zunächst nur darum, die Folgen zu ermitteln, die sich für die Rede über Dichtung und Übersetzung aus dem Begriff des poetischen Genies ergaben. Sie sind, kurz gesagt, beunruhigend.

Gewiß hat Herder gelegentlich bemerkt, daß auch ein Übersetzer einen schöpferischen Geist haben oder ein Schöpfergeist sein müsse.[33] Doch wenn man das Gewicht ernst nimmt, das er auf die eigene Sinneswahrnehmung und die unmittelbare Beziehung zur »natura naturans« legte, kann man nur schlußfolgern, daß ein Übersetzer kein solches Genie besitzen kann oder es andernfalls an der Garderobe abgeben muß, bevor er den Schreibsaal betritt. Denn sein Gegenstand ist das vorliegende Werk eines anderen Autors. Bei Gerstenberg heißt es dementsprechend: »Es giebt keine Übersetzungen von Original-Poeten, die sich lesen lassen«.[34] Denn anders als Originalwerke sind Übersetzungen Derivate. Deshalb mußte er einen neuen Übersetzungsbegriff entwickeln.[35] Übersetzbarkeit in diesem Sinne beruht auf einem sprachen- und literaturpaarbezogenen Sonderfall, wie folgt: Ein Originalwerk ist Dank des Originalgenies zugleich ganz neu und läßt dennoch sprachlich und literarisch den Entstehungszusammenhang erahnen. Das kann beispielsweise dadurch geschehen, daß Ausdrucksmöglichkeiten, die in einer Sprache angelegt, aber bisher nicht verwendet worden sind, nun ausgeschöpft werden. Das Originalgenie kann aber in einer Übersetzung nicht zum Ausdruck kommen, weil in der Geniepoetik zwei Sprachen immer inkompatibel sind. Eine Übersetzung kann daher nur gelingen, wenn das fremde Werk außerdem als hermeneutische Anknüpfungspunkte sprachliche oder literarische Momente des Zielkontexts erahnen läßt, an denen entlang es transformiert werden kann. Übersetzbarkeit beruht also auf einem intersprachlichen und interliterarischen Sonderfall. Unter einer systematischen Perspektive dürfte diese Idee derjenigen John Denhams vom Öffnen von Dichtung durch Dichtung nahekommen.

Ich halte es für vernünftig, es bei dieser Skizze eines sehr speziellen Übersetzungsproblems und seiner möglichen Lösung zu belassen. Sie auszuführen dürfte in Nebenlinien einmünden. Der Hauptrichtung kann man folgen, wenn man vom Autor als Universalgenie zur Idee des originalen Werks übergeht.

3.3 Das originale Werk

Wie bereits ausgeführt, weicht die Idee der inneren oder organischen Form als Kraft, die ein Kunstwerk zustandebringt und zusammenhält, deutlich von dem althergebrachten Konzept der Form als eines regelgerecht durch Inhalt auszufüllenden Gefäßes ab. Die kanonische Formulierung findet sich bei August Wilhelm Schlegel in den *Vorlesungen über dramatische Kunst und Literatur*, die er im Jahr 1809 – also zeitlich im engsten Umfeld der Neuordnung der Übersetzungspoetik – in Berlin hielt und die die antithetische Struktur deutlich erkennen lassen:

> Mechanisch ist die Form, wenn sie durch äußere Einwirkung irgendeinen Stoffe bloß als zufällige Zutat, ohne Beziehung auf dessen Beschaffenheit erteilt wird, wie man z. B. einer weichen Masse eine beliebige Gestalt gibt, damit sie solche nach der Erhärtung beibehalte. Die organische Form hingegen ist eingeboren, sie bildet von innen heraus und erreicht ihre Bestimmtheit zugleich mit der vollständigen Entwicklung des Keimes. [...] Auch in der schönen Kunst, wie im Gebiete der Natur, der höchsten Künstlerin, sind alle echten Formen organisch.[36]

Es dauerte nicht lange, bevor eine ausgewogenere, philosophische und mit versteckter Metaphorik ausgestattete Formulierung gefunden worden war. In seinen zeitnahen Berliner Vorlesungen von 1811 bis 1816 erklärte der wohl wichtigste Philosoph des Deutschen Idealismus, Georg Wilhelm Friedrich Hegel, »wahrhafte Kunstwerke [seien...] nur solche, deren Inhalt und Form sich als durchaus identisch erweisen«.[37] Er setzte auf das

> absolute Verhältnis des Inhalts und der Form, [...] das Umschlagen derselben ineinander, so daß der Inhalt nichts ist als das Umschlagen der Form in Inhalt, und Form nichts als das Umschlagen des Inhalts in Form.

Nun baut Hegels Dialektik auch auf eher verborgenen Wortspielen auf, die oft als Mehrfachwortspiele ausgebracht werden. Hier verdienen »Umschlagen« und im selben Argumentationszusammenhang gleich noch »Aufheben« sorgfältige Beachtung. Denn wiewohl Hegel offensichtlich das Wort »Umschlagen« im philosophischen Sinn des Übergangs einer Qualität in ihr Gegenteil verwendete, importiert das »ineinander« das im verpackungstechnischen Sinn schwierige Bild des wechselseitigen Verpackens: Form wird in Inhalt und zugleich Inhalt in Form eingeschlagen beziehungsweise eingewickelt.

Beim nächsten wichtigen vieldeutigen Wort »Aufheben« muß der Sinn zwischen »in die Höhe befördern«, »außer Kraft setzen« und »aufbewahren« gesucht werden. Wenn in der Hegelschen Dialektik also Form und Inhalt aufgehoben sind, haben sie aufgehört, als solche zu existieren. Sie sind zusammen etwas Neues geworden. Ein in diesem Sinne gelungenes literarisches Werk kann mit René Wellek als »Normenstruktur« bezeichnet werden.[38] Damit übertrug er die hehre idealistische Redeweise in eine phänomenologische, die uns auch heute noch näher steht.

Zielpunkt ist auf jeden Fall die Einzigartigkeit, die Individualität eines gelungenen literarischen Kunstwerks in seinem Entstehungszusammenhang und in Verbindung mit den entsprechenden Qualitäten einer gelungenen literarischen Übersetzung in dem, was man den Verpflanzungszusammenhang nennen könnte. Daraus folgt, daß keine der bis dahin geübten Übersetzungsmethoden geeignet ist, ein literarisches Werk in seinem ganzen Reichtum und seiner Fülle wiederzugeben. So kann das literarische Übersetzen nicht mehr als das idiomatische Neuschreiben des Inhalts in einer anderen Sprache gelten, da ja Form und Inhalt nunmehr als ineinander aufgehoben angesehen werden. Auch führt die Absicht Johann Jakob Bodmers und anderer, durch das Nachbilden des Idioms und der Metaphorik der Ausgangsseite die Zielsprache zu bereichern, eher in die Irre als ans Ziel, außer vielleicht dort, wo in einem Literatur-, Sprachen- und Kulturpaar extreme Fremdheit vorliegt, wie am historischen Anfang übersetzerischen Austauschs. Ähnliches gilt für die »so wörtlich wie mögliche« Schultradition. Der schülerhaften Wörtlichkeit steht nämlich der von James Macpherson (»VERBATIM«) eingeführte Begriff der »höhere[n] Wörtlichkeit« entgegen. Auf ihn stützten sich insbesondere solche Autoren, die sich auf die neue Poetik der Individualität – oder vielleicht besser »haecceitas«? – eingelassen hatten. Andere wiederum lehnten diese neue Begrifflichkeit ab. Das ist natürlich auch eine Möglichkeit. Sie setzt eines der folgenden drei Prinzipien voraus: Übersetzen ist nichts anderes als eine Krücke auf dem Weg zu einem hermeneutischen Textverständnis, das eine solche Stütze nicht nötig hat; man übersetzt nur solche Texte, die nicht Kunstwerke sind, so daß sie nicht unter die poetologische Dialektik fallen; oder man läßt es dabei bewenden, vorliegende Übersetzungen zu beschreiben und historisch einzuordnen, ohne die Wertfrage aufzuwerfen.

3.4 Ebenen der literarischen Individualität

Es gibt vier Hauptebenen literarischer Individualität beziehungsweise »haeceitas«. Mit »Diesheit« oder »Diesessein« zielte zum ersten Mal Johannes Duns Scottus (1266–1308) auf die Erkenntnis des Individuellen als die vollkommene

Erkenntnis und begründete damit eines der Hauptanliegen der neuzeitlichen Philosophie.[39]

Die vier Hauptebenen sind das einzelne Kunstwerk, das ganze Œuvre eines Autors, die Eigenheiten einer Dichterschule und die gesamte Literatur eines Volkes. Ihre Untersuchung kann weit führen, vorausgesetzt man bringt Sprache und Geschichte mit zum Ansatz.

Die alte Form der aburteilenden Kritik von Übersetzungen literarischer Kunstwerke anhand vorgegebener Grundsätze und Regeln etwa im Sinne Johann Christoph Gottscheds ist heute außer Kraft. Jedenfalls trägt das gemäß der Form-Inhalt-Dialektik verstandene und ausgearbeitete literarische Werk nunmehr seine Regeln in sich. Es ist ein Modell seiner selbst. Die angemessene Form der Kritik ist daher die hermeneutische Untersuchung. Die gegenstandsadäquate Poetik beginnt mit dem literarischen Werk. Insoweit halte ich es am liebsten mit dem frühen Thomas Stearns Eliot, demzufolge literarische Urteile und Regeln unvollständig gebliebene Werkanalysen sind.[40]

Es besteht kein Zweifel, daß die Idee der »haecceitas« eines Kunstwerks und seiner Bestimmung als dialektisch gelungener Ausdruck die Leser vor eine besonders schwierige Aufgabe stellt. Für den Sprachen- und Literaturunterricht entstand ebenfalls eine beachtliche Herausforderung.[41] Wo es damals in erster Linie um Grammatik- und Rhetorikschulung zukünftiger Redner und Schriftsteller ging, kann man das alte Programm erwarten. Zum neuen Ziel gehörte die Ausbildung kompetenter Zuhörer und Leser. Als Nachweis ihres Könnens galt eine formelle Interpretation. In begriffsgeschichtlicher Hinsicht läßt sich jener kritische Punkt bestimmen, an dem man erkennen kann, warum und wie sich zwei miteinander verbundene humanistische Disziplinen erneuerten: Hermeneutik und Philologie.

Nun können im Lichte der neuen Poetik Texte, die sich nur an überlieferten Binsenweisheiten abarbeiten, keinen künstlerischen Wert erringen, insbesondere wenn er nicht auch Anforderungen an das Geschick der Leser stellt, Anforderungen der Art, wie sie ähnlich auch für die Lektüre von Werken einer fremden Literatur gelten. Bei einem wahren Kunstwerk im neuen Sinn ist das vollständige Durchdringen besonders schwer, wenn nicht gar unmöglich. Was zählt ist die tastende, nach allen Seiten sichernde Ausspürung. Das große Projekt war es, eine Hermeneutik zu entwickeln, die der Erschließung eines potentiell unerschöpflichen Werks dient.[42] Ihre logische Begründung hat sie in Kants transzendentaler Erkenntnislehre im Hinblick darauf, welche Bedingungen als Grundlage für Textverständnis nötig sind.

Das Ziel der damals im Entstehen begriffenen neuen Philologie bestand darin, das Werk als nationales und kulturelles Individuum verständlich zu machen, insoweit es für den Zuhörer und Leser fremd war. Es handelt sich dabei um sprachliches, mentales, materielles, institutionelles, ethnologisches und religiöses Verstehen, unter Berücksichtigung geographischer oder chronologischer Nähe oder Ferne – kurz, um alles, was man wissen muß, um ein Werk zu verstehen beziehungsweise, genauer, wieder zu verstehen;[43] denn der Autor hat ja im wesentlichen bereits einmal verstanden. Dabei ging es nicht nur um das Wiederverstehen des engen, repetitiven Korpus des neoklassischen Kanons, sondern um die Literatur der ganzen Welt, von China bis zum äußersten Thule, wie es bei Herder heißt.[44] Diese Wegstrecke erfordert allein schon sprachliche Kenntnisse weit jenseits der klassischen drei sowie der drei oder vier modernen Sprachen und geht wohl über die Fähigkeiten selbst eines Sprachgenies hinaus. Das heißt auch, daß sich hier eine fünfte Ebene eröffnete, die seitdem Gegenstand entweder der Literatur- oder der Sprachenkomparatistik geworden ist.

3.5 Sprache: Vom Instrument zum Medium

Das überkommene Verständnis vom Ort der Sprache in der Wissensstruktur – ein einheitliches Universum, eine einheitliche Denkweise, einheitliche Ideen und viele »gleichgültige«, epiphänomenale Sprachen – paßt sowohl zur biblischen als auch zur rationalistischen Weltsicht. In der biblischen Schöpfungsgeschichte gab es menschliches Sprachvermögen schon zu dem Zeitpunkt, als Adam auf Gottes Geheiß den Tieren Namen verlieh.[45] Denn offensichtlich hatte Adam die Anweisung Gottes ohne vorheriges Sprachstudium verstanden, und seine Namensgebung kann logischerweise nur auf eine Erweiterung oder Ergänzung jener Sprache hinauslaufen, mit der ihn Gott zuvor schon angesprochen hatte. Da nach der biblischen Geschichte Eva erst nach der Benennung der Tiere erschaffen worden ist, dürfte aus dieser Sicht der erste und Hauptzweck der Sprache nicht darin liegen, daß Menschen Gedanken, Gefühle, Anweisungen austauschen. Vielmehr ist das Namengeben ein Akt des Ordnens. Der Austausch zwischen Menschen wuchs der Sprache als neue Aufgabe zu. Das läßt die Babelgeschichte erkennen, wonach die Menschen mit Sprachverwirrung bestraft worden sind, um die Planung und Ausführung des Baus eines himmelstürmenden Turmes – eine Auflehnung gegen Gott – zu verhindern. Ohne Frage war diese Erzählung den protestantischen Geistlichen und Gelehrten vertraut, die im 18. Jahrhundert in der Sprachphilosophie führend waren.

Vor diesem Hintergrund sind die frühen Aufklärungserzählungen von der Gesellschaftsbildung – die Lockes und die Shaftesburys – ebenfalls unfromm. Sie standen in einem engen Verhältnis zu Ansichten über die Entwicklung der Sprachen. In dem Maße, in dem außereuropäische Sprachen bekannt wurden, nahm die Plausibilität zu, anzunehmen, daß es mehr als nur eine einzige – die Adamische – Ursprache gebe.

Doch wurde seit dem 17. Jahrhundert die Entstehung der Sprache auch als eine natürliche und spezifisch menschliche Fähigkeit bedacht: so bei René Descartes und Etienne de Condillac. Zeitweilig standen zwei fernöstliche Sprachen – Hindi und Mandarin-Chinesisch – neben dem Hebräischen als drei Ursprachen nebeneinander.[46] Insbesondere die Königliche Akademie der Wissenschaften zu Berlin förderte diese Fragestellung durch die Auslobung verschiedener Preise. Aus der Sicht der vorliegenden Untersuchung am wichtigsten ist der von 1769. Er galt folgender Frage:

> En supposant les hommes abandonnés à leurs facultés naturelles, sont-ils en état d'inventer le langage? et par quels moyens parviendront-ils d'eux-mêmes à cet invention?[47]

Herder fand eine preiswürdige Antwort auf dieses Muster einer Frage, die ihre Beantwortung bereits in sich trägt – Bieten Häuser gegen Unwetter Schutz, und wie baut man ein Dach? Er entschloß sich zu einem klassischen Kompromiß. Die Lösung lief darauf hinaus, daß er die charakteristischen Gegenpositionen so miteinander verknüpfte, wie es zur Eröffnung des neuen Sprachverständnisses nötig war. Es erscheint daher angezeigt, diese Preisschrift und ihren Entstehungszusammenhang genauer ins Auge zu fassen.

Der Anlaß war ein Streit in der Berliner Akademie über den Ursprung der Sprache.[48] Der Präsident, Pierre-Louis Moreau de Maupertuis, hatte die Sprache wie jedes andere Instrument, jedes Gerät zu einer menschlichen Erfindung erklärt. Der Theologe Johann Peter Süßmilch hielt dagegen, die Sprache sei ein so komplexes Gebilde, daß sie nur göttlichen Ursprungs sein könne. Weil er die in der Frage implizierte Antwort richtig verstand und einschätzte, griff Herder den Theologen scharf und unter Namensnennung an. Er erwies sich als ausgefuchster Dialektiker, indem er – theologisch wohl zweifelhaft, aber zur Anthropologie passend – erklärte, nur der menschliche Ursprung der Sprache in einer gottgeschaffenen Seele entspräche der Größe und Würde Gottes:

> Der höhere Ursprung ist, so fromm er scheine, durchaus ungöttlich. Bei jedem Schritte verkleinert er Gott durch die niedrigsten, unvollkommensten Anthropomorphien. Der menschliche zeigt Gott im größesten Lichte: *sein Werk, eine menschliche Seele, durch sich selbst, eine Sprache schaffend und fortschaffend, weil sie sein Werk, eine menschliche Seele ist.* Sie bauet sich diesen Sinn der Vernunft als eine Schöpferin, als ein Bild seines Wesens. Der Ursprung der Sprache wird also nur auf eine würdige Art göttlich, so fern er menschlich ist.[49]

Dies ist ein durch und durch panentheistisches Argument. Es wird lebendig, wenn Leser erkennen, wie vielfältig und wie vielfältig verflochten die Wortgruppe »Sinn der Vernunft« daherkommt. Panentheismus – nicht Pantheismus – war Herders Reaktion auf den Materialismus seiner Zeit. Ihm zufolge wirkt Gott nun nicht mehr durch direkte Eingriffe, sondern dadurch, daß er Menschen in die Lage versetzt, auf ganz natürliche Weise in seinem Sinne zu handeln. Dieses

Zusammenarbeiten von Gott, Natur und Mensch ist entscheidend. Geistesgeschichtlich steht Herder damit an der Schwelle zum »aktiven Universum«, wie das Weltbild der Romantik einmal genannt worden ist.[50] Es erwies sich als unhaltbar, die Natur in statischen Kategorien aufzufassen, so wie es etwa Carl von Linné auf damals großartige Weise für die Botanik getan hat. Die neuen Kategorien waren dynamisch, so wie sie es schon einmal bei Francis Bacon waren, der dafür hielt, »[that] matter is in a perpetual flux, and never at a stay«.[51] Nun bezeichnete Herder durchaus in diesem Sinne auch die Sprache als schaffend und fortwährend weiterschaffend. Die zusammenfassende aktive Kategorie lautet, wie gesehen, »natura naturans« – Natur als Schaffenskraft auch im Menschen – nicht »natura naturata«, die geschaffene Natur, die Teil unserer Umwelt ist. Später finden sich zum Beispiel bei Wilhelm von Humboldt auch aktive Grammatikkategorien im Sinne von »formae formantes«.[52] Seine erkennbare große Nähe zu Herder zeigt sich in Bestimmungen wie »Der Mensch ist nur Mensch durch Sprache«. Er fügte ganz in Herders Sinn hinzu: »Um aber die Sprache zu erfinden, müßte er schon Mensch seyn.«

Die Debatte über den Ursprung der Sprache wurde gewiß nicht nur auf Deutsch geführt. Hier aber erreichte der protestantische Widerspruchsgeist besonders weitreichende Folgerungen, so daß es sachdienlich ist, das Argument hier auf den deutschen Sprachraum einzuengen.

Herder sah die Dinge ganz ähnlich wie sein älterer Freund und Mentor, der radikale – nicht fundamentalistische – evangelische Christ Johann Georg Hamann (1730–1788), insbesondere in bezug auf dessen Schrift *Über den Ursprung der Sprache* (1770).[53] Er glaubte innigst, daß die in Gottes Ebenbild geschaffenen Menschen von Anfang an mit Vernunft und Sprachvermögen begabt waren. Für ihn stand fest: Menschen hatten nicht »das Wort« erschaffen; es war umgekehrt. Um der Klarheit willen sei betont, daß für Hamann das Wort nie unvernünftig war und die Vernunft nie ohne Wort auskam. Die große Aufgabe bestand darin, Abstraktionen zu vermeiden und die Wort-Vernunft-Identität als konkreten, einzigartigen, individuellen Sach- und Denkverhalt auszubringen.

Herders ganz ähnlicher Standpunkt läßt sich leicht aus Robert S. Leventhals hervorragender Studie der klassischen deutschen Hermeneutik erschließen. Er stellte neun Thesen zu Herder vor.[54] Diejenigen, die sich unmittelbar auf das vorliegende Argument beziehen, können in vier Punkten zusammengefaßt werden:

Aus Herders *Abhandlung über den Ursprung der Sprache* (1772) zitierte Leventhal, daß »im Grunde der Seele« Denken und Sprechen »eins« seien, und er nannte dieses Zusammenwirken »coextensive«, also so viel wie von gleicher räumlicher, zeitlicher oder raumzeitlicher Ausdehnung. Diese Auffassung wird wieder bei Schleiermacher auftauchen.

Herder, so Leventhal, distanzierte sich von der überlieferten Ansicht, daß

Reden und Schreiben die im Geist des Autors vorliegenden Ideen oder sonstigen Gedankenbilder einkleiden. Ganz im Gegenteil sprach er sich für die »primacy of expression in the determination of thought« aus. Wieder konnte sich Leventhal auf Herders *Ursprung der Sprache* berufen: Die Sprache ist

> die Form der Wissenschaften, nicht bloß in welcher, sondern auch nach welcher sich die Gedanken gestalten: wo in allen Teilen der Literatur Gedanke am Ausdruck klebt, und sich nach demselben bildet.

Wenn der Ausdruck den Gedanken bildet, dann ist die sprachliche Form auf jeden Fall bei Herder, Schleiermacher und Humboldt alles andere als ein Gefäß. Sie ist eine Handlung.

Nun bedeutet dieser erkenntnistheoretische Primat des Ausdrucks nach Leventhal, daß die menschliche Kultur und die Sprachgemeinschaften nicht mit Notwendigkeit zusammengeschlossen sind – außer, so möchte ich hinzufügen, daß Herder annahm, eine jede dieser Gemeinschaften ergänze jeweils auf ihre Art die Gesamtheit der Sprach-, Literatur- und Kulturgemeinschaften. Denn es gibt so etwas wie einen stets wandelbaren Gesamtbestand, zu dem jedes Volk auf seine Weise beiträgt.

Und schließlich gilt laut Leventhal:

> Herder's *Humanität* is not a metaphysical substance or entity that lies behind the scenes, nor is it a concept about human nature; it is rather the performative linkage between different forms of historico-cultural existence.

Dieses breit angelegte Interesse an der geistigen Entwicklung der Menschheit aus den Gemeinsamkeiten und Unterschieden zwischen den individuellen gedankenerzeugenden und von Gedanken durchdrungenen Sprachen teilt Humboldt mit Herder. Was hier zur Verdeutlichung dieses Ansatzes nötig ist, kann ein kurzer Blick auf die Ideen von »forma formans«, »sprachlicher Weltsicht« und »energeia« zeigen.

Aus den Ausführungen Helmut Gippers und Peter Schmitters zur »forma formans« geht hervor, daß es weder um Phonologie noch Grammatik geht, sondern – in einem Lieblingsausdruck der Zeit – um »innere Form«.[55] Humboldt war davon überzeugt, daß es möglich sei anzugeben, welche distinktive Arbeit die jeweilige Sprache zu leisten vermochte. Er achtete darauf, wie Begriffe gebildet und wie die Semantik der Wörter und Sätze jeweils ausgeführt wurden. Es ging ihm darum, die Prinzipien zu ergründen, nach denen eine Sprache ihren Umgang mit Gedanken einrichtet. Zur Bezeichnung der jeweiligen Verbindungen zwischen diesen Prinzipien sprach er von »sprachlicher Weltsicht«. Es ist offensichtlich, daß der so bezeichnete Begriff nichts mit Subjektivität und nichts mit Ideologie zu tun hat. Nach Gipper und Schmitter handelt es sich um die »Art des Gegebenseins der Welt in den Kategorien einer Sprache, [...die] Weise, in welcher in einer bestimmten Sprache die Welt in Gedanken überführt worden ist« und, so sollte hinzugefügt werden, wie sie das auch weiterhin tut, Neuerungen eingeschlossen.[56] Es geht darum zu erkennen, wie »die Welt« in den Kategorien einer Sprache da ist und wie in einer Sprache die Welt gedanklich umgeformt worden ist. Es sollte unnötig sein zu bemerken, daß der Idealist Humboldt nicht am Bau eines »Sprachgefängnisses« arbeitete. Vielmehr wollte er in Erfahrung bringen, wie sich das System von Sprache, Gedanke und Welt jeweils erneuert. Ich füge mit Blick auf die anstehenden Neuerungen hinzu: und auch den artikulierten Laut zur Bildung von Gedanken befähigen.

Insbesondere im Blick auf den letzten Satz läßt sich die neue Einstellung zur Verbundenheit von Sprache (als System, nicht als Rede), Denken und materieller Wirklichkeit erkennen. Darin haben Hamann, Herder und Humboldt sowie Friedrich Daniel Ernst Schleiermacher mit folgendem Ergebnis zusammengearbeitet: Jedwede Sprache gibt dem Denken eine eigene Gestalt. Das heißt aber nicht, daß sie neues Denken ausschließt. Dieses neue Denken kann nur in seiner Beziehung zur Überlieferung, in gewisser Weise an sie angeschmiegt, und unter Berücksichtigung der Veränderung der Sprach- und Sprechgewohnheiten gedacht werden. Schleiermacher verdanken wir eine nahezu Humboldtische Erklärung zu dieser ständigen Spracherneuerung:

> Der Einzelne ist in seinem Denken durch die Sprache bedingt und kann nur die Gedanken denken, welche in seiner Sprache schon ihre Bezeichnung haben. Ein anderer neuer Gedanke könnte nicht mitgeteilt werden, wenn nicht auf schon in der Sprache bestehende Beziehungen bezogen.[57]

Freilich trifft es zu, daß sich Schleiermacher hier wie anderswo pessimistisch über die Befreiung äußerte, die von komparatistischen Sprachstudien ausgehen kann. Aber die »sprachliche Weltsicht« hat schwerwiegende Konsequenzen für den überkommenen Übersetzungsbegriff im Hinblick auf die neu entstandenen. Wegen der Verwicklung eines jeden Wortes in das jeweilige Netz von sprachlichen, gedanklichen und auf die materielle Realität bezogenen Momenten wird es mehr als schwierig, Äquivalente zwischen Sprachen zu bestimmen. Es gibt, so Gipper und Schmitter, keine interlingualen Synonyme, während in der althergebrachten Übersetzungspoetik, wie gesehen, vollkommene Synonyme zwischen Sprachen bestehen, und nur da. Damit ist eine Hauptstütze der alten Denkweise über Übersetzen und Übersetzungen, die auch Breitinger noch verwendet hat, weggefallen.

4 Der Wegbereiter: Herder

Johann Gottfried Herder (1744–1803) verbrachte die ersten fünfundzwanzig Jahre seines Lebens in einem Landstrich zwischen Danzig/Gdansk, Königsberg/Kaliningrad und Riga, wo das Nebeneinander, Miteinander und gegebenenfalls Gegeneinander von Menschen verschiedener Konfession und verschiedener Volks- und Sprachzugehörigkeit unmittelbar zu erleben war. Wiewohl er aus kleinen Verhältnissen stammte, erlaubten ihm seine hohen Geistesgaben eine hervorragende Bildung. Abgesehen von seiner Muttersprache Deutsch war er nicht nur in den antiken Sprachen bewandert, die zugleich Kirchensprachen sind, sondern auch im Englischen und später im Französischen sowie im Spanischen. Auf ausdrücklichen Wunsch seines Förderers schrieb er sich in Königsberg für Medizin ein, durfte aber nach einiger Zeit von der Sorge für den Leib zur Seelsorge hinüberwechseln und Theologie studieren. Es charakterisiert seine Begabung sowie seine Herangehensweise, daß er schon als Student in Ausarbeitungen über Immanuel Kant und Johann Georg Hamann – letzterer eher ein väterlicher Freund als ein akademischer Lehrer – eine gründliche Kenntnis des jeweiligen Œuvres auf einen Punkt hin zuspitzte, den er als kritikwürdig ansah.

Nach einer Zeit als Prediger in Riga fand er sein Auskommen zunächst als Tutor eines jungen Adeligen auf dessen Bildungsreise durch Europa und als Hofprediger. Schließlich konnte er als Generalsuperintendent der Lutherischen Kirche dem Herzogtum Weimar, einem kleineren deutschen Fürstentum, das vor allem dank der Anwesenheit von Johann Wolfgang von Goethe und Friedrich Schiller ein Zentrum des damaligen deutschen Geisteslebens war, einen weiteren Glanzpunkt aufsetzen.

Die Zeit um 1800 kann leicht als eine Kette von Höhepunkten durchgehen. Unter der übersetzungsbezogenen Perspektive steht Friedrich Daniel Ernst Schleiermacher mit »Ueber die Methoden des Uebersezens« (1813) an ihrem Kulminationspunkt.

4.1 Herders neue Ideen zum Übersetzen und zur Übersetzung

Herders Neuerungen beruhen auf neuen Ansichten von Sprache und Literatur.[58] Zum Verständnis seiner Auffassung von der Verbindung der Überlieferung mit den sich abzeichnenden neuen Denkansätzen gehört es, sich zu erinnern, daß man die damals in Europa bekannten und als kanonisch geltenden Sprachen an den zehn Fingern abzählen konnte und noch einige Finger übrigblieben. Es handelt sich also um einen geographisch eng eingegrenzten Bruchteil dessen, was heute als Gegenstand des sprachwissenschaftlichen und literaturhistorischen Interesses gilt. Hinzu kamen Sprachen, von denen man kaum mehr wußte, als daß sie existieren. Nun sind verständlicherweise im Fall eines relativ kleinen Corpus Verallgemeinerungen leichter möglich, als wenn es darum geht, eine große Anzahl von so komplexen Gebilden, wie Sprachen und Literaturen es nun einmal sind, aufeinander zu beziehen.

Unter den überlieferten Sprachbegriffen sind es zwei dualistische, von denen sich Herder deutlich absetzte. Der althergebrachte bestimmt das Verhältnis von Gedanke und sprachlichem Ausdruck. Es handelt sich bekanntlich um die sprachliche Einkleidung einer noch sprachlosen »inneren« Größe. Herder entwickelte und vertrat demgegenüber einen monistischen Begriff, der die Sprache schon beim Denken mitdenkt und insoweit den Einkleidungsbegriff umkehrt. Dies gilt zunächst für das Erlernen der Muttersprache. Als Kinder haben wir, so Herder, durch die Sprache denken gelernt. So wurden unsere Begriffe von Anfang an gedanklich und zugleich sinnlich klar und klebten an den Wörtern. In jenem Maße, in dem sich ein Schatz solcher wortgestützten, anschaulichen Begriffe gebildet hat und weiterbildet, dient er als Vorrat, aus dem jeder begrifflich-anschaulich-sprachliche Akt des Verstehens, Deutens und Mitteilens schöpfen kann und muß.

Hieraus ergeben sich einige Weiterungen. Die Untrennbarkeit von Wort und Begriff in diesem komplexen Sinn bedeutet, daß eine jede Sprache auf ihre eigene Weise ein System von Gedanken, Anschauungen und Ausdrücken schafft, das sie von allen anderen Sprachen unterscheidet und das bestenfalls in der Muttersprache erlernt und vollkommen ausgeübt werden kann. Das bedeutet außerdem, daß ein anderer dualistischer Sprachbegriff, der noch zur Herderzeit besonders gepflegt worden ist, seine Überzeugungskraft verlor. Bei ihm handelt es sich um eine Abbaustufe des aus der Antike überlieferten und im Rationalismus besonders ausgearbeiteten Sprachbegriffs, wonach eine jede Sprache das bei allen Menschen gleichartige Denken auf ihre Weise vollkommen ausdrücken kann. Die übersetzerische Erfahrung führte zu der Einsicht, daß keine der bekannten Sprachen vollständig rational ausgestaltet ist – ich hätte fast gesagt: durchgestylt –, so daß einer jeden Momente anhaften, die aus rationalistischer Sicht irrational sind. So entstand die Vorstellung eines rationalen Kerns und einer nicht rationalen Randzone. Bei letzterer handelt es sich um jene Charakteristika, die für eine jede Sprache eigentümlich sind. Diese Idiomatik war damals oft als Sammlung von Idiotismen bekannt; auch »génie« in einer seiner Bedeutungen sowie »Sprachgeist« sind damals geläufige Bezeichnungen. Aber die oben beschriebene Umwandlung des Kernbegriffs der Rationalität in einen auch sinnlich und sprachlich mitbestimmten Denkverhalt erlaubte es, die Ansicht zu entwickeln, das Rationale an einer Sprache sei von der Idiomatik durchdrungen. Es wäre sicher übertrieben, eine kopernikanische Wende von einem rationalistischen zu einem idiomatischen Sprachbegriff anzunehmen.

Aber es trifft zu, daß von nun an das, was Kern und Rand gewesen ist, als in einem einzigen Sprach- beziehungsweise Volksgeist aufgehoben gilt.

Herder hat das nicht ganz so scharf formuliert. Aber in seiner Akademieschrift von 1772 ließ er keinen Zweifel daran, daß er nichts mit der rationalistischen Sprachauffassung zu schaffen hat. Er verstand, wie gesehen, Sprache nicht als übernatürliches, sondern als zutiefst natürliches Produkt des gottgegebenen menschlichen Geistes beziehungsweise, wie er es ausdrückte, der Seele. In diesem Sinne wuchsen in einem von Anfang an aufklärenden Prozeß Sprache und Vernunft aneinander und miteinander. Ziel war es vor allem, die Welt, in der man lebte, zu erkennen und nicht so sehr, sich mit anderen Menschen auszutauschen. Auch achtete er auf die Vielfalt der Sprachen, wie er sie in Missionsberichten vorfinden konnte, und die er mit den jeweils anderen Anforderungen der geographischen und historischen Situationen und der Psychologie der Andersheit, wenn nicht auch gelegentlich der Feindschaft erklärte. Es spricht wohl nur wenig dagegen, seinen Sprachbegriff als einen anthropologischen und sprachsoziologischen zu bezeichnen, wenn man nicht »panentheistisch« sagen will.

Ähnliches gilt für Herders Einstellung zum umfassenden rationalistischen System Christian Wolffscher Prägung. Denn letzten Endes ist der Glaube, daß das Rationale alles auf dem Planeten Terra – in einer hier angemessenen veralteten Redeweise – »durchwaltet«, im Grunde irrational. Demgegenüber zeichnet sich Herders Weltbild, das ja allenthalben auf einer »mise en relation« beruht, durch eine gründliche Hermeneutik aus, die peinlich genau situativ ist und oft um der Erkenntnis willen Gegensätze in sich aufnimmt. Überall achtete er sorgfältig darauf, im Hinblick auf sein Argument sowohl die historische Lage seines Gegenstandes als auch seine eigene in Ansatz zu bringen. Letztere ist so offen, daß man manchmal den Eindruck gewinnen kann, als wären seine Wahrheiten im und gegenüber dem Gang des Arguments relativ. Mit Sicherheit kommt Herders weitgespanntes Œuvre nicht ganz ohne Widersprüche aus. Deshalb bleibt jede menschliche Wahrheit bei ihm bis zuletzt vorläufig. Denn sie hat auch Teil an zwei Geschichten: der Geschichte der wahrgenommenen Gegenstände und der des wahrnehmenden Geistes. Auch deshalb vermied er es, sein wahrhaft monumentales Werk einer Philosophie der Geschichte des menschlichen Geistes als solches zu deklarieren. Vielmehr bezeichnete er es zurückgenommen als eine Sammlung von Ideen für eine solche Philosophie, wobei Philosophie hier als eine Erhellung dessen zu verstehen ist, was eine natürliche Erklärung erlaubt. Bemerkenswert erscheint mir, daß er Geschichte nicht als Narrativ, sondern einmal als eine »Reihe von Bildern« bezeichnet hat.[59]

Was die literarische Seite dieser Geschichtsidee betrifft, ist Herder konsequent. Schon in einer seiner ersten veröffentlichten Schriften sprach er sich dafür aus, die literarischen Leistungen eines Volkes gemäß seines geographischen Orts, seines Platzes in der Zeitenfolge und seiner Wesensart zu beurteilen und nicht am Kanon der Alten oder der Neuen abzumessen: »an ihrer Stelle und nach ihrer Art und nicht nach Griechischem oder neuern Maaßstabe«.[60] Diese einem Volk zugeschriebenen Maßstäbe sah er aus dessen raumzeitlicher Lage und dessen angeborenen Kräften hervorgehen. Ihm galt es als Pflicht eines jeden Volkes, bei allem historischen Wandel seine besonderen Eigenschaften nicht aufzugeben, wohl aber international abzusichern. Denn nur so sei es möglich sicherzustellen, daß das gesamte Potential der Menschheit in seiner erdweiten Vielfalt ausgeschöpft werden kann.

Aus dieser Sicht ist jedes Volk ein in sich geschlossener, zu anderen komplementärer Beiträger zur Menschheitskultur. Wieder liegt es nahe, eine kopernikanische Wende darin zu sehen, daß seit der Antike die Idee der Homogenität der Sprachen und Literaturen beherrschend war, aber seit Herder deren Heterogenität. Auch hier gilt es allerdings, sorgfältig abzuwägen. Denn Herder sah auch ganz genau, daß sich die Völker immer wieder in einem vielfältigen Austausch miteinander befinden. So sind unter dem neuen Begriff der Weltliteratur das Aufrechterhalten von Eigentümlichkeiten und deren Homogenisierung durch Austausch oft gleichzeitige Prozesse. Die althergebrachte Idee erdweiter Homogenität wurde zu den Akten gelegt. An ihre Stelle trat ein Begriff, der Gemeinsamkeiten und Unterschiede in Rechnung stellt. So wie ich Herder lese, konnte er das Verhältnis von programmatischer Verschiedenheit und pragmatischer Angleichung nie zufriedenstellend darlegen. Es steht aber fest, daß Übersetzen und Übersetzung bei ihm klar unter diesen Zeichen stehen.

Dies trifft schon auf die dreibändige Ausgabe der »Fragmente« zu, die 1767 anonym als Auswertung der Nicolaischen *Litteraturbriefe* unter dem Titel *Über die neuere deutsche Litteratur* erschienen ist. Als der supranationale Kanon, sei es derjenige der Antike oder jener der Raison, so gut wie unangefochten in Kraft war, zehrten Dichter und Übersetzer jederzeit und überall von zunächst drei Literaturen, der lateinischen, der griechischen und der hebräischen. Letztere hatte Jahrhunderte lang ihre Autorität daraus bezogen, daß sie einen Platz in der christlichen Tradition hat. Um die Mitte des Jahrhunderts war ihr von Robert Lowth und in seiner Nachfolge von Herder dann auch literarische Autorität zugeschrieben worden.

Nun erlaubt es die Vorstellung eines erdweiten Gefüges komplementär zueinander stehender Nationalsprachen und -literaturen, imitations- und übersetzungswürdige Werke dadurch zu ermitteln, daß Art und Umfang der hierfür besonders geeigneten internationalen Situationen bestimmt werden. In den »Fragmenten« zeigte Herder dementsprechend ein besonderes Interesse an den Arten der Begegnung deutscher Autoren mit anderen Literaturen und entwarf Empfehlungen für die Gegenwart und Erwartungen an die Zukunft. So wie er diese internationale Lage einschätzte, fielen Rückblick und Vorausplanung,

Historiographie und Programmatik zusammen. Er beklagte das Fehlen einer vergleichenden Geschichte der klassischen und der modernen Literaturen. Fünfzig Jahre später schlossen Friedrich und August Wilhelm Schlegel diese Lücke für ihre Zeit. Das folgende Schema kann wohl als Kurzform der unausgeführten Geschichte gelten.

Herder unterschied in Analogie zum Lauf der Jahreszeiten und zum Lebenslauf vier »Lebensalter einer Sprache«.[61] An diesem Vergleich fällt auf, daß Jahreslauf und Lebenslauf hinter der gleichen Morphologie einen beträchtlichen Unterschied aufweisen. Für den Jahreslauf gilt: Nach jedem Dezember folgt wieder ein Mai. Im Unterschied dazu ist der Lebenslauf nicht zyklisch, sondern endlich. Was macht den Tod einer Sprache aus? was den einer Literatur? Gibt es das überhaupt, oder nur als Metapher?

Trotz dieser Unterschiede im Verlauf haben Lebenslauf und Jahreslauf dennoch eins gemeinsam – und das stand damals wohl im Vordergrund –, daß beides organische Abläufe sind. Die Lebensalter einer Sprache – es müssen ja die analogen vier sein – bestimmte Herder folgendermaßen: Die Kindheit ist die Zeit des halb unartikulierten, halb artikulierten Stammelns; die Jugend gefällt als Blüte der mündlichen Dichtung; »schöne Prose« herrscht während der Reife (und Ernte?) vor. Und die letzten, kalten Jahre sind der Philosophie gewidmet.

Dieses Schema geht wohl letztlich auf Jean-Jacques Rousseau zurück. Herder begegnete ihm auf jeden Fall bei Thomas Abbt in den Nicolaischen *Litteraturbriefen*. Was er daraus für die neueste deutsche Literatur machte, ist gewiß anregend, nicht weil er ihr in der Mittellage der schönen Prosa eine Stellung im reiferen Alter zuwies, sondern weil er die Möglichkeit einräumte, von da aus auf die poetische Jugend oder das weise Alter auszugreifen. Dadurch wird zwar die Lebensalteranalogie beschädigt. Aber im christlichen Sinne eines Menschenbildes der Freiheit unter Gott paßt diese Auffassung zu einem Geistlichen wie Herder.

Kehrt man von dieser Außenperspektive zu Herders Darlegung zurück, stellt man fest, daß er keinen Zweifel daran läßt, welches Rüstzeug man für die Auslenkungen jeweils benötigt. Um das Deutsch seiner Zeit für die Pflege des Poetischen auszubauen, sah er die Notwendigkeit, einen variablen, schönen und lebendigen Stil zu entwickeln. Zu diesem Zweck empfahl es sich, beim Übersetzen oder Nachahmen Anleihen bei stärker sinnenhaften Sprachen beziehungsweise Sprachen in ihrem jugendlichen Stadium zu nehmen. Um ins Philosophische auslenken zu können, war es hingegen angezeigt, dort auf die Suche zu gehen, wo man erwarten kann, eine Sprache aufzufinden, die eindeutig, korrekt und trennscharf ist. Den jeweiligen Kurs kann man aus eigener Kraft mit Hilfe von Reflexion festlegen. Herder faßte zusammen: »Man bilde also unsre Sprache durch Übersetzung und Reflexion«.[62] Das Ergebnis, so zeigt sich, bestand darin, daß man damals im Fall der deutschen Literatur alle Stadien mit Ausnahme des kindlichen Lallens einnehmen konnte.

Ein Teil der geforderten Reflexion zielte darauf ab, genau jene Sinnlichkeit der Sprache zu identifizieren, die sich am besten dazu eignet, das Deutsche von Herders Zeit zu poetisieren. Um es kurz und knapp zu sagen: Der alten hebräischen Dichtung zum Beispiel in den Psalmen in ihrer Sinnlichkeit dichtend nachzuspüren, hielt er wegen der beträchtlichen kulturellen Unterschiede zwischen einem Hirtenvolk und Bewohnern von Städten für wenig aussichtsreich. Statt dessen empfahl er die britische Literatur. Sie sei kulturell sehr nahe und noch jugendlicher als die deutsche in bezug auf poetische Ausdrucksfähigkeit. Doch auch Griechisch und Latein galten ihm als lesenswert.

4.2 Die Spannweite von »Ton«

Was das Übersetzen angeht, achtete Herder darauf, daß der Ton eines jeden Abschnitts oder der Hauptton des gesamten Werks getroffen wird. Analog zum Wort »Übersetzen« verwendete er gelegentlich »Übertönen«.[63] Meines Wissens war Andreas Kelletat im Jahr 1984 der erste, der viel dafür tat, das tonerhaltende Übersetzen zu bestimmen. Eine kurze Liste umfaßt »Bardenton, Ton der Liebe, Kinderton, nordischer Zauberton, Ton des Tacitus, Romanzenton« und führt Kelletat zu der Definition, Ton umfasse

> all jene sinnliche Qualitäten [...], die rhythmischen Strukturen, Widerstände, akustischen Modulationen, die einem literarischen Text eine unverwechselbare Gestalt verleihen als dessen Inhalt und erweisbare verstechnische Form.[64]

Im Jahr 1997 überprüfte Iris Konopik das tonerhaltende Übersetzen im Zusammenhang mit ihrem Interesse an Leserreaktionen und fand eine Stelle, wo Herder »Ton« ausdrücklich als jene Kraft beschrieb, »die dem Innern der Worte anklebt, die Zauberkraft, die auf meine Seele durch die Phantasie und Erinnerung einwirkt«.[65] Außerdem bezog sie sich auf seine Annahme, daß Sprache in ihrem Urzustand in großem Maße von Ausrufungen und anderen halbartikulierten Tönen gekennzeichnet ist, die »Empfindung« ausdrücken. Wieder steht man hier am Übergang zu Alexander Gottlieb Baumgarten. In seiner Ausarbeitung zu diesem Gegenstand bestand Herder auf Widersprüchlichkeit, die er manchmal dem untersuchten Argumentationsgang aufdrückte, um daraus sein eigenes Argument zu entwickeln. Danach sind ähnlich wie bei Baumgarten Erinnerung und Phantasie die niederen Seelenkräfte beziehungsweise Geistesgaben. Dasselbe gilt für die Empfindung. Hier führte nun Herder die schönen Künste, vor allem Dichtung und Literaturkritik, auf einen neuen Grund und

Boden, weg von dem kargen Ton des Verstandes, auf den insbesondere die französische Aufklärung gesetzt hatte.

Ton, so will mir scheinen, ist Herders Haupt- und Schlüsselwort für diesen fundamentalen Wandel. Die Schwierigkeit besteht aus heutiger Sicht darin, daß dieses Wort zur Zeit Herders eine immense Bedeutungsbreite besaß, die in Grimms *Deutschem Wörterbuch* auf 34 zweispaltigen Seiten im Lexikonformat in kleinem Druck ausgebreitet worden ist. Angesichts dieser Fülle erscheint eine rein induktive Vorgehensweise wenig aussichtsreich. Für eine trennscharfe Unterscheidung ist daher zur Ergänzung ein deduktiver Zug angezeigt.

Anknüpfen läßt sich an eine eher aphoristische als argumentative Bemerkung Konopiks.[66] Sie setzte nämlich – was nachvollziehbar ist – Herders »Ton« in Verbindung zu Shaftesburys »innerer Form« im Sinne »de[s] ein Werk beseelenden Geist[es]«. Nach Herder – so Konopik – besteht der Zauber der Dichtung darin, eine »Melodie der Vorstellungen« zu erwecken. Die Bedeutung von »Vorstellung« liegt an dieser Stelle in der im Lockeschen Sinne verstandenen Idee der geistigen Spur eines Sinneseindrucks. Herders Ton steht für die Einheit dieser Melodie. Es handelt sich dabei, so Konopik, um einen Akt symbolischen Verstehens des geschriebenen, also des stummen Texts.

Nun ist es wegen der Zögerlichkeit, mit der Konopik argumentiert hat, meines Erachtens angezeigt, auch nach anderen Verknüpfungen als der mit Shaftesbury Ausschau zu halten. So stellte Ulrich Gaier schon 1990 eine Verbindung zwischen dem Herderschen Ton und dem der Meistersinger her.[67] Mindestens genau so eng ist die Beziehung zu einer französischen Poetik aus der Jahrhundertmitte. Denn dem poetischen Ton gehörte im 18. Jahrhundert in der französischen Literatur (unter Einschluß von Übersetzungen) eine besondere Aufmerksamkeit. Auch weil er Übersetzungen berücksichtigte, ist Charles Batteux hier der Autor der Wahl. Sein *Beaux-arts réduit à un même principe* (1746) in Johann Adolf Schlegels deutscher Übersetzung von 1759 und der *Cours de belles lettres* (1747–50), von Karl Wilhelm Ramler von 1756 bis 1758 übersetzt, fanden Herders Interesse, entweder auf französisch oder auf deutsch. Da er sich in seiner Frühschrift zur Ode ausdrücklich auf Batteux berief, liegt es bei seiner Arbeitsweise nahe, daß er dessen Poetik gut kannte.[68]

Neben diesen nicht nur möglichen, sondern wahrscheinlichen Bezugnahmen auf Batteux steht Herder auch in einem größeren Kontext. Der Eintrag »Ton, *sonus*« in Grimms *Deutschem Wörterbuch* enthält einen kurzen Aufsatz darüber, wie im Deutschen die vielfältige Bedeutung, die »ton« im Französischen des 18. Jahrhunderts hat, übernommen und wiedergegeben worden ist. Herder ist dort als ein Autor angegeben, der diese Neuerung besonders frei und kühn verwendete:

> *ton* ist nicht nur der hörbare ausdruck der sprecherstimme, sondern auch der geistig wahrnehmbare inhalt und ausdruck der rede, der sich in der art und weise der wortfügung, des stils und im thatsächlichen gegenstand der rede offenbart. diese geistige wahrnehmung, die nicht mehr durch das sinnliche hörorgan vermittelt wird, kann dann ebenso auf das geschriebene wort bezogen werden.

Ton in diesem Sinne, so heißt es weiter, hat nicht nur in der Poesie seinen Platz, sondern auch in der Konversation mit den begleitenden Gesten. Schließlich kann sich Ton auf die überlieferten Sitten einer Bevölkerungsgruppe beziehen.

Wie erinnerlich bezeichnet Ton im literarischen Sinn des Wortes eine ganzheitliche Qualität des Werks oder seiner Abschnitte. Ton in diesem holistischen Sinn zu übersetzen ist eine anspruchsvolle Aufgabe. Nicht umsonst hat Herder erkennen lassen, daß Übersetzer Genies sein müssen. Eine in diesem Sinne gelungene Übersetzung zeigt in der übersetzungsseitigen Sprache, Literatur und Kultur, wie die Vorlage in ihrem Entstehungszusammenhang klingt und sich anfühlt – so weit oder nahe dies überhaupt möglich ist. Es kann laut Herder nicht gelingen, wenn die sprachlichen, literarischen, auf das Übersetzen bezogenen und kulturellen Eigenschaften zwischen Ausgangs- und Zielseite sehr stark voneinander abweichen.

Aber wie mißt man die Breite dieser Kluft? Wenn man sich einen Fall vorstellt, in dem eine solche überbrückende, tonerhaltende Übersetzung gelungen ist, so muß man annehmen, daß die Grundschrift auf jene Weise lesbar gemacht worden ist, die im Entstehungszusammenhang vorgelegen hat. Es kann aber nicht anders gelingen, als daß sie im Verpflanzungszusammenhang neu geschaffen wird und so zugleich anders ist.

4.3 Fazit

In diesem Sinne hat die Übersetzung ihren Platz in Herders später Auffassung vom komplementären Wesen aller Nationalsprachen und -literaturen. Es ist eine knifflige Frage – trotz Johannes Duns Scotus und gegen Charles S. Peirce –, ob eine gegebene »haecceitas« mehr als einmal existieren kann, oder ob immer eine Spur unüberwindbarer Fremdheit zurückbleibt. Die deutsche Debatte über das Übersetzen in der Zeit bis Schleiermacher, die auf Philologie und Hermeneutik zurückgriff und dabei die beiden Wissenschaften gründlich weiterentwickelte, befaßte sich in erster Linie mit dieser Schwierigkeit.

Herder erwies sich in vier wesentlichen übersetzungsrelevanten Hinsichten als Umwerter überkommener Werte und als Vermesser und Wegbereiter einer neuen Poetik des Übersetzens.

1. Er sprach sich dafür aus, den aus der Antike überlieferten Dualismus, wonach

Reden und Schreiben darin bestehen, sprachlos gefaßte Gedanken in einem zweiten Schritt sprachlich angemessen einzukleiden, durch einen monistischen zu ersetzen, der ihm zufolge aus der Entwicklung der kindlichen Sprach- und Denkfähigkeit hervorgeht. Er komprimierte die beiden Schritte zu einem einzigen und erklärte, daß Gedanke und Ausdruck gleichzeitig entstehen. Sie wachsen gewissermaßen miteinander und aneinander. Manchmal ging er sogar so weit, zu argumentieren, daß der Ausdruck den Gedanken steuert. Friedrich Daniel Ernst Schleiermacher wird etwa vierzig Jahre später Gedanke und Ausdruck für identisch erklären.

2. In der Antike und ganz besonders im Rationalismus wurde die Vermittlung von Gedanken als Zweck der Sprache angesehen und ausgearbeitet. Diese allen bekannten Sprachen und allen Menschen zugeschriebene innewohnende Rationalität legte es nahe anzunehmen, daß das Übersetzen durch einfachen zwischensprachlichen Austausch gleichbedeutender Wörter eine leichte Sache ist. Das mag theoretisch richtig sein, kann aber die gesammelte Erfahrung von Fremdsprachenkennern und Übersetzern nicht außer Kraft setzen, daß es zwischen zwei Sprachen nicht nur Übereinstimmungen, sondern auch lexikalische und grammatische Lücken gibt. Ein besonderes Problem gibt es mit der Idiomatik. Allen diesen Eigentümlichkeiten einer Sprache wurde dadurch Rechnung getragen, daß zwischen einem rationalen Kern und einer – kurz gesagt – idiomatischen Randzone unterschieden wurde. Die Erweiterung der Bestimmung dieses Begriffs, die Herder durch das Einfügen von sinnlichen und sprachlichen Momenten vornahm, bedeutet einen weiteren, entscheidenden Schritt im Abbau der rationalistischen Sprachauffassung. Nun erscheint Sprache wie auch heute noch als ein Zusammenhang von Elementen, der zwar regelhaft, aber nicht rational ist.
3. Für die Literatur galt seit dem Altertum ausnahmslos Homogenität, denn ihre Prinzipien und Regeln mußten überall und jederzeit befolgt werden, wenn etwas literarisch Wertvolles entstehen sollte. Auch der im 17. Jahrhundert als modern hinzugekommene rationalistische Literaturbegriff strebte die ihm eigene Homogenität an. Indem Herder die Idee des Sprach- beziehungsweise Volksgeistes aufnahm und – avant la lettre – auf die Weltliteratur anwandte, entwickelte er die Idee eines Gefüges aus Vielfältigem. Eine jede Nationalliteratur sollte sich so entwickeln, wie es ihrem Ort, ihrer Zeit und ihren Anlagen entspricht, weil sie nur so ihren distinktiven Beitrag zur Literatur unseres Planeten leisten kann. Herder dachte, so sei hinzugefügt, diese Vielheit nicht ausschließlich als Heterogenität, sondern als eine Verknüpfung aus Unterschieden und Gemeinsamkeiten.
4. Eine wichtige Gemeinsamkeit ist der als typisch angenommene Gang der Geschichte. Geschichte als die Idee des Wandels durch die Zeiten eröffnete einen neuen Zugang auch zur literarischen Übersetzung und zu ihren Be-

griffen. Indem sich Herder dabei am Jahreslauf und an den vier Lebensaltern orientierte, war auch die Übersetzungsgeschichte in ein Schema gepreßt, das allerdings durch Auslenken durchbrochen werden kann. Auch seine nächsten Nachfolger auf diesem Gebiet, Goethe und dessen Adlatus Friedrich Wilhelm Riemer, gaben der Übersetzungsgeschichte noch eine allgemeine Stufenfolge.

Die Idee einer Vielfalt aus einander ergänzenden Literaturen und die einer historischen Stufenfolge geben Anlaß, internationale Konstellationen anzunehmen, die für bestimmte Arten von Übersetzungen vorteilhaft sind. Auch auf diesem Gebiet folgte Goethe den Anregungen Herders.

5 Übersetzungspoetik in Briefen: Klopstock und Voß

In der Übersetzungspoetik um die Wende zum 19. Jahrhundert und in seinen ersten zwei Dekaden, etwa bei Friedrich Gottlob Klopstock, Johann Heinrich Voß, August Wilhelm Schlegel, Karl Wilhelm Ferdinand Solger und Wilhelm von Humboldt, lag ein Schwerpunkt beim Nachbilden des fremden Verses. Dies war – bis auf frühe, folgenlos gebliebene Versuche in anderen Ländern – besonders ein deutsches Interesse. Wenn ich mich auf die ersten beiden der genannten Autoren konzentriere, liegt es zum einen daran, daß deren Gegenstand, die Voßsche Homer-Übersetzung, großen Anklang gefunden hat. Zum anderen sind hier Übersetzungskonzeptionen in brieflichem Dialog ausgehandelt worden, und diese besondere Art des Argumentierens möchte ich hier vorstellen. Die ebenso ausführliche wie eindringliche Kritik August Wilhelm Schlegels an Voß aus dem Jahr 1796, die im Briefwechsel gelegentlich anklingt, wird als Exkurs am Übergang zu seiner Übersetzungspoetik berücksichtigt.

5.1 Die Kontroverse

Klopstock (1724 – 1803) und Voß (1751 – 1826) zählen zu Recht zu den bedeutenden deutschen Dichtern ihrer Zeit. Seit dem Anfang seiner Laufbahn bewunderte der Jüngere den Autor der epischen Dichtung *Der Messias* (1755 – 73) und der intensiv gefühlten Oden. Vossens Œuvre umfaßt eine weitaus größere Zahl von Übersetzungen – von antiken Autoren und von Shakespeare – als das Klopstocksche, doch auch seine Idyllen wurden hoch geachtet. Klopstock galt als Kenner griechischer und deutscher Prosodie, da sein von Milton angeregtes christliches Epos nicht wie das englische Vorbild in Blankversen – hier also in ungereimten fünfhebigen Jambenzeilen – abgefaßt war, sondern im Sinne der damaligen deutschen Gräkophilie in Hexametern, und weil er seine Erfahrungen in verschiedene Schriften zur Metrik eingehen ließ. Dementsprechend ist vor allem der Hexameter als Möglichkeit und Grenze deutscher Prosodie Gegenstand des schriftlichen Dialogs zwischen Klopstock und Voß.

Eine der Besonderheiten eines Briefwechsels ist es, daß anders als im mündlichen Dialog Mißverständnisse nicht sofort ausgeräumt und unterschiedliche Auffassungen nicht schon bei ihrem Entstehen geklärt werden können. Auch kann es in vielen Fällen geschehen, daß ein Briefschreiber zu dem Zeitpunkt, zu dem er die Antwort erhält, in seinen Überlegungen bereits über das in seinem Brief Niedergelegte hinausgekommen ist, so daß sein Partner über Dinge geschrieben hat, die schon nicht mehr ganz aktuell sind. Das Medium Briefwechsel bringt in der Tat eigene Probleme mit sich.

Bei Klopstock und Voß ist das Aufbrausen und Aufschaukeln von Mißstimmungen deutlich erkennbar. Die Punkt für Punkt vorgenommene Replik artet in ihrem Austausch leicht zu einer kleinfitzeligen, rechthaberischen Kritikasterei aus und überdeckt den Umstand, daß sich Einzelheiten des Briefwechsels allmählich zu einem Argument zusammenfügen. Doch die Mißhelligkeiten nahmen ein solches Ausmaß an, daß es schließlich aus Selbstachtung und Achtung des Briefpartners kaum eine andere Möglichkeit gab, als die Korrespondenz mehr oder weniger höflich einzustellen. Das ist meines Erachtens der Verlauf dieses dreivierteljährigen Briefwechsels. Die zugrundeliegende Dynamik beruht auf dem offensichtlichen Umstand, daß anders als in einem Aufsatz oder einer Rezension nicht nur ein einziges Bewußtseinszentrum die treibende Kraft ist, sondern daß Motivation und Antrieb im Zusammen- und Gegeneinanderwirken zweier Personen entstehen.

Die Bedeutung dieses Austausches liegt wohl darin, daß er in seiner Kürze ein helles Licht auf die Krise der Regelpoetik wirft. Bemerkenswert ist auch, daß die beiden Autoren während einer Zeit, als deutsche Übersetzungspoetologen sich immer stärker für das fremdhaltende Übersetzen aussprachen, zumindest konzeptionell am Begriff des Eindeutschens festhielten.

Anlaß des Briefwechsels waren Kränkungen, die Voß empfunden hat. Am 31. März 1799 beklagte er sich, daß ihm Klopstock keine Neuerscheinungen mehr zugesandt habe. Besonders getroffen hat ihn aber eine Bemerkung des Älteren zu seiner Homer-Übersetzung, die – wie er es sah – wie ein Lob klingt, aber Tadel bedeutet: Voß, so Klopstock, habe sich dem Homer im Versbau »mit einer Art von Wollust angeschmiegt«.[69] Natürlich ist Wollust in diesem Zusammenhang ein ärgerliches Wort. Aber auch auf konzeptioneller Ebene gab es ein Problem. Beide Autoren befürworteten Eindeutschen im Unterschied zu fremdhaltendem Übersetzen unter Verwendung von »Gräzismen«, also der »Vergriechung« und »Undeutschheit«.[70] Die entscheidende Frage ist, ob diese Feststellung beschreibend oder wertend ist.

In der für die damaligen Postverhältnisse gewiß recht prompten Antwort vom

5. April ging Klopstock auf das Gefühl der Kränkung ein und nannte seinerseits ein Sachthema: Sein Wort vom Anschmiegen sei »Beyfall« gewesen, und wenn sein Korrespondent es wolle, würde er gerne erfahren, warum sich Voß an die beschwerliche »Kette« der Vers-für-Vers-Übersetzung gelegt habe. In seinem nächsten Brief wiederholte er diese Frage so, als wäre sie eine Bitte gewesen, der Voß nicht entsprochen hat. Am 8. Mai gab Voß an, die Verszeile habe nicht als Übersetzungseinheit gedient; er habe lediglich die Anzahl der Zeilen gleich gehalten. Denn, so hob er nicht überraschend hervor, bei Homer folge die rhythmische Gliederung dem Gedankengang: »*daß bei Homer in der Regel die Umfänge und Einschnitte des Gedankens mit den rhythmischen Gliedern des Hexameters eintreffen*«.[71] Dies gilt als ein Merkmal von Homers Prosodie, das zum Beispiel auch William Cowper berücksichtigt hat.

Bei dieser Gelegenheit bat Voß seinerseits, ihm die »fremdartigen Wortstellungen« in seinen Übersetzungen »im Allgemeinen zu bezeichnen« und nannte in diesem Zusammenhang die Beiwörter, leidenschaftlichen Umstellungen und den getrennten Genitiv. Dabei berief er sich ausdrücklich auf Wielands Grundregel »*Je prosaischer, desto besser*«. Er fügte hinzu: »Ich habe nirgends kühnere (fast möchte ich sagen, kaum andere) Abweichungen von der Wortfolge« als in einer Horaz-Übersetzung von Klopstock selbst gefunden, die er ihm als eine der gelungensten zurechnete. Er schloß mit einer aufblickend freundlichen Wendung.

Dennoch fiel Klopstocks Antwort eher widerborstig aus. Zunächst wandte er nicht zu Unrecht ein, daß die syntax- und rhetorikorientierte Gestaltung des Rhythmus bei variabler Zeilenzahl wohl leichter gelingt als bei Gleichzahl.[72] Dann forderte er, charakteristisch für ihn, daß die Rhythmusführung nicht nur gedankengerecht sein dürfe, sondern auch den Gesetzen der »Empfindung und Leidenschaft« und dem neueren Wert der »Einbildungskraft« folgen müsse. Sein Haupteinwand gegen die zeilenzahlgleiche Übersetzung aber ist die »*Treue* der Übersetzung«, für die er sich auf eine oft aufgestellte besonders strenge Regel berief. Er nannte den Grundsatz, nichts zu streichen und nichts hinzuzufügen, despotisch. Hier liegt er wiederum auf einer Linie mit Cowper. Voß hingegen habe »sehr oft kleine Gastgeschenke mit Geiste gemacht«, also klüglich Details hinzugefügt. Dies, so Klopstock, sei bei Übereinstimmung der Zeilenzahl unvermeidlich, allein schon deswegen, weil deutsche Wörter »auch mechanisch« deutlich kürzer sind als griechische, so daß immer wieder Leerräume im Metrum auftreten, die dann mit Erfindungen ausgefüllt werden müssen. Die Strenge dieser Forderung geht auch aus der pragmatischeren Empfehlung John Drydens hervor, im Notfall solche Hinzufügungen vorzunehmen, die dem Sinn nicht widersprechen, sondern ihn erweitern oder ergänzen. Dies ist ein Fall der berühmten »latitude«, des Spielraums in Drydens Konzept der übersetzerischen Paraphrase.

Damit ist im wesentlichen die konzeptionelle Grundlage für die beiden extralangen Schriftstücke gelegt – Klopstocks Brief vom 28. Juni und Vossens zwei vom 3. Juli –, die die kontroversen Kernstücke der Korrespondenz ausmachen. Gemäß einer Bitte des Jüngeren zählte Klopstock relativ allgemein das auf, was ihm in Vossens Übersetzungen als Vergriechung vorgekommen ist.[73]

(1) Ausgangspunkt ist die »festgesetzte prosaische Wortfolge«, die ein Dichter nur dann verändern darf, wenn »sein Ausdruck dadurch gewinne«. Änderungen, die allein dem Metrum und dem Klang geschuldet sind, mißfallen. Dasselbe, so Klopstock, gilt für den Übersetzer.

(2) Als Beispiel für jene »Veränderungen der Wortfolge«, die ausnahmslos verboten sind, führte Klopstock unter anderem zwei Beispiele aus Vossens Übersetzersprache an: »Aus nun stiegen sie selbst« und »Die Augen verdreht anwütet er«. Angesichts dieser Beispiele erscheint auch diese Regel plausibel. Allerdings gibt es Raum für akzeptable Inversionen dieser Art: Das »Auf riß er das Fenster klirrend« eines Edgar-Allan-Poe-Übersetzers ist meines Erachtens eine deutliche und eindeutig gelungene metrisch-stilistische Mimesis gestischen Ungestüms, die in Klopstocks Kategorien wohl den Forderungen der Einbildungskraft zugeordnet sein dürfte.

(3) Die im Griechischen übliche Nachstellung des »Beyworts« (des Attributs) entspricht in ihrem Gewicht der ebenso üblichen Voranstellung im Deutschen. Die Übernahme der griechischen Wortstellung macht in Klopstocks Terminologie den Ausdruck »stärker«: »den Rath, den männerehrenden«. Auch hier hat der Dichter des *Messias* die Plausibilität auf seiner Seite. Lediglich die Bezeichnung »Verstärkung« scheint mir ungenau zu sein. Was dank der Pause nach »Rath« vorliegt, ist eine Steuerung der Einbildungskraft: Auf den allgemeinen »Rath« folgt eine partikuläre Fokussierung.

Einen zweiten Stellungsfehler des Beiworts sah Klopstock als Vossens »Lieblingssünde« an: daß er es nämlich oft in allzu große Entfernung vom Hauptwort stellt, was natürlich in flektierenden Sprachen wie dem Griechischen kaum problematisch ist.

Ein Sonderfall ist die Stellung der Verneinung im Verhältnis zu ihrem Thema. Klopstock plädierte für Voranstellung, wie in »nicht mir wehre den Kampf«. Aber liegt darin nicht auch schon eine Umfokussierung im Vergleich zu »Wehre mir nicht den Kampf«? In Klopstocks Beispiel beansprucht der Sprecher eine Sonderstellung: Wehre nicht mir, sondern dem oder den anderen, während sich in der Normalform die Ablehnung auf den Kampf bezieht.

(4) Laut Klopstock schwankt im Griechischen der Gebrauch des Artikels, nicht aber im Deutschen. Deshalb bezeichnete er die Wortgruppe »Ein Löwe, der wütende« als eine Vergriechung, wobei »unsere sehr gute Regel der griechischen Unregel auf[ge]opfer[t]« wird. Das ist, nebenbei bemerkt, auch wieder »der Rath, der männerehrende«, wenn auch mit wechselndem Artikel. Im Hinblick

darauf erscheint es erwägenswert, im Falle des wütenden Löwen den Übergang vom unbestimmten zum bestimmten Artikel als kompakte Form einer ganz und gar regelgerechten Einführung eines neuen Gegenstandes in den Gang der Handlung aufzufassen, und zwar beim Übergang vom ersten zum zweiten Satz: Hinter dem Felsen sprang ein Löwe hervor. Die wütende Bestie....

(5) »Sie haben die leichten, leisen und von uns Neueren gewiß hier und da nicht recht verstandenen Wörtchen« – ich würde sie Fügungswörter nennen – »unter andern durch *Traun* [...] und durch *zwar*« wiedergegeben. Das werde die deutsche Sprache nicht »annehmen«, jedenfalls nicht für Dichtung, sondern bestenfalls in der »mittlern Prosa« – also etwa die vorliegende?

(6) Unter dem sechsten Punkt verzeichnete Klopstock Wortformen (»*wohl*ziemend«) und Redeweisen (»das *Graun* des Ares *getragen*«), die als solche im Deutschen außergewöhnlich, mißverständlich oder gar unverständlich sind, aber seiner Einschätzung nach regelgerechte griechische Wörter und Wortgruppen bilden.

(7) Ähnlich tadelte er Wörter wie »*Die*weil, *An*jezo *All*wo«, deren erste Silben nichtssagend und die deshalb schon keinen Platz mehr in guter Prosa haben. Er vermutete, daß Voß auf diese Weise Homer einen »antiken Ton« anübersetzen wollte.

Vossens Antwort besteht, wie gesagt, aus zwei Briefen vom 3. Juli. Im ersten, kurzen wandte er sich gegen die Ausstellung in Klopstocks zweitem Punkt, beispielsweise »Ein drang das Geschwader« und »Auf schwang er den Fels«, denn hier handele es sich doch um die »bekannte Umstellung des Nachdrucks«.[74] Zugleich handelt es sich dabei wohl auch um stilistisch-metrische Mimesis nicht nur von Ungestüm, sondern sogar von Gewaltanwendung.

Die weitaus längere Epistel ist eine eigentümliche Schrift. Auffällig ist es, daß Klopstock, teils bewundert, teils getadelt, teils in Ironie getaucht, in der dritten Person erscheint. Zugleich wird anfangs noch einmal die Ausgangslage skizziert, wie sie sich Voß darstellte. Seine Übersetzungen seien der Undeutschheit und Vergriechung geziehen worden. Klopstock habe zunächst dazu geschwiegen, sei dann aber »unerwartet [...] mit derselbigen Beschuldigung auf[getreten]«, und das »*ohne allen Beweis*, aber aburtheilend«. Voß habe deshalb das Recht gehabt, zu seiner »*Belehrung*« die Gründe zu erfahren. Nur »schwerere Beweise« hätten die Undeutschheit seiner Homer-Übersetzung belegen können. Er räumte »Fehler und Gebrechen« ein; »nur undeutsch wird er [mein Homer] gewiß nicht sein«. Gewiß nicht, denn »[w]ie kams doch, daß Klopstock, dem *Undeutschheit und Vergriechung* zu beweisen oblag, *lauter andres bewies*«. Dieser schwere, geradezu herabwürdigende Vorwurf entspricht sicher nicht dem vorhergegangenen Briefwechsel.

All dies zusammengenommen erweckt den Eindruck, daß sich dieser Schriftsatz weniger als ein Brief an Klopstock denn als Entwurf einer zur Veröffentlichung bestimmten Replik auf Klopstock liest, in der zunächst zum Zwecke des Angriffs eingeräumt wird, Vossens »Homer spreche [...] buntscheckiges und schlechtes Deutsch«, aber solange keine Flektions- oder Syntaxregeln verletzt würden, sei das auf jeden Fall »*Deutsch*«. Um dies zu belegen, kommentierte Voß zum Teil auf frag-würdige Weise die sieben Punkte von Klopstocks Ausstellungen.

(1) Zur Frage der prosaischen Wortfolge nahm er zum großen Teil in der Form rhetorischer Fragen Stellung, die sich als erklärungsbedürftig erweisen. Zunächst nahm er die festgelegte »Wortfolge des ruhigen Gesprächs« als feststehende Norm an, von der an Stellen »feurigen Inhalts« selbst der Prosaist abweichen dürfe. Die poetische Norm der Dichtung aber sei nach dem Vorbild der antiken Dichter die »*durchaus* vom Gemeinen entfernte Sprache der Begeisterung«. Der von englischen Autoren vertretenen Ansicht, Homer wechsle je nach Gegenstand zwischen hohem und niederem Stil, ist Voß allerdings ganz fern. Seine Folgerung lautet:

> Wie? bei uns gölte in der That Wielands Regel *Je prosaischer, desto besser?* Bis auf seltene Ausnahmen, wo durch Umstellung der Ausdruck im Wesentlichen, nicht bloß an Klang und Bewegung gewinnt? Ich rufe, gegen Klopstock den Grammatiker, Klopstock den Dichter an.[75]

Daß auf jeden Fall aus Klopstocks Oden Begeisterung spricht, steht außer Frage. Insoweit durfte Voß den Grundsatz »je prosaischer, desto besser« zurückweisen. Aber noch am 8. Mai hatte er sich zum Nachweis des deutschen Klangs seiner Übersetzungen ausdrücklich darauf berufen. Eine solche Inkonsequenz stellt sich in einem Briefwechsel leichter ein als in einer ohne lange Pausen abgefaßten kurzen Schrift. In diesem Fall läßt sie Vossens Betroffenheit an dem ad-hominem-Charakter seiner Ausführungen erkennen.

(2) Ein allgemeines Merkmal der Regelpoetik läßt sich gegensätzlich aus Vossens Zurückweisung der Inversion mit Spitzenstellung nachgeordneter Wörter wie Präpositionen und Verbteile ablesen. Klopstock hat recht: Als alleinstehender Satz ist »Auf geht die Sonne« kein gutes Deutsch; Voß hat aber recht, daß er in manchen Zusammenhängen geboten ist: »Mit Sehnsucht erwarteten wir, und auf ging sie, die herrliche Sonne«. Hier zeigt sich eine Grenze der Regelpoetik. Es kommt immer auf die Textstelle an, ob eine Regel greifen kann. Das heißt auch, daß nun die Textstruktur allmählich in die Übersetzungspoetik eingerückt worden ist.

(3) Für die Voranstellung von Verneinungen und Einschränkungen – nicht, nie, schwerlich, kaum – berief sich Voß auf das Vorbild Luthers, wiederum mit einem kontextsensitiven Beispiel.

(4) Das nachgestellte Attribut – »Zeus, der allmächtige, mein Vater, der redliche« – sei zwar stärker als die umgekehrte Stellung, aber keineswegs undeutsch.

Voß zitierte Beispiele aus Klopstock und Gotthold Ephraim Lessing. Die Frage, ob eine solche Verstärkung poetisch gerechtfertigt ist, erörterte er nicht.

(5) Klopstocks Ausführungen zum falschen Artikelgebrauch wies Voß lehrerhaft mit der bemerkenswerten Behauptung zurück: »Homer hat gar keine Artikel«.[76]

(6) Auch was die Fügungswörtchen angeht war Klopstock für Voß nicht bei der Sache: Sein Geist war »anderswo thätig«.

(7) Im übrigen »veredelten« Griechen und Römer »*alle Theile der Rede* durch altertümliche Sprache«.

Abschließend erhob Voß wiederum die Klage, Klopstock habe ihm keine Beispiele für Gräzismen und Latinismen in seinen Übersetzungen genannt. Nur schwere Verstöße erlaubten den »harten Vorwurf, *undeutsch geworden zu sein*«. Deshalb sprach er in der Peroratio die Erwartung aus, Klopstock,

> der edle Mann, der feurige und sorgfältige Dichter, der Freund seines Vaterlandes, und allen Zuwachses von Verdienst um die Sprache, der Freund des Angeklagten, gegen den, weil er abweichend zu irren schien, ihm aus Fürsorge ein unerwogenes Wort entfuhr? Er wird zurücknehmen.[77]

Klopstock tat nichts dergleichen. Er hatte von der Sache her wenig Anlaß. Von da an hatte der Briefbote fast ein halbes Jahr lang nichts, was er zwischen Klopstock und Voß hätte expedieren können. Am 25. Dezember erst erinnerte Voß auf durchaus freundliche Weise an die offene Korrespondenz. Klopstock datierte eine umfangreiche, kleinteilige Antwort auf vier Tage vom 27. bis 30. Dezember, verbunden mit der merkwürdigen Erklärung, es gebe Gründe dafür, daß er den Brief vom 3. Juli erst am 25. Dezember gelesen habe. Das gespannte Verhältnis, in dem die beiden Kontrahenten mittlerweile zueinander standen, zeigt ein Kommentar Klopstocks zu einer Voß-Stelle: »Wie kams doch, daß Klopstock, dem *Undeutschheit und Vergriechung* zu beweisen oblag, *lauter andres* bewies?«[78] – »Dieß ist sehr stark, und durch seine Stärke beleidigend; aber Sie haben mich nicht beleidigen wollen, und so gehe es hin«. Klopstock reagierte auf den wohl stärksten Tadel mit Großmut. Das mußte doppelt schmerzen.

In der Sache, so scheint mir, führt Klopstocks Viertagebrief auch in weihnachtlicher Stimmung keinen Schritt weiter. Eines der beigefügten Epigramme halte ich für besonders mitteilenswert:

Meine Regel

Weniger reich, wie sie scheint, ist unsere Sprache dem Kenner,
    Welcher sie braucht, wie er soll.
Ihm sind viele der Worte nicht da; auch höret er lang' hin,
    Eh ihm ein neues gefällt.
Und er verwirft es, auch wenn's ihm gefällt, wofern er die rechte
    Stelle vergebens ihm sucht.[79]

Auf begrifflicher Ebene zeigt diese Korrespondenz zweierlei. Da ist zunächst das Problem der Regel an und für sich. Es zeigt sich, daß die Regulierung scheitert, wenn sie nicht auf den Werk- oder Textzusammenhang achtet, wie in Vossens Argumenten und in den Schlußzeilen dieses Klopstockschen Epigramms. Das bedeutet aber auch, daß nun an die Stelle der vorausgesetzten allgemeinen und insoweit von außen an die Werke und Übersetzungen herangetragenen Regeln allmählich innerliche, aus der Gestalt des jeweiligen Werks hervorgehende Regeln im Sinne von Normen treten. Es läßt sich also in diesem Briefwechsel die Krise der Regelpoetik auch in bezug auf literarische Übersetzungen erkennen.

Im historischen Zusammenhang der Zeit zeigt sich eine ähnlich Krise für das Konzept des eindeutschenden Übersetzens, an dem doch Voß und Klopstock so sehr gelegen ist. Im Gegensatz dazu kann Schleiermacher eine Übersetzung nur empfehlen, wenn sie von Anfang bis Ende ein einziger Gräzismus ist. Das markiert zwar keinen endgültigen Schnitt wie bei der Regelpoetik, aber immerhin einen Einschnitt von epochaler Bedeutung, auch wenn er später ab und zu auch wieder überbrückt worden ist.

5.2 Überleitung: August Wilhelm Schlegels Rezension von Vossens Homer-Übersetzung

Diese umfängliche Rezension von 1796 erschien in der Gründungszeit von Schlegels Übersetzungspoetik, zwischen dem Vorwort zu seiner Dante-Übersetzung von 1791 und seinen Ideen zu einer Shakespeare-Übersetzung aus dem Jahre 1795. Als Diskussion einer Antikenübersetzung erscheint es angebracht, sie im engen Zusammenhang mit der Kontroverse zwischen Voß und Klopstock zu erörtern, deren unausgesprochener Anlaß sie wohl gewesen ist.

Schlegel gliederte seine Übersetzungskritik in Angaben und Überlegungen zur deutschen Sprache beziehungsweise zum deutschen Nationalcharakter sowie zur typologischen Einordnung von Homers Werk und der deutschen Dichtung gegen Ende des 18. Jahrhunderts. Sein Ausgangspunkt ist eine mit Selbstverständlichkeit vorgetragene Behauptung, daß nämlich die deutsche Sprache womöglich diejenige sei, die es erlaubt, sich der griechischen »Urschrift« mit einem Höchstmaß an »glückliche[r] Treue« zu nähern. Dies gelte auch für die Versgestalt, die anderswo über frühe und früh aufgegebene Versuche, Hexameter zu bilden, nicht hinausgekommen sei.[80] Auch an den Wortzusammensetzungen, »die unsere Sprache mit der Griechischen gemein hat«, zeige sich eine »sehr vielseitige Bildsamkeit«, die »[i]m Geiste unsrer Sprache liegt [...] wie im Charakter unsrer Nation, wenn anders beide nicht völlig eins sind«.[81] Hier nahm er ein Argument seines Bruders Friedrich auf, das zu einem

Eckstein des Selbstbewußtseins deutscher Dichter und Übersetzer jener Zeit geworden ist:

> Die berüchtigte deutsche *Nachahmungssucht* mag hie und da wirklich den Spott verdienen, mit dem man sie zu brandmarken pflegt. Im Ganzen aber ist Vielseitigkeit ein echter Fortschritt der ästhetischen Bildung, und ein naher Vorbote der Allgemeingültigkeit. Die sogenannte Charakterlosigkeit der Deutschen ist also dem manirirten Charakter andrer Nationen weit vorzuziehen, und erst, wenn die nationale Einseitigkeit ihrer ästhetischen Bildung mehr verwischt, und berichtigt sein wird, können sie sich zu der höhern Stufe jener Vielseitigkeit erheben.[82]

August Wilhelm sah dies ganz ähnlich:

> Der Eifer des Deutschen, alles Ausländische gründlich zu kennen, seine Willigkeit, sich in die entlegendsten Denkarten und in die abstechendsten Sitten zu versetzen, die Wärme, womit er ächtem Gehalte, auch in der ungewohntesten Tracht, huldigt, sind oft in Nachahmungssucht und thörichte Vorliebe für das Fremde ausgeartet; aber sie erheben sich allmählich immer mehr zu freyer Aneignung des Besten. Bestimmte, ausschließende Nationalrichtungen machen unsre europäischen Mitbürger großentheils unfähig, in eine fremde Eigenthümlichkeit einzudringen, und beschränken sie daher ganz allein auf einheimischen Reichthum und einheimische Armuth.[83]

Ein besonders abstoßendes Beispiel ist die Homer-Übersetzung Alexander Popes:

> Nur einem seichten Geschmacke kann z. B. in Popens Uebersetzung oder vielmehr Parodie, die widerwärtige Mishelligkeit zwischen Form und Inhalt entgehen.[84]

Diese Verurteilung beruht auf einem neuen, damals besonders in den deutschen Ländern und etwas später dann auch im Vereinigten Königreich gepflegten Verständnis von Dichtung. Auch in diesem Poesiebegriff kommt es nur ganz am Rande auf den rational greifbaren Wortsinn an. Vielmehr spricht Dichtung die im philosophischen Sinn niederen Fähigkeiten der sinnlichen und gefühlsmäßigen Empfänglichkeit an.

> Der Eindruck, den eine dichterische Darstellung machen soll, hängt [...] nur dem kleinsten Theile nach von dem Sinne der Wörter und Redesätze ab, in so fern der Verstand ihn ausmachen kann: durch den lebendigen Hauch der Rede, durch eine Fülle beseelter Töne nimmt die Poësie, besonders die Naturpoësie welche der eigentlichen schönen Kunst und der Wissenschaft vorangeht, die ganze Empfänglichkeit des Menschen in Anspruch.

Der Unterschied zwischen Naturdichtung und schöner Kunst beruht auf jener zugleich historischen und typologischen Festlegung, die in sprachlicher und literarischer Hinsicht auf Johann Gottfried Herder zurückgeht. Danach beginnt, wie erinnerlich, im Sinne der kulturmorphologischen Stadientheorie die Sprache und Literatur eines Volkes in einem naturnahen, wenig reflektierten, intuitiven und letzten Endes geschichtslosen Zustand, in dem es noch wenige kulturelle Außenkontakte gibt. Im Sinne dieser Kulturmorphologie galt dies bei den Griechen für das Homerische, also literarisch das epische Zeitalter. Diese Annahme führte in vielen Ländern zur Suche nach Epen und Sagenzyklen. Sie trägt auch zur Erklärung bei, warum die Ossianfälschung so lange als ein in Prosa gefaßtes Naturepos des schottischen Hochlands durchgehen konnte. Außerdem erklärt die Lebensalteranalogie, warum die in diesem Sinne frühe Dichtung Homers als »kindlich« bezeichnet werden konnte.[85]

In seiner Übersetzungspoetik, die Schlegel aus Anlaß der Voßschen Homer-Übersetzung zu entwickeln begann, unterschied er zwischen »Dolmetschung des Griechischen« und »Uebertragung ins Deutsche«. Insoweit er Dolmetscher ist, versteht und vermittelt der Übersetzer Sinn und Bedeutung, und indem er eindeutscht, setzt er die Übersetzung in einen Zusammenhang mit der deutschen Literatursprache und mit deutschen literarischen Strukturen, was nicht nur Anpassung bedeutet. Für dieses Übersetzen zeichnete Schlegel ein Feld zwischen notwendigen »Freyheiten« und »Gränzen«. Heute würde man wohl auch kategorial auf literarische und kulturelle Beziehungen achten wollen. Schlegel steuerte einige Angaben zu literarischen Qualitäten bei.

Die übliche Kategorie für die Dolmetschleistung dürfte Treue sein. Schlegel zog es zeitweilig vor, von Wahrheit zu sprechen.[86] Die Ersetzung einer eingeführten Bezeichnung hat den Vorteil, daß der damit verbundene Begriff nicht stört. Bevor man versucht, dem mit diesem Wort verbundenen hohen Anspruch auf eine vergleichsweise bescheidene Sache, wie eine Übersetzung es ist, zu genügen, erscheint es vernünftig, auf die näheren Bestimmungen zu achten. Schlegel variierte nämlich seine Wortwahl. Statt Wahrheit verwendete er »Richtigkeit« in bezug auf den »Wortverstand[...]«, während er an anderer Stelle die richtige Wiedergabe des Inhalts zur Wahrheit veredelte.[87]

Man folgt, so meine ich, Schlegel richtig, wenn man eine doppelte Richtigkeit annimmt, eine gegenüber dem Wortsinn (semantische Richtigkeit) und eine in bezug auf »poëtische Form«, auf Ton, Farbe, Hauch und ähnliches. In seinen Beobachtungen am Text sind beide gleichwertig, doch maß er der Richtigkeit der Form eine größere Wichtigkeit zu, weil sie »sich über das Ganze erstreckt, und weil auch aller Inhalt eines Gedichts doch nur durch das Medium der Form erkannt wird«.[88] Daß Schlegel an dieser Stelle noch am Anfang der organischen Vorstellung vom Kunstwerk steht, zeigt sich daran, daß selbst eine Formulierung wie diese immer noch nach dem Dualismus von Inhalt und Form klingt und er an anderer Stelle fürs Übersetzen die Umkleidemetapher verwendet hat.[89]

Was nun Schlegels Beobachtungen am Text und seine Ausstellungen angeht, sind für ihn vor diesem konzeptionellen Hintergrund die folgenden besonders wichtig. Es sind dies vor allem die Freiheiten, die sich seiner Auffassung nach Voß beim Eindeutschen genommen hat. Dabei geht es in verschiedener Gewichtung um neu abgeleitete Wörter, Wortzusammensetzungen, Wortfügungen und Wortstellungen.[90] Den bekannten schmückenden »Beywörtern« Homers schenkte er seine Aufmerksamkeit in der Kategorie der Zusammensetzungen. Die zweitwichtigste Gruppe ist die der Wortstellungen. Den literarischen Wert der Epitheta beschrieb er einfühlsam: Es

> liegt in der freundlichen Ansicht der Dinge, die uns in ihr [der Homerischen Dichtung] erquickt, daß sie jedem Gegenstande, sey er noch so gering und unscheinbar, irgend etwas wohllautend nachzurühmen weiß, und das Verweilen bey der sinnlichen Gegenwart bezeichnet, so wie die unermüdliche Stetigkeit der sanften Rhythmen, das ruhige, einfache Fortschreiten der Handlung, worin nichts übereilt wird, und alles bis auf das [das heißt: bis hin zum] Kochen und Braten, Essen und Trinken, seinen bequemen Raum findet.[91]

Für die Wiedergabe zusammengesetzter Beiwörter sprach sich Schlegel genau wie schon William Cowper und andere falls nötig für die Verwendung einfacher Attribute aus und hieß auch wie jener die bedarfsbedingte Auflösung in den näheren Zusammenhang gut, wie am Beispiel der »Stadt voll prächtiger Gassen«. Daß dadurch ein nicht-Homerischer Ton in der Übersetzung anklingt, sei unvermeidlich. Der Hinweis, das Wegfallen zusammengesetzter Beiwörter könne an anderen Stellen durch die Umwandlung einfacher in zusammengesetzte gewissermaßen ausgeglichen werden, so daß der Homerische Ton wieder gestärkt wird, findet sich so in keiner bisherigen Übersetzungspoetik. Ein deutsches Sonderproblem ist die Ballung von Konsonanten an Wortfugen. Ein Wort wie »schwarzschauernd« liegt gewiß wie ein Kieselstein im Munde des Rezitators.

Eine von Vossens Besonderheiten des Sprachgebrauchs, die beim Eindeutschen die Grenze der übersetzerischen Freiheit überschreitet wenn nicht gar einreißt, ist laut Schlegel sein katastrophaler Umgang mit der deutschen Wortfolge. Das Ergebnis sei »Undeutschheit«, und es liege »Methode in dieser Undeutschheit«.[92] Denn Voß habe sich

> überall an die griechische Ordnung anschmiegen wollen, nicht so nahe wie möglich, (dies wäre sehr zu loben) sondern so nah, wie in unsrer Sprache unmöglich ist.

Der Grund hierfür liegt bekanntermaßen darin, daß in den antiken Sprachen die Flexionssilben eine recht freie Wortstellung erlauben, die zudem einen literarischen Vorteil bringt: »[I]n der Poësie der Alten« lassen sich so »die verflochtenen Redetheile inniger zu stetigen und harmonischen Massen« verbinden.[93] Ich verstehe darunter die Prosodie im Sinne der Artikulation des ganzen Gedichts, also nicht nur Metrik, sondern auch nichtmetrische Lautmuster wie zum Beispiel Assonanzen, Binnenreime und andere Parallelismen der Lautung.

Was nun die in unterschiedlichem Maß flexionsarmen Sprachen betrifft, hängt ihre Syntax auch von der Wortfolge ab, so daß Umstellungen nur innerhalb enger Grenzen möglich oder auch nur ratsam sind. Bei Zeilen wie »Viel als dann aus den Wurzeln rauft' er die Haare« rauft sie sich nicht nur der epische Held. Da kann die Rede von der höheren Wörtlichkeit schon einmal schal schmecken.

Schlegel hat wohl recht mit dem Urteil, Vossens Homer sei »nicht durch Vernachlässigung, sondern durch verschwendeten Fleiß, durch überspanntes Bestreben nach buchstäblicher Treue im Ganzen undeutsch«.[94] Also absichtlich. So stand Schlegel konträr zu James Macphersons »VERBATIM« von 1773 und wurde nur wenige Jahre später von Friedrich Daniel Ernst Schleiermacher ungenannt ins Abseits gestellt.

Schlegels allgemeine Schlußfolgerung lautet, daß die systembedingten Unterschiede zwischen den antiken und den modernen Sprachen ein Eindeutschen zu einem langwierigen Prozeß von Versuchen machten:

> Eben wegen der vielfachen, nicht auszugleichenden Verschiedenheit der Sprachen bleibt alles poëtische Uebersetzen, wo es nicht bloß auf den Sinn im Ganzen, sondern auf die feinsten Nebenbezüge ankommt, eine unvollkommene Annäherung.

Dies gilt auch für den Versbau. Aber daß ihn Schlegel als »glänzend« beschrieb, kann die harsche Aburteilung von Vossens Übersetzersprache ebensowenig aufwiegen wie die Feststellung, daß er seinen deutschen Hexameter nicht nur in lautlicher, sondern auch in semantischer Hinsicht so nahe wie möglich an den griechischen angeschlossen hat, und darin überaus erfolgreich gewesen ist. In mancher Hinsicht beruht Schlegels Charakterisierung des Voßschen Übersetzungsverses, des reimlosen Hexameters, auf denselben Merkmalen, die William Cowper für seine Entscheidung für den fünfhebigen Blankvers beschrieben hatte.

> Hr. Voß hat sich nicht nur den homerischen Hexameter überhaupt zum Muster vorgestellt, so weit die Verschiedenheit der deutschen und der griechischen Metrik es erlaubte, sondern auch den Gang einzelner Verse, die jedesmaligen Verhältnisse der rhythmischen Periode, das Hinübergreifen des Sinnes aus einem Vers in den andern, und die dadurch bestimmte Stellung der Einschnitte, nachzuahmen gesucht.

Sollte man mich auffordern, in einem einzigen Satz anzugeben, was in dieser Rezension August Wilhelm Schlegels Beitrag zur Bestimmung des Übersetzens von Dichtung sei, würde ich ohne Zögern sagen, es sei eine Poetik der unvollkommenen und deshalb unendlichen Annäherung.

6 Poetisches Übersetzen als unendliche Annäherung: A. W. Schlegel

August Wilhelm Schlegel (1767 – 1845) war Literaturkritiker und -historiker; doch zuallererst war er ein hingebungsvoller und hoch geschätzter poetischer Übersetzer – was etwas anderes ist als ein Übersetzer von Poesie. Im Vergleich zu seinem jüngeren Bruder Friedrich (1772 – 1829), der sich gerade als Kritiker und Historiker der Literatur auszeichnete, hatte er keinen Kopf für Theorie. Zusammen gaben die Brüder die Zeitschrift *Athenäum* heraus, die freilich nur kurzzeitig erschien (1798 – 1800), wohl aber das wichtigste Organ für jene Literatur ist, die heute als Vorromantik gilt. August Wilhelms Einsichten ins poetische Übersetzen beruhen wie bei Johann Gottfried Herder auf einer sorgfältigen und eindringlichen philologischen Vorbereitung, die er von jedem Übersetzer erwartete. Darauf baute auch die unter seinem Namen bekannte Versübersetzung von Shakespeares dramatischem Œuvre auf.[95] Seine Aufsätze dienen oft genug der taktischen Orientierung. Ihren Schwerpunkt und die Breite und Eindringlichkeit des Arguments gewinnen sie nämlich oft antithetisch aus dem vorliegenden Schrifttum.

6.1 Anfänge: Zusammen oder alternativ?

In einer seiner ersten Äußerungen im Aufsatz von 1791 zur Einleitung seiner Übersetzung von Höhepunkten aus Dantes *Divina Commedia* findet sich folgende Unterscheidung zweier Werktypen und der ihnen angemessenen Übersetzweise:

> Die Manier einer poetischen Übersetzung muß darnach bestimmt werden, ob man das Werk oder ob man seinen Urheber zum Hauptaugenmerk wählt. Es gibt Werke, und diese Art zu dichten ist vorzüglich Zeitaltern des verfeinerten Geschmacks eigen, die wenig von dem verraten, was der Künstler als Mensch ist, und nur über das, was er kann, über seine Talente zu einem Urteile berechtigen; bei denen also dichterische Vollkommenheit der Zweck seiner Willkür, und der einzige Maßstab ihres Wertes ist. Ästhetische Mängel haben, an sich betrachtet, gar kein Interesse. Warum solle es daher dem Übersetzer nicht erlaubt sein, den Leser ihrer zu überheben, das Harte zu mildern, das Dunkel aufzuklären, das Verfehlte in der Darstellung zu berichtigen, mit einem Worte, zu verschönern? Je mehr hingegen der Charakter des Werks mit dem seines Schöpfers identisch, je mehr jenes nur ein unwillkürlicher Abdruck seines inneren Selbst ist, desto mehr wird es Pflicht, auch fehlerhafte Eigentümlichkeiten, den Eigensinn der Natur und die Verwahrlosung oder falschen Richtungen der Bildung treu in die Kopie zu übertragen; sie sind psychologisch und moralisch wichtig und oft mit

den edelsten Eigenschaften aufs innigste verwebt. Das Kunstwerk wollen wir gern vollkommen; den Menschen, wie er ist.[96]

Dieser Argumentationsgang ist von doppeltem Interesse: zum einen als Zentrum eines neuen Übersetzungsbegriffs, der auf einer neuen Konzeption von Poesie beruht, und zum anderen als Beleg für Schlegels spröde, brüchige Argumentationsweise. Der erste Eindruck beim Lesen dürfte dahin gehen, daß die Entscheidung für eine Übersetzweise nicht, wie bei Johann Gottfried Herder, aus dem Verhältnis zweier nationaler Sprachen und Literaturen zueinander folgt, sondern aus dem Wesen des Werks.

Gegen Schluß dieses Abschnitts wird so viel Gewicht auf die poetische Vollkommenheit gelegt, daß man meinen kann, die Schiffspassagiere drängten so stark nach der Seite der Schönheit, daß sich die Kommentatoren vehement auf die andere Seite stürzen mußten, um das Gleichgewicht zu halten. Aber wie viele Kommentatoren kommen schon auf hundert Leser, auf tausend? Was schließlich die Terminologie angeht – da ist von verfeinertem Geschmack die Rede, von Verschönern, von der Übersetzung als Abdruck, auch Kopie –, vermittelt Schlegels Text die übersetzungshistorisch späte Absicht, die französische Übersetzweise im Verhältnis zu einer neuen zurückzudrängen, für die das Schlüsselwort jetzt nicht mehr Wahrheit, sondern wie üblich Treue lautet. In gewisser Weise sind sowohl der althergebrachte Übersetzungsbegriff als auch der neue mit seinem Nachdruck auf die genialische Poetik in diesem Abschnitt gegenwärtig. Es ist so, als sei zumindest noch einen Lesemoment lang unentschieden, ob es um den Autor als Erzeuger poetischer Vollkommenheit oder um ihn als Menschen geht, so wie er ist.

Einen guten Zugang zu Schlegels Poetik des dichterischen Übersetzens bietet der spezifische Treuebegriff. Andreas Huyssen, der eine besonders eindringliche Analyse von Schlegels Übersetzungsbegriff vorgelegt hat, kann zugestimmt werden, wenn er hier bei »Poetik« immer noch den alten Begriff von Dichtung in Versen mitklingen spürt. Insoweit steht auch Schlegel immer noch in der langen alten Tradition.

6.2 Poetische Treue und treue Poesie beim Übersetzen Shakespeares

In seinen Gedanken über Shakespeare aus Anlaß von Goethes *Wilhelm Meister* entwickelte Schlegel sowohl in metrischer als auch poetischer Hinsicht das grundlegende Argument für einen neuen Übersetzungsbegriff.[97] Es handelt sich in diesem Fall nicht um eine Darlegung nur im konzeptionellen Raum – wie später ganz deutlich bei Friedrich Daniel Ernst Schleiermacher –, sondern um eine *Ad-hoc*-Diskussion, die sich ausdrücklich auf ein vergleichsweise eng und klar umschriebenes Corpus, nämlich das der Shakespearedramen bezieht. Sofern sie als Theorie gelten kann, handelt es sich um eine konkrete. Die Frage, ob sie sich dennoch verallgemeinern läßt, hängt davon ab, wie vortrefflich sie ausgearbeitet ist. Ohne Paradoxien wie diese kommt die romantische Poetik nicht aus. Die Methode, wie sie Schlegel höflich, aber mit der Macht der Notwendigkeit darlegte, dürfte wirklich »in gewissem Sinne noch treuer als die treueste prosaische« sein. Treue also, aber in welchem Sinn? Treue im Vergleich wozu? Treue, weil Poesie mehr ist als Prosa, zum Beispiel Prosa und Metrum? Sofern letzteres, so gilt die unter Romantikern verbreitete Anschauung, daß Metrum mehr ist als ein Ornament, eine Dreingabe, wie in der nunmehr überholten Auffassung, sondern ein wesentlicher Bestandteil. Und in diesem Sinne gilt es für den Übersetzer, Shakespeares dramatisches Werk zu analysieren.

Der poetologische Zusammenhang für diese Detailprobleme ist der neue Begriff der organischen Einheit des literarischen Kunstwerks, zu dem Schlegel 1809 einen besonders wichtigen, sich auf frühere Überlegungen stützenden Beitrag geliefert hat. Für ein solches Werk gilt im Lichte der neuen Hermeneutik, daß jedes Element mit Notwendigkeit an seinem richtigen Platz im Werk und in seiner speziellen Beziehung zu allen anderen Elementen steht – man spricht auch von relationaler oder struktureller Bedeutung –, und daß diese strukturelle Notwendigkeit einem in diesem Sinn entstandenen und verstandenen Gedicht seine Ausdruckskraft verleiht. Zur neuen Hermeneutik sei einstweilen nur so viel gesagt, daß sie sich auf die Suche nach dem Sinn eines so gestalteten Werkes begibt, was – so wird noch zu zeigen sein – ein potentiell endloser Weg ist.

Mit Iris Konopik läßt sich argumentieren, daß Schlegel die besondere Ausdruckskraft der modernen Sprachen mit ihrer eher willkürlichen Setzung sprachlicher Zeichen als Wiederaufleben jener Urpoesie auffaßte, die im »Jugendalter« einer Sprache selbstverständlich war, als ein solcher »notwendige[r] Zusammenhang[...] zwischen den Zeichen der Mitteilung und dem Bezeichneten« bestand.[98]

Ein säkularer Entstehungsmythos wie dieser ist nicht typisch (vor-)romantisch. Schon um die Wende vom 17. zum 18. Jahrhundert hatten Locke und Shaftesbury aufklärerische Mythen von der Entstehung der Gesellschaft erfunden. Heutzutage herrscht ein biologischer Mythos von Entstehung und Entwicklung des Menschengeschlechts vor. Für das Verständnis von Ursprungsmythen finde ich eine Idee von Kenneth Burke sehr hilfreich, nämlich daß die Formel »im Anfang war« die narrative Form der systembezogenen Aussage ist, »seinem Wesen entsprechend ist der Gegenstand so und so beschaffen«. Wenn man Schlegels Ansicht vom wahrhaft treuen Übersetzen in ihrem argumentativen Zusammenhang betrachtet, lassen sich einige fallbezogene Beobachtungen machen, die auch in Schleiermachers »Methoden des Uebersezens« als Prinzipien auftauchen.

So fertigt der Held in Goethes Bildungsroman *Wilhelm Meisters Lehrjahre* (1795–96) eine Prosaübersetzung von Shakespeares *Hamlet* für eine Aufführung an. Dementsprechend besteht ein großer Teil des fünften Buches aus einem Dialog, in dem eine detaillierte Interpretation entwickelt wird. Ein Argument darin betrifft die richtige Auffassung »edler Geisteswerke«.[99] Es handele sich, so heißt es, um eine eindringliche, aber keinesfalls be- oder aburteilende Anschauungs- und Erkenntnisweise. Diese »nahe und unmittelbare Anschauung fremder Eigentümlichkeit« entspricht in jeder Hinsicht jenem sinnlichen Erkennen, das sich damals in der Poetik durchsetzte.

Etwas später beschrieb Schlegel diese tief versunkene, hingebungsvolle Anschauung eines literarischen Kunstwerks genauer. Wer einen Autor so viel liest, so tief studiert und so warm liebt wie die Deutschen ihren Shakespeare, für den verliert er seine Fremdheit.[100] Dafür fand sich schon in der zunehmend kosmopolitischen Goethezeit der Ausdruck »Aneignung«. Eine solche Aneignung ist kein böser Literaturimperialismus, sondern eine Hommage, in diesem Fall eben an Shakespeare, dessen eindringliche Einsichten in die Seele und dessen Geschick, sie auf die Bühne zu stellen, ihn zu einem erstrangigen Dramatiker machen. Sein dramatisches Œuvre galt deshalb als eminent übersetzenswert.[101]

Die unauslotbaren Stellen im *Hamlet* – die etwas anderes sind als die handwerklichen Fehler, die Schlegel in der fast gleichzeitigen Interpretation von *Romeo and Juliet* feststellte[102] – gaben ihm den Anlaß, das literarische Genie mit der »schaffenden Natur« gleichzusetzen, die für ihre »Unergründlichkeit« bekannt ist.[103] Außerdem sah er in Shakespeare jemanden, bei dem »sowohl die Tugenden des Dichters als des Menschen« so eng miteinander verknüpft waren, daß er »dichtete wie er war«.

Mit seiner Einschätzung, daß die Fremdsprachenkenntnis der Deutschen nicht ausreicht, um den Reichtum und die Fülle eines Shakespeare-Stückes auszumessen, lag Schlegel gewiß nicht falsch, wenn man von Liebhabern absieht. Für ihn war die vorhandene Werkübersetzung in Prosa vollständig, korrekt und gut und deshalb die notwendige Vorarbeit für etwas Besseres. In diesem Zusammenhang ließ Schlegel 1796 in dem Aufsatz über Shakespeare aus Anlaß von *Wilhelm Meister* ein großes Übersetzungsprojekt anklingen, auf das er sich aufs sorgsamste vorbereitet hatte:

> Soll und kann Shakespeare nur in Prosa übersetzt werden, so müßte es allerdings bei den bisherigen Bemühungen so ziemlich sein Bewenden haben. Allein er ist ein Dichter, auch in der Bedeutung, da man diesen Namen an den Gebrauch des Silbenmaßes knüpft. Wenn es nun möglich wäre, ihn treu und zugleich poetisch nachzubilden, Schritt vor Schritt dem Buchstaben des Sinnes zu folgen, und doch einen Teil der unzähligen, unbeschreiblichen Schönheiten, die nicht im Buchstaben liegen, die wie ein geistiger Hauch über ihm schweben, zu erhaschen! Es gilt einen Versuch. Bildsamkeit ist der ausgezeichnetste Vor-

zug unserer Sprache, und sie hat in dieser Art schon viel geleistet, was anderen Sprachen mißglückt oder weniger gelungen ist.

Dieser Absatz ist zwiespältig. Zwar berief sich Schlegel anfangs auf die überlieferte Auffassung, daß Dichter Verseschmiede sind. Aber wie das weiterführende Argument zeigt, dient diese Bemerkung eher als eine Art Anknüpfungspunkt für Leser, die die klassisch-klassizistische Auffassung kennen und teilen, aber nun dafür gewonnen werden sollen, sich auf neue Begriffe und Argumente einzulassen. Demgemäß ist die Prosodie eines Gedichts mehr als ein »entbehrliche[r] zufällige[r] Zierat«. Sie trägt vielmehr zu den »unzähligen, unbeschreiblichen Schönheiten« bei, die über den Wortsinn hinausgehen. Schlegel beschrieb sie idealistisch als »geistige[n] Hauch«. Ähnlich läßt es sich mit Herders »Ton« argumentieren.

Schlegels Argument wendet sich nun dem Metrum zu, das nicht mehr »forma« ist, sondern Teil der Sinnstruktur, also der strukturellen, relationalen Bedeutung eines Gedichts. Die als neu verstandene Aufgabe des Übersetzers lautet, den Dichter »treu und zugleich poetisch nachzubilden«. »Poetisch« beziehungsweise »Poesie« hat hier deutlich einen neuen Klang, der insbesondere in dem Neologismus »Nachbilden« zu spüren ist, der Herders »Nachdichtung« entspricht.[104] Die bekannten Vorstellungen, für die Fachwörter wie »Kopie« und »Imitat« standen, verlieren nunmehr ihre Kraft. An ihre Stelle rückt das Paradigma »Vom Urbild/ Vorbild zum Nachbilden«, das für Johann Gotthold Lessing, Johann Gottfried Herder, Jean Paul, Schiller und Goethe nichts Unbekanntes war. Manchmal hat es einen idealistischen Anklang. Zumeist aber verweist es auf eine Ernsthaftigkeit, die dem als oberflächlich empfundenen klassizistischen Vers abgeht. Der mit »Nachbilden« und »Nachdichten« verbundene Begriff für dieses poetische Übertragen weist eine jeweils eigene Verbindung von Treue und Freiheit auf, die alle Schichten des literarischen Kunstwerks betrifft. Schlegels Plan, Shakespeare nachzubilden, ist das erste konsequente und bedeutsame Dokument dieser neuen Art, Dichtung aus vorliegender fremdsprachiger Dichtung zu gewinnen. Im Feld der Übersetzungsbegriffe, so scheint mir, kommt Schlegels Konzept den frühen englischen Überlegungen John Denhams und den Übersetzungsexperimenten Abraham Cowleys, nämlich Dichtung durch Dichten aufzutun, nahe, ohne daß freilich eine Bezugnahme zu erkennen ist.

Schlegels Nachbilden bezieht sich in seinen Darlegungen insbesondere auf folgende Details, die ebenso Teil unseres heutigen Verständnisses von Shakespeares Stücken sind als auch Teil der Herausforderungen an den Übersetzer. Zu ihnen gehört, daß der Wechsel zwischen Vers und Prosa oft eine Art sprachliches Indiz für soziale Unterschiede ist, wie im Fall der Oberschicht gegenüber der Dienerschaft. Weniger offensichtlich sind die Fälle, in denen dieser Wechsel verschiedene Charakterzüge und Stimmungen einer Bühnenfigur andeutet. Schlegels Beispiele zeigen Unterschiede zwischen Würde und Vertrautheit, hochgemutem Reden und neckischem Scherzen. Wenn diese Unterschiede nicht angezeigt werden, bleibt es nach Schlegel nicht aus, daß ein Shakespearestück beschädigt wird.

Schlegel achtete auch auf den im allgemeinen bei Shakespeare seltenen Gebrauch von Reim. Zum einen wies er auf den Paarreim hin, den der Dramatiker gelegentlich als epigrammatischen Schluß einer Szene verwendete. Zum anderen hielt er dafür, daß die überwiegend gereimten Stücke *A Midsummer Night's Dream* und *Romeo and Juliet* auf angenehme Weise die Phantasie anregen können. Eine ganz wichtige Bestimmung aber ist, daß prosodische Merkmale »sehr wesentlich auf den Inhalt zurückwirken«. Das heißt aber nun, daß Schlegel hier noch immer den Inhalt-Form-Dualismus aufrecht erhält, allerdings auf dem Weg zu seiner Überwindung, wonach Form nicht nur Ausdruck des Inhalts ist, sondern auch der Erfindung von Inhaltlichem dient.

Das dritte Gebiet, dem Schlegel besondere Aufmerksamkeit schenkte, ist die Dialogführung. In diesem Zusammenhang kommt es vor allem auf seine Idee an, daß die Rhythmen eines geschmeidigen Verses mit seinem stetigen Fluß, seinen metrisch meßbaren Pausen und seinem plötzlichen Vorwärtsstürmen vortrefflich geistige und seelische Vorgänge erkennen lassen. Auch Prosodie und Wortsinn wirken bei der Stiftung poetischer Strukturen und Vorstellungsbildern zusammen.

Schlegel beendete seine sorgfältige Durchsicht von Shakespeares dramatischem Werk mit einer ebenso detaillierten Darstellung einer neuen Übersetzweise.[105] Mit ein wenig Wiederholung läßt sie sich folgendermaßen zusammenfassen:

Ziel war offensichtlich nicht nur die Wiedergabe des Wortsinns, sondern auch die bestmögliche Bewahrung von »Schönheiten«, ganz »ohne die Anmaßung ihm [dem Werk in Übersetzung] jemals andere zu verleihen«. Selbst mißfallende Stilgewohnheiten galt es mitzuübertragen, sofern sie zu »Eigenheiten«, zu charakteristischen Merkmalen der Übersetzungsvorlage gehören. International gesehen handelt es sich wiederum – oder weiterhin – um eine ebenso stillschweigende wie pointierte Zurückweisung des französischen eleganten Übersetzens. Ja, es galt selbst im Fall einer »treuen« Übersetzung, so viel an Schönheiten zu bewahren wie irgend möglich. Nein, es ist geradezu eine Anmaßung zu versuchen, andere, zielseitige Schönheiten in die Übersetzung einzuschieben. Nein, das Lesevergnügen, das nur eine deutschsprachige Leserschaft und sonst niemand goutieren könnte, darf nicht an die Stelle der Treue gegenüber wesentlichen Eigenheiten von Shakespeares Kunst treten. Eine auf diese Weise zustande gekommene Übersetzung in Versen – dessen war sich Schlegel sicher – ist treuer als die treueste Prosaübersetzung, die ja eine »entschiedene Unähnlichkeit mit dem Original« hat. Des weiteren sind deutsche Verse besonders gut geeignet, »sich dem Dichter in seiner Gedrungenheit, seinen Auslassungen, seinen kühnen und nachdrücklichen Wendungen und Stellungen [...] anzuschmiegen«. Diesen Gedanken hatte zwar schon Herder gefaßt, aber Schlegel war mit dem Vermeiden eines Übersetzerjargons noch strenger. Im unmittelbaren Zusammenhang mit dem Anschmiegen argumentierte er:

> Hart möchte die Treue des Übersetzers zuweilen sein, und er müßte sich den freiesten Gebrauch unserer Sprache in ihrem ganzen Umfange (eine alte Gerechtsame der Dichter, was auch Grammatiker einwenden mögen) nicht vorwerfen lassen; aber nie dürfte sie schwerfällig werden. Er überhüpfe lieber eine widerspenstige Kleinigkeit, als daß er in Umschreibungen verfallen sollte. [...] Übrigens wäre alles sorgfältig zu entfernen, was daran erinnern könnte, daß man eine Kopie vor sich hat. Die Wortspiele, welche sich nicht übertragen oder durch ähnliche übersetzen lassen, müßten zwar wegbleiben, aber so, daß keine Lücke sichtbar würde. Eben so hätte es der Übersetzer mit durchaus fremden und ohne Kommentar unverständlichen Anspielungen zu halten. Von bloß zufälligen Dunkelheiten dürfte er den Text befreien; aber wo der Ausdruck seinem Wesen nach verworren ist, da könnte auch dem deutschen Leser die Mühe des Nachsinnens nicht erspart werden.[106]

Im Zusammenhang mit dem Nachdichten verwundert es nicht, daß der poetisch treu Übersetzende in bezug auf den Sprachgebrauch auf dieselbe Stufe gerückt wird wie der Originaldichter. Ebenfalls richtungweisend ist die mit neuem Sinn verbundene Bezeichnung »poetische Treue«. Der neue Begriff hatte den überkommenen Dualismus im wesentlichen überwunden und konnte in der Herder-Nachfolge die neue monistische Poetik auch in Übersetzungsdingen begründen helfen. Dementsprechend gibt es keine »Reinheit« inhaltlicher oder formaler Momente in einem voll ausgearbeiteten Werk poetischer Kunst, wie es Shakespeares Dramen sind. Es gehört also zum Auftrag an den literarischen, den poetischen Übersetzer, seine Aufmerksamkeit auch der bedeutsamen Form zu schenken, ohne zu vergessen, daß semantischer Sinn auch eine sprachliche Form hat. Dies ist ein hoher Anspruch, wie auch Schlegel erkannte, als er von der Übersetzbarkeit nur eines Teils der poetischen Schönheiten sprach. Was die Dichotomie des einbürgernden und des Fremdheiten bewahrenden Übersetzens angeht, empfahl Schlegel das Einbürgern auf der Ebene der Sprache. Auf der poetischen Ebene hingegen stand er für das Importieren poetischer Schönheiten ein, die zugleich poetische Strategien sein können. Das soll nicht heißen, daß Poesie ganz ohne sprachliche Gestaltung auskommt. Aber Poetisches hält sich nicht immer ans Sprachliche. Was den Vers angeht, den Schlegel hier besonders beachtete, ist er im Englischen und Deutschen ein binäres Konstrukt – betont und unbetont, Thesis und Arsis wechseln regelmäßig –, wiewohl die beiden Sprachen vier Akzentstufen kennen.[107] Ebenso ist es selbstverständlich, daß nicht alle poetischen Schönheiten ausländischer Dichtung der Zielliteratur fremd sind.

In diesem Sinn führte Schlegel die Poetik des fremdhaltenden Übersetzens in jene Richtung weiter, die Herder eröffnet hatte.

6.3 Übersetzen als unendliche Aufgabe

Nun zeigt die Übersetzungspraxis, daß kaum eine auf poetische Treue abzielende Übersetzung mehr ist als eine Annäherung. Schon Gottfried August Bürger hat darauf hingewiesen: »Alle dichterischen Übersetzungen sind nur unvollkommene Annäherungen«.[108] Ähnliches wird sich bei Schleiermacher finden. Das sind keine Einzelstimmen. Annette Kopetzki hat eine Reihe zeitnaher Zeugnisse zusammengestellt.[109] Schon Johann Gottfried Herder sah Übersetzen als eine »niemals vollständig lösbare Aufgabe« an. Wilhelm von Humboldt stellte fest, daß Übersetzungen »immer wieder von neuem wiederholt werden müssen«. Für Friedrich Schlegel ist jede Übersetzung »eine unbestimmte, unendliche Aufgabe«. Deshalb muß die Übersetzung »das Bewußtsein ihrer eigenen prinzipiellen Unmöglichkeit als Verfahren in sich aufnehmen«. Sein Bruder August Wilhelm hielt selbst die »vortrefflichste Übersetzung« für nicht mehr als eine »Annäherung«. So ist auch jede neue Übersetzung eine Herausforderung, sich demselben Werk übersetzend zu nähern, auch wenn man niemals etwas Endgültiges schaffen kann. Etwa ein Jahrhundert später wird Paul Valéry dasselbe für die Dichtung selber in Anspruch nehmen. Demnach bleibt jedes große literarische Werk unvollendet. Der Autor stellt lediglich seine Arbeit daran ein.

Dieser Fragmentcharakter war zu Schlegels Zeit auch außerhalb der deutschen Länder eher ein poetischer Wert als ein poetischer Fehler. Die Idee des Hervorbringens eines nahezu vollendeten oder beinahe ganzen Werks aus einer mehrperspektivischen, mannigfaltigen Gestalt gehört auch zu den Gegenständen, die Friedrich Schlegel in den Pariser Vorlesungen von 1802 und 1803 ansprach:

> [D]er Dichter soll den Geist aller ihm bekannten Literaturen aufzufassen, das, was in jeder bleibenden, objektiven Wert hat, zu vereinigen und zu verschiedenartigsten Gattungen nachzubilden suchen. Alle Dichtungen sind nur Bruchstücke der ersten Offenbarung des Menschengeschlechtes – Bestrebungen, dieses einzige, große, ursprüngliche Gedicht ganz auszusprechen und darzustellen. Alle Kunst soll diese alten Erinnerungen zurückrufen und dazu beitragen, das Ganze vollkommen wiederherzustellen.[110]

Ähnlichkeiten im Gedankengang Schleiermachers hängen wohl damit zusammen, daß er zum Jahrhundertende längere Zeit mit Friedrich Schlegel in Gemeinschaft wohnte. In seinem Akademievortrag von 1813 erinnern etwa folgende Ideen an ihn: die Übersetzung als Annäherung, die ausgreifende Einschließlichkeit des deutschen Literaturgeschmacks, die außergewöhnliche Biegsamkeit und Anpassungsfähigkeit der deutschen Sprache und die Abbildung der Literaturen der Welt in deutschen Übersetzungen. Ein Vergleich von Friedrich Schlegel und Schleiermacher als Hermeneutiker findet sich bei Willy Michel.[111]

7 Transzendentale Hermeneutik und Übersetzungsutopie: Schleiermacher

Friedrich Daniel Ernst Schleiermachers Traktat über das richtige Übersetzen und die angestrebten kulturellen Konsequenzen umfangreicher, ja totaler Übersetzungsarbeit, »Ueber die verschiedenen Methoden des Uebersezens«, beruht auf vielem, das seit Johann Gottfried Herder und Heinrich Wilhelm von Gerstenberg geschrieben worden ist, und ist zum Teil der Versuch einer Systematisierung. Die Argumentationsweise beruht eher auf Immanuel Kants *Kritik der reinen Vernunft* (1781) und weniger auf den beiden anderen Kritiken, aber auch auf der organischen Sprachphilosophie.[112] So arbeitete er jene Begriffe aus, die für seinen Beitrag zur neuen Hermeneutik ebenso charakteristisch sind wie das, was der Denkzusammenhang zu ihrer Charakterisierung beiträgt. Es handelt sich dabei um ein nach-Kantisches Verständnis sowohl der Fähigkeit zu verstehen als auch des Akts des Verstehens. Zugleich legte Schleiermacher mit diesem Traktat ein kulturpolitisches Programm für das Übersetzen in den deutschen Ländern vor. Es konnte und sollte wohl auch kulturellen Stolz wecken und zur Einigung der deutschen Länder beitragen – natürlich nicht zur Angliederung der deutschsprachigen Kantone der Schweiz.

Schleiermacher (1768–1834) trug diesen Traktat am 24. Juni 1813 vor der Königlichen Akademie der Wissenschaften zu Berlin vor. Es war ein krisenhafter Moment in der europäischen Geschichte. Napoleons weitläufige Kriege hatten den größten Teil Europas unter die Herrschaft Frankreichs gezwungen, sei es durch Annexion oder in der Form von oktroyierten Allianzen. Nach dem Wendepunkt vor Moskau und dem Rückzug der in Auflösung befindlichen französischen Armee entschloß sich Friedrich Wilhelm II von Preußen, die Seiten zu wechseln. Aber Napoleon gelang es, seine Truppen wieder zu sammeln, und der Freiheitskrieg geriet in einen unsicheren Waffenstillstand, den schließlich der Franzosenkaiser brach. Das war genau eine Woche vor Schleiermachers Akademievortrag.

Preußen sah sich nun nach neuen Verbündeten um. Mit großer Hoffnung blickte man auf Großbritannien. In dieser prekären Lage zeigte Schleiermacher mehr als nur übersetzungspoetische Kompetenz. Er, der sein Leben aufs Spiel gesetzt hatte, als er zur Zeit der französischen Besetzung als Kurier den Widerstand aufbauen half, machte nun auch seinen Akademievortrag zu einem heimlichen Dokument eben dieses Widerstands. Schleiermacher entwarf eine Kulturpolitik, die wirken konnte, einerlei ob die Befreiung gelang oder nicht. Man könnte seine vertrackte professorale Diktion vielleicht sogar als einen Schutz vor französischer Zensur verstehen.

7.1 Widerstand und Kulturpolitik

Der Widerstand, den Schleiermacher in »Methoden« leistete, ist nicht vordergründig, und so haben, so weit ich sehen kann, die Kommentatoren bisher nicht darauf geachtet, wie er im Text greifbar wird. Josefine Kitzbichler hat auf sein Engagement hingewiesen. Diesen Stellen Aufmerksamkeit zu schenken ist auch deshalb wichtig, weil es zur neuen Hermeneutik gehört, den jeweiligen Sitz im Leben zu erhellen. Es geht in diesem Fall um mehr oder minder versteckte politische Aussagen, militärische Metaphern und – immer noch oder schon wieder – um einen antifranzösischen Duktus in der Behandlung von Übersetzungsdingen. Drei Beispiele müssen genügen.

Was auf den ersten Blick wie eine ehrfurchtsvolle Verbeugung vor »unserem großen König«, Preußens Friedrich II mit dem Beinamen der Große erscheint, erweist sich im argumentativen Kontext als ein Ausdruck von mehr als nur Bedauern in bezug auf Friedrichs Frankophilie, die so weit ging, daß er seine philosophischen und poetischen Werke auf Französisch verfaßte. Was Schleiermacher ausdrücklich beklagte ist, daß der anglophile Teil des Königshauses nicht erreicht hatte, den Prinzen im Englischen statt im Französischen zu unterweisen.[113] Aber er ging noch weiter. Er diskutierte eindringlich einen Fall, der weniger mit Übersetzungsfragen als mit Kulturpolitik zu tun hat, nämlich ob es möglich und wünschenswert sei, eine Fremdsprache als Medium des eigenen Denkens und Schreibens zu verwenden.[114] Dieses Argument kulminiert darin, daß Schleiermacher jemanden, der so handelt, als einen »Überläufer [...] von der Muttersprache« tadelte, der sich – ebenfalls in einer militärischen Metapher – einer »andern [Sprache] ergeben« hat. Das ist ein hartes Urteil. Denn so gesehen ist auch Friedrich II von Preußen ein Überläufer. Diese Bewertung aber hat Schleiermacher vorsichtshalber nicht offen ausgesprochen. Zugleich können die beiden Argumente zusammengenommen als verklausulierte Befürwortung der internationalen Politik und des militärischen Engagements des regierenden Preußenkönigs verstanden werden.

Als drittes Beispiel kann Schleiermachers Darstellung eines weiteren Aspekts seiner zwei Übersetzungsmethoden dienen. Es betrifft Autoren, die - wörtlich - eingekerkert »in zu engen Banden eines klassischen Ausdrukks gefangen liegen, außerhalb dessen alles verwerflich ist«.[115] Dies bedeutete damals eine scharfe Absage an den Klassizismus und insbesondere an denjenigen französischer Provenienz. Davon unterschied er »freiere[...] Sprachen [...], in denen Abweichungen und Neuerungen mehr geduldet werden«. André Lefevere fand diese Unterscheidung zwischen gefesselten und freien Sprachen unhaltbar.[116] Hierzu ist zweierlei zu sagen: Die Absage an den Klassizismus ist in der Tat keine sprachliche, sondern im argumentativen Kontext eine literarische Angelegenheit. Wer freilich auf Sprache nicht im Sinne von Sprachsystem achtet, sondern im Sinne Ernst Leisis von Sprachbrauch, der könnte sich schon an eine Institution erinnern, die sich bemüht, die Sprache ihres Landes zu regulieren, wenn nicht gar zu reglementieren, nämlich die Französische Akademie. Das Ergebnis ist ein planmäßig eingeschränkter Sprachbrauch. Die schärferen Formulierungen Schleiermachers treffen die Sache nicht genau, lassen aber die damaligen Animositäten deutlich erkennen.

Was die in diesem Sinne eingeengte Übersetzweise anbelangt, war sie für ihn - um mit der rhetorischen Faust auf den Tisch zu donnern - Nullkommanix. Er nannte sie in gehobenem Stil »in sich nichtig und leer« und ähnlich »fast gleich Null«.[117] Diese Feststellung bedeutet, daß Frankreich für Schleiermacher eine höchst wertlose Übersetzweise pflegte. Daß dies nicht in jeder Hinsicht zutrifft, hat auch die vorliegende Studie gezeigt.

7.2 Philosophische und hermeneutische Momente

Schleiermacher verstehen heißt, seine Hermeneutik verstehen. Hier ist nur so etwas wie ein Blitzkurs möglich. Deutsche Leser können sich in Schleiermachers *Hermeneutik und Kritik* (1838), im Schleiermacherteil von Reinhold Riegers *Interpretation und Wissen* (1988) und in den entsprechenden Teilen von Annette Kopetzkis sprachphilosophisch und hermeneutisch fundierten Dissertation *Beim Wort nehmen* (1996) umsehen, englischsprachige in Kurt Mueller-Vollmers *Hermeneutics Reader* (1989). Dabei wird, wie zu zeigen ist, deutlich, daß Schleiermachers Übersetzungsmethoden nicht fugenlos in seine allgemeine Hermeneutik eingeordnet sind.

Der Sage nach entstand Hermeneutik, als Hermes den Menschen Botschaften der Götter überbrachte und erläuterte. Unter der klassisch-klassizistischen Ägide war man sich des Text- oder Werkverständnisses sicher, sofern sich der

Interpret nicht dumm anstellte und sofern die Texte oder Werke beim Überliefern nicht zu Schaden gekommen waren.

Diese überlieferte Ansicht, wonach es möglich ist, einen Text vollständig zu verstehen, wurde eines der Opfer von Kants kopernikanischer Wende in der Philosophie. Demnach gilt auch für sinnbezogene Werke – im Unterschied zu sachbezogenen –, daß das Verstehen durch eine unüberwindbare Kluft von seinem Gegenstand getrennt ist. Der Grund liegt darin, daß jeder Akt des Verstehens auf Kategorien des Wahrnehmens und der Begriffsbildung beruht, die in der Verständnisfähigkeit angelegt sind. Was verstanden wird, ist demzufolge niemals der Gegenstand als solcher – Kants »Ding an sich« –, sondern das »Ding für uns«. Uns, das ist die Menschheit. Auch wenn von anderen Philosophen und Philologen partikuläre Verstehensweisen unterschieden worden sind, kann man in diesem Fall darauf verzichten, weil Kant auch darin Philosoph seiner Zeit war, daß ihm der Geist als der im Grunde genommen überall gleiche gemeinsame Besitz der Menschheit galt. Allerdings wurden verschiedentlich auch die Nationalsprachen als Raster für Verstehensakte angesehen. Kant argumentierte fundamentaler, daß nämlich das Ding an sich den Menschengeist übersteigt. Dies ist das Transzendentale seiner Philosophie.

Diese tollkühne Zusammenfassung von Kants transzendentalem Idealismus – mit den drei Kritiken als erstem großen Monument der Bewußtseinsphilosophie – läßt, wie ich hoffe, erkennen, warum das Verstehen nicht unmittelbar dem Werk, sondern zunächst der Art des Verstehens als grundlegende Aufgabe der neuen Hermeneutik gilt.

In dem nun folgenden kurzen Überblick – einem selektiven, nicht einem systematischen – möchte ich, wie schon gesagt, Schleiermachers allgemeine Hermeneutik in kürzestmöglicher Form skizzieren, um vor diesem Hintergrund die wichtigsten hermeneutischen Momente in seinen »Methoden« zu identifizieren und gelegentlich ihre Parallelen in der neuen organischen Sprachphilosophie zu bestimmen. Fünferlei ist vor allem zu beachten: (1) daß Reden eine »That« ist[118]; (2) daß ein besonderer Sprachbegriff einen großen Teil von Schleiermachers hermeneutischem Argument regiert, wobei dessen Verhältnis zum Denken von besonderer Bedeutung ist; (3) daß es in der Hermeneutik nicht nur um die Klärung von Textstellen geht, sondern um die Erklärung des Ganzen aus seinen Teilen und eines jeden Teils aus dem Ganzen; (4) daß Verstehen ebenso wie Übersetzen, als Verstehensweise verstanden, eine nie endende Handlung ist; (5) und daß, wie allenthalben in der Verstehenslehre, Fremdheit ein Leitbegriff ist. Außerdem gilt es, eine Schleiermachersche Besonderheit zu berücksichtigen, daß nämlich der kulturpolitische Zweck des Übersetzens nur zustande kommt, wenn massenweise übersetzt wird. Ich werde, gestützt vor allem auf Kurt Mueller-Vollmer, zunächst Hauptpunkte von Schleiermachers Begriff von Hermeneutik behandeln, ohne daß ich mich dabei an die fünf Aspekte klammere.[119] Daran schließt sich eine Lektüre der »Methoden des Uebersezens« an.[120]

Nach Mueller-Vollmer bewirkte Schleiermacher »a true watershed in the development of hermeneutics«. Ich stimme mit ihm darin überein, daß es sich dabei um eine Hinwendung zum Transzendentalen im Sinne Kants handelt. Die Rede von den Bedingungen der Möglichkeit des Verstehens im folgenden Zitat ist ein deutlicher Hinweis auf dessen Anwesenheit in Schleiermachers Text. Zudem machte, so Mueller-Vollmer, eine symbolische Kunstauffassung unendliche Interpretationen möglich: »infinite interpretations«:

> For Schleiermacher, hermeneutics was no longer occupied with the decoding of a given meaning or with the clearing away of obstacles in the way of proper understanding, but was above all concerned with illuminating the conditions for the possibility of understanding and its modes of interpretation.[121]

Zweierlei ist hier von Belang: die Ablehnung der Idee des Dekodierens einer vom Autor enkodierten Bedeutung und das Konzept des richtigen Verstehens.

Enkodieren und Dekodieren gehören zusammen mit Kode zum Kernbestand einer mechanistischen Linguistik, Kommunikationstheorie und Semiotik, für die der Weg vom Gedanken zum Ausdruck und von der Rede zu ihrem Verständnis im Regelfall als wenig problematisch gilt. Dies sieht man dank Roman Jakobson auch heute wieder so. Im historischen Vorfeld von Schleiermacher vertrat Gottfried Wilhelm Leibniz eine ähnliche Ansicht. Schon im 17. Jahrhundert hatte er angeregt, eine Universalsprache zu entwickeln, die als »Algebra der Gedanken« unter anderem »das Denken wie eine mechanische Operation überprüfbar« machen sollte.[122] Schleiermacher argumentierte ausdrücklich gegen eine mechanistische und mathematische Konzeption des verstehenden Übersetzens. Die Idee einer mechanisch-mathematischen Sprache treibt noch heute die Verfechter der computergenerierten Übersetzung an, wiewohl an der Wende vom 18. zum 19. Jahrhundert auch andere Autoren als Schleiermacher, zum Beispiel Friedrich Schlegel und Wilhelm von Humboldt, diesem instrumentalen Begriff von Sprache einen anderen entgegengestellt haben, demzufolge Sprache ein Medium im Sinne eines Handlungsspielraums ist. Reden und Verstehen sind demnach symbolische Handlungen, mit denen sich Sprechende und Schreibende in den sprachlichen und zugleich in den historischen Raum stellen. So gesehen ist der Autor nicht so sehr Substanz als vielmehr Akt.[123] Das bedeutet praktisch: Es trifft nicht zu, daß ein Mensch ein Autor ist, der deswegen schreibt; vielmehr machen ihn erst seine Schreibakte zum Autor. Und ein so verstandener Schreibakt ist zweifach verwurzelt: einmal expressiv im Geist des Schreibenden und andererseits differenzierend im Geist der Sprache.

Was nun das richtige Verstehen angeht, so war dies das große Ziel sowohl der christlichen als auch der humanistischen Hermeneutik. In deren Nachfolge definierte Johann Martin Chladenius noch im 18. Jahrhundert »vollständiges Verstehen« von »vernünftigen Reden und Schriften« als Zweck dieser Kunst.[124] Diese Einengung erlaubt einen Zirkelschluß, der ja ein Postulat erkennen läßt: Interpretieren verhilft deshalb zum richtigen Verständnis vernünftiger Schriften, weil sie grundsätzlich verständlich sind. Sie tragen das richtige Verständnis in sich. Interpreten haben die Aufgabe, das zu erläutern, was nach ihrer Einschätzung vielen Lesern verschlossen bleibt.

Ein Zirkelschluß ist auch eine Herausforderung, ihn zu überprüfen. Das Hauptproblem ist gerade diese Annahme, vernünftige Schriften trügen ihr richtiges Verständnis in sich und seien problemlos offen für gewiefte Leser. Die neue Hermeneutik kennt diesen kategorialen Unterschied zwischen dem Interpreten als dem überlegenen Kenner und dem hilfsbedürftigen Leser nicht. Für sie ist jeder Akt des Verstehens ein Akt des Interpretierens, und jedes Interpretieren ein Akt des Zuschreibens. Woran läßt sich aber erkennen, ob ein solcher Akt eher in der Mitte oder am Rand des Feldes aller möglichen Zuschreibungen liegt, sofern es einen solchen Rand gibt? Wer dies beurteilen will – muß er nicht selber schon interpretierend Stellung bezogen haben? Und so weiter? Aber wer erkennt oder garantiert nun deren Richtigkeit? Die neue Hermeneutik läuft so auf eine endlose, nie abgeschlossene Suche hinaus.

Das heißt auch, es gibt nicht die richtige Interpretation, es gibt nur Interpretationen. Dennoch bedeutet dies nicht Beliebigkeit. Zumindest für die Geschichtsschreibung hat schon Chladenius eine Lösung dieses Problems mit der Theorie des »Sehe-Punckts« angeregt. Jeder Historiker, so meinte er, sieht historisches Geschehen unter einer eigenen Perspektive. Deswegen unterscheiden sich die Geschichtsbilder. Wenn sich aber, so scheint mir, Historiker in ihren Sehweisen sehr nahekommen, ist eine vergleichende Beurteilung ihrer Darlegungen sinnvoll und möglich, soweit es gelingt, die jeweilige Sichtweise zu erkennen. Es gibt also keine allgemein richtige Interpretation, sondern nur relativ richtige aus jeweils partikulären Perspektiven. Für die Hermeneutik nach Chladenius ist es notwendig, nicht nur in der Historiographie, sondern in allen geisteswissenschaftlichen – besser vielleicht interpretationswissenschaftlichen – Disziplinen, den historischen Standpunkt und die Perspektive des Interpreten zu berücksichtigen. Seine Sehweise erschließt sich dann, wenn man feststellt, welchen Zugang er zu seinem Gegenstand gewählt hat.

Nach Mueller-Vollmer gehören das Problem der großen Zahl verschiedener, grundsätzlich gleichwertiger Interpretationen und dessen Lösung zu den radikalen Neuerungen von Schleiermachers Hermeneutik.

> Against the assumption of the older hermeneutics that a reader would understand everything unless or until he encountered contradictions or a nonsensical passage, Schleiermacher advanced a radically different position. From the point

> of view of hermeneutics we cannot claim to understand anything that we »cannot perceive and construct as necessary. In accordance with this maxim, understanding is an unending task«.[125]

Verstehen ist auch deswegen eine nie endende Aufgabe, weil sich mit der Zeit die Sichtweisen ändern und das ursprüngliche Werk aus anderen Blickwinkeln und auch aus anderen Wissenshorizonten heraus gesehen wird, so daß es, um verstanden zu werden, auch immer wieder aus neuen Perspektiven rekonstruiert werden muß. Anders als noch bei August Wilhelm Schlegel erstrebt die Reihe der Interpretationen, wie gesehen, nicht die absolute Richtigkeit. Hier greift die relative Richtigkeit, bezogen jeweils auf eine gegebene Sichtweise. Das bedeutet auch, daß ein jeder Verstehens- und Übersetzungsakt geschichtlich ist.

Von vergleichsweise großer Bedeutung ist das Verhältnis zwischen Denken und Sprechen, weil sich daran die Wende von der überlieferten zur neuen Hermeneutik besonders gut erkennen läßt. Die auf die Antike zurückgreifenden Begriffe beruhen, wie erinnerlich, auf der Annahme, Denken sei Gemeingut und überall gleich, während die als instrumental verstandenen Sprachen alles Rationale ausdrücken können, allerdings auf verschiedene Weise. Dieses Verständnis ist bei Herder ins Rutschen geraten und bei den Brüdern Schlegel umgekippt. Von Schleiermacher ist es in verschiedenen Formulierungen umkreist worden. Im folgenden möchte ich auf einige Stellen hinweisen, an denen diese Gedanken formuliert sind.

Kurt Mueller-Vollmer zitierte aus der englischen Übersetzung von Schleiermachers *Hermeneutik und Kritik* eine Gedankenfigur, die insoweit ambivalent ist, als sie sowohl für die überlieferte Hermeneutik als auch die Schleiermachersche passend gemacht werden kann, weil hier das Denken als Grundlage des sprachlichen Ausdrucks erscheint, auf das man durchgreifen muß und wohl auch kann.

> Thus speech acts and acts of understanding closely correspond to each other: »Their correlation consists in that every act of understanding is the reverse of an act of speaking, and one must grasp the thought that underlies a given utterance«.[126]

Diese Gedankenfigur ist der Rückgriff des Verstehenden auf zeitlich Zurückliegendes, nämlich auf das, was der Autor gesprochen oder geschrieben hat. Nun spielt auch in »Methoden des Uebersezens« an einer zentralen Stelle eine gegenläufige Bewegung eine wichtige Rolle, ebenfalls mit Bevorzugung des Zurückgehens in der Zeit: Man soll beim Übersetzen nicht den Autor zum Leser hin bewegen, der zu verstehen sucht, sondern den Leser in Richtung auf den Autor, der schon verstanden hat.[127]

Reinhold Rieger verdanke ich einen Überblick über einige diesbezügliche Aussagen Schleiermachers:

> »Wir können nicht denken ohne die Sprache.« »Die Sprache ist nur durch das Denken und umgekehrt; beide können sich also nur durch einander vervollkommnen.« »Reden und Denken stehen also in einer festen Verbindung, sind eigentlich identisch. Das Denken ist ohne Rede nicht möglich«.[128]

Diese Aussagen unterscheiden sich nur in Nuancen. Die stärkste Bestimmung wäre wohl, daß Denken und Reden identisch sind. Sie sind es aber nur »eigentlich«. Und was sind sie uneigentlich? Nicht ganz identisch? Besonders kühn sind die Aussagen zur Identität von Denken und Reden in den »Methoden«. Es geht um deren Einssein in

> Kunst und Wissenschaft [...] und überall, wo mehr der Gedanke herrscht, der mit der Rede Eins ist, nicht die Sache, als deren willkührliches vielleicht aber fest bestimmtes Zeichen das Wort nur dasteht.[129]

In seiner *Didaktik* findet sich eine sehr ähnliche Aussage. Auch hier folge ich Rieger: »Sprechen und Denken ist so eins, daß man es nur als inneres und äußeres unterscheiden kann, ja auch innerlich ist jeder Gedanke schon Wort«.[130] Das ist gut Herderisch geschrieben.

Was kann es nun engeres geben, als daß zwei eins sind? Dieses Einssein setzt sich auch in der Syntax durch, wo im Unterschied zu allen anderen einschlägigen Stellen eine auf einen Plural – Sprechen und Denken – bezogene Verbform und eine ebensolche Pronominalform im Singular stehen. Wie dieses Einssein vielleicht noch besser verdeutlicht werden könnte, wäre durch Bestimmungen wie etwa »wesentlich« oder »innigst«. So erklärte Schleiermacher als Grundpfeiler der Hermeneutik die Überzeugung, daß

> wesentlich und innerlich Gedanke und Ausdrukk ganz dasselbe sind, und auf dieser Ueberzeugung beruht doch die ganze Kunst alles Verstehens der Rede, und also auch allen Uebersezens.[131]

Laut Schleiermacher tritt Verstehen nur dann ein, wenn zwischen dem Redenden und dem Verstehenden etwas Gemeinsames besteht. Zu dieser Gemeinsamkeit mag gehören, daß der Verstehende schon eine Ahnung – bei Schleiermacher heißt das immer »Ahndung« – von dem hat, auf was er sich eingelassen hat, zum Beispiel durch eine Empfehlung, einen Titel, eine Gattungsangabe. Ein literarisch Gebildeter, der ein Buch mit dem Untertitel »Eine Tragödie« aufschlägt, weiß, daß er kaum etwas zu lachen haben wird. Eine ähnliche Verknüpfung läßt sich am Ende des Verstehensaktes beobachten, die, wie oben zitiert, darin besteht, daß die zugrunde liegende Differenz anerkannt und nicht zerstört wird. Dieser Gedanke gehört, wie ich am gegebenen Ort ausführen werde, wesentlich zu Schleiermachers Übersetzungskonzeption, weil die einzig anerkannte Übersetzungsmethode darauf beruht, daß in der Übersetzung eine gewisse Fremdheit spürbar bleibt, jene Fremdheit, die schon den Übersetzer beim Lesen des fremden Werks angeweht hat.

Dieses beim Lesen andauernde Wechselspiel von Ahnen und Wissen sowie von verschiedenen inkommensurablen Graden des Wissens gehört zum fundamentalen Bestand der neuen Hermeneutik, so daß man eher von einem hermeneutischen Umkreisen des Texts in unterschiedlichen Abständen als von einem hermeneutischen Zirkel sprechen sollte. Der Grundsatz, wonach das Ganze nur aus seinen Teilen heraus verstanden werden kann, und jedes Detail nur aus dem Verständnis des Ganzen, gilt nicht absolut, sondern im Verlauf des hermeneutischen Prozesses als jeweilige Annäherungsstufe auf dem Weg, das Verständnis zu festigen und auszubauen, gegebenenfalls aber auch zu korrigieren. Es ist grundsätzlich ein Prozeß des Suchens und stets nur eines einstweiligen Findens, wobei im Fall von Literatur und anderen sinnbezogenen Werken bestenfalls nur eine asymptotische Annäherung denkbar ist. So ist Interpretieren offensichtlich eine unendliche Aufgabe. Es gibt aber auch noch einen zweiten Grund für diese Art der Unendlichkeit. Insoweit nämlich jeder Zugang zu einem Werk von der Art und dem Grad des Ahnens, des Vermutens, des Vorverständnisses abhängt, und insoweit bei großer chronologischer oder kultureller Ferne die Ahnungen, Vermutungen, die Vorverständnisse sich ebenso offensichtlich wie deutlich unterscheiden, gibt es hier eine Unendlichkeit, die nicht in der Art des Werks, sondern in den Voraussetzungen des jeweiligen Lesers liegt.

Mit diesem Gedanken der grundsätzlichen Offenheit des Verstehens und Übersetzens steht, wie bereits an August Wilhelm Schlegels Auffassungen zu sehen war, Schleiermacher keineswegs allein. Was nun seine Konzeption des Fremden angeht, sind seine Überlegungen in »Methoden des Uebersezens« von besonderem Interesse, nicht nur, weil dort viel davon die Rede ist, sondern auch und vor allem, weil sein Übersetzungsbegriff auf verschiedene Weise mit dem Akt des Verstehens bedeutungsgleich ist. So bezeichnete Schleiermacher das Verstehen der »Rede eines anderen, der ganz unseres gleichen ist aber von anderer Sinnes- und Gemüthsart« ebenso als Übersetzen wie das Wiederverstehen von etwas, das man vor längerer Zeit selber geschrieben hat.[132] Auf der anderen Seite ist das Übersetzen im eigentlichen Sinn des Wortes bei Schleiermacher so eng mit dem Verstehen verquickt, daß seine Konzeption, aufs stärkste komprimiert, nicht als das Übersetzen eines Werks, sondern eines Werkverständnisses zu gelten hat. Es braucht nicht vorab auf einer formellen Interpretation zu beruhen, sondern kann das Übersetzen in Form von interpretatorischen Schüben begleiten.

7.3 »Methoden des Uebersezens«: Ihr Platz in der Übersetzungsgeschichte

In jeder der drei nationalen Übersetzungstraditionen gibt es im Berichtszeitraum eine auf besondere Weise hervorgehobene Übersetzungskonzeption. Den Anfang macht John Dryden mit seinem Programm der spielraumeröffnenden Paraphrase (circa 1680 – 1700). Die nächste, die des tonerhaltenden Übersetzens von Versdichtung, stammt von Charles Batteux (1746). Beide haben Regelpoetiken im althergebrachten Sinn als Anweisungen für Übersetzer vorgelegt.

Schleiermachers Beitrag hingegen ist alles andere als eine Regelpoetik. Zwar bezog auch er sich gelegentlich auf Regeln, Formeln und einmal auf eine Anweisung, ohne jedoch etwas davon auszuführen.[133] Der entscheidende »kopernikanische« Unterschied liegt darin, daß sein Hauptargument nicht dem Entstehen, sondern dem Verstehen einer Übersetzung gilt, und daß auch die Arbeit des Übersetzers auf Verstehen beruht. Diese Sichtweise entspricht jener Poetik der Dichtung, die zu ungefähr gleicher Zeit die Wende von der präskriptiv-prospektiven zur deskriptiv-retrospektiven Orientierung vollzog und sich damit ein erblühendes Feld erschloß, das der Literaturgeschichtsschreibung. Auch Schleiermachers »Methoden« schließen zumindest mit dem Programm einer historisch-systematischen Übersetzungspoetik als Kulturpolitik ab.

Anders als Dryden, Batteux und andere klassizistische Autoren wollte Schleiermacher des Übersetzers Feder nicht bei jedem noch so kleinen Strich oder Punkt führen. Als sein Ziel gab er ein rein theoretisches Interesse an, nämlich das Übersetzen deutlich zu denken. In der Hauptsache ging es ihm, wie bereits ausgeführt, um die Bedingungen der Möglichkeit des Übersetzens. Zu diesem Zweck unterschied er mehrere Arten von Transfer im Vorfeld des Übersetzens von dem, was er gelegentlich als den strengeren Begriff des Übersetzens bezeichnete, und den dorthin gehörenden Methoden. Mehrere seiner Unterscheidungen haben sich im Verlauf der Zeit als recht stabil erwiesen. Noch in der jüngsten Vergangenheit hat Schleiermacher in verschiedenen Ländern Leser gefunden, die ihn als Herausforderung begriffen: in erster Linie Valentín García Yebra (1977 – 78), Antoine Berman (1984 und mit seiner Übersetzung von 1999), nicht ohne erhebliche Mißgriffe Lawrence Venuti (1995).[134] Selbstverständlich hat André Lefevere den Methodenaufsatz im Jahr 1977 in seine Übersetzung von Dokumenten zur literarischen Übersetzung in Deutschland aufgenommen.

Die »Methoden des Uebersezens« sind ein widerborstiger Text. Seine Sprache liegt im äußersten Bereich der damals obligatorischen deutschen Gelehrtensprache. Die praktisch zeitgleichen Beiträge von Karl Wilhelm Ferdinand Solger und Wilhelm von Humboldt zeigen ebenfalls diese Tendenz, aber weit weniger extrem. Argumentativ folgte Schleiermacher nicht einer geraden Linie. Vielmehr strukturierte er den Vortrag zyklisch in mehreren Bögen, also analog zu seinem

Verständnis des Verstehens. Dadurch entstanden Wiederholungen mit Variationen, die manchmal als Widersprüche erscheinen mögen. Eine Gliederung nach Regeln oder anderen Sachpunkten wie im Fall von Dryden verspricht hier keinen Erfolg. Ich möchte daher versuchen, den Methodenaufsatz so zu lesen, wie Schleiermacher es empfohlen hat: sein Denken in Sprache und Aufbau aufscheinen lassen. Wenn als Folge die »Methoden« leichter lesbar würden, wäre dies ein schöner Erfolg.

7.4 »Methoden des Uebersezens«: Vorläufige Abgrenzung

Anfangs steckte Schleiermacher vernünftigerweise das Gebiet von Textverarbeitung und Gestaltung von Werken im Umfeld der Übersetzung ab.[135] Sein Ausgangspunkt ist der Unterschied zwischen Dolmetschen und Übersetzen, wie er ihn sah. *Dolmetschen* ist demnach im Geschäftsverkehr nicht nur mündlicher, sondern auch schriftlicher Transfer. Der Gegenstand ist eine in Ort und Zeit existierende Sache, nämlich die einvernehmliche Abwicklung eines Geschäfts. Andere empirische Gegenstände ließen sich leicht aufzählen.

Als Aufgabe für Übersetzer nannte Schleiermacher Wissenschaft und Kunst. Hier kann man wohl noch die ältere Bestimmung von »Schönen Wissenschaften und Künsten« heraushören. Damals waren zwar szientifische quantifizierende Verfahren schon in einigen Wissenschaften etabliert. Für sie gilt ebenfalls das Merkmal des Dolmetschens: daß es sich um materiell Existierendes handelt, das dem Text vorausgeht und worauf er sich bezieht. Sprache ist in diesen Fällen nicht mehr als ein Instrument zu dessen Bezeichnung und Vermittlung. Aber in den gelehrter Wissenschaften, so Schleiermacher, wird die Sache in der schriftlichen oder in der mündlichen Sprache – zum Beispiel im Akademievortrag – ausgehandelt, und nicht so sehr durch sie hindurch.

Kaum ist diese binäre Unterscheidung abgeschlossen, folgt eine Erläuterung mit Variationen zum Gegenstand des Dolmetschens und eine ausführliche Präzisierung des Begriffs des Übersetzens.[136] War eingangs das Dolmetschen noch ganz auf das Geschäftleben abgestellt, wird es nun, abgeleitet von einem jetzt eingeführten Prinzip des Übersetzens, auch auf »Schriften rein erzählender oder beschreibender Art« ausgedehnt, also – so muß man hinzufügen – auch auf einige Kunstformen. Dies sind Texte, bei denen der Autor hinter das Geschriebene zurücktritt, also »lediglich als auffassendes Organ des Gegenstandes handelt«. Auf einer gleitenden Skala beginnt das Übersetzen bei der Bestimmung des Übersetzers, die auch Chladenius geschrieben haben könnte: wenn »des Verfassers eigenthümliche Art zu sehen und zu verbinden in der Darstellung vorgewaltet hat«.[137] Zum superlativen »eigenthümlichsten Gebiet« des Übersetzers gehören

> jene[...] geistigen Erzeugnisse der Kunst und Wissenschaft, in denen das freie eigenthümliche combinatorische Vermögen des Verfassers [dieser Übersetzungsvorlage] an der einen, der Geist der Sprache mit dem in ihr niedergelegten System der Anschauungen und Abschattung der Gemüthsstimmungen auf der anderen Seite alles sind.

Diese Feststellung wird in etwa wiederholt, wenn es heißt, daß in Kunst und Wissenschaft »der Gegenstand [...] von dem Gedanken und Gemüth beherrscht wird, ja oft erst durch die Rede geworden und nur mit ihr zugleich da ist«.

Dies liest sich wie eine Definition von Fiktion, paßt aber gewiß auch auf Texte wie den vorliegenden von Schleiermacher. Darin steht mit »Gemüth« ein Hauptwort der Psychologie jener Zeit, das in weitreichender Auseinanderfaltung so gut wie den ganzen Bereich der Innerlichkeit umgreifen konnte. In diesem Fall, also neben »Gedanken« stehend, weist es einen Bedeutungsbereich aus, der etwa Gefühl, Stimmung und Temperament umfaßt. Im Zusammenhang mit Übersetzen in diesem Sinn traf Schleiermacher eine besondere, für seine Zeit ebenso wie für ihn selbst charakteristische sprachphilosophische Unterscheidung: Einerseits steht ein Autor von solchen Schriften derart in der »Gewalt der Sprache«, daß »sein ganzes Denken [...] ein Erzeugnis derselben [ist]«, und andererseits »bildet jeder freidenkende geistig selbstthätige Mensch auch seinerseits die Sprache«.[138]

Mit dieser Art von Sprachbildung hängt Schleiermachers doppelt festgezurrte Vorstellung von dem zusammen, was er für übersetzenswert hält: »[N]ur die [Rede] kann und darf länger bleiben, welche einen neuen Moment im Leben der Sprache selbst bildet«.[139] Originalität, so darf man sagen, ergibt sich aus der Überlieferung durch kleineren oder größeren Sprachwandel.

7.5 »Methoden des Uebersezens«: Transfer- und Transformationsarten im Vorfeld des Übersetzens

Vor diesem sprachphilosophischen und hermeneutischen Hintergrund begann Schleiermacher nunmehr die Möglichkeit zu eruieren, wie ein Kenner der fremden Sprache und Kultur das gleiche Verständnis eines literarischen Kunstwerks »seinen Volks- und Zeitgenossen« eröffnen kann, das er selber hat, »dem nämlich die Spuren der Mühe aufgedrükkt sind und das Gefühl des fremden beigemischt bleibt«. Zweierlei ist wichtig: Zum ersten Mal im Gang des Arguments tauchen Merkmale auf, die für Schleiermachers Übersetzungsbegriff zentral sind: daß die Übersetzung das Verstehen, die Einschätzung und die Arbeit des Übersetzers kenntlich machen muß. Und es wird erkennbar, daß dieser Übersetzungsbegriff an einem zeitlich zurückliegenden Gegenstand gewonnen worden ist. Es handelt sich um Schleiermachers Plato-Übersetzung. Und es ist plausibel, daß in diesem Fall die Werkkenntnis Zeichen von Mühe und Fremdheit aufweist.

Das Hauptproblem, das Schleiermacher sah, ist, daß – außer im Fall hochgradig ähnlicher Sprachen – alles, was ein fremdsprachliches Werk übersetzenswert macht, in einer anderen, inkommensurablen Sprache ausgedrückt worden ist. Das ist zwar heute ein Gemeinplatz. Aber Schleiermacher stützte sich stark auf ihn, indem er nämlich Transfer- und Transformationsformen von diesem Sprachverhalt ableitete, erläuterte und kritisierte: Verstehen, Dolmetschen, Paraphrasieren, Nachbilden, en passant auch Kommentieren, und zusätzlich zwei aus der Rubrik des eigentlichen Übersetzens.[140]

Verstehen als Übersetzen habe ich bereits angesprochen. Es unterscheidet sich offensichtlich von den anderen Formen dadurch, daß es ein rein geistiger Akt ist und es auch bleiben kann. Freilich dürfte es als innerliches Sprechen zum Ausdruck in einer Interpretation drängen. Zum Dolmetschen habe ich nichts mehr hinzuzufügen. Die Paraphrase wehrte Schleiermacher vor allem mit einem bei August Wilhelm Schlegel vorgefundenen Argument ab, sie könne wohl den Inhalt in etwa wiedergeben, scheitere aber an der Wiedergabe des Eindrucks. Noch deutlicher fällt sie hinter das Übersetzen zurück, wenn der Paraphrast verbindende Sätze einschiebt, wodurch der Text insoweit zu einem Kommentar wird. Damit ist auch John Drydens Konzept vom Übersetzen als einer mit einigen Freiheiten ausgestatteten Paraphrase erledigt.

Die Nachbildung, so Schleiermacher, beugt sich unter die Irrationalität der Sprachen. Damit stellte er sich gegen die Idee des Rationalismus, eine einzige Sprache als Kunstsprache zu erfinden, damit der Raison gemäße eindeutige Aussagen möglich werden. Er strebte an,

> ein Ganzes, aus merklich von den Theilen des Urbildes verschiedenen Theilen zusammen[zusetzen], welches dennoch in seiner Wirkung jenem Ganzen so nahe komme, als die Verschiedenheit des Materials nur immer gestatte.[141]

Schleiermacher faßte zusammen: »[I]ndem die Einerleiheit des Eindrukks gerettet werden soll, giebt man die Identität des Werkes auf«. Dieses Argument trifft unter anderem den Begriff des französischen eleganten Übersetzens schwer, das ja den Kunstcharakter des fremden Werks dadurch retten wollte, daß es die Übersetzung mit Schönheiten ausstattete, die aus der Sprache und Literatur des Übersetzers stammen.

7.6 »Methoden des Uebersezens«: Das eigentliche Übersetzen

Vorausgeschickt sei, daß Schleiermacher die Idee der beiden gegenläufigen Übersetzweisen von Goethe übernommen hat, sich im Endeffekt aber streng gegen ihn wandte. Diese Stelle ist die einzige Quellenangabe in den »Methoden«.[142] Bei Goethe heißt es:

> Es gibt zwei Übersetzungsmaximen: die eine verlangt, daß der Autor einer fremden Nation zu uns herüber gebracht werde, dergestalt, daß wir ihn als den Unsrigen ansehen können; die andere hingegen macht an uns die Forderung, daß wir uns zu dem Fremden hinüber begeben und uns in seine Zustände, seine Sprachweise, seine Eigenheiten finden sollen. Die Vorzüge von beiden sind durch musterhafte Beispiele allen gebildeten Menschen genugsam bekannt. Unser Freund, der auch hier den Mittelweg suchte, war beide zu verbinden bemüht, doch zog er als Mann von Gefühl und Geschmack in Zweifelsfällen die erste Maxime vor.[143]

Schleiermacher stimmte außer in vier Punkten mit Goethe überein, lehnte aber dessen Schlußfolgerungen vehement und radikal ab: (1) Die Bewegung zum Fremden hin führt nicht zum Autor, sondern nur bis zu jenem Übersetzer, der sich dem Fremden als Fremdem stellt. (2) Das einbürgernde Übersetzen hat nicht die geringsten Vorzüge. (3) Einen Mittelweg suchen ist die schlechteste aller Möglichkeiten. (4) Es ist geradezu töricht, im Zweifelsfall einbürgernd zu übersetzen. Bei Goethe heißt übrigens das einbürgernde Übersetzen »parodistisch«.[144]

Zu den gegenläufigen Bewegungen – hin zum Fremden bis zu der Stelle, die der Übersetzer einnimmt, und in die Welt des Lesers hinein – stellte Schleiermacher eingehende Überlegungen an:

> Im ersten Falle [...] ist der Uebersezer bemüht, durch seine Arbeit dem Leser das Verstehen der Ursprache, das ihm fehlt, zu ersezen. Das nämliche Bild, den nämlichen Eindrukk, welchen er selbst durch die Kenntniß der Ursprache von dem Werke, wie es ist, gewonnen, sucht er den Lesern mitzutheilen.[145]

Wie hier als Akt der Mitteilung verstanden, gibt Übersetzen nicht den Text wieder, sondern das, was der Übersetzer selbst empfangen hat: seinen Eindruck und das Bild, das er sich gemacht hat. Hier klingt die überlieferte Idee der Übersetzung als Mimesis nach. Gegenstand des Übersetzens, so kann man hiernach wohl sagen, ist das, was der Übersetzer mit und in seiner Phantasie aufgenommen hat, in einem umfassenderen, hermeneutischen Sinn also sein Verständnis des Werks. Hierin stimme ich mit Cercel überein.

Die übersetzerische Gegenbewegung »läßt den Leser möglichst in Ruhe und bewegt den Schriftsteller ihm entgegen«.[146] Wer die Übersetzung so schreibt, wie der Autor sein Werk geschrieben hätte, wäre er in der Zielsprache zuhause – ein mit allzuviel Hypothesen umstelltes Verfahren –, rückt sie nicht nur bis zur Stelle des Übersetzers, sondern »unmittelbar in die Welt der deutschen Leser hinein, und verwandelt ihn [den Autor] in ihres gleichen«. Diese Verwandlung hat sogar etwas Zauberhaftes an sich, wie Schleiermacher mit einem Anflug von Ironie ausdrücklich angab.

Hier stehen die Leser an einem der problematischsten Punkte in den »Methoden«, nämlich vor dem Bild der gegenläufigen Bewegungen. Nimmt man dieses Bild wörtlich – mit der einen Methode etwa nach rechts und mit der anderen nach links –, leuchtet es, wie Schleiermacher sagte, unmittelbar ein, daß »aus jeder Vermischung [...] ein höchst unzuverlässiges Resultat nothwendig hervorgeht, und zu besorgen ist, daß Schriftsteller und Leser sich gänzlich verfehlen«. Das bildlich aufgefaßte Ergebnis wäre in der Tat mit vielen Zicken und Zacken behaftet. Es kommt also darauf an, diese sinnliche Vorstellung in eine Textbeschreibung umzuwandeln.

Die zweite Übersetzungsmethode entspricht dem, was gemeinhin als einbürgerndes Übersetzen gilt. Die erste hingegen ist jene, die üblicherweise als die verfremdende bezeichnet wird. Dieser Terminus ist freilich hier und in vielen anderen Fällen unpassend. Es geht ja nicht darum, die Übersetzung fremd zu machen. Vielmehr verlangte Schleiermacher vom Übersetzer, daß er genau jenes Fremde, das er für sich in der Vorlage empfindet, in der Übersetzung erkennbar macht. Es handelt sich also um fremdhaltendes Übersetzen.

Schleiermacher hat für sich in Anspruch genommen, die Übersetzung und das Übersetzen deutlich zu denken. Die Vorstellung der zwei gegenläufigen übersetzerischen Bewegungen ist kein Gedanke, sondern ein Phantasiebild, ein Bild der Einbildungskraft. Dadurch wird Schleiermachers Konzeption des Übersetzens an einer zentralen Stelle phantasievoll, wenn nicht gar phantastisch.

7.7 »Methoden des Uebersezens«: Die untaugliche Übersetzungsrichtung

Der Ablehnung des einbürgernden Übersetzens widmete Schleiermacher deutlich mehr Platz als der Empfehlung des fremdhaltenden. Das liegt meines Erachtens zum einen daran, daß er sich gegen eine Mehrheitsmeinung wandte, und zum anderen gegen die Autorität Goethes anargumentierte, der, wie schon dargelegt, die beiden Methoden nicht nur als gleichwertig angesehen, sondern die einbürgernde in Zweifelsfällen vorgezogen hatte.

Schleiermachers ausführliches Argument läßt sich ganz knapp in fünf Punkten zusammenfassen: (1) Literarische Werke oder Schriften der sinnbezogenen Wissenschaften lassen sich nur in der Muttersprache schreiben. (2) Der Schreibende steht, wie bereits berichtet, in der Gewalt der Sprache, kann aber auch seine Sprache ändern. (3) Der Gedanke und seine sprachliche Form sind identisch. (4) Sprachen stehen im Verhältnis der, so Schleiermacher, Irrationalität – der Inkommensurabilität, der Anisomorphie, der strukturellen Ungleichheit – zueinander, insbesondere wenn es sich wie im Fall von Schleiermachers Übersetzungen um das Sprachenpaar Griechisch-Deutsch handelt. (5) Deshalb läßt sich beim Übersetzen eine sprachliche Struktur, die ja zugleich eine Gedankenstruktur ist, unter Sprachenpaarzwang nicht unverändert wiedergeben. Damit zerbricht der Begriff des einbürgernden, abbildenden Übersetzens an seiner eigenen Widersprüchlichkeit: Er ist »nichtig und leer«.

Als Überleitung zum fremdhaltenden Übersetzen gilt es, Schleiermachers eigentümlichen Begriff der Muttersprache im Zusammenhang mit verschiedenen Arten von Fremdsprachenkenntnis zu bestimmen. Der erste Beleg zeigt das selbstverständliche Verhältnis von Mutter- und Fremdsprache, allerdings unter einer nicht ganz konventionellen Perspektive. Schleiermacher hob in diesem Zusammenhang den Sprachenliebhaber und -kenner hervor, »dem die fremde Sprache geläufig ist, aber doch immer fremde bleibt«.[147] Anders als der Schüler braucht er zwar nicht »erst das einzelne wieder in der Muttersprache denken«, um »das Ganze [zu] fassen«. Aber selbst da, wo der Kenner »am ungestörtesten sich der Schönheiten eines Werkes erfreut«, so behauptete Schleiermacher, ist er »sich immer der Verschiedenheit der Sprache von seiner Muttersprache bewußt«. Diese Verschiedenheit oder Andersheit, Fremdheit zwischen Sprachen und den entsprechenden Kenntnis-, Wissens- und Arbeitsweisen ihrer Benutzer steht im Zentrum jener Übersetzweise, die Schleiermacher als die einzig richtige, ja einzig mögliche angesehen hat.

So grenzte er in einem eher abschätzigen Ton »jene wunderbaren Meister« aus, die eine oder gar mehrere Sprachen so beherrschen, als seien sie ihre Muttersprache, weshalb für sie Übersetzen überflüssig ist. »[A]lle andere[n] Menschen [nicht nur Liebhaber und Kenner], wie geläufig sie eine fremde Sprache auch lesen, behalten doch immer dabei das Gefühl des fremden«.[148] Es ist unklar, worauf sich Schleiermacher bei dieser Setzung beruft oder berufen könnte. Er braucht sie aber, um seine These vom fremdhaltenden Übersetzen aufrechtzuerhalten.

> Wie soll nun der Uebersezer es machen, um eben dieses Gefühl, daß sie ausländisches vor sich haben, auch auf seine Leser fortzupflanzen, denen er die Uebersezung in ihrer Muttersprache vorlegt?

Damit hat Schleiermacher in der Tat eine schwierige Aufgabe für seinen fremdhaltenden Übersetzer definiert. Bevor ich darauf eingehe, ist es hilfreich, weitere und zum Teil kühnere Stellen in Augenschein zu nehmen.

Ein merkwürdiges Konstrukt ist die Idee einer »partielle[n] Muttersprache«.[149] Sie stellt sich als Folge davon ein, daß Schleiermacher originäres Denken und Reden beziehungsweise Schreiben nur in der Muttersprache für möglich hielt. Andererseits war Latein Kirchensprache und die Sprache gelehrter Schriften vom Humanismus an und zum Teil bis ins 18. Jahrhundert hinein. Seine Beispiele sind Hugo Grotius und Gottfried Wilhelm Leibniz. Für »einzelne Bedürfnisse und Thätigkeiten des Geistes«, so das Philosophieren, läßt sich am Zusammenhang ablesen, seien Deutsch und Holländisch damals noch nicht genügend entwickelt gewesen. Deshalb sei diejenige Sprache, aus der »jene Richtungen des Geistes sich einem werdenden Volke mitgetheilt haben [...], die partielle Muttersprache«. In einer rhetorischen Frage teilte er mit, daß für jene, die »eine wissenschaftliche Bestrebung ergriffen« haben, das »lateinische mehr Muttersprache gewesen [ist] als das volgare.« Später ging er noch einen Schritt weiter, als er angab, Latein sei »unserer Vorfahren wissenschaftliche und heilige Muttersprache gewesen«.[150] Damit stellt sich freilich das Problem, daß Gebildete damals zwei Muttersprachen besaßen, die von der leiblichen Mutter vermittelte und eine zweite, von der »alma mater« erlernte.

Das ist das eine. Unter diesen Bedingungen war Latein also auch eine angelernte Zweitsprache. Andererseits warf Schleiermacher jemandem, der eine Zweitsprache wie seine eigene beherrschte und verwendete, vor, dies sei »gegen Natur und Sitte«. Diese Ansicht steht der Vorstellung von Latein als »heiliger Muttersprache« konträr gegenüber. Schleiermacher, so scheint es, wollte diesen Widerspruch dahingehend auflösen, daß die Lizenz zum Fremdsprachengebrauch dann erteilt wird, wenn dies zur Erfüllung eines Amtes oder einer wissenschaftlichen Aufgabe geboten ist, so daß sich ihr Benutzer »aufopfern muß«. Zum Feindbild erhob Schleiermacher

> eine freie Liebhaberei am lateinisch oder romanisch schreiben, und wenn es mit dieser wirklich darauf abgesehen wäre in einer fremden Sprache gleich gut wie in der eigenen und gleich ursprünglich zu produciren: so würde ich sie unbedenklich für eine frevelhafte und magische Kunst erklären, wie das Doppeltgehen, womit der Mensch nicht nur der Geseze der Natur zu spotten, sondern auch andere zu verwirren gedächte.[151]

Wieder stehen zwei Wertungen diametral gegeneinander: Frevel und kurz vorher Heiligkeit. Hier berief sich Schleiermacher in Anknüpfung an Natur und Sitte auf etwas so Universelles wie Naturgesetze, um durchzudrücken, daß es außer bei ein paar Sprachgenies keine Fremdsprache ohne Fremdverstehen gibt. Und wer sich bemüht, das Fremdverstehen überflüssig zu machen, begeht einen Frevel, weil er sich magischer Kräfte bedient. Wie schon angedeutet, liegt dieser Frevel in der Mißachtung der Identität von Gedanke und Ausdruck. Annette Kopetzki hat dieses Problem auf den Punkt gebracht:

> Wenn es aufgrund der Sprachabhängigkeit des Denkens keinen identischen Gedanken in zwei verschiedenen Sprachen geben kann, und darum auch

»keinem einzigen Wort in einer Sprache eins in einer anderen genau entspricht«, ist eine Übersetzungsmethode, die den Autor in die Zeit des Lesers verpflanzt, erkenntnistheoretisch absurd, eine »Fiction«, wie Schleiermacher sagt.[152]

Damit ist Schleiermachers Befürwortung des fremdhaltenden Übersetzens als der einzig gültigen Art zu übersetzen vorbereitet.

7.8 »Methoden des Uebersezens«: Das fremdhaltende Übersetzen

Soviel steht also fest: Als einzige Übersetzungsmethode ließ Schleiermacher diejenige gelten, die in der Übersetzungssprache jenen Eindruck des Fremden zu erwecken sucht, den der Übersetzer beim Lesen des ausgangsseitigen Werks gewonnen hat. Das ist gut hermeneutisch: Übersetzt wird nicht ein Werk, sondern ein Werkverständnis. Aber wie das im einzelnen auszusehen hat, dazu hatte Schleiermacher wenig zu sagen. Am nächsten kam er dazu, als er erklärte, »je genauer sich die Uebersezung an die Wendungen der Urschrift anschließe, um desto fremder werde sie schon den Leser gemahnen«.[153] Danach machte er keine Angaben mehr zu dem Wie des Unterscheidens von Arten übersetzter Fremdheit, sondern nur zu dem Was. Aber der Eindruck einer Art Fremdheit läßt sich gewiß auch dann erzeugen, wenn in der Übersetzung abwegige Wortstellungen und Satzkonstruktionen erfunden werden, die nicht der Fremdsprache entsprechen.

Um diese Methode zu verstehen, ist in der Hauptsache dreierlei nötig: (1) sich Schleiermachers Idee des Fremden zu vergewissern, (2) die künstlerische Methode von dem zu unterscheiden, was er einmal eine schülerhafte Stümperei genannt hat, und (3) zu erkennen, wie sich Schleiermacher den Beitrag dieser Übersetzweise zur deutschen Übersetzungskultur denkt. Den Platz des Fremden habe ich bereits bestimmt, so daß ich zum zweiten Gliederungspunkt übergehen kann.

Wer ein Verfahren empfiehlt, das am Ausgangstext klebt, hat keine andere Wahl, als es von der stümperhaften Übersetzung eines Anfängers zu unterscheiden, dem das Werk über den Kopf gewachsen ist. Woran läßt sich am Text einer vorliegenden Übersetzung feststellen, ob das erkennbare Sprachfremde einem Schüler durchgerutscht ist oder von einem Meister absichtlich gestaltet worden ist? Schleiermacher argumentierte folgendermaßen: Zunächst bestimmte er, wie erinnerlich, die Fähigkeit des Schülers damit, daß er sich beim Lesen eines fremdsprachigen Werks »das einzelne wieder in der Muttersprache denken muß, ehe er das Ganze fassen kann«.[154] Wer Sprachen erlernt hat, dürfte sich an dieses Stadium erinnern. Allerdings handelt es sich dabei um einen

Bewußtseinszustand, der eine Unterscheidung der Texte gewiß nicht ermöglichen kann. Diese Idee einer »schülerhaften Dürftigkeit [...], der über dem einzelnen das ganze verloren geht«, wandte Schleiermacher auch auf jene Fälle an, in denen ein Übersetzer einen Aspekt des Ausgangswerks – er nannte Metrik und Musik – bis zum letzten Tüpfelchen abzubilden trachtet. Er kehrte noch einmal zu dem Unterschied zwischen dem »meisterhafteste[n]« und »schülerhaftesten und schlechtesten« zurück. Das ist der Idee nach klar und deutlich genug, nicht jedoch in der Sache. Denn man kann diese Unterscheidung wohl nur treffen, wenn man einem Übersetzer von vornherein Meisterschaft zuschreibt. Für diesen Fall ist im weiteren Verlauf der Begriffsgeschichte der wertende, aber nicht unterscheidende Terminus »höhere Wörtlichkeit« geprägt geworden. Vielleicht wäre es besser, über eine planmäßige Interlinearversion nachzudenken.

Jedenfalls hat selbst die meisterhafteste Übersetzung höchster Wörtlichkeit für Schleiermacher keinen Wert, wenn sie als Einzelstück und eher zufällig entstanden ist. Er skizzierte ein globales, ja ein totales Projekt. Das heißt aber auch: eine Utopie. Die unerfüllbare Utopie, die Fragment bleiben muß, verbindet zwei Lieblingsvorstellungen der Romantik.

Wofür sich Schleiermacher verwendete, ist ein Übersetzungs- und zugleich Leseprojekt »in Masse«.[155] Denn ihm genügte nicht, daß der Leser einen »überhaupt fremden Geist« spürt, der ihn aus einer Übersetzung anweht, daß sie also »nicht ganz einheimisch klingt«. Zu dieser negativen Bestimmung muß eine positive hinzutreten, daß sie nämlich »nach etwas bestimmtem anderm« klingt. Dies ist seiner Ansicht nach nur möglich, wenn der Leser massenhaft Vergleiche anstellen kann. So bildet sich sein Gehör, und er kann als erstes antike und moderne Fremdheit unterscheiden. Viel mehr muß er gelesen haben, damit er Griechisches und Römisches, Italienisches und Spanisches unterscheiden kann. Aber auch hier geht das Differenzieren weiter. Denn

> der Leser der Uebersezung wird dem besseren Leser des Werks in der Ursprache erst dann gleich kommen, wann er neben dem Geist der Sprache auch den eigenthümlichen Geist des Verfassers in dem Werk zu ahnden und allmählig bestimmt aufzufassen vermag, wozu freilich das Talent der individuellen Anschauung das einzige Organ, aber eben für dieses eine noch weit größere Masse von Vergleichungen unentbehrlich ist.

Die immer größere Masse erfordert schließlich

> ein Verpflanzen ganzer Litteraturen in eine Sprache, und hat also auch nur Sinn und Werth unter einem Volk welches entschiedene Neigung hat sich das fremde anzueignen. Einzelne Arbeiten dieser Art haben nur einen Werth als Vorläufer einer sich allgemeiner entwikkelnden und ausbildenden Lust an diesem Verfahren.

Aber selbst damit ist die Masse der benötigten Übersetzungen noch nicht erreicht. Denn es genügt nicht, nur eine fremdhaltende Übersetzung von einem Werk herzustellen. Schleiermacher erwies sich als Utopist und zugleich als Pragmatiker. Er räumte ein, daß kaum eine Übersetzung im ganzen gelungen sein kann. Weil beim Übersetzen zumeist verschiedene individuelle Gesichtspunkte wirksam sind – hier grüßt Chladenius –, dürften Teile einer jeden Übersetzung unterschiedlich gut getroffen sein. Leser müssen deshalb immer mehrere Übersetzungen desselben Werks prüfen und daraus ihr jeweiliges Idealbild zusammensetzen. Damit dies gelingt, müssen nach Schleiermacher zwei Bedingungen erfüllt sein: »daß das Verstehen ausländischer Werke ein bekannter und gewünschter Zustand sei, und daß der heimischen Sprache selbst eine gewisse Biegsamkeit zugestanden werde«.[156]

Ich meine, daß noch mindestens drei Bedingungen hinzukommen müssen: eine quasi industrielle Fabrikation von fremdhaltenden Übersetzungen durch Übersetzer, die in Schleiermachers Methode ausgebildet sind, die Fähigkeit und Neigung eines jeden Lesers, die Qualität einer Übersetzung ohne Rekurs auf die Vorlage gewissermaßen freihändig zu erkennen, und seine Lust, ein und dasselbe Werk stets in mehreren verschiedenen Versionen zu lesen und zu vergleichen. Wer genau dies in einem Forschungsprojekt unternommen hat, weiß, wie abgehoben ein solches Programm ist, wenn ein einzelner dies alles leisten soll. Ihm bliebe keine Zeit zum Leben.

7.9 »Methoden des Uebersezens«: Das Projekt einer Weltliteratur in deutscher Sprache

»Masse« ist so etwas wie ein Schlüsselwort in Schleiermachers utopischem Übersetzungsprojekt. Denn sein Programm des massenhaften Übersetzens führt geradewegs zu der Aufgabe, die er den Deutschen auferlegte, nämlich ein Museum der Weltliteratur in fremdhaltenden Übersetzungen einzurichten.

Schleiermachers Kulturpolitik, die vor allem von Friedmar Apel und Antoine Berman beachtet worden ist, tritt am deutlichsten im Schlußteil hervor. Allerdings berief er sich auch auf einige kulturelle und übersetzungspoetische Gemeinplätze seiner Zeit, die aus heutiger Sicht zum Teil als Irrtümer gelten.[157] Wieder seien drei herausgegriffen: daß durch die Verpflanzung exogener Flora »unser Boden selbst reicher und fruchtbarer geworden ist, und unser Klima anmuthiger und milder«;[158] daß Übersetzen auch Sprachen bereichern kann; und daß die deutsche Sprache,

> weil wir sie der nordischen Trägheit wegen weniger selbst bewegen, nur durch die vielseitigste Berührung mit dem fremden recht frisch gedeihen und ihre eigne Kraft vollkommen entwikkeln kann.

Außerdem sprach sich Schleiermacher klipp und klar für eine Vision aus, die Herder erahnte und August Wilhelm Schlegel als Entdeckung aufzeichnete: daß nämlich die deutschen Länder zum Übersetzungszentrum Europas werden und dadurch ihre nationale Identität gewinnen könnten. In einer Mischung aus Kantischer, christlicher und charakterologischer Redeweise behauptete er: »Eine innere Nothwendigkeit, in der sich ein eigenthümlicher Beruf unseres Volkes deutlich genug ausspricht, hat uns auf das Uebersezen in Masse getrieben«:

> Und damit [mit dieser Notwendigkeit] scheint zusammenzutreffen, daß wegen seiner Achtung für das fremde und seiner vermittelnden Natur unser Volk bestimmt sein mag, alle Schäze fremder Wissenschaft und Kunst mit seinen eignen zugleich in seiner Sprache gleichsam zu einem großen geschichtlichen Ganzen zu vereinigen, das im Mittelpunkt und Herzen von Europa verwahrt werde, damit nun durch Hülfe unserer Sprache, was die verschiedensten Zeiten schönes gebracht haben, jeder so rein und vollkommen genießen könne, als es dem Fremdling nur möglich ist.

Aus dieser besonderen Berufung des deutschen Volkes spricht der Stolz des Dienens. Übersetzen, so läßt sich sagen, dient dem übersetzten Werk, dem Autor, der Autorengruppe und der fremden Literatur, weil auf diese Weise internationale Verbreitung möglich wird. Daß dieses vielseitige, »massenhafte« Übersetzen im Land der Übersetzer ein im damaligen Sinne der europäischen Geschichte geordnetes Museum erbauen kann, ist schon eine grandiose Vision. Wenn jemand dieses Schleiermachersche Museum des literarischen und übersetzerischen Imperialismus zeihen wollte, so könnte er wohl nicht anders, als ihn im Vergleich zum Beispiel mit dem damaligen Napoleonischen als eine gutartige Variante anzusehen. Denn Napoleons Imperialismus, der auf Feindseligkeit beruhte und fortzeugend Feindschaft schaffte, griff erobernd und unterwerfend aus, während Schleiermachers Variante – wenn es denn eine Form von Imperialismus ist – Fremdes nicht besiegen, sondern hereinholen und ordnen will. Wer letztlich davon profitieren kann, ist nicht ganz klar. Sind es nur die deutschen Muttersprachler? Oder dient die im Übersetzungsmuseum zu besichtigende Koinë auch denjenigen, die Deutsch als Fremdsprache erlernt haben, vielleicht sogar, um die europäische Literaturgeschichte in der deutschen musealen Ordnung erkennen zu können? Dies ist zwar ein übertriebener Gedanke. Aber aus der Rückschau ist eines klar: Deutschland ist seitdem ein Übersetzungsland geworden. Die Übersetzer haben sich aber bei Schleiermacher eher weniger als mehr Rat eingeholt. Dennoch bilden die im 19. Jahrhundert entstandenen Anthologien weltweiter Dichtung mit Teilmengen der Übersetzungen praktische, verkleinerte und vom Anthologisten geordnete Museen aus – manche heißen sogar so.[159]

7.10 »Methoden des Uebersezens«: Zusammenfassung

Für die folgenden Angaben beanspruche ich nicht, daß sie für Schleiermacher distinktiv sind. Sie sind als Charakterisierung gemeint.

1. Der richtige Titel müßte ungefähr lauten: Die einzig richtige Methode des Übersetzens für ein universales Literaturprojekt.
2. Der Gegenstand der »Methoden« ist das Übersetzen in Kunst und Wissenschaft, insoweit es sich nicht um einen der Sprache äußerlichen Sachverhalt handelt, sondern um einen in der Sprache mitgegebenen Sinnverhalt.
3. Der Traktat ist ein Dokument der nach-Kantischen transzendentalen Hermeneutik. Anders als in der überkommenen nahm Schleiermacher nicht an, daß gebildete Leser den vom Autor in das Werk hineingelegten Sinn schon werden herauslesen können. Vielmehr gehen die Verständnisweisen und Gesichtspunkte der Leser in den Akt des Lesens ein, so daß jeder das Werk im Prinzip anders versteht. Umgekehrt stehen die Leser unter dem Eindruck des Werks, das ihr Verständnis lenkt. Gleichwohl gibt es unendliche Interpretationen, ebenso wie Verstehen ein unendlicher Prozeß ist. Es wird niemals vollendet, nur abgebrochen.
4. Auf dem Verstehen und dem Gewinnen von Eindrücken in einer anderen Sprache beruht das Übersetzen. Nicht das Werk wird übersetzt, sondern das Verständnis eines Übersetzers in der Übersetzungssprache kunstgerecht niedergeschrieben.
5. Als Übersetzer kommen für Schleiermacher Fremdsprachenkenner in Frage, die die Sprache zwar beherrschen, aber ihrer Fremdheit gewahr bleiben. Deshalb muß auch in der Übersetzung diese Fremdheit erkennbar sein. Die einzige von Schleiermacher akzeptierte Übersetzweise ist diese fremdhaltende.
6. Sprache gilt nicht, wie früher, als ein Instrument, sondern als ein Medium, in dem Autor, Interpret, Übersetzer und Leser handeln. Rede ist demzufolge eine Tat, eine symbolische Handlung und Verhandlung. Insoweit ein Autor als solcher nicht geboren, sondern durch seinen Schreibakt zum Autor wird, beruht das, was ihn ausmacht – und insoweit auch er selbst – auf entsprechenden Handlungen. In diesem Sinne könnte man ihn also auch als eine Handlung verstehen.

7. Das Verhältnis von Sprache zum Denken ist nicht, wie früher angenommen, dualistisch, sondern beruht auf deren Identität.
8. Schleiermachers Schreibweise weist im wesentlichen eine binäre Struktur auf. Ihre Glieder können wie Paare zueinander oder wie Parteien gegeneinander stehen.
9. Zielpunkt ist ein globales kulturpolitisches Projekt. Es beruht auf wahrhaft massenhaftem, fremdhaltendem Übersetzen. Ganze Literaturen sollen ins Deutsche übertragen werden, damit ein Museum der Literatur dieser Erde in deutscher Sprache entsteht.
10. Auch für die Übersetzungspoetik gilt: Die romantische Utopie ist und bleibt Fragment.

7.11 Exkurs: Schleiermacher und Herder

Nach Fertigstellung des größten Teils dieser Studie wurde ich auf den von Clémence Couturier-Heinrich betreuten Sammelband *Übersetzen bei Johann Gottfried Herder* (2012) aufmerksam. Dort sind viele von dessen verstreuten Bemerkungen zum Übersetzen zusammengetragen und ausgewertet worden. So wird es nun möglich, bisher kaum gesehene Übereinstimmungen beziehungsweise hochgradige Ähnlichkeiten zwischen Herder und Schleiermacher zu erkennen. Ob es sich um direkte Übernahmen oder das Aufgreifen von Ideen handelt, die damals in Zeitschriften und im Gespräch zirkulierten, bleibt zu untersuchen. Immerhin beziehen sich zwei der Beiträger auf Herders übersetzungspoetologische Äußerungen zu seiner Übersetzung des *Lieds der Lieder*, und daß Schleiermacher – von Theologe zu Theologe – dieses Buch in die Hand genommen hat, ist sicher keine abwegige Vermutung.

In dem umfangreichen Werk Herders hat Michael Maurer einen sprachphilosophischen Komplex und eine kulturpolitische Unterscheidung ausgemacht, die meines Erachtens leicht verändert auch bei Schleiermacher zu finden sind. Hans Adler und Rüdiger Singer stimmen darin überein, daß Herder eine übersetzungspoetische Grundposition vertreten hat, die ich ebenfalls bei Schleiermacher wiedererkenne. In seinem umfangreichen Œuvre hat sich Herder zwar auch anders geäußert, aber das sind nicht unbedingt Widersprüche. Sie können auch Anzeichen für eine Weiterentwicklung seiner Übersetzungskonzeption sein.

Zum sprachphilosophischen Komplex gehören Herders Vorstellung vom Erlernen der Sprache und des Denkens im Kleinkindesalter – Stichwort »Muttersprache« –, die Engführung von Gedanke und Sprache und seine Überlegungen zur Sprachbeherrschung.

Die Muttersprache, so Herder, »druckte sich uns zuerst, und in den zartesten

Jahren ein, da wir *mittelst Worte* in unsre Seele die Welt von Begriffen und Bildern sammleten, die dem Dichter eine Schatzkammer wird«.[160] Daher gilt:

> Wir haben durch die Sprache denken gelernt: sie ist also ein Schatz von Begriffen, die sinnlich *klar* an den Worten kleben, und vom gemeinen Verstande nie getrennet werden.«

Sprache, Gedanke und Anschaulichkeit sind also aufs engste miteinander verquickt. Der »gemeine Verstand« – das bedeutet hier so viel wie das aus dem Englischen übernommene »common sense« – beläßt es bei dieser Einheit. Wenn Begriffe sinnlich klar sind, ist auf jeden Fall Dichtung eine Frage von konkreter Abstraktheit.

Diese besondere Rolle geht auch aus einem Bekenntnis Herders hervor: »Die wahre Laune [Stimmung] drucket sich bloß in der Muttersprache ab, und ich schäme mich nicht, die Schwäche meiner Seele zu gestehen, daß ich mir lebenslang nicht zutraue, mehr als eine *einzige* Sprache vollkommen fassen zu können«.

Im Vergleich hierzu wetterte Schleiermacher: Wer nicht in seiner Muttersprache denkt und redet oder schreibt, sondern in einer fremden, ist ein Überläufer, ist einer, der von der Fahne geht. Diese Zuspitzung ist gewiß als Teil des kämpferischen Patriotismus der Freiheitskriege zu verstehen. Und im Unterschied zu Herders entschuldigendem Ton beim Eingeständnis seiner beschränkten Fremdsprachenkenntnisse taucht bei Schleiermacher als kategorische Erklärung auf, niemand außer ein paar seltenen seltsamen Genies könne eine Fremdsprache verwenden, ohne daß ihr wie bei den »Kennern« stets ein Eindruck von Fremdheit anhaftet. Hier spricht, wie auch sonst bei Schleiermacher, der Rigorismus des Theoretikers.

Auch was die Kulturpolitik angeht, ist Schleiermacher wesentlich rigoroser als Herder es war. In der internationalen Lage von 1813 freilich war wohl kaum etwas anderes als eine mit Anglophilie eng verbundene heftige Gallophobie zu erwarten. Beide Haltungen finden sich auch bei Herder. Er hatte aber laut Maurer ein gespaltenes Verhältnis zur französischen Kultur.[161] Denn wo sich die Deutschen auch mit ihrer Sprache an Frankreich bilden und kulturell bereichern konnten, war dessen Überlegenheit heilsam und willkommen. Aber wo die kritiklose, die »törichte Gallikomanie« das deutsche Volk sprachsoziologisch in einen französisierenden Adel und eine ebensolche gehobene Bürgerschicht einerseits und andererseits in die Deutsch sprechenden niederen Stände – Herder nannte Knechte, Mägde und »Domestique[n]« – unterteilt, spaltet sie die Nation:

> Der mächtigste, wohlhabendste, Einflußreichste Teil der Nation war also für die tätige Bildung und Fortbildung der Nation *verloren*; ja er hinderte diese, wie er sie etwa hindern konnte, schon durch sein Dasein.

Schleiermacher hätte wohl kaum widersprochen. Herder ging aber einen großen Schritt über das französisch-deutsche Verhältnis hinaus, als er die von Europa ausgehende Kolonisierung und Kolonialisierung anderer Erdteile verurteilte:

> Was [...] ist von der Kultur zu sagen, die von *Spaniern*, *Portugiesen*, *Engländern* und *Holländern* zu nach Ost- und Westindien, unter die Negern nach Afrika, in die friedlichen Inseln der Südwelt gebracht ist? Schreien nicht alle diese Länder, mehr oder weniger, um Rache? [...] Nicht der Weise, sondern der *anmaßende, zudringliche, übervorteilende* Teil der Erde muß unser Weltteil heißen; er hat nicht kultiviert, sondern die Keime eigner Kultur der Völker, wo und wie er nur konnte, zerstöret.

Ob, wie Maurer insinuierte, die deutschen Länder von Frankreich unterworfene und von französischer Kultur überzogene Kolonien waren, erscheint mir eher zweifelhaft. Ich stimme darin mit ihm überein, daß Wahlfreiheit ein hohes Gut auch in internationalen Kulturbeziehungen ist. Und Herder hat recht, als er – wie Maurer zitierte und zusammenfaßte – die damaligen britisch-deutschen als nahezu vorbildlich charakterisierte.

Was nun den Übersetzungsbegriff angeht, so deuteten sowohl Adler als auch Singer an, daß es sich bei Herders Übersetzung des *Lieds der Lieder* um eine verfremdende handelt. Adler verwendete zwar diese Bezeichnung nicht. Er nannte sie eine »im weitesten Sinn ›wertgleiche‹ Übersetzung« und berief sich auf Herders eigene Charakterisierung seiner Hoheliedübersetzung:

> Jedes Liedchen, jede Zeile sollte, soviel möglich, in ihrem Duft, in ihrer Farbe sein, nicht verschönert, verneut, verschmäckelt; soviel möglich, nichts seinem Ort, seiner Zeit, seinem Lande entrissen werden.[162]

Singer knüpfte an eine andere Selbstcharakterisierung an: »Man verzeihe also meine Kühnheit, mein Stammeln: es war mir um *Seele, Zweck, Geist des Buchs* zu tun in *jedem einzelnen Bild und Liede*«.[163] Er stellte in Abrede, daß es sich um eine »poetische[...]« Übersetzung handelt und konstatierte statt dessen die »getreue Nachbildung jedes einzelnen Bildes und möglichst der Wortfolge«. Insoweit handelt es sich bei Herder nicht um den Transfer von Sinn, sondern – wie bei Thomas Gordon (1744), Christopher Smart (1767) und Maximilien-Henri, Marquis de Saint-Simon (1771) – von Bildlichkeit.

8 Übersetzungsbegriffe im näheren Umfeld Schleiermachers

Für das Dutzend von Jahren um Schleiermachers Methodentraktat weisen die drei Sammlungen deutscher Übersetzungsschriften – Hans Joachim Störig (1972), André Lefevere (in englischer Übersetzung, 1977) sowie Josefine Kitzbichler und andere in *Dokumente* (für Antikenübersetzungen seit 1800, 2009) –

zusammengenommen vier einschlägige Übersetzer aus. Sie sind von unterschiedlicher Orientierung und Gewicht: Karl Wilhelm Ferdinand Solger mit der Vorrede zu seinen Sophokles-Übersetzungen (1808), Johann Wolfgang von Goethe mit fünf kurzen Stücken (1814 – 19), Karl Heinrich Pudor zum Kolorit in deutschen Antikenübersetzungen (1814) und Wilhelm von Humboldt, ebenfalls mit einer Vorrede zu einer Tragödienübersetzung, des *Agamemnon* (1816). In diesen Umkreis gehört auch Johann Albrecht Karl Schäfers vehemente Zurückweisung Schleiermachers aus dem Jahr 1839. Alle Beiträge – außer einiger von Goethe – sollen hier in bezug auf die Übersetzungspoetik von Schleiermacher besprochen werden. Andere Äußerungen Goethes, in denen er eine Bildungs- und Übersetzungsgeschichte skizziert hat, nehme ich in den nächsten Abschnitt hinüber, in dem es um die Anfänge der Übersetzungshistoriographie geht.

8.1 Hermeneutisch-prosodische Verlebendigung: Solger

Schon 1808 hatte der eindeutig von August Wilhelm Schlegel herkommende Karl Wilhelm Ferdinand Solger (1780 – 1819) Ansichten vertreten, die ins Umfeld von Schleiermacher gehören. Er wurde aufgrund seiner zweibändigen Sophokles-Übersetzung in Jena promoviert, wobei es sicher hilfreich war, daß er im Sinne Johann Gottfried Herders eine umfangreiche historisch-philologische Erläuterung beigegeben hat.[164] Es ist selbstverständlich, daß er an Vorliegendes anknüpfte.

Was das Übersetzen »von Kunstwerken aus fremden Sprachen« betrifft, schloß sich Solger der damals verbreiteten Ansicht an, Übersetzungen trügen »zum Genuß und zur Bildung« bei.[165] Doch ging er zumindest für die Übertragung aus alten Sprachen darüber hinaus, indem er ein »letztes Ziel« bestimmte: »das ganze Leben jener Zeitalter selbst zu seiner eigenen unmittelbaren und lebendigen Anschauung zu bringen«. Das stellt einen hohen Anspruch an Verstand, Fleiß und Phantasie, allerdings einen nicht ganz so extremen wie bei Schleiermacher. Für den einzelnen Übersetzer ist dieses Ziel unerreichbar, weil dazu unendliches Streben gehört.[166]

Zu dieser letztlich unerreichbaren Verlebendigung gehören »sich annähernde [...] Nachbildungen« im Sinne von »solchen Kopieen der Kunstwerke selbst«, in welchen »Allgemeines und Einzelnes [also Gedankliches und Sinnliches] in der innigsten Einheit und so streng wie möglich wieder dargestellt werden«. Diese Aufgabe der Übersetzung ist laut Solger keine künstlerische, sondern – und das ist wohl ein Alleinstellungsmerkmal unter den damaligen Übersetzungsbegriffen – eine rein wissenschaftliche, auch wenn es sich um die Übersetzung literarischer Kunstwerke handelt.

Diese Pointierung ist dem Zweck einer Dissertation besonders zuträglich. Sie hat aber auch eine übersetzungspoetologische Begründung. Als Aufgabe des Übersetzers bezeichnete es Solger, »ein altes Kunstwerk, so wie es im Alterthum selbst in allen seinen Beziehungen zu seiner Zeit da war, uns durch unser eigenthümliches Organ wieder zur lebendigen Anschauung zu bringen«.[167] Hier und in den weiteren Metaphern – wie zum Beispiel der von der Geburt – zeigt sich Solger in Übereinstimmung mit dem organischen Denken seiner Zeit und mit dessen für das Übersetzen zu weitem Geniebegriff. Dieser verbot es, das übersetzende Nachbilden als das Herstellen eines neuen Kunstwerks oder als Beibehaltung des Kunstwerkstatus der Vorlage aufzufassen.

> Denn die Schöpfung aus Nichts, die Erzeugung des Stoffes selbst, die Darstellung aus der innersten Eigenthümlichkeit des Gemüths heraus, welches alles zum Kunstwerk nothwendig ist, darf und kann hier nicht sein.

Auch darum handelt es sich beim Übersetzen, wie schon gesagt, um keine künstlerische, sondern eine wissenschaftliche Tätigkeit, wodurch Solger zugleich den Wissenschaftsbegriff nicht unbedeutend aufwertete. Er empfahl – im Gegensatz etwa zu Linné –, die Wissenschaft nicht nur als die »Sammlung des Einzelnen« zu verstehen, sondern mit damaligem Zungenschlag als »geistige Wiedergebärung eines Ganzen«.

Was genau dieses Ganze ist, bleibt offen. Gewiß hätte zunächst derjenige recht, der dies auf ein literarisches Werk bezöge. Aber jemandem, der darauf hinweisen sollte, daß Solger ja als letztes Ziel die Verlebendigung einer ganzen Epoche genannt hat, dürfte man ebenso sicher nicht Unrecht geben. So gesehen kann kein Zweifel daran bestehen, daß es sich hierbei wirklich um eine unendliche Aufgabe handeln muß.

Dann sprach Solger im Unterschied zu Schleiermacher, der den Theoretiker gab, und zu dem Geschichtsdogmatiker Robert Prutz als Praktiker, der – allerdings wie Schleiermacher – erkannte, daß viele Übersetzungen ein und desselben Werks nebeneinander bestehen können, sofern eine jede auf ihre Weise einen »hohen Grad von Vollkommenheit« erreicht.[168] Daraus folgt ein Ausdruck wissenschaftlicher Bescheidenheit, wonach er sein »Werk nur als eine gute Stufe zum Weiterschreiten anerkannt zu sehen wünsche«. Mit Blick auf dieses Ziel formulierte er fünf Leitideen, die ich im Sinne seines Übersetzungsbegriffs und mit seinen Worten um eine Position erweitere.

(1) Seine Absicht, »alles das, was ich in meinem Dichter sah, in der Uebersetzung so gut ich es vermochte, wieder auszudrücken«, entspricht – wie auch Schleiermacher argumentieren wird – der hermeneutischen Einsicht, daß nicht Texte übersetzt werden, sondern das jeweilige Textverständnis.[169]

(2) »Das Erste und Wichtigste«, so führte er aus, ist es gewesen, »alle Eigenthümlichkeiten des Alterthums und des griechischen Volkes so viel, wie mög-

lich, zu schonen«, das heißt zu bewahren. Das war in hohem Maße möglich, weil in einem weiteren Gemeinplatz jener Zeit eine große Ähnlichkeit zwischen Griechen und Deutschen und ihren Sprachen angenommen worden ist.

(3) Unter den Eigentümlichkeiten des griechischen Altertums hob Solger etwas hervor, das seiner Ansicht nach leicht Anstoß erregen kann, nämlich den freimütigen Umgang mit Sexualität. Er suchte dem Anstößigen die Spitze zu nehmen, indem er »die fast beständig vorkommende Vergleichung dieser Gegenstände mit der Saat und Ernte der Ackerfrucht« als »[b]esonders recht ehrwürdig und heilig« bezeichnete, weil darin eine Gottheit walte. Ehrwürdigkeit und Heiligkeit will ich gern einräumen. Aber bedeutet es nicht doch einen deutlichen Unterschied, ob etwas selbstverständlich ist oder ob der Zugang zu einem Lebensbereich nur zu finden ist, wenn man einen starken Widerstand, gar ein Tabu, überwindet?

(4) Die Sinnlichkeit in diesem speziellen Sinn verallgemeinerte Solger, indem er alle jene »Sprechweisen und Bilder[...], die von Eindrücken der Sinne hergenommen sind« für erhaltenswert erklärte. Diese Leitidee entspricht einem Grundsatz des britischen Empirismus und ist mit der innigsten Einheit von Allgemeinem und Konkretem verbunden, wobei das Allgemeine den Gedanken bezeichnet und das Konkrete den Sinneseindruck. Daß unter dieser Leitidee nur die Sinnlichkeit und nicht auch die Gedanklichkeit genannt wird, hat wohl zwei Gründe. Erstens hatte die Sinnlichkeit in der griechischen Dichtung eine große Bedeutung, wie auch Karl Heinrich Pudor später zum griechischen Kolorit als besonderem Übersetzungsproblem ausführte. Und zweitens entsprach sie den damals in den deutschen Ländern vorherrschenden übersetzungspoetischen Überzeugungen.

(5) Diesen Gedanken führte Solger weiter, indem er, wie er sagte, immer versucht hat, »das Eigentliche und Specielle [der Vorlage] wieder auszudrücken, und nicht durch das Allgemeine und Erklärende die ganze Farbe zu verwischen und die Kraft der lebendigen Anschauung zu schwächen«.[170]

(6) Diesen letzten Punkt gewinne ich aus Solgers Erklärung zur Prosodie als Übersetzungsaufgabe:

> Zur vollkommenen Treue gehört nach der jetzt allgemein gewordenen Uebereinstimmung aller gründlichen Kenner auch die genaue Nachbildung der metrischen Form dieser [der altgriechischen] Kunstwerke.

In diesen Werken sind, so Solger, Metrik und Musik identisch. Musik wirkt auf die Empfindungen, Rede auf die Vorstellungen.[171] Zum Metrum im Griechischen merkte er an, daß es unabhängig vom Sinn auf Länge und Kürze der Silben beruht, was seine reine Musikalität erkennen läßt. Akzent spielt eine untergeordnete Rolle. Auf diesem Akzent in Verbindung mit Semantik hingegen baut die deutsche Metrik auf, wobei Quantität eine seltene, untergeordnete Rolle spielt, weil sie von der Sprache nicht begünstigt wird. Insbesondere weil im Deutschen der Wortsinn die Akzentuierung mitbestimmt, ist keine reine Musikalität erreichbar. Allerdings analysierte Solger deutsche Metrik als Verhältnis von Länge und Kürze und verwendete dazu alles bis zu den komplizierten vierteiligen Füßen der griechischen Quantitätenmetrik. Aus heutiger Sicht ist in Kenntnis der vier Akzentstufen in der Aussprache des Deutschen klar, daß Solgers Beispiel eines zweiten Päon, »entsprudelten«, eben doch als Dijambus lesbar ist: $x^1x^2x^0x^1$. Denn die Akzentstufen 1 zu 2 und 0 zu 1 sind beide jambisch. Ich räume ein, daß das Wort noch besser als Daktylus mit Auftakt einsetzbar ist: $x^1x^2x^0x^0$.

Seine Auffassung, daß Übersetzen keine künstlerische Tätigkeit ist, sondern eine rein wissenschaftliche Aufgabe, begründete Solger mit einem zu seiner Zeit nicht unüblichen Wissenschaftsbegriff, der über das Sammeln von Details hinausgeht und den organischen Zusammenhalt des Ganzen umfaßt.

Zwischen Solgers und dem praktisch gleichzeitigen Übersetzungsbegriff Humboldts besteht in zweierlei Hinsicht eine große Nähe: Beide sehen das Sinnliche und das Gedankliche in einer Übersetzung aufs engste miteinander verflochten. Und Solger begriff – wie schon Schlegel und später Schleiermacher – das Übersetzen als eine endlose Aufgabe im Sinne einer asymptotischen Annäherung, während Humboldt, strenger, von vornherein die Unübersetzbarkeit originärer Werke postulierte. Seine Begründung ist die Anisomorphie aller Sprachen. Die ausführliche sprachwissenschaftliche Begründung hat er wie kein anderer seiner Zeit zur Grundlage seines Übersetzungsbegriffs gewählt. Humboldt unterscheidet sich dort von Solger am deutlichsten, wo er, Schleiermacher darin nicht unähnlich, den höchsten Zweck des Übersetzens darin sah, das Fremde als Fremdes fühlbar zu machen. So vertrat er – wie schon Delille (1770) – ganz pointiert die Überzeugung, übersetzerische Treue sei nur durch Abweichung erreichbar.

8.2 Sprachwissenschaftlich-hermeneutischer Idealismus: Humboldt

Nach einer Auslegung des *Agamemnon* des Äschylos als musterhafte griechische Tragödie kam Wilhelm von Humboldt (1776–1835) rasch auf die Hauptpunkte seiner Übersetzungskonzeption zu sprechen. (1) Der erste betrifft die Unübersetzbarkeit »alle[r] Werke[...] grosser Originalitaet« und besonders des *Agamemnon.* [172] Hierfür bezog er sich auf den schon seit geraumer Zeit bekannten und diskutierten Umstand, daß Sprachen grundsätzlich unvereinbar sind, so daß, wie bei Schleiermacher und anderen, außer im Fall der Bezeichnung sinnlich wahrnehmbarer Gegenstände »kein Wort Einer Sprache vollkommen einem in einer andern Sprache gleich ist«. Fast in jedem Fall weisen bedeutungsgleiche Wörter in verschiedenen Sprachen unterschiedliche Nebenbedeutungen auf.

Auf das Problem der lexikalischen oder auch morphologischen Lücken, also dem Fehlen von Ausdrucksmöglichkeiten in einer der beiden Sprachen eines durch Übersetzung verbundenen Sprachenpaars ging Humboldt nicht ein.

(2) Damit zeichnet sich ein zweiter Hauptpunkt ab, die Zurückweisung der seit Gottfried Wilhelm Leibniz wieder vorangetriebenen Idee, daß jedes Wort als Zeichen für einen trennscharf umschriebenen Begriff steht. Dem stellte Humboldt einen Begriff nicht nur des Wortes, sondern auch der Sprache gegenüber, der seit Herder immer klarere Konturen gewonnen hatte. Sie ist demnach kein Zeichensystem, sondern eine wirkende Kraft:

> Ein Wort ist so wenig ein Zeichen eines Begriffs, dass ja der Begriff ohne dasselbe nicht entstehen, geschweige denn fest gehalten werden kann; das unbestimmte Wirken der Denkkraft zieht sich in ein Wort zusammen, wie leichte Gewölke am heitren Himmel entstehen. Nun ist es ein individuelles Wesen, von bestimmtem Charakter und bestimmter Gestalt, von einer auf das Gemüth wirkenden Kraft, und nicht ohne Vermögen sich fortzupflanzen.[173]

Auch hier ist unausgesprochen der organische Sprachbegriff erkennbar. Das Wort erscheint in einem Bild, das in denselben Lebensbereich fällt wie Solgers Apostrophierung der Übersetzung als einer Geburt. Das Gemüt, auf das seine Kraft einwirkt, ist eher ein seelisches Vermögen als die Summe der Geisteskräfte.

Auch in dieser Kürzestfassung des organischen Sprachbegriffs wird die Sprache nicht als etwas Erschaffenes begriffen, sondern als eine immerwährende Schaffenskraft (Energeia) ähnlich der »natura naturans«. Analog dazu sah Humboldt auch die »ideale[...] [hier wohl: die geistige] Gestalt in der Phantasie des Künstlers« nicht als etwas aus der Empirie Entnommenes.[174] Vielmehr entsteht sie – wie bei Solger – durch »eine reine Energie des Geistes, und im eigentlichsten Verstande aus dem Nichts«, ist also offensichtlich genialischer Natur.

(3) Aus dieser kraftvollen Auffassung des Wortes und der Sprachenpaarunterschiede leitete Humboldt seinen dritten Hauptpunkt ab, den ich in dieser Prägnanz bis dahin nicht gefunden habe. Demnach kann, wie bereits erwähnt, übersetzerische Treue nur durch Abweichung erreicht werden:

> Wie könnte [...] je ein Wort, dessen Bedeutung nicht unmittelbar durch die Sinne gegeben ist, vollkommen einem Worte einer andern Sprache gleich seyn? Es muss nothwendig Verschiedenheiten darbieten, und wenn man die besten, sorgfältigsten, treuesten Übersetzungen genau vergleicht, so erstaunt man, welche Verschiedenheit da ist, wo man bloss Gleichheit und Einerleiheit zu erhalten suchte.

Und in einem Zusatz, der vom Eigentümlichen in Abgrenzung zum Allgemeinen handelt, nahm Humboldt dasjenige Argument auf, das Solger als Verhältnis des Einzelnen zum Allgemeinen besprochen hatte. Die Übersetzung

> sucht alsdann auch feine Eigenthümlichkeiten nachzuahmen, vermeidet das bloss Allgemeine, und kann doch immer nur jeder Eigenthümlichkeit eine verschiedne gegenüberstellen.

(4) Humboldts vierter Hauptpunkt ist die mittlerweile bestens vertraute Angabe, das Übersetzen fördere die Ausdrucksfähigkeit der Zielsprache und trage deshalb auch zur Erweiterung des »Sinnes« einer Nation bei. Hierfür gab er eine ihm eigentümliche Erklärung. Sie setzt abrupt ein:

> Alle Sprachformen sind Symbole, nicht die Dinge selbst, nicht verabredete Zeichen, sondern Laute, welche mit den Dingen und Begriffen, die sie darstellen, durch den Geist, in dem sie entstanden sind, und immerfort entstehen, sich in wirklichem, wenn man so sagen will, mystischen Zusammenhange befinden, welche die Gegenstände der Wirklichkeit, gleichsam aufgelöst in Ideen enthalten. [175]

Dies ist gewiß eine mystische Stelle, eine dem Sinn nach geheimnisvolle, die sich erschließen kann, wenn man den Ausdrucksweisen nachspürt. Der Schlüssel liegt im Verständnis des sprachlichen Symbols. Laute sind Darsteller in einem dramatischen Sinn. Dargestellt werden sowohl Dinge, die ihre Existenz in Raum und Zeit haben – laut Humboldt die auf Sinneswahrnehmung beruhenden Gegenstände –, als auch Begriffe, also das, was im geistigen Raum entstanden ist und wirkt. Insoweit wird die zuvor vorgenommene Trennung zwischen Sinnlichem und Gedanklichem wieder aufgelöst. Der Geist, der alles »durchwaltet«, ist offensichtlich in sich einheitlich und zudem überindividuell, weil das erste Erschaffen eines Begriffs und sein immerwährendes Wiedererschaffen grammatisch auf einen singulären Geist bezogen sind. Der Zusammenhang von all dem ist sowohl mystisch als auch wirklich: wirklich, weil er eine Tatsache ist und als solche Gewicht hat, und mystisch, also nicht weiter analysierbar, weil die Wirklichkeit in einer Ideenwelt, im Idealismus aufgelöst ist.

(5) Als fünfter Hauptpunkt läßt sich – wiederum im hermeneutischen Sinn – Humboldts Auffassung von übersetzerischer Treue im Verhältnis zu Fremdheit verstehen, wobei zugleich eine Formel für die Unterscheidung zwischen kunstvoll fremdhaltendem Übersetzen und schülerhafter Stümperei angeboten wird. Danach liegt wahre Treue in der Einfachheit. Diese Treue muß »auf den wahren Charakter des Originals« und nicht auf seine »Zufälligkeiten« abzielen. Das bedeutet – und hier kommt wohl wieder die Anisomorphie zum Tragen –, daß die Übersetzung »eine gewisse Farbe der Fremdheit an sich trägt«. Sicher mit Blick auf Schleiermacher bestimmte Humboldt den Unterschied zwischen dem fremdhaltenden und dem fehlerhaften Übersetzen:

> Solange nicht die Fremdheit, sondern das Fremde gefühlt wird, hat die Übersetzung ihre höchsten Zwecke erreicht; wo aber die Fremdheit an sich erscheint, und vielleicht gar das Fremde verdunkelt, da verräth der Uebersetzer, dass er seinem Original nicht gewachsen ist.[176]

Humboldt unterschied also zwischen einem textlichen Eindruck des Ungewöhnlichen und der phantasievollen Erfahrung von etwas Ungewohntem. Hierin folgte er Schleiermacher nicht. Doch wie Schleiermacher sprach er dem einbürgernden Verfahren, wie es etwa im französischen eleganten Übersetzen geübt worden ist, »allen Nutzen desselben für Sprache und Nation« ab.

Die nächsten beiden Autoren sind, soweit ermittelbar, altphilologische Gymnasiallehrer, die mit schülerhaftem Übersetzen bestens vertraut waren.

8.3 Kolorit in griechischer Prosa übersetzen: Pudor

[Karl Heinrich] Pudor (1777 – 1839), laut Josefine Kitzbichler ein Gymnasiallehrer, nahm sich eines Gegenstandes an, der damals unter Übersetzern als problematisch galt[177]: »Ueber die Farbengebung des Alterthümlichen in Verdeutschung alter klassischer Prosa« (1814). Er nahm Friedrich Langes Herodot-Übersetzung von 1811 – 12 zum Anlaß seines von Winckelmann herkommenden und fraglos dem Idealismus verpflichteten Aufsatzes, der im Zeichen des »menschlichen Geistes« steht. Um die Farbe, den Ton, die Eigenart von Pudors Prosa zu verdeutlichen, zitiere ich dessen Anfang:

> In jeder Zeitperiode offenbart sich der menschliche Geist auf eine eigenthümliche Weise, und erscheint nie wieder ganz in der Form, welcher er einmal entsagte. Daher die mannigfach wechselnde Entfaltung der Kultur der Völker, wenn auch aus demselben Stamme und unter einerlei heimathlichem Himmel erwachsen: daher die ewig originale Gestaltung der Kunstwerke des Alterthums, dieser feststehenden redenden Denkmäler der Geschichte der Menschheit. Zweckloses Beginnen und Entweihung ist es demnach, sobald wir Hand anlegen, diese heiligen Ueberreste der Vorwelt auf irgend eine Weise in die wandelbare Modeform späterer Zeitalter zu hüllen, und sie also ihrer ursprünglichen Eigenthümlichkeit zu berauben.[178]

Seine Winckelmann-Anbindung lautet folgendermaßen:

> So mannigfach auch die Entwickelung des Antiken von Humanisten und Aesthetikern versucht worden ist, so versteht man doch seit Winkelmann fast allgemein darunter vorzugsweise jene edle prunklose Einfalt, jene stille Größe mit ihrem doch so lebendigen und so gewaltigen Zauber, wovon alle Gebilde alter Kunst so innig beseelt sind.

Zweierlei ist an dieser Stelle bemerkenswert: Zum einen wird Winckelmann annähernd mit jenem Begriffspaar gekennzeichnet, das wohl die erste Assoziation mit seinem Namen bildet, und zum zweiten wird dieses Winckelmannzitat als »fast allgemein[es]« Verständnis bezeichnet. Indem ich diese Redewendung übernehme, wird der Terminus »Gemeinplatz« frei zur Bezeichnung von verbreiteten Formeln, denen der Wirklichkeitsbezug entgleitet.

Pudors Aufsatz enthält eine Anzahl solcher allgemeiner Auffassungen, die zum Teil aus der Poetik stammen, aber auch für die Übersetzungspoetik gelten. Zu ihnen zählen die folgenden: Abgelehnt wird das modernisierende Übersetzen nach französischer eleganter Manier als »kraftlos«.[179] Die deutsche Sprache vermag seiner Auffassung nach wie keine andere moderne, »des Alterthums machtvolle Stimme mit treuer Fülle und Würde wiederzutönen«, wobei Pudors Hauptaugenmerk dem Griechischen galt. Die antike Kunst ist ähnlich wie bei Solger und Humboldt aus »der Fülle und Tiefe des Gemüths, aus einer von fremdartigem Einflusse unabhängigen und naturfreien Denk- und Empfindungsweise hervorgegangen«, entspricht also dem Genie, wobei das auch von den beiden Tragödienübersetzern bemühte Gemüt hier in der Formel von »Verstand[...] und Gemüth[...]« das nichtrationale Empfindungsvermögen bezeichnet.

Pudors Verständnis des Übersetzers, des Übersetzens und der Übersetzung läßt sich folgendermaßen umreißen: Als Praktiker, dessen Ansichten sich »durch die That bewähr[t]« haben, beschrieb er die Reaktion seiner Schüler auf jene Übersetzungen griechischer Werke, die zeitlich Distanz schaffen:[180]

> Die aus mehrjähriger Erfahrung entsprungene Ueberzeugung, daß meine Lehrlinge die alten Schriftsteller in dem Maaße lieb gewannen, je treuer, je alterthümlicher und mit je mannigfacherer Benutzung deutscher Sprachweise dieselben übertragen wurden, munterte mich auf, meine Ansichten hievon einer öffentlichen einsichtsvollen Beherzigung zu unterwerfen.[181]

Dieses Bekenntnis steht offensichtlich in Bezug zu der Schuldefinition des »So treu wie möglich und so frei wie nötig«.

Pudor fuhr fort, indem er Übersetzer als Vermittler eines »heiligen Erbe[s]« bezeichnete. Für die notwendige Übersetzungsmethode fand er eine klischeehafte Metapher (»auf den Flügeln der Einbildungskraft«) und eine ebensolche Synekdoche (»mit fester Künstlerhand«):

> Seiner Individualität entsagend, und mit umfassender Kenntniß der Sprache, der Geschichte und der Eigenthümlichkeiten des öffentlichen und häuslichen Lebens der Vorwelt ausgerüstet, schwingt er sich auf den Flügeln der Einbildungskraft in ihre dämmrische Fernen, und entwirft mit fester Künstlerhand die Nachbildungen ihrer Werke, die uns dann den Umriß und Gehalt der Urbilder mit größtmöglicher Treue offenbaren.[182]

Unter Treue verstand Pudor besonders die »genaueste[...] Uebertragung« des »ursprünglichen antiken Kolorits«. Allgemein forderte er von einer Übersetzung, daß sie »sich mit möglichster Treue an die Ursprache anschließt«. Und speziell für die Antikenübersetzung verlangte er, ein Übersetzer möge ihr »so weit als möglich, auch in der Sprache jüngerer Weltalter die alterthümliche und doch so lebendige jugendlich frische Farbe« geben.[183] Sodann führte er hier fast wie durch die Hintertür die Berücksichtigung des »herrschende[n] Ton[s]« ein, der kein Farbton ist, sondern in Verbindung mit dem Laut tatsächlich, aber nur kursorisch, eine aurale Qualität erkennen läßt.

Als Mittel zur Erzeugung des antiken Kolorits führte Pudor folgende Merkmale an, von denen kaum eines aurale Qualitäten hat: Partikel, Wortfolge, Stellung der Mittelwörter, Periodenbau, Idiomie der Urschrift, Versetzung des Beiworts hinter sein Hauptwort (nach mittelhochdeutschem Vorbild), Namen und archaische Diktion.[184]

Als Vorbilder nannte er Ulrich von Hutten, Luther, Martin Opitz und Goethe. An Friedrich Langes Herodot-Übersetzung rühmte er deren Lutherische Qualitäten. Ich neige Josefine Kitzbichlers mit einer gewissen Vorsicht vorgetragener Einschätzung zu, daß Pudors Beitrag die erste »Diskussion einer archaisierenden bzw. historisierenden Übersetzungssprache« war.[185] Wenn er ein Vorläufer von Rudolf Borchardts »Dante deutsch« ist, so ist er ein sehr ferner.

Kitzbichlers Bemerkung ist der Anlaß für einen Rückblick auf Pudors Ansatz. Was bedeutet es, aus der Sicht des 19. Jahrhunderts historisierend auf das 5. vorchristliche Jahrhundert zurückzublicken? Gewiß ist es verständlich, daß die antiken Werke aus dieser großen zeitlichen Distanz archaisch wirken. Was geschieht aber, wenn diese Distanz durch archaisierende Sprache in die Übersetzung eingeschrieben wird? Entsteht dadurch nicht der Eindruck, Herodots Geschichtswerk sei seinerseits schon archaisch gewesen? Nichts bei Pudor deutet darauf hin, daß dies der Fall war. Und wenn das richtig ist, dann geht es nicht darum, ein antikes Werk zu übersetzen, sondern eben eine historisierende Sichtweise des frühen 19. Jahrhunderts, also wiederum ein Werkverständnis. Das heißt auch schon für Pudors Zeit: Wir Neueren sehen an den antiken Werken Patina, Edelrost; den Alten waren sie wohl blitzblankes Kupfer.

8.4 Sprachnationalismus gegen Schleiermachers Fremdhalten: Schäfer

Johann Albrecht Karl Schäfer (Lebensdaten unbekannt), Gymnasiallehrer wie Pudor, hat 1839 mit dem Vortrag »Ueber die Aufgaben des Uebersezers« brüsk Schleiermachers Idee der fremdhaltenden Übersetzung zurückgewiesen und im selben Atemzug, ganz wie August Wilhelm Schlegel, die Übersetzungspraxis von Johann Heinrich Voß als undeutsch abgelehnt, ja geradezu abgeurteilt. Als eine

Stimme gegen Schleiermacher muß Schäfer berücksichtigt werden. Wegen seiner dürftigen Argumentationsweise genügt eine knappe Zusammenfassung anhand seiner fünf Regeln, von denen Kitzbichler die ersten drei skizziert hat.[186]

(1) Die Übersetzung »muss vor Allem *deutsch* sein, d. h. der Charakter unsrer Sprache, als der Form unsres volksthümlichen Denkens und Empfindens, muss sich darin nach seiner Eigenthümlichkeit rein und klar ausgeprägt darstellen«.[187]

(2) Über das Erfordernis hinaus, das Fremde abzuwehren, muß die Übersetzersprache auch etwas Positives leisten. Zur Forderung »Korrektheit« kommt hinzu, daß sie auch »anmuthig, gefällig, wohlthuend, harmonisch sein« muß. Kitzbichler merkte an, daß Schäfer die »höchste Aufgabe des Uebersezers« mit Johann Gustav Droysens Formel »[a]us dem Schönen ins Schöne« gleichsetzte.[188]

(3) Mit dem neuen Schönen in der Zielsprache muß eine Übersetzung nicht so sehr eine Ableitung von der Vorlage sein, sondern *»etwas an sich«*.[189] »Wir wollen eine Uebersezung, die man für sich geniessen kann«. Ihre Eigenständigkeit erlangt sie dann, wenn sie »das wesentlichste Merkmal eines Kunstwerks« aufweist, »die Vollendung in sich selbst«. Das klingt wie eine Apotheose genialen Dichtens. Die drei Grundkriterien stimmen in hohem Maße mit denjenigen von Alexander Fraser Tytler überein, was die Stabilität der schulischen Konzeption erkennen läßt. Für Schäfer sind also die drei wichtigsten Merkmale einer guten Übersetzung Korrektheit, Grazie und Vollendung im Sinne eines unabhängigen Kunstwerks.

(4) Aus diesem Kunstcharakter folgt, daß eine Übersetzung »kein willkührliches, handwerksmässiges Fertigen einer Waare« sein dürfe, »wie sie der Markt der Uebersezungsfabriken alljährlich zur Schau stellt«.

(5) Was den Übersetzer angeht, vertrat Schäfer die althergebrachte Auffassung, »[m]an muss selbst ein Dichter sein, um einen Dichter übersetzen zu können«. Man muß ihm »gleichsam ebenbürtig« sein. Das Adverb setzt allerdings ein großes Fragezeichen.

Mit der Befürwortung einer Übersetzweise, mit der ein für sich stehendes Kunstwerk umgeschaffen werden soll, damit die Leser es mit Freude aufnehmen können, schloß sich Schäfer entgegen seinem antifranzösischen Animus der Poetik des französischen eleganten Übersetzens an. Allerdings ist die Stellung dieses Begriffs eine andere; denn er läßt die Konzeptionen außer acht, die in der Zwischenzeit auch in Frankreich und vor allem in Deutschland entwickelt worden sind. Ein zweites wichtiges Merkmal liegt in der religiösen Terminologie. Mit ihr trug Schäfer zu so etwas wie einer profanen Religion bei, etwa im Sinne der amerikanischen »civil religion«.

9 Erste Leitlinien der Übersetzungsgeschichtsschreibung

Mit dem Vorläufer Goethe in seinen *Noten zum Divan* (1819) haben auch andere Autoren Versuche einer Übersetzungsgeschichtsschreibung unternommen: Friedrich Wilhelm Riemer vorsuchte im Jahr 1832, mit Vermutungen und allgemeinen Erwägungen »Merkpunkte« einer internationalen Geschichte anzugeben, und Robert Prutz entwarf in der Hauptsache an Sophokles-Übersetzungen eine »Geschichte der deutschen Übersetzungsliteratur« (1840). Riemers Aufsatz erachte ich nicht als weiterführend und behandle ihn deshalb nur am Rande.

Goethe überzeugt schon eher auf seine unprätentiöse, zugleich aber autoritative Art. Ich vermute aber, daß die Schlichtheit seines Arguments unhaltbar gewesen wäre, hätte er sprachliche Faktoren berücksichtigt. Prutz seinerseits führte als Hegelianer die Wucht von dessen Form-Inhalt-Dialektik ins Feld. Goethe und Prutz (wie auch Riemer) stimmten darin überein, daß die deutsche Übersetzungskultur ihrer Zeit unübertroffen und unübertrefflich sei. Wie könnte da eine auf Wandel achtende Geschichte überhaupt aussehen?

9.1 Übersetzungsgeschichte als Bildungsgeschichte: Goethe

Die Überlegungen Johann Wolfgang von Goethes (1749 – 1832) zur Abfolge von Übersetzweisen und Übersetzungsbegriffen pendeln zwischen Gedanken zur geistigen Bildung junger Menschen und Modellen einer Entwicklung des Übersetzens in einem globalen Sinn. Die im *Noten*-Kommentar erstgenannte Übersetzweise, die in schlichter Prosa, baut allen sprachlich-poetischen Glanz ab und leistet, wie er sagte, »für den Anfang den größten Dienst«, weil »sie uns mit dem fremden Vortrefflichen in unserer nationalen Häuslichkeit, in unserem gemeinen Leben überrascht«.[190] Luthers Bibelübersetzung sei ein Musterbeispiel hierfür. Was auf diese Weise vermittelt werden könne, seien die Verknüpfung der Handlung, das Bild der Charaktere und der Gang der Gedanken.

Dieser erste Absatz aus dem *Noten*-Kommentar ist eine gekürzte, aber substantielle Parallele zu Goethes Bemerkung in *Dichtung und Wahrheit*, daß »zum Anfang jugendlicher Bildung« eine Prosaübersetzung die am besten geeignete Übersetzweise ist, auch weil sie die Jugend nicht mit poetischem Glanz blendet und so vom »tiefen Gehalt des edelsten Werks« ablenkt.[191] Im übrigen sei eine schlichte Übertragung auch die beste für das breite Publikum.

In *Dichtung und Wahrheit* tritt deutlicher noch als in den *Noten* die übersetzungsgeschichtliche Perspektive zur lebensgeschichtlichen hinzu, nämlich dort, wo es heißt, daß »zunächst eine prosaische Übersetzung des Homer zu unternehmen wäre«. Die Bevorzugung der Prosa ist hier dadurch begründet, daß das geeignete Mittel für jugendliche Bildung so früh wie möglich in jugendgerechter Form bereitgestellt werden muß. Aber wenn es denn dem Schüler gemäß ist, fremde Dichtung zunächst in Prosa kennenzulernen – müßte man dann nicht auch Prosavarianten einheimischer Dichtung für den Schulgebrauch herstellen?

Bei der zweiten Übersetzweise wählte Goethe die große Vokabel »Epoche« und ließ so die lebensgeschichtliche Perspektive hinter sich. Er nannte sie »im reinsten Wortverstand die parodistische«.[192] Sie besteht darin, »eigentlich nur fremden Sinn sich anzueignen und mit eignem Sinne wieder darzustellen«.

Dieser Übersetzweise folgte laut Goethe das elegante Übersetzen nach französischem Muster »bei Übersetzung aller poetischen Werke«. Doch auch wenn es zeitnahe französische Übersetzungskritiker – Courier und Bignan – genau so sahen, sind in Frankreich auch andere Übersetzweisen geübt worden. Und die Erläuterungen gerade zum eleganten Übersetzen sind oft an Übersetzungen von Prosaschriften entwickelt worden. Wichtig für das deutsche elegante Übersetzen ist, daß sich, so Goethe, Christoph Martin Wieland »als Repräsentant seiner Zeit« seiner vorbildlich bedient hat.

Im »dritten Zeitraum« versuchte man, »die Übersetzung dem Original identisch [zu] machen«. Diese Bemühungen konnten sich aber nur schwer durchsetzen. Denn wer sich als Übersetzer »fest an sein Original anschließt, gibt mehr oder weniger die Originalität seiner Nation auf«.

Diese Schlußfolgerung erscheint mir im höchsten Maße bemerkenswert. Anders als die zweite Übersetzweise, die sich an der zielseitigen Poetik orientiert, ist die Übersetzung dritter Art dadurch gekennzeichnet, daß sie Fremdes als Fremdes wiedergibt. So »entsteht ein Drittes«, entsteht Fremdes in der eigenen Sprache. Das läßt sich präzisieren. Diese Übersetzweise holt das für die Zielseite Fremde aus der Ausgangsliteratur – erster Schritt. Wiewohl in der Zielsprache ausgedrückt, paßt diese Übersetzung nicht in die Zielliteratur hinein – zweiter Schritt. Jetzt bleibt nur noch eines möglich: zu erkennen, daß solch eine Übersetzung weder der Kultur, in der die Grundschrift entstanden ist, noch der übersetzungsseitigen Kultur angehört, sondern eine Identität eigener Art *inter nationes* gewinnt – dritter Schritt. Es wäre von höchstem Reiz, und wohl auch von großer Wichtigkeit für die Übersetzungsforschung, eine Poetik der Internationalität im Sinne dieses Dazwischen auszuarbeiten.

Goethe ging allerdings keinen erkennbaren Schritt in diese Richtung. Sein Beitrag ist es, diesen dritten Zeitraum der Übersetzungsgeschichte als den »höchste[n] und letzte[n]« hervorzuheben. Der hierfür vorbildliche Übersetzer war für ihn Johann Heinrich Voss. Er empfahl, mit der von letzterem entwickelten »Versatilität« für Übersetzungen weiterzuarbeiten. Aber wenn etwas das Letzte ist, gibt es nichts weiterzuentwickeln. Ist das das Ende der Übersetzungsgeschichte? Läuft dies nicht auf eine weite konturlose Ebene immer desselben hinaus? Könnte man sie umgehen, indem man Goethes *Iphigenie* als

Vorbild für Bearbeitungen fremder Stoffe betrachtet – und insoweit in deutsche Bewußtseinslagen transponiert, als vertraut machend und zugleich als Anstoß? Es wird sich zeigen müssen, ob spätere Überlegungen zur Übersetzungsgeschichte Goethes Anregungen aufgenommen haben, und wenn ja, was sie daraus gemacht haben.

9.2 Vermutungen zu einer Weltgeschichte des Übersetzens: Riemer

Friedrich Wilhelm Riemer (1774 – 1845) war unter anderem Zuarbeiter Goethes sowie dessen Berater in altertumskundlichen und philologischen Fragen.[193] Sein Beitrag erschien 1832 in Goethes Zeitschrift *Ueber Kunst und Altertum*. Riemers weitgespanntes Interesse konnte beim damaligen Stand des Wissens allerdings nicht zu textnahen Beschreibungen führen, sondern nur zu Annahmen und Mutmaßungen. Dabei stützte er sich gern auf vorliegende Äußerungen, auch wenn sie erkennbar unbewiesen sind.

So zeugt auch sein Aufsatz vom Stolz auf die Leistungen der deutschen Übersetzer. Anlaß ist die im Sinne Goethes protestantisch gedeutete vorbildliche Übersetzungskultur seit Luther und dem »protestantischen Martin Opitz«.[194] Anders als Goethe sah Riemer deren Grund weniger in der Sprache und Gelehrsamkeit der Deutschen als »in Character und Temperament der Nation«. Er forderte als »nothwendige Bedingung und Grundlage aller Übersetzungskunst« Gerechtigkeit in dem Sinne, daß – in einer an Goethe anklingenden Wendung – ein »Anderes« zur Geltung kommt, mit »ihm eigenen Fug und Lust des Daseyns und Wirkens«.

Das zweite Erfordernis ist laut Riemer die »freundlich zuvorkommende[...] Nachgiebigkeit und Bequemung gegen und an die Art seines [des Autors] Wesens, ja in völliger Identificirung mit seinem Wollen und Wirken«. Die dadurch ermöglichte überlegene Fähigkeit deutscher Übersetzer hatten schon die Brüder Schlegel mit der Unfertigkeit der deutschen literarischen Kultur begründet. Denn wer auf seine hoch entwickelte Literatur stolz ist, sieht nach dieser Theorie wenig Anlaß, Fremdes übersetzend zu importieren. Diesem Vorurteil zufolge sind nach Riemer die Übersetzungen ins Italienische, Portugiesische, Spanische, Französische und Englische »nur mit ohngefähren aus mehr oder minder treuem Gedächtniß gemachten Copien zu vergleichen«. Auch im alten Israel und in Griechenland habe der Nationalstolz das Übersetzen unterbunden. Den übersetzungshistorischen Nachweis freilich blieb Riemer auch in diesen Fällen schuldig.

9.3 Hegelianische Geschichtsdialektik: Prutz

Wie Riemer begann der Privatgelehrte Robert Prutz (1816–1872) den Entwurf einer deutschen Übersetzungsgeschichte als Beitrag zum »Leben unsers deutschen Geistes in seiner poetischen Gestaltung« ebenfalls mit der Überzeugung, die deutsche Übersetzungskultur sei allen anderen überlegen, wandte sich dann aber ihrem »chaotische[n] Gewirre widersprechender Ansichten, Forderungen und Leistungen« zu.[195] Dabei zeigte er – was nicht genug hervorgehoben werden kann – im Gegensatz zu Riemer eine bemerkenswerte Belesenheit in Übersetzungen zumeist von Werken des Sophokles, die es ihm erlaubte, vertrauenswürdig zu beschreiben und einzuordnen. Sein Hauptziel war es, mittels einer dialektischen Geschichtskonzeption im Sinne Hegels diese Widersprüchlichkeit in Übersetzungsfragen zu entwirren.

Prutzens Beitrag läßt sich am besten anhand dessen charakterisieren, was daran allgemein und was eigentümlich ist. Unter dem Allgemeinen verstehe ich hier, daß Prutz Ansichten vertrat, die er mit anderen teilt, während eine seiner Eigentümlichkeiten darin besteht, eine überlieferte Ansicht zurückzuweisen beziehungsweise ein Argument zu entwickeln, das meines Wissens vor ihm noch niemand auf dem Gebiet der Übersetzungsbegriffe vorgetragen hat.

Zu den wichtigsten Allgemeinheiten gehören neben der Idee (1) der überlegenen deutschen Übersetzungskultur die folgenden: (2) Die Deutschen empfinden eine »innerlichste[...] Verwandtschaft« mit der Antike, wobei aus einer anderen Stelle hervorgeht, daß es sich dabei um die griechische handelt.[196] (3) Die Aufgabe der Kritik ist nicht subjektives Beurteilen, sondern »Begreifen und Erklären«. Er begann seine Erklärung mit der Behauptung, daß nach der Sicherung des protestantischen Glaubens, die wissenschaftlicher Erkenntnis zu verdanken ist, die Wissenschaften einen neuen Aufschwung genommen haben.[197] Auch in der Einschätzung des Übersetzens in Frankreich und dem Vereinigten Königreich stellte sich Prutz in eine Reihe mit Herder und Schleiermacher: Französisches Übersetzen verrät »Ungeschmack« – ein häßlicheres Wort unterdrücke ich. Dem deutschen verwandt ist hingegen der »englische Geschmack«. Übersetzerische »Erkenntniß der fremden Schönheit« gibt der deutschen Sprache »Fülle, Bildung und Schmiegsamkeit«.

Was nun Fremdheit angeht – zu ihr bezog Prutz Stellung, indem er sich von Schleiermacher absetzte. Der Historiker deutscher Literatur, so argumentierte er mit bemerkenswerter Internationalisierung dieses Gebiets, für das sich die Germanistik später eher weniger interessiert hat, wird

> nicht umhin können, eine besondere Aufmerksamkeit auf die Einflüsse zu wenden, welche wir von Außen her erfahren [...]; er wird uns schildern müssen, wie das Selbst unserer Litteratur oft in Nachahmung und Uebertragung sich zu

> verlieren schien an fremde Einflüsse; aber wie der einzelne Mensch, will er zu wahrhaftem Leben und zur richtigen Entwicklung seiner eigenen Kraft gelangen, in fremde Zustände eingehen und in wechselvollem Schicksal fremde und selbst feindselige Mächte muß auf sich wirken lassen, damit er in dieser Entzweiung, diesem Anderen sich selber wiederfinde: so sind auch für unsere Litteratur diese Jahre der Dienstbarkeit, diese Durchgänge durch fremde Elemente [...] nothwendige Stadien der eigenen Entwicklung gewesen.[198]

Prutz trieb hier Gedanken der Brüder Schlegel auf die Spitze und erklärte eine zeitweilige Fremdorientiertheit für historisch notwendig, jetzt aber für veraltet. Um diese Einschätzung einzuordnen, erscheint es geboten, eine zweite und ebenfalls am Fremden – diesmal aber ablehnend – ausgerichtete Stellungnahme zur Kenntnis zu nehmen.

> Wir sind nicht mehr die Menschen der alten Welt, wir haben weder ihre Sprache mehr, noch ihre Vorstellungen und Formen; die griechische Welt bleibt uns immer eine andere, eine fremde, deren innersten menschlichen Kern wir allerdings noch in unserm eigenen Busen wieder finden; die Formen aber und Zustände, in denen diese Welt sich bewegt, sind uns fremd, und nur auf dem historischen Weg der Forschung können wir sie verstehen und mit ihnen uns befreunden. Wo nun diese Formen in unserer Welt, in unserer Sprache zur Darstellung gelangen sollen, wird, da im Grunde kein Mensch und keine Sprache etwas Anderes sagen kann, als sich selbst, etwas Unpassendes, Unverständliches, Befremdliches entstehen, das nur der vermitteln und ausdeuten kann, der die historische Kenntniß jener Zustände besitzt.[199]

Dieses Befremdliche läßt sich im Sinne jenes Dritten verstehen, das entsteht, wenn originär Fremdes in einer Übersetzungssprache ausgedrückt wird, die nicht nur eigentümlich ist, sondern auch etwas sprachlich Fremdes erkennen läßt. Dies wäre im Sinne von Prutz nicht als etwas Stabiles zu denken, sondern als etwas, das sich im Verlauf der Geschichte auch wieder auflöst.

Seinen Entwurf einer Übersetzungsgeschichte stellte Prutz unter die Hegelsche Formel der »thatsächlichen Verwirklichung der Idee in der Geschichte«.[200] Dies geschieht gut hegelianisch im Dreischritt von These-Antithese-Synthese. Prutz zufolge beginnt die Entwicklung der Übersetzung in den deutschen Ländern mit »Dienstbarkeit«, nämlich der übersetzerischen Einschreibung fremder Ideen, Handlungen, Charaktere und so weiter ins Deutsche. Indem er betonte, daß der deutsche Weg zur Antike zunächst den »französischen Umweg« verlassen mußte, erkannte er an, daß die fremden Inhalte zunächst in zielseitigen Formen transportiert werden mußten – falls dies überhaupt möglich ist. Hier baute sich ein logischer und historischer Widerstand auf: Lessing

> brach [...] das Joch französischen Ungeschmacks; unmittelbar auf die Kunst der Alten eingehend deckte er mit kühner Hand den Mißverstand auf, den dieselbe bei unsern Nachbarn und Gesetzgebern erlitten, und zeigte uns damit,

daß wir der Aftergebilde der Franzosen, deren hohle Schemen wir an die Stelle der lebendigen Antike gesetzt hatten, nicht länger bedurften. So wurden die Alten zum zweiten Mal bei uns eingeführt. [201]

Diese zweite Welle nahm den Weg über die Prosodie. Den Durchbruch erzielte Friedrich Gottlob Klopstock mit seinem in Hexametern gesetzten *Messias* (1748–73). Das entsprechende maßgetreue Übersetzen lief aber auf die Reproduktion von Äußerlichkeiten hinaus, so daß auch dieser Weg in eine Einseitigkeit einmündete, diesmal in eine der Form. Als großen Übersetzungsmeister griechischer Prosodie feierte Prutz mit Goethe übrigens Christoph Martin Wieland.

Aus diesem Gegensatz der Einseitigkeiten führte, so Prutz, Johann Heinrich Voß heraus, der »genaueste[...] gelehrte[...] Erkenntniß« mit einem »in seinem vollen Werthe kaum mehr zu fassende[n] formale[n] Talent« verband, das die »strengste[...] Nachbildung antiker Maße erlaubte«.[202] Im Sinne seines akademischen Lehrers, Friedrich August Wolf, stellte Prutz fest: Die

> Beschäftigung mit dem Alterthum soll aufhören einer todten und zerfallenden Gelehrsamkeit zu dienen; auf das Ethische, auf den Menschen des Alterthums gerichtet, soll sie auch in uns den Menschen ergreifen, bilden und verklären; die Form, die nicht mehr bloß Außenseite, bloß Schale ist in unorganischer Abstraction, gewinnt Leben und Bedeutung als die eigenthümliche und nothwendigste Offenbarung des innen schaffenden Geistes; auch das Kleinste, – aber es giebt jetzt kein Kleinstes mehr! – Form, Rhythmus, Darstellung, es ist Alles durchdrungen und belebt von dem allerfüllenden schöpferischen Geist.[203]

Prutzens Zusammenfassung ist gut hegelianisch:

> Es ist also nicht mehr um den Stoff allein, entkleidet und losgelöst von der Form, in welcher er lebendig und wirklich wurde, noch um diese Form allein zu thun, eine Schale ohne Kern, sondern um das aus Beiden organisch und unlösbar in einander gewachsene antike Leben, insofern wir in ihm uns selbst und die lebendigste Anregung zu allem Guten und Besten vereinigt finden.

Dies ist die bei Prutz historisch erreichte höchste Form der Idee der Übersetzung, hinter die ein Übersetzer nicht zurückfallen darf, weil ja – so wird zumindest behauptet – die Geschichte »nie und nirgends rückwärts« geht. Andererseits ist eine Weiterentwicklung über die Synthese aus Form und Inhalt hinaus auch nicht denkbar. Denn was wäre die weiterführende Antithese zu dem wechselseitigen Durchdringen von Form und Inhalt?

Allerdings hat der große Historiker der internationalen Poetik, René Wellek, aus seinem monumentalen Überblick (erschienen 1950 und später) die ihn enttäuschende Einsicht gewonnen, daß es eine Begriffsgeschichte im Sinne eines stetigen Fortschritts nicht gibt. Vielmehr haben Poetologen – Theoretiker und

Kritiker – immer wieder Probleme und Themen, die zu einer Zeit als ausdiskutiert galten, aufgriffen und aus ihrer eigenen Zeit heraus beleuchtet.

Und natürlich gibt es auch zurückfallende Übersetzer, und es gibt solche, die aus anderen Gründen von Anfang an nicht in dieses Schema hineinpassen. Sie heißen bei Hegel und Prutz »subjektiv«, weil nur das, was der Geschichtsdialektik folgt, »objektiv« sein kann. So weit, so schlecht. Kaum hatte Prutz also die Tür zur Geschichte aufgestoßen, schlug er sie schon wieder zu. Dieses als Historie firmierende Denkmodell ersetzt die an Kants Kritiken zerbrochene Metaphysik als Grundlage der philosophischen Erkenntnis. Vielleicht aber ist das dialektische Schema die als Geschichte verkleidete Metaphysik.

10 Ein Blick nach vorn

Im frühen 19. Jahrhundert lassen sich also zwei Gruppen von Übersetzungsbegriffen unterscheiden. Die eine, ausgewiesen insbesondere durch die Schlegel-Brüder und durch Solger, Schleiermacher und Humboldt, steht auf dem Höhepunkt der (früh)romantischen Konzeption, die die neue Hermeneutik des Suchens mit der kontextsensitiven Philologie und einem dynamischen Begriff der Sprache sowie deren Identität mit dem Denken verbindet. Die Anisomorphie der Sprachen legt es nahe, auch das fremdhaltende Übersetzen diesem in etwa kollektiven Übersetzungsbegriff zuzuzählen.

Andere Autoren sind um eine Übersetzungshistoriographie bemüht. Die frühen Dokumente Goethes und seines Adlatus Riemer sowie des späteren Prutz erinnern an das Lebensaltermodell, weil sie alle zum Höhepunkt der Entwicklung in drei – unterschiedlich ausgeführten – Schritten beziehungsweise Phasen voraneilen. Freilich verschließen sie dabei die Augen vor dem Niedergang und Tod im Greisenalter: Der Höhepunkt ist zugleich die letzte Phase. Es sieht so aus, als könnten Übersetzungen danach bestenfalls auf diesem hohen Niveau verharren. Dies wäre wohl gleich schon wieder das Ende der Übersetzungsgeschichte als Entwicklungsgeschichte. Und es dürfte das Schicksal aller Geschichtskonzeptionen sein, die sich dem Füllen eines vorgegebenen Schemas verschrieben haben, seien es drei Lebensalter, seien es die drei Schritte der Hegelschen Dialektik, sei es seine Stufenfolge von Religion, Kunst und Philosophie.

Ein Ausblick führt zu Otto Friedrich Gruppes *Deutscher Übersetzerkunst* von 1859, dessen Selbstcharakterisierung als *Supplement zu jeder deutschen Litteraturgeschichte* von der Germanistik nicht aufgenommen worden ist. Wie Josefine Kitzbichler sehe auch ich den starken kritischen, urteilenden Duktus in Gruppes Ausführungen.[204] Das erinnert daran, daß die Literaturgeschichtsschreibung im 19. Jahrhundert dort, wo sie sich, wie im Fall der Literaturgeschichte der Vereinigten Staaten, an den Anfang einer Tradition stellt, zugleich historisch und programmatisch ist. Denn eine wichtige Aufgabe solcher Frühwerke ist die Unterscheidung zwischen Werken, die die Tradition begründen, und solchen, die dabei keine Rolle spielen. Ist das Ausgangskorpus festgelegt, kann der Kanon ausgebaut und Unpassendes zurückgewiesen werden.

Was nun das fremdhaltende Übersetzen angeht, so bleibt es in der Rezeption nicht zu Unrecht vor allem mit dem Namen Schleiermacher verbunden. Die Schleiermacherrezeption ist zunächst abwehrend, wie schon Karl Schäfers Philippika von 1839 erkennen läßt. Das liegt wohl auch daran, daß im Vormärz eine volksgemäße Übersetzweise bevorzugt worden ist. Bei Ludwig Seeger heißt es 1845: »vor allen Dingen *deutsch* und *poetisch* übersetzen«.[205] Hier kann wohl August Wilhelm Schlegels Devise »treu und zugleich poetisch nachbilden« mitgehört werden. Jedenfalls waren Realismus und Naturalismus kein gutes Pflaster für das Fremdhalten. Richtig aufgegriffen wurde Schleiermacher erst wieder im 20. Jahrhundert. Ich nehme an, daß dabei mehr und auch anderes eine Rolle spielte, als Antoine Berman mit seiner Bemerkung ansprach, wonach Schleiermacher »élabore le réseau de vocabulaire moderne lié à l'acte de traduire«. Und selbst das ist gewiß kein geringer Anspruch.

Anmerkungen

1 Vgl. Gerlach, p. 3.
2 Vgl. Fletcher, pp. 70 - 146.
3 Venzky, p. 82.
4 Ich wurde auf diesen Sachverhalt bei K. Burke aufmerksam, vgl. dort p. 72 und öfter.
5 Tonelli, »Wolff«, p. 341
6 Vgl. Wolf, p. 157.
7 Vgl. unten, »Neues Licht für die Aufklärung«, pp. 178 - 81.
8 Breitinger, Bd. 2, pp. 138 - 39.
9 Vgl. Leventhal, pp. 35 - 68.
10 Zu Leibniz vgl. Müller-Vollmer, »Sprachphilosophie«, p. 133.
11 Vgl. Leventhal, insbes. pp. 20 - 21.
12 Venzky, pp. 63 - 64, zitiert nach Senger, pp. 48, 49.
13 Vgl. Senger, p. 49.
14 Vgl. Senger, pp. 62 - 63.
15 Breitinger, Bd. 2, pp. 139 - 40.
16 Vgl. Bodmer, »Genauigkeit«; Plückebaum; Senger, p. 67; Konopik, p. 112.
17 Vgl. Apel, p. 39; nächstes Zitat pp. 39 - 40.
18 Vgl. Breitinger, Bd. 2, p. 8.
19 Apel, p. 46.
20 Breitinger, Bd. 2, p. 352.
21 Breitinger, Bd. 2, pp. 354 - 55.
22 Apel, p. 51.
23 Vgl. Apel, p. 51.
24 Apel, p. 52.

25 Lowth, p. 409; nächste Zitate pp. 407, 411.
26 Boileau, Chant II, l. 72.
27 Die entscheidende Neufassung des Geniebegriffs setzte im frühen 18. Jahrhundert in England ein. Vgl. dazu im britischen Kapitel den Abschnitt »Der wechselhafte Gang des Genies im 18. Jahrhundert«, insbes. pp. 126–31.
28 Hamann, *Denkwürdigkeiten*, p. 55.
29 Herder, *Journal*, p. 144.
30 Vgl. Herder, [Begründung einer Ästhetik in der Auseinandersetzung mit Alexander Gottlieb Baumgarten].
31 Vgl. Herder, *Journal*, p. 55.
32 Vgl. Konopik, p. 151.
33 Vgl. Herder, *Werke* (Suphan), Bd. 2, p. 178.
34 Gerstenberg, p. 75; das Zitat verdanke ich Huber, p. 85.
35 Vgl. Huber, p. 88.
36 Schlegel, A. W., *Vorlesungen*, Bd. 2, pp. 109–10.
37 Hegel, *Werke*, p. 303; nächstes Zitat p. 302.
38 Vgl. Wellek/Warren, p. 151.
39 Vgl. Hirschberger, Bd. 1, pp. 540–41.
40 Vgl. Eliot, *Wood*, p. 11.
41 Vgl. Bosse, Poltermann.
42 Vgl. Szondi; M. Frank; K. Mueller-Vollmer, *Hermeneutics Reader.*
43 Vgl. Boeckh.
44 Vgl. Herder (Suphan), Bd. 2, p.113.
45 Vgl. Gen. 2:18–20.
46 Vgl. D'Olivet.
47 Zitiert bei Gipper/Schmitter, p. 66.
48 Vgl. Gipper/Schmitter, pp. 66–67.
49 Herder, *Ursprung*, p. 109.
50 Vgl. Piper.
51 Das Zitat verdanke ich Hopkins, »Translation, Metamorphosis«, p. 149.
52 Vgl. Gipper/Schmitter, p. 73; dort auch die nächsten Zitate.
53 Vgl. Hamann, *Ursprung.*
54 Vgl. Leventhal, pp. 230–34. Wo nicht anders vermerkt, beziehe ich mich zitierend und paraphrasierend auf diese Stelle.
55 Zu *forma formans* bei Humboldt vgl. Gipper/Schmitter, p. 82, zur »inneren Sprachform« pp. 83, 86.
56 Vgl. Gipper/Schmitter, p. 84.
57 Schleiermacher, *Hermeneutik*, p. 78.
58 In zwei Sammelbänden – Otto (1996) und Couturier-Heinrich (2012) – sind viele der verstreuten Stellen zusammengestellt und ausgewertet worden.
59 Herder, *Journal*, p. 48.
60 Herder, *Werke* (Suphan), Bd. 2, pp. 117.
61 Vgl. Herder, »Lebensalter«, *Werke*, Bd. 1.
62 Herder, »Lebensalter«, p. 187.
63 Ich verdanke diesen Hinweis Singer, pp. 110, 111.
64 Kelletat, p. 50.
65 Zitiert bei Konopik, p. 160.
66 Vgl. Konopik, p. 160.
67 Vgl. Singer, p. 101.
68 Vgl. Herder, *Neue deutsche Literatur*, pp. 57–99 und *passim.*
69 Voß, p. 210.
70 Klopstock in Voß, p. 219 u.ö., Voß, p. 223 u.ö.

71 Voß, p. 215; nächste Zitate pp. 215 - 16, 216.
72 Vgl. Klopstock in Voß, p. 217; ebenso im weiteren Text.
73 Vgl. Klopstock in Voß, p. 219; des weiteren pp. 220 - 22.
74 Vgl. Voß, p. 222; des weiteren pp. 223 - 27.
75 Voß, p. 224; nächstes Zitat p. 226.
76 Voß, p. 226.
77 Voß, p. 227.
78 Voß, p. 223; nächstes Zitat Klopstock in Voß, p. 229.
79 Klopstock in Voß, p. 233.
80 Vgl. A. W. Schlegel, »Rezension«, pp. 3 - 4.
81 Schlegel, »Rezension«, p. 4.
82 F. Schlegel, »Über das Studium«, p. 259.
83 A. W. Schlegel, »Rezension«, p. 4.
84 Schlegel, »Rezension«, p. 7; ebenso nächstes Zitat.
85 Schlegel, »Rezension«, p. 6.
86 Schlegel, »Rezension«, p. 6.
87 Schlegel, »Rezension«, pp. 8, 13.
88 Schlegel, »Rezension«, p. 13.
89 Vgl. Schlegel, »Rezension«, p. 6.
90 Vgl. Schlegel, »Rezension«, p. 23; die folgenden Angaben betreffen pp. 24 - 26.
91 Schlegel, »Rezension«, p. 24.
92 Schlegel, »Rezension«, p. 28; ebenso nächstes Zitat.
93 Schlegel, »Rezension«, p. 29.
94 Schlegel, »Rezension«, p. 32; nächstes Zitat, p. 22, übernächstes wieder p. 32.
95 Vgl. Gebhardt.
96 Schlegel, *Sprache und Poetik*, p. 86. Den Hinweis verdanke ich Huyssen, p. 78.
97 Vgl. Schlegel, *Sprache und Poetik*, pp. 88 - 122.
98 Schlegel, *Sprache und Poetik*, p. 145.
99 Schlegel, *Sprache und Poetik*, p. 89.
100 Vgl. Schlegel, *Sprache und Poetik*, p. 99.
101 Vgl. Schlegel, *Sprache und Poetik*, pp. 90 - 91.
102 Vgl. Schlegel, *Sprache und Poetik*, pp. 123 - 40.
103 Schlegel, *Sprache und Poetik*, p. 93; nächstes Zitat p. 100, übernächstes p. 101.
104 Vgl. hierzu Le Moël, p. 78, bei Herder, *Werke*, Bd. 1, p. 187.
105 Vgl. Schlegel, *Sprache und Poetik*, pp. 116 - 18.
106 Schlegel, *Sprache und Poetik*, pp. 116 - 17, 117 - 18.
107 Zur Versübersetzung vgl. Frank, »Versification«.
108 Dieses Zitat verdanke ich Gebhardt, p. 19.
109 Vgl. Kopetzki, pp. 63 - 64.
110 Ich übernehme dieses Zitat von Huyssen, p. 124.
111 Vgl. Michel. pp. 348 - 66.
112 Ausführlicher zu Schleiermacher und Kant vgl. Berman, »Présentation«, pp. 16 - 17.
113 Vgl. Schleiermacher, »Methoden«, pp. 51 - 52.
114 Vgl. Schleiermacher, »Methoden«, pp. 63 - 64; nächstes Zitat p. 64.
115 Schleiermacher, »Methoden«, p. 56.
116 Vgl. Lefevere, *Translating Literature*, p. 67.
117 Schleiermacher, »Methoden«, pp. 60, 65.
118 Vgl. Schleiermacher, »Methoden«, p. 44.
119 Ich beziehe mich vor dem Hintergrund von M. Franks *Hermeneutik und Kritik* zunächst auf Mueller-Vollmer, pp. 8 - 12.
120 Ähnlich Kitzbichler, *Theorie*, pp. 53 - 63.
121 Mueller-Vollmer, »Language«, p. 9.

122 Nöth, pp. 306 – 07.
123 Vgl. Mueller-Vollmer, »Language«, p. 11.
124 Mueller-Vollmer, »Language«, p. 5 im Zusammenhang von pp. 5 – 8.
125 Mueller-Vollmer, »Language«, p. 9. Er zitiert aus *Hermeneutik und Kritik* in einer englischen Übersetzung unter dem Titel *Hermeneutics*, hg. von H. Kimmerle, p. 41.
126 Mueller-Vollmer, »Language«, p. 10. Er bezog sich auf p. 75 des Schleiermacher-Abdrucks im *Reader.*
127 Vgl. unten, pp. 236 – 37, »›Methoden des Uebersezens‹: Das eigentliche Übersetzen«.
128 Rieger, p. 279.
129 Schleiermacher, »Methoden«, pp. 42 – 43.
130 Rieger, p. 281.
131 Schleiermacher, »Methoden«, p. 60.
132 Schleiermacher, »Methoden«, p. 38, vgl. p. 39.
133 Schleiermacher, »Methoden«, pp. 34, 49, 59, 63, 64, 66.
134 Weitere bei Cercel, p. 34.
135 Vgl. Schleiermacher, »Methoden«, p. 39.
136 Vgl. Schleiermacher, »Methoden«, p. 40.
137 Schleiermacher, »Methoden«, p. 40; nächste zwei Zitate p. 41.
138 Schleiermacher, »Methoden«, p. 43.
139 Schleiermacher, »Methoden«, p. 44; nächstes Zitat p. 45.
140 Vgl. hierzu und zum Folgenden Schleiermacher, »Methoden«, pp. 45 – 47.
141 Schleiermacher, »Methoden«, p. 46; nächstes Zitat pp. 46 – 47.
142 Vgl. Schleiermacher, »Methoden«, p. 50.
143 Goethe, »Wieland«, p. 35.
144 Goethe, »Noten«, p. 36.
145 Schleiermacher, »Methoden«, pp. 47 – 48.
146 Vgl. Schleiermacher, »Methoden«, p. 47; die nächsten Zitate pp. 48, 47.
147 Schleiermacher, »Methoden«, p. 51; ebenso nächste Zitate.
148 Schleiermacher, »Methoden«, p. 54; ebenso nächste Zitate.
149 Schleiermacher, »Methoden«, p. 61; ebenso nächstes Zitat.
150 Schleiermacher, »Methoden«, p. 63; nächste Zitate pp. 64, 63.
151 Schleiermacher, »Methoden«, pp. 63 – 64.
152 Kopetzki, p. 72.
153 Schleiermacher, »Methoden«, p. 55.
154 Schleiermacher, »Methoden«, p. 51; die beiden nächsten Zitate pp. 54, 55.
155 Schleiermacher, »Methoden«, p. 57; so auch die nächsten Zitate.
156 Schleiermacher, »Methoden«, p. 58.
157 Vgl. Apel, *Sprachbewegung*, p. 137, und Berman, *Epreuve*, p. 242.
158 Schleiermacher, »Methoden«, p. 69; ebenso nächste Zitate.
159 Vgl. Eßmann/Schöning.
160 Zitiert bei Maurer, p. 33; siehe auch die folgenden Zitate und Übernahmen.
161 Vgl. Maurer, pp. 40 – 42; dort auch die folgenden Zitate und Übernahmen.
162 Adler, p. 49.
163 Singer, p. 109; ebenso nächstes Zitat.
164 Zu Solgers Promotion vgl. Kitzbichler, *Theorie*, p. 47. Ihren Kommentar (pp. 46 – 52) habe ich mit Gewinn gelesen. Punktuelle Übereinstimmungen bestehen.
165 Solger, p. 39; nächstes Zitat ebenso.
166 Vgl. Solger, p. 40; auch nächstes Zitat.
167 Solger, p. 40; so auch nächste Zitate.
168 Vgl. Solger, p. 41; ebenso nächstes Zitat.
169 Solger, p. 47; nächste Zitate pp. 47, 48.
170 Solger, p. 48; ebenso nächstes Zitat.

171 Vgl. Solger, p. 51.
172 Humboldt, p. 80; ebenso nächstes Zitat.
173 Humboldt, pp. 80 - 81.
174 Humboldt, p. 81; ebenso nächste Zitate.
175 Humboldt, p. 82.
176 Humboldt, p. 83.
177 Zur Identifizierung vgl. Kitzbichler, *Dokumente*, p. 83.
178 Pudor, pp. 83 - 84; nächstes Zitat p. 85.
179 Pudor, p. 84, nächstes Zitat ebenso, und die zwei darauf folgenden p. 85.
180 Zu »That« vgl. Pudor, p. 88.
181 Pudor, p. 85, die nächsten Kurzzitate p. 86.
182 Pudor, p. 86; auch nächste zwei Zitate.
183 Pudor, p. 87.
184 Vgl. Pudor, pp. 87 - 88.
185 Vgl. Kitzbichler, *Theorie*, p. 87.
186 Vgl. Kitzbichler, *Theorie*, p. 87.
187 Schäfer, p. 137; nächstes Zitat p. 138.
188 Vgl. Kitzbichler, *Theorie*, p. 87.
189 Schäfer, p. 139; ebenso die nächsten Zitate.
190 Goethe, *Noten*, p. 35.
191 Goethe, *Dichtung*, p. 34; ebenso nächstes Zitat.
192 Goethe, *Noten*, p. 36.
193 So Kitzbichler, *Theorie*, p. 95.
194 Riemer, p. 121; nächste Zitate pp. 115, 121, 119.
195 Prutz, pp. 147, 146.
196 Prutz, p. 146.
197 Prutz, p. 148; nächste Zitate pp. 150, 152, 157.
198 Prutz, p. 147.
199 Prutz, pp. 157 - 58.
200 Prutz, p. 146.
201 Prutz, p. 150.
202 Prutz, p. 155.
203 Prutz, p. 156; ebenso nächstes Zitat.
204 Vgl. Kitzbichler, *Theorie*, p. 108.
205 Vgl. Seeger, p. 163.

Internationale Perspektiven

5 Fazit: Die Wende

1 Prämissen

Im Folgenden werden die Veränderungen in der Übersetzungspoetik, die im 18. Jahrhundert in Frankreich, dem Vereinigten Königreich und den deutschsprachigen Ländern eingetreten sind, miteinander verknüpft. Auf dieser internationalen Untersuchungsebene zeigt sich besonders gut, ob und gegebenenfalls wie eine so grundlegende Wende zu verzeichnen ist, daß sie die Bezeichnung »kopernikanisch« verdient.

Zu diesem Zweck werden Sonden gelegt, die vorzugsweise alle drei Ländertraditionen berühren. Darunter verstehe ich Sequenzen von hervorgehobenen Fachwörtern, die einen Anlaß für vergleichende Begriffsstudien bieten. In einigen Fällen, wenn es zum Beispiel um Kontinuität und Wandel des Begriffs des eleganten französischen Übersetzens geht, genügen der nationale Zusammenhang und gelegentliche Kritik von außen. Manchmal fehlt das Schlüsselwort, wird aber mitverstanden.

Bei diesem Vorgehen ist es unvermeidlich und zugleich wünschenswert, daß Sonden einander kreuzen, denn so kann eine dichte Beschreibung gelingen. Unter Umständen können dabei auch weitere übergeordnete Übereinstimmungen erkennbar werden.

In manchen Fällen erschien es ratsam, Argumente aus den Länderkapiteln zu übernehmen und auf internationaler Ebene zusammenzuführen. Zitate habe ich nur ausgewiesen, wenn dies nicht schon in den Länderkapiteln geschehen ist. Andernfalls hätten die Anmerkungen den Text allzuleicht überwuchert.

2 Gedanke und Ausdruck

Die Antike kannte den Dualismus von »sensus« und »verba« sowie von »res« und »verba«. Dabei steht »res« für den Gegenstand der Äußerung oder für deren Stoff. Die Pentade der antiken Rhetorik folgt in gewisser Weise dieser Einteilung.

Die Erfindung (»inventio«) und die Gliederung (»dispositio«) gehören zur »res«, die Sprachgebung (»elocutio«) steht für »verba«. Im Fall der schriftlichen Äußerung entfallen die beiden Voraussetzungen der mündlichen Mitteilung, nämlich das Einprägen der Gedanken in das Gedächtnis (»memoria«) und der Vortrag (»pronuntiatio«). In dieser Vorstellung kommen Sinn, Gegenstand, sowie Erfindung und Gliederung ohne Worte aus: Sie bestehen aus wortlosen Gedanken. Erst im nächsten Schritt erhalten sie, wie es in diesem Denkzusammenhang zu Recht heißt, ihre sprachliche Einkleidung. Dieser Vorstellung entspricht die ebenfalls althergebrachte Auffassung, Übersetzen sei eine Art Kleiderwechsel. Der Unterschied zwischen Körper und Kleidung ist so offensichtlich, daß er den zugrundeliegenden Dualismus zu beweisen scheint. Wenn ein Mensch seine Kleider abgelegt hat, liegen sie als ein umschreibbares Bündel da, und er kann neue Kleider anlegen. Aber wie ist das »Bündel« Sprache umschrieben, das beim Übersetzen abgelegt wird? Es besteht aus Wörtern, und zwar aus denen der Grundschrift, weil ja in aller Regel keines von ihnen unübersetzt bleiben soll. Wenn aber alle Wörter zum Beispiel eines Gedichts weggenommen werden, bleibt eine blanke Seite. Ist etwas gewonnen, wenn man sagt, der Übersetzer habe den Gedichtkörper in sich aufgenommen und werde ihn mit einem neuen Gedichtkleid ausstatten? Wer Übersetzen als Umkleiden bestimmen will, muß dieses Problem praxisnah lösen. Was genau ist Gedichtkörper? Was genau Kleid?

Unter den tragenden Argumenten gilt es, dreierlei zu berücksichtigen, zwei Varianten und eine Konstante. Variabel ist erstens der Gedanke, insofern andere geistige Elemente an seine Stelle treten, und zum anderen das Verhältnis der auszudrückenden geistigen Größe zu ihrem Ausdruck. Konstant bleibt als unübersehbarer Hinweis auf den Dualismus das Bild vom Bekleiden und vom übersetzerischen Kleiderwechsel.

2.1 Gedanke – Bild, Ton, Hauch

Im Corpus ist die zur Rhetorik gehörende Einteilung in Erfindung, Gliederung und Sprachgebung freilich nur punktuell und in manchen Fällen auch nur andeutungsweise erkennbar. Bei Pope (1715) könnte es daran liegen, daß er sie als gängig ansah und deshalb ausführliche Angaben für überflüssig hielt: »It is the first grand Duty of an Interpreter to give his Author entire and unmaim'd; and for the rest, the *Diction* and *Versification* only are his proper province«. Das Übersetzen wird hier allein auf die sprachliche und metrische Ausgestaltung beschränkt, also auf »elocutio«. So gesehen lassen sich die beiden Hauptaufgaben im Sinne des rhetorischen Schemas verstehen. Einen Autor so wiederzugeben, daß sein Werk in der Übersetzung unvollständig bleibt, wäre gewiß ein

Eingriff in die »inventio«. Es gibt immer wieder herausragende Beispiele solcher Kürzungen. Und wenn das Werk entstellt aus dem Akt des Übersetzens hervorgeht, dann hat zumindest die »dispositio« gelitten. Später im Berichtszeitraum hat das rhetorische Modell seine Überzeugungskraft eingebüßt.

Wichtiger als diese Antikenreminiszenz ist bei Pope die erste, unscheinbare Änderung des Verhältnisses von Gedanke zu seinem Ausdruck. Ursprünglich war die einzige Beziehung zwischen den beiden, auf die es ankommt, die semantische, und der Ausdruck folgte dem Gedanken auch in der Zeit. Bei Pope kam eine klangliche Komponente hinzu: Die Worte sollen nicht nur den Gedanken ausdrücken, sie sollen so gut wie möglich dem Sinn auch klanglich entsprechen. Er befürwortete diese Entsprechung, »the Correspondence of their [the words'] Sounds to what they signify«, auch weil er ein Meister dieser besonderen Kunstfertigkeit war.

Ich beginne dieses Argument mit den beiden einfachen Elementen des Gegenstandsbereichs dort, wo der Autor auf das Verhältnis von Gedanke zu Ausdruck oder auf eine Variante Bezug nimmt. Die Leitfragen lauten an dieser Stelle: Was tritt in manchen Fällen für das Auszudrückende an die Stelle des Gedankens? Wie verhält es sich mit dem Bild des Umkleidens, das ja das deutlichste Kennzeichen für den Dualismus ist?

Schon 1744 sprach sich Gordon dafür aus, beim Übersetzen von Werken eines Genies nicht auf den Gedanken, sondern auf die Bildlichkeit zu achten, also auf

> conceiving and forming the same Images, of seeing them in the same Light, of animating them with the same Spirit, as his Author [...] saw, formed, and conceived and animated them.

Es liegt nahe, in einem »Image« jenen Sinneseindruck zu sehen, den die Philosophen des Empirismus als die Grundlage allen Erkennens und Verstehens annahmen. Nicht umsonst ist bei Gordon die erste Tätigkeit des Autors, das Bild wahrzunehmen. Insoweit ersetzt es den Rationalismus des Gedankens. Ähnliches gilt für Saint-Simon (1771), der auch – und nun nicht mehr auf geniale Werke eingeschränkt – den Sinneseindruck als das Übersetzenswerte ansah, weil er annahm, daß auf diese Weise eine wörtliche und dennoch kraftvolle Übersetzung entsteht.

Nur wenig später als Gordon, im Jahr 1746, entwickelte Batteux an Übersetzungen aus dem Lateinischen besonders ausführlich und eindrücklich die Poetik des tonerhaltenden Übersetzens für die Dichtung. Er setzte nicht zu Unrecht voraus, daß eine Übersetzung in Versen viel zu ungenau ist und eine einfache Prosaübersetzung so gut wie alle poetischen Werte verliert. Deshalb verlangte er von den Übersetzern von Dichtung, sich auf die Wiedergabe jener poetischen Qualität zu konzentrieren, der in der französischen Poetik des 18. Jahrhunderts große Aufmerksamkeit geschenkt worden ist, nämlich der des poetischen Tons. Darunter ist die spezielle Stimm- und Stimmungslage zu verstehen, die zu einer Gattung (zum Beispiel der Totenklage) oder auch zu einem einzelnen Gedicht oder Brief gehört. An manchen Stellen ersetzte er den Ton durch »verve poétique«. Ein Gutteil läßt sich auch beim Übersetzen in Prosa erhalten: »porter dans la prose tout ce qu'elle peut recevoir du nombre et de la mélodie poétique«. Die Annäherung an das Metrum bewirkt an vielen Stellen die Bildung kürzerer oder längerer reimloser Versgruppen, »une suite de vers libre sans rimes«.

Batteuxs tonerhaltendes Übersetzen ist einer der seltenen Fälle, in denen eine internationale Bezugnahme als so gut wie gesichert gelten kann. Seine Poetik fand auch im Ausland viel Interesse. So hatte sich Herder bei seinen Überlegungen zur Ode in den frühen 1760er Jahren ausdrücklich auf Batteux berufen. Bei einem so konsequenten Leser, wie Herder es war, wäre es verwunderlich, wenn er Batteuxs Berufung auf den poetischen Ton nicht wahrgenommen hätte. Er nannte ihn jene »Kraft, die dem Innern der Worte anklebt, die Zauberkraft, die auf meine Seele durch die Phantasie und die Erinnerung einwirkt«, und beschäftigte sich mit ihm ausgiebig in seinen Überlegungen zu Dichtung und Übersetzung. Ob diesem Inneren der Worte auch ein Äußeres entspricht, ist nicht eindeutig zu entscheiden. Es liegt gewiß nahe und wäre wohl – um vorzugreifen – eine der frühen und eher behutsamen Abbauformen des Dualismus von Gedanke und Ausdruck.

Dafür steht in den 1790er Jahren A. W. Schlegel als Übersetzer von Shakespeares dramatischem Œuvre ganz in der Hauptlinie dieses Dualismusabbaus. International läßt er sich in Übersetzungsdingen als Gegenpol zu Batteux lesen. Ob er dessen Übersetzungspoetik sowie die anderer Franzosen kannte, ist nicht ausgemacht, kann aber wegen seiner zeitweilig engen Beziehungen zu Frankreich auch nicht ausgeschlossen werden. Schlegel hielt die Möglichkeit der poetischen Treue auch für die Übersetzung reimloser Verse durchaus für gegeben. Zu seinem Shakespeare-Projekt schrieb er unter anderem:

> Wenn es nun möglich wäre, ihn [Shakespeare] treu und zugleich poetisch nachzubilden, Schritt vor Schritt dem Buchstaben des Sinnes zu folgen, und doch einen Teil der unzähligen, unbeschreiblichen Schönheiten, die nicht im Buchstaben liegen, die wie ein geistiger Hauch über ihm schweben, zu erhaschen! Es gilt einen Versuch.

Der Sinn läßt sich buchstabieren, die Schönheit bestenfalls erhaschen. Das gelingt nicht durch bloßes Übersetzen, sondern nur durch poetisches Nachbilden, durch Nachdichten. Im Vergleich mit Batteuxs grammatischer Sorgfalt nimmt sich Schlegels Plan recht vage aus: unbeschreiblich, Hauch, schweben. Dies dürfte der Hauptgrund dafür sein, daß er es für möglich hielt, auch der Dichtung Übersetzungstreue widerfahren zu lassen. Er berief sich – um abermals vorzugreifen – zu diesem Zweck auf die »bedeutsame Form«. Hier werden, sprachwissenschaftlich gesehen, Gedanke und Form – und in poetologischer Hinsicht Sinn und Form – so eng aufeinander bezogen, daß Form zu einem Attribut von Sinn wird, und umgekehrt.

Die letzten beiden Fälle, in denen der Gedanke ergänzt wird, sind möglicherweise auch durch internationale Bezugnahmen miteinander verbunden. In seinem Briefwechsel mit Voß hat Klopstock 1799 nicht nur Treue gegenüber den Gedanken gefordert, sondern auch gegenüber den Empfindungen und Leidenschaften sowie der Einbildungskraft. Etwas über dreißig Jahre später bezeichnete Carlyle einen recht ähnlichen Übersetzungsgegenstand als einen geistig-seelisch-sinnlichen Komplex. Nun waren Klopstocks Briefe 1830 erschienen. Ob Carlyle, jener begnadete Mittler deutscher Literatur, ein solches Interesse an dem bedeutenden deutschen Dichter der Generation vor Goethe hatte, daß er dessen Briefe studierte, wäre zu erkunden.

2.2 Ein- und Umkleiden

Übersetzen mit der Metapher des Kleiderwechsels zu veranschaulichen bedeutet, wie gesehen, den Dualismus unübersehbar zu machen, ohne daß bestimmt zu werden braucht, was an der Dichtung der Körper ist. Seine Hülle, der Sache nach Wörter oder Metrum oder beides, hebt sich nur im Bild ab. Im Corpus wurde dieses Bild zwischen den dreißiger und neunzigen Jahren des 18. Jahrhunderts in allen drei Ländern verwendet. Für Venzky bedeutete Übersetzen, »nützliche Schriften in andere Sprachen einkleiden«. Auch d'Alembert kannte 1759 »revêtir« in diesem Sinn. Cowper drückte dasselbe nicht mit einem Verb aus, sondern substantivisch: Die Übersetzung zeigt »the same author in a different dress«.

2.3 Die Beziehung zwischen Ausgedrücktem und Ausdruck

Gleichwohl besteht, wie erinnerlich, die antike Ausgangslage darin, daß Gedanken, nachdem sie wortlos gefaßt worden sind, semantisch richtig in Worte gekleidet werden. Im Berichtszeitraum hat Beauzée im Jahr 1765 die sprechendste Formulierung dieses Grundsatzes gefunden: Beim Übersetzen geht es darum, den gedanklichen Untergrund – »le fond des pensées« oder vielleicht den Bestand an Gedanken – in jene Form zu bringen, die ihm angemessen ist: »sous la forme qui peut leur convenir dans la langue nouvelle«.

Bis zum Ende des 18. Jahrhunderts ist dieser Dualismus in kleinen Schritten abgebaut worden. Dies geschah dadurch, daß dem Ausdruck mehr zugewiesen wurde als nur semantische Richtigkeit, und das auch beim Übersetzen. Die Frage war, ob der Ausdruck nicht nur dem Gedanken dienen, sondern auf den Gedanken zurückwirken kann, indem ihm der Übersetzer das eine oder andere Merkmal des Ausdrucks aufdrückt.

Es mag überscharf sein, bereits in einer dialektischen Aussage Breitingers aus dem Jahr 1740 einen Haarriß in der Vorstellung eines Dualismus von Gedanke und Ausdruck zu sehen. Da heißt es: »Ein schöner und wahrer Gedanke und dessen richtiger und schöner Ausdruck [...] stützen [einander]«. Daß der Ausdruck den Gedanken stützt, ihm also dient, ist zweifellos kanonisch. Aber daß umgekehrt der Gedanke den Ausdruck stützt, läßt sich kaum aus dem althergebrachten Dualismus ableiten.

Freilich gab Breitinger nicht an, wie dieses wechselseitige Stützen vor sich geht. Dazu haben spätere Übersetzungspoetologen verschiedene Hinweise gegeben, deren Reichweite und Kraft im Verlauf der Zeit zunehmen. Auch dort, wo es sich um Verhältnisse in der Grundschrift handelt, ändert sich dementsprechend die Aufgabe des Übersetzers.

Schon 1744 bestimmte Gordon eine dieser Rückwirkungen. Er zeigte sich an den Genies unter den Autoren interessiert, die bei ihm manchmal einfach »able writers« heißen. Von einem solchen fähigen Schriftsteller erwartete er nicht nur, daß er seine Ansichten mitteilt, sondern ihnen auch Kraft verleiht: »[He] not only gives, but enforces, his own Meaning: His Manner is as significant as his Words, and therefore becomes Part of his Sentiments«. Wenn die Ausdrucksweise ebenso bedeutsam ist wie die Wörter – die, gemäß A. W. Schlegel, »Buchstaben des Sinnes« sind –, dann bedeutet es hier, daß die vielschichtigen »sentiments«, also die Gemüts- und Empfindungslage sowie eher unterschwellige Ansichten und Überzeugungen, von eben dieser Ausdrucksweise mitbestimmt werden. Sie gehören gewiß ebenfalls zu dem, was auszudrücken ist, so daß sich der Gegenstand im Verlauf der Ausdruckshandlung, wie geringfügig auch immer, verändert. Wie diese verzwickten Verhältnisse in einer Übersetzung berücksichtigt werden können, ist gewiß nicht leicht zu entscheiden. Gordon entzog sich diesem Dilemma, indem er im Sinne der britischen Geniepoetik bestimmte: »[N]o Work of Genius can be well translated, but by an Author of Genius«. Damit pokerte er auch für sich sehr hoch.

Genau fünfzehn Jahre später äußerte sich ein französischer Autor ähnlich. Bei einem Genie, so erklärte d'Alembert, erwachsen Ideen und ihre Ausdrucksweisen in einem einzigen Zug: »Dans les hommes de génie, les idées naissent sans effort, et l'expression propre à les rendre naît avec elles«. Die Metapher der Geburt erinnert an die Idee eines organischen Kunstwerks. Die Vorstellung einer leichten Geburt halte ich indes bestenfalls für einen liebenswerten Irrtum. Wenn von dem Ausdruck die Rede ist, der den wiedergegebenen Ideen angemessen ist, kann man sich an Beauzée erinnert fühlen: »la forme qui peut leur [le fond des idées] convenir dans la langue nouvelle«. Eine solche Ähnlichkeit zwischen einem der Herausgeber der *Encyclopédie* und einem seiner Autoren ist wenig verwunderlich. Wichtiger ist, daß d'Alembert sinngemäß dasselbe sagte wie Gordon: »Les hommes de génie ne devraient [...] être traduit que par ceux qui leur ressemblent«.

Die eigentliche Bedeutung von d'Alemberts Beitrag liegt darin, daß er den späteren Begriff der Identität von Auszudrückendem und Ausdruck mit vorbereitet hat. Denn das gleichzeitige Entstehen gehört unweigerlich zu dem später aus dem Abbau des Dualismus hervorgehenden Konzept.

Im Jahr 1777 entwickelte ein anderer *Encyclopédie*-Autor, Marmontel, einen Übersetzungsbegriff, der zu einem Teil hinter dem d'Alembertschen zurückbleibt und zu einem anderen über ihn hinausgeht. Es heißt dort:

> Ainsi, à mesure que dans un ouvrage le caractère de la pensée tient plus à l'expression, la traduction devient plus épineuse. Or, les modes que la pensée reçoit de l'expression sont la force, comme j'ai dit, la noblesse, l'élévation, la facilité, l'élégance, la grâce, la naïveté, la délicatesse, la finesse, la simplicité, la douceur, la légèreté, la gravité, enfin le tour, le mouvement, le coloris et l'harmonie.

Was hier gegenüber d'Alembert fehlt, ist der zeitliche Zusammenfall von Gedanke und Ausdruck. Worin Marmontel ihn übertrifft, sind Angaben dazu, wie der Ausdruck auf den Gedanken rückwirkt. Auf diese Weise entstehen, so Marmontel, Denkweisen. Man könnte auch von Attributen des Gedankens sprechen: kraftvolle Gedanken, edle, einfache, ernste.... Ohne Zweifel sind diese Tönungen beim Übersetzen zu berücksichtigen.

In den 1790er Jahren steht A. W. Schlegel mit dem Eckstein seiner Poetik nicht nur zeitlich, sondern auch begrifflich nahe dem Ende jener Reihe von Autoren, die den Abbau des Dualismus vorangetrieben haben. Damit ist die Schwelle zum neuen Monismus erreicht.

Für Schlegel sind weniger die sprachlichen als die poetischen Verhältnisse von Bedeutung. Entscheidend ist der Begriff der organischen Form: »Die organische Form [...] ist eingeboren, sie bildet von innen heraus und erreicht ihre Bestimmtheit zugleich mit der vollständigen Entwicklung des Keims«. Diese Gleichzeitigkeit erinnert an d'Alembert. Das Organische einer Form liegt somit darin, daß sie, vom entstehenden Gehalt eines Kunstwerks bestimmt, zugleich mit ihm aufwächst, während im Klassizismus und seinen Nachfolgeformationen eine gattungsgemäße Erwartung die Form bestimmte, so daß für gattungsspezifische Schemata passende Stoffe gesucht werden mußten. So heißt es bei Schlegel:

> [D]ie Form ist nichts anders, als ein bedeutsames Äußres, die sprechende, durch keine störenden Zufälligkeiten entstellte Physiognomie jedes Dinges, die von dessen verborgnem Wesen ein wahrhaftes Zeugnis ablegt.[1]

Dies ist so dicht und reich geschrieben, daß man sich gerne interpretierend hineinversenken möchte. In diesem Zusammenhang ist freilich nur zweierlei wichtig: Das Organische wird im Bild des – pflanzlichen – Keims und, wie schon bei d'Alembert, der Geburt veranschaulicht. Und die Entwicklung dieses Keims geht zugleich mit der Entfaltung der entsprechenden Form vonstatten. Mit dieser Idee stand Schlegel an einer herausragenden Stelle in der deutschen Tradition. Und er war entscheidend über d'Alembert hinausgegangen.

Das Ende dieses Dualismusabbaus und sein Umschlagen in einen Monismus finden sich bei Schleiermacher, insbesondere in seinem Akademievortrag von 1813. Um dies richtig einzuordnen, muß man seine Unterscheidung zwischen Dolmetschen und Übersetzen ernst nehmen. Das Dolmetschen ist bei Schleiermacher nicht mündliches Übersetzen. Er verstand darunter den Sprachwechsel von sachbezogenen Texten wie etwa der Geschäftskorrespondenz. Er selbst nannte »erzählende und beschreibende Texte« als Gegenstände des Dolmetschens, wobei Erzählen wohl nicht nur fiktional zu verstehen ist. Zu den herausragenden erzählenden Werken in diesem Sinne gehören Chroniken, Reiseberichte und Biographien beziehungsweise Autobiographien. Freilich entdeckt man aus heutiger Sicht in Werken dieser Art auch fiktionale Momente.

Das Übersetzen ist Schleiermacher zufolge auf solche Werke beschränkt, bei denen »der Gegenstand von dem Gedanken und dem Gemüth beherrscht wird, ja oft durch die Rede geworden und mit ihr zugleich da ist«. Das ist in der Sprachtheorie und der Poetik ein wahrhaft revolutionärer Gedanke. Aber entscheidend ist nicht die Idee, daß Gedanke und Ausdruck miteinander und ineinander in ein und demselben Schaffensgang entstehen. Dafür sind ja, von Schleiermacher aus gesehen, Vorläufer erkennbar. Wirklich erregend ist die Idee, daß Gegenstände des Denkens und aller anderen Geisteskräfte – also wohl auch der irrationalen – durch Rede hervorgebracht werden. Denken und Empfinden gehen aus der Rede – und somit auch der Schrift – hervor. Laut Kleist entstehen Gedanken ganz allmählich beim Reden. Und das steht im Gegensatz zu der in der Antike entstandenen Idee, daß der Gedanke die Ausdrucksweise bestimmt, also die Rede oder die Schrift.

3 Zergliederung des Supranationalismus alias Universalismus und seine Historisierung

3.1 Zergliederung

Die Ausgangslage in der Antike beruht auf der Annahme einer weltweit einheitlichen Ordnung der Dinge und einer ebensolchen Denkweise. Auch für die Poetik, auf die es in diesem Zusammenhang besonders ankommt, galt der Grundsatz, daß sie überall und jederzeit gleich sein muß. Was vorherrschte, war das große Ein-Für-Allemal.

Die Zergliederung setzte im allgemeinen nach dem Klassizismus und Rationalismus ein, wiewohl auch noch in den vierziger Jahren des 18. Jahrhunderts deutsche und französische Stimmen zu vernehmen waren, die sich mit großer Selbstverständlichkeit und Verve für die Einheitlichkeit in diesem Sinne aussprachen. Besondere Aufmerksamkeit erlangten kollektive Einheiten unterhalb der supranationalen Ebene, die als Handelnde angesehen wurden, also Volksgeist und Sprachgeist – »le génie particulier des nations« und »des langues«. Für Shaftesbury war das Genie unserer Nation, unserer Autoren, der Antike, unserer Zeit und der Menschheit eine Selbstverständlichkeit. Entscheidend ist, daß jede dieser Einheiten die ihr eigenen Prinzipien, Regeln, Gesetze und Strukturen in sich selber trägt. Dieses Begriffsfeld wurde noch weiter auseinandergefächert. So war auch die Eigengesetzlichkeit eines jeden Kunstwerks als besondere Herausforderung für den Übersetzer zu berücksichtigen, wiewohl das Hauptaugenmerk den Kollektivbegriffen galt.

Im Vereinigten Königreich waren die überlieferten Dokumente von Anfang an anders orientiert. Aus der Erfahrung, daß förmliches Übersetzen von Dichtung nur mißlingen kann, entstand die Absicht, Dichtung durch Dichtung nach Art der Sprache und Literatur des Übersetzers zu öffnen, wie es hieß. Damit dies gelingen konnte, wurde eine Seelenwanderung angenommen, die – unterschiedlich gewichtet – Autor, Werk, Übersetzer und Übersetzung miteinander verbinden sollte. Diese Metempsychose hat, vermutlich als Anregung aus Großbritannien, auch auf dem Kontinent eine gewisse Aufmerksamkeit erregt.

Auf der deutschen Seite hat Breitinger (1740) einen bemerkenswerten Syllogismus aufgestellt:

> Die Sprachen sind ein Mittel, dadurch Menschen einander ihre Gedancken offenbaren können: Da nun die Gegenstände, womit die Menschen sich in ihren Gedancken beschäftigen, überhaupt in der gantzen Welt einerley und einander gleich sind: da die Wahrheit, welche sie mit dieser Beschäftigung suchen, nur von einer Art ist; und da die Gemüthes-Kräfte auf eine gleiche Art eingeschränkt sind, so muß nothwendig unter den Gedancken der Menschen eine ziemliche Gleichgültigkeit statt und platz haben: daher denn solche auch in dem

Ausdrucke nothwendig wird. Auf diesem Grunde nun beruhet die gantze Kunst, aus einer Sprache in eine andere zu übersetzen.

Sprachen dienen dazu, Gedanken auszudrücken – erste Prämisse. Die Gegenstände des Denkens sind überall gleich – zweite Prämisse. Es gibt nur eine Wahrheit – dritte Prämisse. Für Empfindungen, Gefühle und andere nichtrationale Geisteskräfte gilt dasselbe – vierte Prämisse. Erste Schlußfolgerung: Mit logischer Notwendigkeit stimmen die Gedanken überall und jederzeit überein. Zweite Schlußfolgerung: Dies gilt ebenso für den Ausdruck dieser Gedanken. Dritte Schlußfolgerung: So leicht geht Übersetzen.

Etwas hochgradig Ähnliches schrieb Batteux im Jahr 1746 dem Übersetzer vor, freilich ohne das Klacken der syllogistischen Maschinerie:

> Qu'on ne doit point toucher à l'ordre des choses, soit faits, soit raisonnements, puisque cet ordre est le même dans toutes les langues, et qu'il tient à la nature de l'homme plutôt qu'au génie particulier des nations.

Er bemerkte auch, daß die Redewendungen – Ausdrücke – zu bewahren sind, falls dies sprachlich möglich ist, »quand les deux langues s'y prêtent également«.

Diese Beobachtungen zeugen von Batteuxs Erfahrung als Übersetzer. Deshalb wußte er wohl, daß eine »ziemliche Gleichgültigkeit« – also eine geordnete Synonymik der sprachlichen Formulierungen – nur ein Teil der Wahrheit ist, und daß auch die Ordnung der Dinge nicht vollkommen einheitlich ist, sondern nur tendenziell übereinstimmt. Immerhin gilt es, so Batteux, auch den Volksgeist in Rechnung zu stellen, und sei es als Grenzwert.

Aber nicht nur Batteux, sondern auch die Züricher Schule rückte – trotz Breitinger – geringfügig von der überlieferten Auffassung ab. Bei den Zürichern machte sich besonders Bodmer um die Eingliederung des Gemüts in die Übersetzungspoetik verdient. Denn so wie der Rationalismus des Denkens ein Universalismus ist, seien die Eigenschaften des Gemüts nichtrational und doch allgemein.

Wegen des britischen Sonderwegs, der nicht mit dem althergebrachten Supranationalismus beginnt, gibt es von dort kaum eine diesbezügliche Äußerung. Bestenfalls kann man – ebenfalls in den 1740er Jahren – die schwache Andeutung einer Historisierung erkennen. Francis zeigte sich an seinen Vorläufern als Homerübersetzer interessiert. Es ging ihm dabei aber nicht um die historische Linie des Wandels der übersetzerischen Leistungen, sondern um eine übersetzungspraktische Frage: Das Erkennen der Schwächen der Vorläuferübersetzungen kann nämlich zeigen, in welche Richtung die eigene Übersetzung nicht gehen darf.

Der mit Abstand wichtigste Beitrag zur Überwindung des Supranationalismus stammt vom Herder der 1760er Jahre. Ihm ging es um nichts weniger als die Ablösung der statischen Chronik und des Repertoriums durch die auf Wandel achtende Geschichtsschreibung. Herder nahm kulturgeschichtlich die Nationalisierung und Historisierung des Parnaß vor, wobei er an das »génie particulier des nations« anknüpfte und die Nation als sprachlich-literarische Person deutete.

Für den vorliegenden Zusammenhang entscheidend ist die Frage, ob sich die Auffassung von der Allgemeingültigkeit der Prinzipien, Regeln und Gesetze mit dem Begriff der eigengesetzlichen Nationen verbinden läßt, und wenn ja, wie dies geschehen kann. Auf jeden Fall wies Herder die Beurteilung einer Nationalliteratur nach fremdem Maßstab streng zurück und lehnte die Ergebnisse der »querelle« kategorisch ab. Wenn jede Nation ihre nach Ort, Zeit und Wesensart verschiedenen Eigenheiten pflegt, kann gerade aus dieser Vielfalt der Reichtum der Menschheit entstehen. Herder wußte natürlich, daß ein Volk auch Anleihen bei anderen aufnehmen kann. Dem suchte er auf zweierlei Weise Rechnung zu tragen. Zum einen unterschied er eine Frühphase der strengen Abschottung von einer späteren, in der Verbindungen zu anderen Völkern aufgebaut werden und so etwas wie kulturelle Verbünde entstehen können. Zweitens benutzte er die Kategorie der Zeit zur Bestimmung von Rezeptionslagen. Das heißt, daß das, was von anderen Völkern übernommen worden ist, in den Faktor Zeit eingeht.

Auch so trieb Herder die Historisierung voran. Im Sinne der soziologisch orientierten Philosophen Schottlands entwickelte er einen auf die Lebensalter bezogenen und insoweit historischen Begriff. Aber er befreite ihn von dem Umstand, daß der Ablauf der Lebensalter jeden Menschen einer natürlichen Gesetzmäßigkeit unterwirft. So erkannte er auch die Möglichkeit, daß Autoren auf einer der historischen Lebensalterstufen auf eine benachbarte »auslenken« können. Diese Fähigkeit, der Geschichte eine Richtung zu geben, stört zwar das Modell der Lebensalter, zeigt aber an, daß Herder die Menschen nicht als Objekte der Geschichte auffaßte, sondern als ihre Subjekte.

Mit Herders nationaler und historischer Zergliederung der Supranationalität scheint sich deren Anspruch erledigt zu haben. Von den in diesem Zusammenhang entwickelten Ideen Herders dürften zwei aufgegriffen worden sein: Im Jahr 1783 – also zeitnah – pochte Geoffroy auf die Relativität des Nationalgeschmacks, wobei er den französischen, englischen und portugiesischen nannte, aber nicht den italienischen, und so die damalige Supranationalität der modernen Literaturen nur lückenhaft umschrieb. Und Littré sah sich noch 1847 genötigt, die Relativität gegen die Allgemeingültigkeit auszuspielen: »[I]l faut [...] se mettre à un point de vue relatif et ne pas croire à des règles absolues«.

Die andere Anregung Herders, welche die Geschichte betrifft, hat erst im 19. Jahrhundert größere Aufmerksamkeit erregt, zwar nicht in großem Stil, aber doch mit weiterführenden Ergebnissen. Zunächst trat Goethe, der längere Zeit in Weimar in engem Kontakt mit Herder lebte, um 1820 mit mehreren Bemerkungen zur Übersetzungsgeschichte hervor, die skizzenhaft sind, aus denen aber eine ruhige Autorität spricht. In seinen Beobachtungen und Empfehlungen verband er Überlegungen zur geistigen Bildung der Jugend mit Angaben zu seinen Vorstellungen von der Entwicklung des Übersetzens.

Goethes dreistufiges Modell erinnert insoweit an das vierstufige Herders, als er die Stufe des kindlichen Lallens zwar ausließ, dann aber, den Lebensaltern folgend, gleich mit dem zweiten begann, der Jugend. Allerdings trat dann wie bei Herder die Lebensalteranalogie zurück. Zudem umfaßt Goethes Modell nicht nur epochale Zusammenhänge, sondern, kaum erkennbar, Angaben dazu, wie ein und dasselbe Werk im Verlauf der Zeit unterschiedlich übersetzt werden soll. Am Anfang sollte die einfache prosaische Wiedergabe stehen. Sie blendet nicht mit poetischem Glanz, sondern macht mit der Handlung, den Charakteren und dem Gedankengang vertraut. Die zweite »Epoche«, wie Goethe sie beschrieb, dient dem, was das französische elegante Übersetzen geleistet hat und eignet sich besonders gut für Dichtung. Es geht dabei, einigermaßen kryptisch, darum, »fremden Sinn sich anzueignen« und zu versuchen, ihn »mit eigenem Sinn darzustellen«. Diesen Vorschlag, Sinn durch Sinn zu erschließen, kenne ich nur von Goethe.

Im dritten und letzten Zeitraum wird versucht, die »Übersetzung dem Original identisch zu machen«. Eine solche Übersetzung gehört jedoch nicht der übersetzungsseitigen Sprache und Literatur an. So entsteht ein Drittes, Fremdes in der etwas deformierten, fremdgehaltenen Sprache des Übersetzers.

Von einem nächsten Stadium ist nicht mehr die Rede. Es sieht so aus, als sei die Übersetzungsgeschichte, kaum entstanden, schon wieder zu Ende. Faßt man jedoch Übersetzungsgeschichte als immer wieder von neuem einsetzende Abfolge der drei Übersetzweisen auf, wird in aller Zukunft jedesmal derselbe Dreischritt vollzogen werden. Wer meint, daß dieser Begriff von Übersetzungsgeschichte nicht der Wirklichkeit entspricht, müßte detaillierte Untersuchungen anstellen.

3.2 Die Entdeckung des Werks als Gegenstand der Reflexion

Wenn, wie es bis weit ins 18. Jahrhundert hinein der Fall war, Allgemeingültigkeit auch für Poetik und Übersetzungspoetik beansprucht worden ist, dann ist es in seiner zweiten Hälfte ein großer Sprung, zu der Überzeugung zu gelangen, daß ein Genie seinem Werk im Akt des Entstehens seine höchst eigenen Regeln gibt. Dieses Umdenken ereignete sich zumeist in einem konzeptionellen Spannungsfeld zwischen übergeordneten und werkspezifischen Grundsätzen, Regeln oder Strukturen.

Die poetologische Ausgangslage bestand darin, daß, wie eh und je, nur die übergeordneten Kategorien Gattung und Autor etwas galten. So folgte im Jahr

1746 Batteux noch bedenkenlos der rhetorischen Einteilung in Geschichtsschreibung, Redekunst und Verskunst. Die von ihm ausgearbeitete Poetik des tonerhaltenden Übersetzens sollte nur für Verskunst gelten. Wenig später (1753) bewegten sich Yarts Übersetzungsbegriff und seine Praxis immer noch im Rahmen des vertrauten Gattungsgefüges beispielsweise von Ode, Ekloge und Lehrgedicht.

Den Vorrang des Autors hingegen hatte Dryden schon in den 1680er Jahren festgelegt. Der Übersetzer habe sich im Zweifelsfall an den Geist des Autors und nicht an den der Grundschrift zu halten. Danach fehlt im britischen Corpus jede Erörterung des Werks als Kategorie der Übersetzungspoetik. Im Jahr 1759 argumentierte d'Alembert, Dryden diametral entgegen, der Übersetzung müsse immer der »caractère de l'original« beziehungsweise sein »génie« aufgeprägt werden.

In den nächsten vierzig Jahren galt dann dem Werk als Gegenstand der Übersetzungspoetik besondere Aufmerksamkeit. Es war, so könnte man sagen, die Zeit seiner Entdeckung. Herder knüpfte an Batteuxs tonerhaltendes Übersetzen von Versdichtung an, gab dem Ton aber auch eine werkbezogene Bedeutung. So ist argumentiert worden, Herders »Ton« entspreche Shaftesburys »inner Form« als dem Geist, der ein Werk beseelt, als Melodie der Vorstellungen in einem Werk. Der Begriff der inneren Form hebt auf das ab, was ein Werk im Innersten zusammenhält. Die Logik dieses Begriffs weist auf eine äußere Form hin, die allgemeinen Regeln folgt. Das Spannungsverhältnis von Innerem und Äußerem macht diese Definition plausibel, wenn nicht gar erst möglich.

Im unmittelbaren zeitlichen Zusammenhang steht Delilles Übersetzungspoetik von 1770. Zwar ging es ihm darum, des Autors »génie« oder seine »physionomie« lesbar zu machen. Doch beruht die Übersetzweise, die er entwickelte, ebenfalls auf dem, was für die Grundschrift charakteristisch ist, gekennzeichnet durch Beziehungen zwischen Textstellen innerhalb des Werks. So errichtete er eine quasi unsichtbare Hülle an der gedachten Außengrenze des Werkganzen. Aus heutiger Sicht beruht sein Verfahren auf dem Gefügecharakter eines literarischen Werks, sei es lyrisch, dramatisch oder erzählend: auf seiner Struktur. Delille beschrieb und benannte dieses Verfahren an Beispielen wie dem folgenden:

> Prévoit-il [le traducteur] qu'il doit affaiblir son auteur dans un endroit? Qu'il le fortifie dans un autre; qu'il lui restitue plus bas ce qu'il a dérobé plus haut; en sorte qu'il établisse partout une juste compensation, mais toujours s'éloignant le moins qu'il sera possible du caractère de l'ouvrage et de chaque morceau.

Gewiß hat diese kompensatorische Übersetzweise auch ihre Tücken. Mit ihrer ausdrücklichen Bezugnahme auf Verbindungen zwischen Textstellen im Werkganzen ist sie aber eine begriffliche Neuerung in ihrer Zeit und an ihrem Ort.

In den 1790er Jahren führte A. W. Schlegel dieses Argument weiter, wobei er sich kaum auf Delille, um so mehr aber auf Herder bezog. Die entscheidenden Formulierungen stammen aus dem Jahr 1809. Zuvor hatten schon Voß und Solger eher im Vorbeigehen die Eigengesetzlichkeit des Werks auch in seiner Beziehung zu allgemeinen Regeln angesprochen. In seiner Korrespondenz mit Klopstock ersetzte Voß 1799 übergeordnete Regeln durch werkimmanente, textstellenbezogene. Und nur ein Jahr vor dem Schlegel von 1809 hatte Solger die Aufgabe des Übersetzers darin gesehen, daß das »Eigentliche und Specielle« der Vorlage zu erhalten sei. »Eigentlich« kann im Deutschen an die Stelle von »eigentümlich« im Sinne von dem treten, was an einem Werk charakteristisch ist. Auch »speziell«, wiewohl von »species« abgeleitet, benennt die Besonderheit eines einzelnen Gegenstands, einer einzelnen Aufgabe.

Die entscheidenden Formulierungen Schlegels zur organischen Form stehen in seiner umfassenden Theater- und Dramengeschichte. Auch er bediente sich der Dialektik des Äußeren und des Inneren. Äußerlich ist eine Form, die einem Material aufgedrückt wird, ohne daß eine Beziehung zwischen beiden besteht. Eine solche Beziehung gibt es jedoch im Fall der inneren, der organischen Form. Sie entsteht und wächst zugleich mit dem Sinn und bildet sein »bedeutsames Äußere[s]«.

Um noch einen weiteren Aspekt des Organischen aufzugreifen: Form und Inhalt lassen sich im Bild zweier Ranken betrachten, die miteinander, aneinander und umeinander emporwachsen, bis die Pflanze – beziehungsweise das Werk – voll ausgebildet ist. Die Rede vom bedeutsamen Äußeren ist eine Art, der Inhalt-Form/Form-Inhalt-Dialektik die angemessene Anschaulichkeit zu geben. Entscheidend ist, daß der Gegenstand dieser Überlegungen die Entstehung und Entwicklung eines jeden organischen Kunstwerks ist. Jeder Keim ist einmalig.

Bleibt noch zu erörtern, wie die Übersetzung eines so verstandenen literarischen Kunstwerks zu denken ist. Die Frage ist leicht gestellt, aber zu sagen, wie das geschehen soll, ist etwas ganz anderes. Schlegels Theater- und Dramengeschichte ist natürlich nicht der Ort für die Erörterung von Übersetzungsfragen. Aber wie soll denn beim Übersetzen das Emporwachsen aus einem Keim, also aus einem noch nicht artikulierten, aber zur Artikulierung drängenden generativen Zentrum vor sich gehen, wo doch die Grundschrift schon die ausformulierte Bestimmung ihres Keims ist? Man müßte wohl vom Übersetzer verlangen, daß er das zu übersetzende Werk auf dieses Zentrum hin analysiert, um dann die zweite poetische Pflanze in einer anderen Sprache und Literatur gedeihen zu lassen. Von Rainer Maria Rilke ist berichtet worden, daß gelegentlich seine Übersetzung eines eigenen Gedichts, anders als beabsichtigt, zu stark abweichenden Ergebnissen geführt hat.

Damit sind im Berichtszeitraum nicht nur die Ablösung von dem ursprünglichen Begriff der allgemeingültigen Regeln durch das Nationale und

Historische nachgezeichnet, sondern auch die neue Vorstellung der einmaligen Werkstruktur.

4 Génie, Genius, Geist: Strukturierung der Innerlichkeit

Englisch »genius« – abzüglich der obsolet gewordenen Bedeutungen – und französisch »génie« decken mit ganz wenigen, unerheblichen Ausnahmen dieselben Bedeutungsfelder ab. Die deutsche Sprache bietet hierfür nicht ohne einige Überschneidungen drei Bezeichnungen, Geist, Genie und Genius an. Die im vorliegenden Zusammenhang wohl wichtigste gilt dem Menschengeist in seiner höchsten Vollendung, zumeist in Verbindung mit unerschöpflicher Schaffenskraft. Der jeweilige Terminus bezieht sich auch auf den Nationalcharakter. Die historischen Angaben zu *génie*, *genius* und Geist in Übersetzungen knüpfen an diese Bedeutungsfelder an.

In der Antike bezeichnet »genius« den Schutzgeist eines Menschen oder Ortes. »Ingenium« verweist auf besondere Anlagen, wobei wohl im Sinne der Regelpoetik die Bedeutung von »Talent« im Vordergrund steht. Die Antike kennt aber auch eine wilde poetische Kraft – »furor poeticus« –, die alle Regeln bricht und insoweit dem modernen autonomen Geniebegriff nahekommt, der zu Beginn des 18. Jahrhunderts im Vereinigten Königreich entstanden ist. Allerdings bleibt dieser Furor in der Antike auf die »heiße« Phase des Erfindens beschränkt. Nachgeordnet ist eine »kalte« Phase der regelgerechten Ausarbeitung. In der Spätantike trug schließlich (Pseudo-)Longinus in seinem Traktat mit dem Titel *Peri hypsous* eine noch kühnere Poetik vor. In Übersetzungen und Kommentaren wird diese Qualität gern als das Erhabene bezeichnet, womit es an die Tür des Genialen pocht. Vielleicht trifft die Idee des Erhebenden, des Mitreißenden der Lektüre den Kern von *Peri hypsous* noch genauer.

4.1 Von der poetischen Übertragung von Dichtung zum Begriff des autonomen Genies

Im britischen 17. Jahrhundert entstand bis 1711 ein markanter neuer Geniebegriff, der weitere Änderungen im Begriffsfeld mit sich brachte. Zwar kommen manche dieser Argumente zunächst fast ohne das Wort »genius« aus, zeigen aber Bestimmungen, die später zum neuen, autonomen Geniebegriff gehören werden. Im Folgenden zeichne ich zuerst diese zeitlich und örtlich relativ eng umrissene Argumentationsreihe nach, um im Anschluß zu einer Dokumentation auf ganzer begrifflicher und geographischer Breite überzugehen.

Die Möglichkeit, einen autonomen Geniebegriff zu entwickeln, geht darauf zurück, daß sich zwischen den 1610er und 1650er Jahren Chapman, Denham und Cowley auf verschiedene Weise für eine Art des Übersetzens aussprachen, die für den Fall von Dichtung nicht Sprachmittlung, sondern eine Überführung von Dichtung in Dichtung vorsieht. Für Übersetzer und Übersetzungspoetologen lag es nahe, sich an der allgemeinen Poetik der Zeit zu orientieren. Als erster erklärte Chapman kurz und ohne weitere Erläuterung, es ginge darum, Dichtung durch Dichtung zu erschließen – »open«, wie es bei ihm heißt. Vierzig Jahre später wurde Denham deutlicher, indem er zur Abgrenzung auch auf die Sprachmittlung einging. Auch er erklärte nachdrücklich, daß im Fall von Dichtung eine Übersetzung von Sprache zu Sprache nicht in Frage kommt: Dichtung sei in Dichtung zu überführen. Zur selben Zeit wies Cowley die Ansprüche von Sprachgelehrten (»Grammarians«) zurück, Übersetzungen auch von schwieriger Dichtung beurteilen zu können. Er sah sich selbst nicht als Übersetzer, sondern als etwas Besseres, » *Something Better*, though it want yet a *Name*«. Die heutige deutsche Bezeichnung hierfür lautet Nachdichter.

In etwa diesem Sinn erklärte Denham in einer Bestimmung, die gern wiederaufgegriffen worden ist: »Nor ought a Genius less than this that writ, / Attempt Translation«. Hier wie bei einer ganzen Reihe späterer Autoren bezeichnet »genius« einen hochbegabten Menschen, ohne daß damit die Bedeutung dieses Wortes feststeht. So kann Genie zum Beispiel auch die Anlage zu dichten oder zu übersetzen bedeuten. In Frage kommt aber auch das Genie im autonomen Sinn des Wortes. Bestimmungen des Genies in seiner kühnsten Bedeutung, aber noch ohne diese Bezeichnung, bereiteten Chapman und Jonson vor. Chapman erläuterte die Idee des Öffnens von Dichtung am Beispiel seiner Homer-Übersetzung folgendermaßen:

> Our divine Homer's depth and gravitie...will not open it selfe to the curious austerity of belabouring art, but only to the naturall and most ingenuous soul of our thrice-sacred Poesie.

In diesem Text aus dem 17. Jahrhundert stolpert man auf Schritt und Tritt über längst vergessene Wortbedeutungen. Das Entscheidende ist hier die Gegenüberstellung von »art« als dem ungeeigneten Verfahren, Dichtung über eine Literatur- und Sprachgrenze hinüberzubringen, mit dem einzig geeigneten, wonach die Seele der englischen Dichtung die fremde erschließt. »Art« bezeichnet immer noch eine Kunstfertigkeit, die erlernbar ist – »curious« im Sinne von »studious« –, wie auch das positive Bestimmungswort »naturall« – angeboren, ungelernt, beinahe instinktiv – auf der Gegenseite erkennen läßt. Bei der Fähigkeit, Dichtung durch Dichtung zu erschließen, handelt es sich gerade nicht um etwas Gekünsteltes, sondern um eine angeborene Gottesgabe, wie es sich im Zusammenhang mit der Aura des Religiösen – »divine«, »sacred« – gewiß sagen läßt. Zu den Bestimmungen der abgelehnten Kunstfertigkeit gehört noch der

Zwang zum mühsamen, angestrengten Arbeiten, ausgedrückt mit »belabouring« in einer heute ebenfalls ungebräuchlichen Bedeutung. Auf der positiven Seite steht neben »naturall« noch »most ingenuous«. Die mögliche, weil damals verbreitete Verwechslung mit »ingenious« halte ich in diesem Fall für abwegig, weil die Bedeutung, die dieses Wort im 17. Jahrhundert mit »intelligent« und »im Besitz von Unterscheidungsvermögen« hatte, zusammen mit der immer noch aktiven Bedeutung von vorbedachter und erfindungsreicher Hervorbringung eindeutig in den Sinnbezirk der abgelehnten Kunstfertigkeit gehört. Zu den Eigenschaften der Seele der Dichtung auf der positiven Seite hingegen paßt »ingenuous« im Sinne von ungekünstelt, ungeklügelt und ohne Hintergedanken ganz vortrefflich. »[T]he naturall and most ingenuous soul« gehört zum Grundbestand des späteren Begriffs des Naturgenies.

Ebenfalls heute veraltet ist Jonsons noch ausführlichere Liste der Anforderungen an einen Dichter. Er berief sich auf eine Auswahl antiker Stellen, kommt aber dadurch, daß er andere, gegensätzliche, aber nicht weniger wichtige Passagen nicht zur Kenntnis nahm, nicht so sehr zu einer antiken als zu einer seiner Zeit deutlich näheren Auffassung von Dichtung. Das liegt nicht an seinem Ausgangspunkt bei »a goodness of naturall wit«, also einer gehörigen Portion Mutterwitz, sondern daran, daß er die entscheidende Weiche so stellte, daß die Tradition auf ein Nebengleis fuhr. Als Ergebnis steht nun die Dichtung für sich allein allen anderen Künsten gegenüber. Nur für diese anderen gelten Lehre und Vorschriften, »Doctrine, and Precepts«. Jonson rückte somit die Dichtung aus dem Geltungsbereich der Regelpoetik und damit vernunft- beziehungsweise verstandesgeleiteter Verfahren heraus und schrieb dem Dichter die Fähigkeit zu, die Schatztruhe seines Geistes unkontrolliert auszuschütten. Wieder gilt diese Fähigkeit als angeboren: »[T]he *Poet* must bee able by nature, and instinct, to powre [pour] out the Treasure of his minde«. Hier begegnet man wieder dem »furor poeticus«, nun in Gestalt der »Poeticall Rapture«. Doch dann geht es auf diesem vernunftfreien Weg höher hinaus, dorthin, wo der Dichter, getragen von einer unreflektierten göttlichen Macht – »devine Instinct« – alle üblichen Wahrheiten hinter sich läßt und mit mehr als menschlichem Mund spricht: »utters somewhat [something] above a mortall mouth«. Jetzt hat der Dichter, aus sich selbst heraustretend, die göttliche Ebene erreicht. Der »furor poeticus« ist zu so etwas wie Ekstase geworden und trägt seinen Reiter ins Unbestimmte: »and flies away with his Ryder«. Dieses Bild verband Jonson, ob berechtigt oder nicht, mit der antiken Vorstellung eines »*Helicon*, *Pegasus*, or *Parnassus*«.

Auf den Punkt gebracht vertritt Jonson eine Poetik der absoluten Herrschaft des Genies, unter Wegfall aller rationalen Kontrolle, und herbeigeführt durch menschliche oder göttliche Inspiration, oder durch beides.

Von Jonson führt eine gerade Linie zu Addison. In seiner viel gelesenen Literatur- und Kulturzeitschrift *The Spectator* legte er zu diesem Thema einen seiner kurzen, wegweisenden Aufsätze vor. Darin unterschied er zwei Arten des »Genius«, die er jedoch als gleichwertig erachtete. In einer Bestimmung, die unmittelbar von Jonson übernommen sein könnte, stellte er die erlernte Kunstfertigkeit – »Art or Learning« – der angeborenen Stärke – »Strength of natural Parts« – gegenüber. Nur solche Naturgenies – »great natural Genius's« – können zeitenüberdauernde Meisterwerke schaffen. Zum Naturgenie gehört, daß es nicht auf göttliche oder andere Inspiration etwa von Musen angewiesen ist. Addison stellte dies nicht ausdrücklich fest, unterließ aber anders als Jonson jede Berufung darauf. Ebenfalls anders als Jonson gab er seinem Begriff von »great natural Genius's« einen positiv gewerteten Platz in einem zweiten Gegensatzpaar. Er sprach diesen Naturgenies eine edle Wildheit zu – »something nobly wild and extravagant« – und die Fähigkeit, sich über die Grenzen der Vernunft hinweg aufzuschwingen. Wieder wirkt hier also das Erhabene. Diese Bestimmung richtet sich ausdrücklich gegen die Äußerlichkeiten, ja Trivialitäten des französischen Schöngeists, »the Turn and Polishing of what the *French* call a *Bel Esprit*«. Diese Sicht der Dinge bestätigte übrigens Yart, ein französischer Gelehrter und Übersetzer sowie Mitglied der Akademie von Rouen etwa 40 Jahre später. Er empfahl französischen Autoren, die in der Substanz vorbildlichen englischen Nachahmungen und Übersetzungen antiker Dichtung mittels jener Politur zu vervollkommnen, die Franzosen so vorbildlich anzuwenden wissen. Addison hingegen zeigte sich überzeugt, daß selbst das größte Genie nur Nachahmungen hervorbringen kann, wenn es sich an Kunstregeln hält. Diese gegen Frankreich gerichtete Widerborstigkeit kannte Jonson noch nicht. Im Jahr 1641 gab es auch kaum einen Anlaß dafür. Siebzig Jahre später und ein halbes Jahrhundert nach der Rückkehr des Königshauses aus dem französischen Exil war das anders: Patrioten konnten an dem Ausmaß der Orientierung an französischer Kultur und Literatur Anstoß nehmen.

Das Naturgenie – »natural genius« – hatte laut Addison mit Homer, dem Alten Testament und Pindar seine Blütezeit im vorchristlichen östlichen Mittelmeerraum. Der einzige so begabte neuzeitliche Dichter ist erwartungsgemäß Shakespeare. Für dieses Naturgenie, also für den als Genie Geborenen, gilt: »The greatest Genius which runs through the Arts and Sciences, takes a kind of Tincture from them, and falls unavoidably into Imitation«. Deshalb kennt man auch die Bezeichnung »Originalgenie«. Es hat seinen Ursprung in sich selbst. Das heißt auch, daß jedes seiner Werke denjenigen Regeln gehorcht, die erst bei seiner Entstehung entstanden sind. Es sind dies seine ureigenen. Deswegen empfiehlt sich auch die Bezeichnung »autonomes Genie«.

Demgegenüber ordnete Addison die Schriftsteller und Dichter Plato, Aristoteles, Virgil, Tullius, Milton und Francis Bacon der zweiten Art Genie zu, die man das »Bildungsgenie« nennen könnte. Diese Autoren sind von gleichem Rang, aber anderer Art als die autonomen Genies. Sie haben sich nämlich seiner

Einschätzung nach an Regeln gebildet und die Größe ihrer Anlagen den Einschränkungen und Zwängen des planvollen Schaffens unterworfen: »have formed themselves by Rules, and submitted the Greatness of their natural Talents to the Corrections und Restraints of Art«.

Es liegt ein gewisses Problem darin, daß das Originalgenie durch die Befolgung vorliegender Regeln zerstört wird, während das Bildungsgenie solcher Regeln bedarf. Eine Lösung könnte wohl darin bestehen, daß Werke beider Arten auf die Art ihrer Regelhaftigkeit abgeklopft werden. Ohne dieses Problem lösen zu müssen, läßt sich zusammenfassend sagen: (1) Bei Addison handelt es sich zum einen um ein Naturgenie, das, von seinen angeborenen Fähigkeiten getragen, weder göttlicher noch sonstiger überirdischer Inspiration bedarf. (2) Das Erhabene, das in ihm und durch es wirkt, ist vielmehr eine natürlich bestimmte Kraft, die sich auch gegen die damals beginnende Kommerzialisierung und Protoindustrialisierung wandte. (3) Eine zweite Gegenüberstellung ist national bestimmt. Addisons Originalgenie weist das französische Schönheitsideal als oberflächlich zurück. (4) Das Bildungsgenie hingegen bewegt sich innerhalb eines vorgegebenen rationalen Regelwerks und kann deshalb auch als eingehegtes Genie bezeichnet werden.

4.2 Die 1740er Jahre

Im engeren Berichtszeitraum setzt die Diskussion des autonomen Genies in den drei Nationaltraditionen in den 1740er Jahren ein. Dabei stehen die englischen und deutschen Positionen einander näher als beide den französischen. Breitingers Charakterisierung einer »pathetische[n], bewegliche[n] oder hertzrührende[n]« Schreibart, die sich grammatischer und logischer Fesseln entledigt hat, führt Addisons Kurzbeschreibung der Fähigkeiten des autonomen Genies weiter. Dieses Wort fällt allerdings nicht. Doch in diesem Sinne zeigt sich Breitinger interessiert an einer Eigenschaft dieser Art von Rede, die ihr

> eine solche Art der Verbindung, der Zusammenordnung und einen solchen Schwung giebt, wie es die raschen Vorstellungen einer durch die Wuth der Leidenschaften auf einen gewissen Grad erhizten Phantasie erheischen.

Zur selben Zeit suchten zwei britische Übersetzer den Übersetzungsbegriff zwischen dem des eingehegten und des autonomen Genies zu bestimmen. Zunächst berief sich der Cicero-Übersetzer Guthrie im Jahr 1741 auf ein anfangs nicht näher bestimmtes Genie, das sich jedoch bald als ein ausgesprochen eingeengtes herausstellt. Indem er auf die außerordentlichen Schwierigkeiten beim Verstehen von Ciceros Reden hinwies, errichtete er als ersten Zaun die Interpretation als die Voraussetzung für das Übersetzergenie. Er nannte sie »[a] labourious doubtful task«, weit entfernt vom Schwung und dem raschen Vorstellungswechsel in der Rede eines Genies. Eine zweite Einhegung nahm er vor, als er das Genie des Übersetzers als notwendige, aber nicht hinreichende Fähigkeit definierte. Nötig ist auch »the habitual Acquaintance with that Manner which characterizes his Original, that alone can give him any success in his Attempts to translate«. Hier unterwarf also Guthrie das Übersetzergenie mit großer Selbstverständlichkeit der Notwendigkeit, mit der Herangehensweise des Autors der Urschrift vertraut zu sein. Das Ergebnis ist eine ausgesprochen enge Auffassung von Genie, die sich allerdings auf den Übersetzer bezieht.

Nur drei Jahre später setzte sich Gordon als Sallustübersetzer dafür ein, den Raum für das Übersetzergenie auszuweiten. Zwar kannte auch er deutliche Einschränkungen, zum Beispiel die Auffassung vom Übersetzen als einer ständigen Überarbeitung. Sie verlangt eher Hartnäckigkeit und Ausdauer als Genialität. Doch wagte Gordon auch kühne Behauptungen, die, wenn nicht Großsprecherei im Spiel war, dem Genie viele Entfaltungsmöglichkeiten einräumten. Cicero ist für Gordon ein guter Übersetzer gewesen, weil er ein großes Genie war. Der Übersetzer muß vom »Spirit and Character of the Author« – also von dessen Genie – Besitz ergreifen. Gordon faßte seine Vorstellung von dieser fast vollständigen Identifizierung des Genies des Autors mit dem des Übersetzers so zusammen: »To be able to translate, a Man must be able to do something like what he translates«.

Eine andere, eine kollektive Bedeutung von Genie findet sich bei Batteux (1746). Der Befürworter des tonerhaltenden Übersetzens von Poesie verwendete mit großer Selbstverständlichkeit die Bezeichnungen »génie particulier des nations« und »[...] des langues«. Mit dem Negieren des ersteren stützte er die althergebrachte Meinung, es gebe eine Sach- und Denkordnung, die dem Wesen des Menschen entspricht und sich deshalb nicht in den jeweiligen Volksgeist verliert. Der Sprachgeist wirkt ebenso selbstverständlich in seiner »stylistique comparée avant la lettre«, dem Vergleich lateinischer und französischer Ausdrucksmöglichkeiten.

Diese Selbstverständlichkeit rührt daher, daß – wie übrigens auch im Englischen – schon um die Mitte des 17. Jahrhunderts kollektive Geniebegriffe entstanden sind: »le génie d'une race, d'un peuple, d'un pays« und »de la langue françoise«. Hier geht es nicht um etwaige Höhenflüge, sondern um das, was charakteristisch ist.

4.3 Höhepunkt und Ausklang

In den Jahren nach 1758 wurde die Debatte um das Genie in der Übersetzung positiv und mit großer Eindringlichkeit geführt. Zunächst entwickelte d'Alembert, ein Herausgeber und Hauptautor der *Encyclopédie*, eine Übersetzungspoetik, die auf vier Geniebegriffen aufbaut: denen der Sprache, des Werks, des Autors und des Übersetzers. Als sinnähnliche Wörter kannte er hauptsächlich »caractère« und gelegentlich »âme«, »physionomie« und »personnage«. Zur Pflicht des Übersetzers erklärte er die Wiedergabe des »caractère de l'original«, gab aber auch als dessen weitere Aufgabe an, die Genialität des Autors zu übertragen. Diese Dopplung kannte auch Dryden. Aber dessen Anweisung, im Zweifelsfall dem Autorengenie den Vorrang zu geben, war d'Alembert fremd. Dafür stimmte er mit Gordon darin überein, daß das Genie des Übersetzers dem des Autors gleich sein müsse: »Les hommes de génie ne devraient donc être traduit que par ceux qui leur ressemblent, et qui se rendent leurs imitateurs, pouvant être leurs rivaux«. Ein solcher Übersetzer sei zwar als Autor mit dem zu übersetzenden Autor konkurrenzfähig, nehme aber um der Übersetzung willen die bescheidenere Rolle des Nachahmers ein.

Im selben Jahr wie d'Alembert trat der Engländer Young mit seinen Ausführungen zum Original- beziehungsweise Naturgenie an die Öffentlichkeit. Er überschattete Addison und errang in Frankreich und den deutschen Ländern einen Namen als maßgeblicher Fürsprecher des poetischen Genies. Seine *Conjectures on Original Composition* (1759) lagen schon 1760 in einer deutschen Übersetzung vor. Hamann war meiner Kenntnis nach der erste, der darauf reagierte. Er setzte nicht zu Unrecht die Poetik des Aristoteles als die erste Formulierung von Kunstregeln an, und zwar für die Tragödie. Was aber lenkte die Dichtung in der Zeit davor, zum Beispiel bei Homer? Was machte Shakespeare so groß, der doch diese Regularien nicht kannte? »Das Genie ist die einmütige Antwort«. Und er erinnerte an den Daimon, den Genius des Sokrates, »auf dessen Wissenschaft er sich verlassen konnte«.

Allein schon diese knappe Äußerung läßt ahnen, in welche Richtung der neue Geniebegriff tendierte: gegen Universalismus und hin zu Partikularismen, gegen äußerliche Schemata und hin zu innewohnenden Kräften, und hin zur Einschränkung des Rationalismus und einer entsprechenden Bevorzugung des Sinnenhaften. Der Autor, der am meisten für diese Umorientierung getan hat, ist Herder. Einige erleuchtende Details lassen dies erkennen. Das Originalgenie definierte er so:

> [V]iele starke, lebhafte, getreue, eigne Sensationen, auf die dem Menschen eigenste Art, sind die Basis zu einer Reihe von vielen starken, lebhaften, getreuen, eignen Gedanken, und das ist das Originalgenie.

An Locke erinnert, daß das Denken auf Sinneseindrücken aufbaut. Man könnte etwas überspitzt sagen: Der Rationalismus wurde auf den Boden des Sensualismus gestellt. Eine Schwierigkeit liegt darin, daß die Treue – also wohl die Sachgerechtigkeit – von Wahrnehmungen und Gedanken stillschweigend vorausgesetzt wird. So verstanden fällt diese Annahme hinter Kant zurück. Besonders auffällig ist das Bestehen auf Eigenem. Herder setzte also auf die Empfindungen und Gedanken eines jeden Einzelnen und nicht auf die der Menschheit insgesamt. Jedes Original- beziehungsweise Naturgenie besitzt seine natürliche Wirkkraft, die ein originales, ein eigenes, ein einmaliges Kunstwerk hervorbringt. Ihre gelegentliche Bezeichnung als »innere Form« weist auf Shaftesbury zurück und auf Schlegels »organische Form« voraus und wehrt ähnlich dieser die Idee der »äußeren Form« als das ab, was einer vorliegenden plastischen Masse beliebig aufgedrückt werden kann.

Auch vom Übersetzer verlangte Herder Genie. Das ist eine schwer zu erfüllende Forderung, denn für ein Originalgenie gilt, daß seine organische Form aus einem Samen oder Keim hervorwächst. Ausgangspunkt einer Übersetzung ist aber etwas anderes, nämlich ein bereits vorliegendes, ausgestaltetes, und insofern ausgewachsenes Werk. Daran erinnerte Gerstenberg: »Es giebt keine Übersetzungen von Original-Poeten, die sich lesen lassen«. Versuche einer Lösung liegen vor. Aussichtsreich erscheint ein hermeneutischer Zugang, wobei der für einen jeden Lesegang eigene Kontaktpunkt bestimmt wird, von dem aus das generative Zentrum des Werks aufzusuchen ist. Dies könnte dann im Rahmen der Möglichkeiten einer zweiten Sprache und Literatur als Ausgangspunkt für einen organischen Wachstumsprozeß beim Übersetzergenie dienen. So lassen sich Spielräume öffnen, die der als Derivat einer Vorlage geltende Übersetzungsbegriff nicht kennt und auch nicht kennen soll.

Neben diesem auf die einzelne Person bezogenen Geniebegriff kannte Herder auch kollektive Begriffe. Schon sehr früh forderte er, die sprachlichen und literarischen Leistungen eines Volkes – des Volks- beziehungsweise Nationalgeistes, wie er schrieb – »an ihrem Ort und nach ihrer Art und nicht nach Griechischem und neuerm Maaßstabe« zu beurteilen. Maßgeblich sind also wiederum eigene Kriterien, Kanons, die den Leistungen eines Volkes eigentümlich sind. Für sich allein klingt diese Forderung deutlich nach Nationalismus. Aus Herders Sicht liegt jedoch kein wuchernder Nationalegoismus vor, denn was ein Volk leistet, dient einem übergeordneten Zweck. Wenn sich die Charakteristika eines jeden Volkes an seinem geographischen Ort, seinem Platz in der Zeitenfolge und gemäß seiner innewohnenden Kräfte entfalten, entsteht die literarische Kultur der Menschheit als Summe all ihrer Möglichkeiten. So gesehen ist es sogar die Pflicht eines jeden Volkes, seine Eigenheiten zu pflegen. Denn wenn ein Volk ein anderes nachahmt, geht ja sein Beitrag verloren, und die Menschheitskultur ist entsprechend ärmer.

Es ist offensichtlich, daß dieser Herdersche Begriff der Menschheit ganz anders ausgestaltet ist als der aus der Antike überlieferte. Letzterer läuft auf die Homogenisierung allen Denkens, Redens und Schreibens – überall und jederzeit – auf der Ebene des allgemein Menschlichen hinaus. Herder regte an, die

Menschheit als eine in stetem Wandel befindliche Vielfalt von miteinander, füreinander oder gegeneinander wirkenden Partikularismen zu denken. Die Nationalcharaktere sind die erste Differenzierungsebene. Autorengruppen, Autoren, Werke und Übersetzungen können als weitere Ebenen gedacht werden. Daß jeweils nur ein Bruchteil all dessen ermittelt, erschlossen und untersucht werden kann, spricht nicht gegen diese Idee.

Herders Überlegungen zum Genie beziehungsweise zu Charakter und Geist erreichten eine einmalige Eindringlichkeit und Weite des Blicks. Später entglitt das Genie der Aufmerksamkeit der Übersetzer fast ganz. Dies mag daran liegen, daß der Begriff als abgesichert galt und deshalb nicht mehr diskutiert zu werden brauchte. Denn die Alternative, ihn als unbrauchbar abzutun, wäre wohl nicht stillschweigend hingenommen worden, sondern hätte streitiges Argumentieren erfordert. Gegen Ende des Jahrhunderts berief sich der Schotte Macpherson in seiner Homer-Übersetzung (1773) auf eine Weise auf das Genie, die an Herder erinnert. Vier Jahre später führte der Franzose Marmontel den Sprachgeist als Teil eines Übersetzungsbegriffs ein, der dreierlei kenntlich machen sollte: »le génie de sa langue, et, s'il est permis de le dire, l'air du climat et le goût du terroir«. Mit seinem zurückhaltenden Verständnis von »genius« als Talent verabschiedete der Schotte Tytler im Jahr 1789 die kühnen Geniebegriffe aus dem Diskurs über das Übersetzen.

5 Abbau des Begriffs vom eleganten französischen Übersetzen

Die Darstellung der innerfranzösischen Entwicklung dient der Vorbereitung des nächsten, sechsten Abschnitts, »Treue und Schönheit«. Denn im eleganten Übersetzen »à la française« stehen Treue und Schönheit einander diametral entgegen. Doch wurde dieser Kontrast im Lauf der Zeit eingeebnet, so daß auch in Frankreich andere Übersetzungsbegriffe einen Platz finden konnten.

In der Eigenbezeichnung des eleganten Übersetzens, »les belles infidèles«, schließen Übersetzungstreue und die Schönheit einer Übersetzung einander aus. Treue setzt eine Übersetzung zu ihrer Vorlage in Beziehung, Schönheit gewinnt sie durch ihre Qualität als Teil der Literatur, in die sie hineingestellt wird. Maßstab ist der »bon goût«, der im damaligen französischen Selbstverständnis überlegene Geschmack. Solange die Kultur Frankreichs überall im Ausland als vorbildlich galt, stimmte diese Selbsteinschätzung mit der Außensicht überein.

Die elegante Übersetzweise schaffte stillschweigend alles Anstößige aus dem Weg, und das, was übernommen worden ist, wurde jenem Geschmack angepaßt, der bei Hofe, unter Adligen und im gehobenen Bürgertum gepflegt wurde: kurz, dem höfisch-höflichen Geschmack. Daneben spielten natürlich auch andere

Übersetzweisen eine Rolle, insbesondere eine für die Schule und die Gelehrten. Für eine solche »version« war Treue allein das oberste Ziel. Sie sollte die Eigentümlichkeiten der jeweiligen Vorlage auf Französisch lesbar machen.

Während die »version« als Schulübersetzung wohl bis heute geübt wird, verlor die elegante französische Übersetzweise im Verlauf des 18. Jahrhunderts allmählich ihren Rückhalt in der französischen Übersetzungspoetik. Diese Tendenz zeigte sich zuerst an den Übersetzungen aus dem Englischen, den seit 1711 mit Abstand häufigsten. Auch als Folge von Englandaufenthalten französischer Autoren im zweiten Quartal des 18. Jahrhunderts – Voltaire ist der namhafteste – wurden manche Qualitäten der englischen Versdichtung und des empfindsamen Romans mehr und mehr geschätzt. Allerdings machte den französischen Übersetzern Anstößiges immer noch große Schwierigkeiten, die erst allmählich konzeptionell behoben werden konnten.

Einen ersten Schritt machte Prévost in den 1750er Jahren. Trotz des kulturellen Überlegenheitsgefühls zeigte er sich aufgeschlossen für die fremdartigen englischen literarischen Werte. Allerdings mußte das, was nicht dem höfisch-höflichen Geschmack entsprach, unübersetzt bleiben. Wie konnte dann das englische Kolorit lesbar gemacht werden? Nicht dadurch, daß man Unerwünschtes einfach unterdrückte. Prévost sprach sich für geringfügige Andeutungen oder allgemein gehaltene Begründungen für die Auslassungen aus.

Im Jahr 1769 nahm Letourneur als Übersetzer der bahnbrechenden *Night Thoughts* von Edward Young Anleihen bei Prévost und Yart auf. Er empfahl das elegante Übersetzen für fremdsprachige Autoren, »qui avec un mérite supérieur, ne sont pas les modèles du goût.« Er ging also so weit, anzuerkennen, daß etwas, das unter dem Gesichtspunkt des Geschmacks nicht bestehen kann, in hohem Maße wert- oder verdienstvoll sein mag. Auch für ihn war die englische Literatur das Rohmaterial, aus dem Schönheit gewonnen und durch Polieren aufgewertet werden konnte. Er übersetzte auch das Anstößige, verbannte es allerdings in einen Anhang.

In seinem großen Projekt einer Shakespeare-Übersetzung (1776–83), an der auch andere Übersetzer beteiligt waren, nahm Letourneur eine grundsätzlich andere Haltung ein. Zwar ist erkennbar, daß es eine Überleitung von der Übersetzungspoetik von 1769 zu der von 1776 gibt. Aber im Ergebnis beruht die Poetik der Shakespeare-Übersetzung auf einem gegensätzlichen Grundsatz: Statt, wie in der Übersetzung der *Night Thoughts*, im Haupttext zugunsten von Schönheit auf Übersetzungstreue zu verzichten, bestand er jetzt auf dem Vorrang von Treue. Er ging so weit, auch das dem Gegenstand des Übersetzens zuzuschlagen, was er zuvor in Übereinstimmung mit anderen Befürwortern des eleganten Übersetzens durch Glätten hatte beseitigen müssen: Kunstfehler. Sein neues Programm einer literarischen Übersetzung entspricht also eher dem gelehrten als dem höfisch-höflichen Übersetzen. Er stellte sich mithin gegen eine lange vorrangig geübte Kunst des literarischen Übersetzens.

Wie dieses Umschlagen zu erklären ist, läßt sich heute noch nicht sagen. Entstand es im Denken Letourneurs? Hat er einen bisher unbekannten französischen Vorläufer? Liegt die Übernahme einer ausländischen Stellungnahme vor? Derzeit kann nur spekuliert werden. Die dritte Möglichkeit hängt davon ab, ob Letourneur Deutsch lesen konnte oder ob ihm ein einschlägiger Bericht in einer französischen Zeitschrift vorlag. Denn Herder hatte in den 1760er Jahren – also rechtzeitig für Letourneurs Shakespeare-Vorhaben – seine Bemühungen um eine eigenständige deutsche Literatur vorangetrieben, indem er französisches und deutsches Übersetzen auf eine Weise gegeneinander ausspielte, die eindeutig als Ablehnung des eleganten französischen Übersetzens lesbar ist. Am Beispiel Homers legte er dar, daß die Deutschen Homers Welt so erleben wollen, wie sie sich – auch in ihrer »bäurischen Hoheit« – darstellt, also originalgetreu, während der »französische Nationalgeschmack« gebot, die Griechen in modische französische Gewänder zu stecken und sie französischen Sitten zu unterwerfen. Im jetzigen Zusammenhang ist es nur wichtig zu erkennen, daß hier Übersetzungstreue alles und das vom »bon goût« Geforderte nichts ist.

Von da an hatte das elegante gegenüber dem originalgetreuen Übersetzen in Frankreich kaum mehr eine Chance. So schlossen Panckoucke/Framery (1787) und später Patin (1829) die Möglichkeit, Treue mit Eleganz zu verbinden, nicht mehr aus. Das war eine wahre Vermählung von Feuer und Wasser und markiert eine andere Art, das französische elegante Übersetzen außer Kraft zu setzen, als die von Letourneur geübte. Höchste Übersetzungstreue forderte 1798 Laharpe für die Bibelübersetzung. Gegen das französisierende Übersetzen sprachen sich auch Geoffroy (1783), Loyson (1813) und Bignan (1830) aus. Die Aufmerksamkeit gehörte jetzt anderen Themen, etwa dem archaisierenden Übersetzen (Courier, 1822, Littré, 1847). In diesem Fall ist die Übersetzersprache eine ältere Sprachstufe, die derjenigen der Grundschrift entspricht. Ein weiteres Interesse galt der Relativität der Literaturen, die der althergebrachten Idee einer unantastbaren, absoluten Vorbildliteratur diametral entgegensteht (Geoffroy, Littré).

6 Treue und Schönheit

Daß eine Übersetzung getreu sein soll, läßt sich kaum bestreiten. Die Frage ist nur, worauf diese Treue bezogen ist: auf Worte, Bedeutung beziehungsweise Sinn, Gedanken, Sprachbilder, Sinneseindrücke, Leidenschaften, Ton, poetischen Wert? All dies und mehr ist im Berichtszeitraum im Angebot. Nicht alles kann hier nachgezeichnet werden, aber vieles kann in den Blick kommen, das die grundlegende Wende auch auf diesem Gebiet belegt. Wo angezeigt, werde ich

Übersetzungsbegriffe kumulieren, wobei tendenziell die Unterschiede, die Teil der Darstellung in den Länderkapiteln sind, gegenüber den Gemeinsamkeiten zurücktreten müssen. Die Selbstverständlichkeit des Treuebegriffs läßt sich übrigens auch daran erkennen, daß zugehörige Details gelegentlich auch ohne diesen Terminus diskutiert worden sind.

Es bieten sich in der Hauptsache zwei Zugänge zu diesem Thema an, ein allgemeiner und ein im engeren Sinn historischer. Ersterer stammt aus der Schultradition: Es muß, so heißt es, so wörtlich wie möglich und so frei wie nötig übersetzt werden. Dabei blickt Übersetzungstreue auf die Grundschrift zurück, Freiheit bezieht sich in aller Regel auf die Möglichkeiten, welche die Sprache des Übersetzers im Verhältnis zu derjenigen der Vorlage bietet, aber auch beschneidet. Dieses Verhältnis ist nicht starr. Es kann sich durch weitere Freiheiten, die sich ein Übersetzer herausnimmt, ändern. Die Möglichkeit, daß eine Übersetzung sprachbildend wirkt, war oft Gegenstand übersetzungspoetologischer Erwägungen. Die im Namen der Freiheit vorgenommene Anpassung der Übersetzungen an die Normen des französischen eleganten Übersetzens ist aber keine Freiheit, denn der Übersetzer gehorcht vorgegebenen Regeln.

Der historisch näherliegende Bezugspunkt ist genau diese Übersetzweise. Denn auch die »belles infidèles« sind durch den Treuebegriff auf die Grundschrift bezogen, allerdings negativ. Die Orientierung am höfisch-höflichen literarischen Geschmack, an den eigenen kulturellen Werten und Moralvorstellungen wurde selbstbewußt als Überlegenheit gegenüber allen anderen modernen Nationen empfunden und poetologisch als »Schönheit« ausgebracht. Wie im Falle des Gegensatzpaares Treue und Freiheit ist das Verhältnis von Treue und Schönheit reziprok. Schönheit im Sinne des »Bel Esprit« läßt sich, wie die historische Debatte gezeigt hat, nur zu Lasten der Treue erreichen. Umgekehrt, so wurde sicher nicht zu Unrecht angenommen, kann das höfisch-höfliche Publikum den Text eines allein auf Treue abzielenden Übersetzers nicht goutieren.

6.1 Jenseits des *Fidus Interpres:* Die Übersetzung von Dichtung als poetisches Handeln

In Kenntnis der schulischen und rhetorischen Überlieferung entwickelten Chapman (1611), Denham (1656) und Cowley (1656) eine davon stark abweichende Poetik des Übersetzens. Sie grenzten sie – ein jeder nur um Nuancen anders – ausdrücklich vom regelgerechten Übersetzen als Sprachenwechsel ab, mit dem Ergebnis, daß nun das Übertragen von Dichtung ganz anders gesehen wurde als das Übersetzen im herkömmlichen Sinn.

Bei Chapman gilt das regelgerechte Übersetzen als »the curious austerity of belabouring art«. Das bedeutet in der Sprache des 17. Jahrhunderts die sorgfältige, aufmerksame und gelehrte Strenge einer mühsam erlernten und ebenso mühsam ausgeübten Kunstfertigkeit. Wer so verfährt, schrieb Chapman, dem bleibt Dichtung unzugänglich. Sie zu erschließen gelingt nur der ungekünstelten, erfindungsreichen Seele der englischen Dichtung, »the naturall and most ingenuous soule of our thrice-sacred Poesie«. Chapmans Zauberformel lautet: »With Poesie to open Poesie«. Das ist nicht mehr Kunstfertigkeit, sondern Kunst.

Denham stimmte mit dieser Auffassung nicht überein, kam ihr aber ganz nahe. Jedenfalls für seine eigene Übersetzung antiker Dichtung wies auch er die Verfahren des »treuen Übersetzers« weit von sich. Sie kommen nur für die Verhandlung von Sachen (»matters of Fact«) und für Heilige Schriften (»matters of Faith«) infrage. Für die Übersetzung von Dichtung reicht jedoch der Transfer von einer Sprache in eine andere nicht aus. In diesem Fall muß der Übersetzer nicht nur einen Sprachwechsel vollziehen, sondern auch Dichtung in Dichtung übertragen: »It is not his busines alone to translate Language into Language, but Poesie into Poesie«. Die unvermeidlichen Verluste an poetischen Werten waren auszugleichen. Dies kann gelingen, weil jede Sprache eigene poetische Werte (»Graces and Happinesses«) besitzt.

Cowleys Einleitung zu seiner Wiedergabe zweier Oden Pindars, in der T. R. Steiner deutliche Anklänge an d'Ablancourts Vorwort zu seinem *Lucien* festgestellt hat, paßt in dem, was er sagte, zu den Ansichten Chapmans und Denhams, ist aber sprunghaft und manchmal unscharf. Auch er lehnte die sprachwissenschaftliche Übersetzungskonzeption – diejenige der »Grammarians« – und insbesondere das Wort-für-Wort-Übersetzen ab. Auch wünschte er sich eine bessere Bezeichnung als die des Übersetzers, doch fiel ihm keine ein. Aus heutiger Sicht könnte dafür das Wort »Nachdichter« eintreten. Übersetzungsverluste gilt es auszugleichen. Infrage kommen dafür Erfindungen im Rahmen dessen, was die Grundschrift abgesteckt hat, und »wit« im damaligen Sinn von »esprit« und »Witz«, wie noch Jean Paul ihn kannte. Cowleys Erklärung, er habe nach Belieben Stellen ausgelassen und anderes hinzugefügt, klingt einigermaßen chaotisch. Sie ist jedoch insoweit nicht sinnlos, als er nicht den Gegenstand, sondern die Redeweise (»*way* and *manner* of speaking«) auf Englisch lesbar machen wollte. Er empfahl also Treue gegenüber einer Redeweise. Das verrät immer noch den vertrauten Dualismus von Inhalt und Form, gehört aber in die allgemeine Poetik jener Zeit.

Folgende wechselnde Übereinstimmungen umreißen die den drei Autoren gemeinsame Übersetzungspoetik: Chapman und Cowley schotteten das übersetzungspoetische Handeln in jeder Hinsicht ab, während Denham diese Grenze zwar ebenfalls mit starkem Strich zog, aber die Übersetzung von einer Sprache in eine andere dennoch zu den Aufgaben eines Nachdichters zählte, allerdings nicht als die vorrangige. Die beiden anderen strebten den Sprachwandel nicht an. Für sie gehörte er, wie im Fall der »imitatio veterum«, einfach zur selbstverständlichen Folge der poetischen Handlung. Zur Abgrenzung der Wiedergabe von Dichtung vom sonstigen Übersetzen gehört außerdem, daß sowohl Chapman als auch Cowley wegen ihres großzügigen Umgangs mit der Grundschrift die Bezeichnung »fidus interpres« beziehungsweise »translator« nicht auf sich bezogen sehen wollten. Denham und Cowley bekannten sich zu einem kompensatorischen Verfahren. Sie wollten Verluste, die beim Nachdichten entstehen, dadurch ausgleichen, daß sie sich der Schönheiten ihrer eigenen Sprache bedienten. Sie beriefen sich dabei auf den Geist der Dichtung – »the spirit of poetry« –, allerdings in zwei verschiedenen Bedeutungen. Dadurch entsteht keine Übersetzung, die, wie bei Prévost, Yart und Letourneur, Schönheit aus ihrer Verborgenheit in der Grundschrift »hervorübersetzen« soll, sondern eine, die das Schöne in der Summe erhält. Als einziger bestimmte Cowley die Treue, die er üben wollte: die gegenüber der Redeweise seines Autors. Aus heutiger Sicht ist dies nur ein Teil dessen, was ein literarisches Kunstwerk ausmacht. Im Sinne der damaligen Zeit ist es ein hehres Ziel.

6.2 Dryden

Im letzten Viertel des 17. Jahrhunderts war Dryden der maßgebliche englische Übersetzer und Übersetzungspoetologe. Er entwickelte seinen Übersetzungs- und Treuebegriff vor allem im Vorwort zu seiner Übersetzung von Ovids Briefen (1680). In der Widmung zu seiner *Aeneis* (1697) schrieb er einiges fort und änderte anderes, allerdings zurückhaltend. Die Unterschiede beruhen sowohl auf seinen Erfahrungen beim Übersetzen in diesen zwanzig Jahren als auch auf dem, was man damals in einer Widmung sagen mußte und sagen durfte. Im Vorwort führte er eine regelrechte Auseinandersetzung mit seinen englischen Vorläufern, nahm aber auch einiges von ihnen an.

Der entscheidende Anknüpfungspunkt für Drydens Treuebegriff ist das Übersetzen »ad sensum« in Verbindung mit »ad verbum« und, etwas versteckt, mit der Vorstellung, daß übersetzerische Freiheit dort nötig ist, wo Übersetzungstreue unmöglich ist. Der Übersetzer müsse immer dann an die Gedankenführung in der Vorlage anschließen, wenn ihm die Zielsprache die Mittel dafür bereitstellt. Wenn dies nicht möglich ist, dürfe er die Einkleidung ändern, freilich ohne den Gedankenkörper zu beschädigen. In der Hauptsache auf dieser Grundlage nahm er eine dreifache Unterscheidung in Metaphrase, Paraphrase mit Spielraum und Nachahmung vor, wobei Paraphrase das eigentliche Übersetzen bezeichnet.

Für diesen eigentlichen Übersetzungsbegriff lautet das Treueprinzip: »The sense of an author, generally speaking, is to be sacred and inviolable«. Dryden ist bei weitem nicht der einzige, der die Sinntreue gewissermaßen heiligt. Doch kaum ausgesprochen, nahm er diesen Grundsatz schon wieder zurück. Wenn etwas nur im Allgemeinen gilt, sind Ausnahmen nicht ausgeschlossen. Dryden kannte deren zwei. Als er das sinngemäße Übersetzen mit »translation with latitude« gleichsetzte, gestattete er ausdrücklich, daß die Gedanken eines Autors im Sinne der rhetorischen »amplificatio« erweitert werden dürfen; verändert werden dürfen sie nicht. »Latitude«, also so viel wie Spielraum oder Spannweite, steht hier, »generally speaking«, für übersetzerische Freiheit.

Eine ähnliche Erweiterung der Spannweite räumte er für eine abweichende Ausdrucksweise ein, die aus sprachlichen Gründen unvermeidlich ist. Hierfür gab er zwei Vorschriften, die nicht ganz zusammenpassen. Von einem geschickten Übersetzer, so Dryden, kann man erwarten, daß er die Gedanken seines Autors unbeschädigt übermittelt. Diese Gewißheit beruht unausgesprochen auf der aus der Antike überlieferten und im Rationalismus besonders hervorgehobenen Fähigkeit aller Sprachen, den rationalen Kern einer jeden Aussage oder Schrift korrekt wiederzugeben. Gleichzeitig erkannte er die ebenfalls überlieferte Ansicht an, jede Sprache habe ihre »proprietas«. Bei Dryden heißt das: »[E]very language is […] full of its own proprieties«.[2] Diese Eigenheiten können grammatischer und lexikalischer Art sein. Dryden achtete nur auf den Wortschatz und gestattete im Fall erheblicher Unterschiede eine sehr weite Spreizung der Spannweite, um einen angemessenen Ausdruck für die Gedanken seines Autors zu finden. Zu vermeiden ist es auf jeden Fall, sie zu beeinträchtigen oder zu verfehlen. Damit berief er sich auf Denhams alchimistische Metapher: »By this means the spirit of an author may be transfused, and yet not lost«.

Entsprechend der Gewichtung, die Dryden vorgenommen hat, sind die Angaben zu den Extremen, die es zu vermeiden gilt, kurz aber genau. Für die Ablehnung der Metaphrase führte er keinen theoretischen, sondern einen praktischen Grund an: Es ist einfach zuviel verlangt, sinngemäß und zugleich worttreu zu übersetzen, Wort für Wort und Zeile um Zeile. Für die Paraphrase gilt: »[H]is [the author's] words are not so strictly followed as his sense«.[3] Das heißt, daß der Übergang zwischen Metaphrase und Paraphrase ungenau, weil fließend ist. Und das heißt auch, daß jeder Übersetzer seinen eigenen Weg auf dem Korridor zwischen Metaphrase und Paraphrase, zwischen übertriebener Worttreue auf Kosten des Sinnes einerseits und andererseits Sinntreue gänzlich zu Lasten der Worte suchen muß. Sollte jemand sagen, das sei nichts anderes als eine Umschreibung des Schulgrundsatzes »so wörtlich wie möglich und so frei wie nötig«, würde ich nicht widersprechen. Deutlich später, im Jahr 1697, legte Dryden anders als zuvor die wörtliche Übersetzung und die Paraphrase als die Extreme der Übersetzung fest.

Dieser Rückgang von drei auf zwei Arten des Transfers ist im Vorwort von

1680 durch die Darlegung der Nachahmung vorbereitet worden. Denn so wie Dryden die Nachahmung definierte, verlangt sie weder Sinn- noch Worttreue. Sie beruht auf einem »pattern« oder »design«, also auf einem Modell für ihre Entfaltung »as he sees occasion«, »as he pleases«. Das entspricht Cowleys Selbstdarstellung »what I please«. Dryden begründete dieses Gutdünken damit, daß die Oden von Pindar und Horaz, die Cowley durch Nachahmung ins Englische herübergebracht hat, so exaltiert sind, daß dazu nur ein Genie derselben Art und Größe fähig ist. Für andere Dichtung sei dies nicht geboten. Im Zusammenhang mit Metaphrase und Paraphrase gilt die Nachahmung im Sinne des britischen 16. und 17. Jahrhunderts als Sonderfall. Das schließt natürlich nicht aus, daß von Werken, die im Sinne Drydens übersetzbar sind, englische Nachahmungen entstehen.

6.3 Der überlieferte Treuebegriff und das tonerhaltende Übersetzen von Dichtung

Die Erweiterung des althergebrachten Begriffs der Treue gegenüber dem Sinn zu einem der Treue gegenüber dem poetischen Ton ist die Leistung Batteuxs. Er machte einen Unterschied zwischen den Anforderungen an den Übersetzer von Prosaschriften, insbesondere von Reden und Geschichtswerken, und dem, was von einem Übersetzer von Versdichtung füglich erwartet werden kann. Bei Prosa kommt es wie eh und je auf Treue gegenüber Leib und Seele des Gedankens an, »conserve[r] à la pensée le même corps et la même vie«.[4] Mit seinen zwei Prinzipien und zehn Regeln stellte er sich fest in die Schultradition. »So wörtlich wie möglich« heißt bei ihm genauer: »[L]e premier principe de la traduction est qu'il faut employer les tours qui sont dans l'auteur, quand les deux langues s'y prêtent également«. Das zweite Prinzip, das der notwendigen Freiheit, formulierte er streng:

> [I]l faut entièrement abandonner la manière du texte qu'on traduit, quand le sens l'exige pour la clarté, ou le sentiment pour la vivacité, ou l'harmonie pour l'agrément.

Seine Regeln fordern ebenfalls ganz konventionell Treue gegenüber den Gegenständen und Gedanken sowie gegenüber vielen syntaktischen Gegebenheiten. Hinzu kommen noch rhetorische beziehungsweise poetische Züge; insbesondere Gedankenfiguren und die Leuchtkraft der Gedanken sind wiederzugeben.

Für die Übertragung von Dichtung ging Batteux über die schulische und die rhetorische Tradition hinaus. Sie setzten im Einklang mit dem dualistischen Literaturbegriff voraus, daß derselbe Gedanke sowohl in Prosa als auch in Vers gekleidet werden kann. Der Vers eröffnet allerdings zusätzliche Möglichkeiten der Darbietung, die der Prosa verschlossen bleiben: »Schönheiten«, insbesondere solche des Wohlklangs. Doch all dies in seinem Zusammenwirken auch in der Übersetzung zum Klingen zu bringen, hielt Batteux zu Recht für unmöglich. Die jeweiligen Sprachenpaarunterschiede führen nämlich unweigerlich zu einer unauflöslichen Konkurrenz solcher Anforderungen.

Deshalb setzte Batteux auf einen Schlüsselbegriff der damaligen Poetik, den poetischen Ton, den schon Shaftesbury im Jahr 1710 bedacht hatte. Er galt dem Franzosen als Hauptmerkmal des Verses, »le principal caractère du vers«. Dabei handelt es sich, gedrängt gesagt, um eine metrische, lautliche, syntaktische und rhetorische Gliederung, also eine, die der Zeile, der Strophe und dem ganzen Gedicht eine eigene Kontur gibt. Auch Autoren und Gattungen, wie zum Beispiel der Elegie, sind kennzeichnende Töne zuerkannt worden.

Batteux verlangte daher eine besonders ausgestaltete Prosaübersetzung. Zwar fehlen der Prosa die schematischen Gliederungen, also Metrum und gegebenenfalls Reim. Doch kann eine Strophe auch in Prosa abgebildet werden, nämlich durch ihr Druckbild. Aber es geht eben doch ein Gutteil des Tones unwiederbringlich verloren. Der andere Teil der Aufgabe läßt sich so allerdings leichter lösen. Für den Übersetzer von Dichtung gilt nur eines: »porter dans la prose tout ce qu'elle peut recevoir du nombre et de la mélodie poétique«. Es handelt sich – laut *Robert* – beim Ton um die »répartition rythmique et harmonique des éléments d'un vers, d'une phrase«, also um eine Kadenz.

Batteux war in der Bewertung dieses Verfahrens uneins mit sich selbst. In seiner umfassenden Poetik zeigte er sich davon überzeugt, daß sich der Ton vollkommen – »parfaitement« – in Prosa wiedergeben läßt. Im näher an das poetische Übersetzen herangeführten Vorwort zu seiner Horaz-Übersetzung war nur noch die Rede von der Wiedergabe eines halbpoetischen Tons.

Ich tue Batteux gewiß nicht Unrecht, wenn ich zusammenfasse: Selbstverständlich forderte er auch für die Übersetzung von Dichtung Sinntreue. Aber anders als beim Übersetzen von Prosa kommt noch etwas hinzu: Treue gegenüber einem halbpoetischen Ton – oder einem poetischen Halbton? Dies ist eine bemerkenswerte, aber um die Mitte des 18. Jahrhunderts keine überraschende übersetzungspoetologische Neuerung. Herder bezog sie bald in seine Überlegungen ein. Früh im 19. Jahrhundert berücksichtigten dann Loyson und Courier ebenfalls den poetischen Ton, aber nur am Rande.

6.4 Statt Treue gegenüber dem Sinn: Bildtreue

Batteux hat für die Übersetzung von Dichtung die Sinntreue um die Treue gegenüber dem nichtschematischen Teil des poetischen Tons erweitert. Spätere

Übersetzungspoetologen haben sich zum Teil immer noch an Sinntreue gehalten, sie manchmal erweitert oder auch zurückgenommen. In einigen Fällen wurde sie glattweg ersetzt. Darauf gehe ich später ein. Mein Gegenstand hier ist der Ersatz des Sinns durch die Sinne und in erster Linie durch den Gesichtssinn.

Gordon (1744), Smart (1767) und Saint-Simon (1771) haben sich auf verschiedene Weise dafür ausgesprochen, Treue gegenüber Sinneseindrücken zu wahren. Vermutlich haben sie sich von der Psychologie und der Erkenntnislehre des Empirismus anregen lassen, Saint-Simon deutlich am meisten und Smart wohl nur am Rande. Einschlägig ist die empiristische Annahme, Ideen seien blaß gewordene Sinneseindrücke auf dem als unbeschriebene Wachstafel angenommenen Geist.

Keiner dieser drei Autoren zog die Treue gegenüber dem Sinn ernsthaft in Zweifel. Dennoch macht bei keinem die Treue gegenüber der »impression« oder dem »image« den ganzen Übersetzungsbegriff aus. Sie stimmten auch darin überein, daß es eines genialischen Übersetzers bedarf, um dem Genie des Autors beziehungsweise des Werks gerecht zu werden. Smart und Saint-Simon, aber nicht Gordon zeigten sich insbesondere an der Kraft, der Energie des Ausdrucks interessiert.

Die Vorworte von Gordon und besonders von Smart sind im wesentlichen Apologien mit eingeschobenen Bemerkungen zur jeweiligen Übersetzung und dem Übersetzen als einer literarischen Tätigkeit. Saint-Simon hingegen baute das seine zu einem kurzen Traktat über das Übersetzen aus internationaler Sicht aus. Gordon und Smart neigten zu der Empfehlung, die Übersetzung der Grundschrift anzuschmiegen.

Smart richtete bei seinen Darlegungen zu »impression« alle Aufmerksamkeit auf die künstlerische Verarbeitung. Er sah Genialität nicht als von der Natur gegeben an, sondern als Gottesgabe, die eine außerordentliche Macht verleiht, »[a power] to throw an emphasis upon a word or sentence in such a wise, that it cannot escape any reader of sheer good sense, and true critical sagacity«.

Während diese Angabe bei Smart eher eine Randbemerkung ist, stehen die detaillierten Ausführungen Saint-Simons zum bilderhaltenden Übersetzen im Mittelpunkt einer Poetik, die den aus der Antike überlieferten anthropologischen Rahmen des rationalen Sinns übernimmt, den Sinn aber durch die Sinneswahrnehmung ersetzt. Gordons Überlegungen sind längst nicht so ausführlich wie Saint-Simons, stehen aber dem französischen Übersetzungspoetologen deutlich näher als Smart.

Gordon sah es als besonders schwierige Aufgabe an, die Werke eines Genies zu übertragen. Sie kann gelingen, wenn der Übersetzer darauf abzielt, nicht den Sinn, sondern die Bildlichkeit zu bewahren. Darin liegt die Treue gegenüber der Grundschrift.

> [T]he translator has [...] the hard Task of conceiving and forming the same Images, of seeing them in the same Light, of animating them with the same Spirit, as his Author [...] saw, formed, conceived and animated them.[5]

Zweierlei ist wichtig: daß der Gesichtssinn im Vordergrund dieses Übersetzungsbegriffs steht, und daß es nicht nur auf das Empfangen von optischen Signalen (»seeing«, »saw«) ankommt, sondern auf deren Gestaltung (»forming«, »animate«). Festzuhalten ist ferner, daß Gordon die große Schwierigkeit erkannte, die darin liegt, die entsprechenden Wörter in einer der modernen Sprachen zu finden, die seiner Meinung nach alle dem Latein hoffnungslos unterlegen sind. Richtig ist, daß die modernen Sprachen im Corpus nirgends so kraß wie von Smart abgewertet worden sind.

Saint-Simon beanspruchte für seine Poetik des wörtlichen und kraftvollen Übersetzens – »traduction littérale et énergique« –, daß sie eine Neuerung ist. Sie ist auf jeden Fall im französischen Corpus neu. Bei dem, was der Übersetzer zu bewahren hat, geht es in erster Linie um Sichtbares: »rendre avec fidélité les images, les phrases jusqu'à la punctuation de son auteur«. Hier steht das poetische Bild im Zusammenhang mit zwei anderen Gegebenheiten, die beim Übersetzen zu bewahren sind. An anderen Stellen geht es nur noch um Bilder als Vermittler von Sinneswahrnehmungen (»sensations«).

Diese Bemerkungen zur Bildtreue stehen in einem anthropologischen Rahmen, der genau demjenigen entspricht, der von alters her dem Sinn beziehungsweise den Gedanken gegolten hat: »[L]a nature est une, et l'humanité n'est qu'une. La première offre partout de mêmes images, la seconde les reçoit partout également«.

Daß die Menschheit überall gleich ist, ermöglicht die Festellung, daß auch die wahrgenommenen Bilder im Grundsatz überall gleich sind. Aber unter Berufung auf die Klimatheorie führte Saint-Simon Abänderungen ein: »La nature suivant leurs divers climats modifie ses images, les peuples aussi suivant leurs divers usages varient leurs perceptions et leurs expressions«. Er forderte aber die Gelehrtenrepublik auf, sich allenthalben für die Förderung der Einheitlichkeit einzusetzen:

> La république littéraire qui soumet à son autorité toutes les nations policées, sans égard à leur position sur notre globe, leur apprend à recevoir et à communiquer leurs sensations, par des images qui doivent se ressembler malgré la différence des expressions.

Diese Forderung nach Bildtreue beim Übersetzen ist in der Tat eine geistesgeschichtlich begründete Neuerung. Im frühen 19. Jahrhundert ging Bignan noch über sie hinaus, indem sie ihren Übersetzungsbegriff durch eine Anthropologie der Leidenschaften ersetzte. Sinn, Sinne, Leidenschaft, das ist auch so etwas wie ein umstürzlerischer Entwicklungsstrang in der französischen Geschichte der Übersetzungsbegriffe.

6.5 Treue gegenüber verborgener Schönheit

Dieser Treuebegriff hängt in seiner Entstehung eng mit dem des eleganten französischen Übersetzens zusammen, er entstand aber erst um die Mitte des 18. Jahrhunderts. Letourneur orientierte sich in Poetik und Praxis an beiden, doch beide büßten in den 1770er Jahren ihre Überzeugungskraft ein.

Trotz ihrer Nähe unterscheiden sich die beiden Begriffe in einer wesentlichen Hinsicht. Dadurch, daß das elegante französische Übersetzen ursprünglich die Treue gegenüber dem Sinn lockerte, entstand Platz, um etwas hinzuzufügen, das dem höfisch-höflichen Publikum gefiel: Schönheit nach Art des »Bel Esprit«. Aber in manchen ausländischen Werken ist Schönes schon vorhanden, nur ist es unter dem als barbarisch angesehenen Geschmack des Autors verborgen. Nur Kenner und Könner sind seiner gewahr und können es übersetzend hervorheben und rein darstellen.

Es sind wieder drei Autoren, die das meiste zu diesem Begriff der Treue gegenüber der verborgenen Schönheit beigetragen haben, in absteigender Reihe Prévost (1751, 1755), Yart (so gut wie gleichzeitig, 1753) und Letourneur (1769). Prévost faßte seine Überlegungen wie folgt zusammen:

> C'est une assez plaisante imagination du Boccalini, de prétendre que dans un bloc de bois ou de pierre il y a toujours une belle statue renfermée. La difficulté n'est, dit-il, que de l'en tirer; et tout l'art consiste à lever assez habilement l'enveloppe informe qui la couvre, pour ne lui rien ôter de sa perfection naturelle. Mais si cette idée n'est qu'un badinage en sculpture, elle peut être appliquée plus sérieusement à certain ouvrages d'esprit, qui sous une rude écorce, c'est-à-dire avec de grands défauts dans la forme, ne laissent pas de renfermer des beautés supérieures.

Die Gegenüberstellung ist unübersehbar, zumal sie wiederholt wird. Zunächst steht das grundlegende Bild: Ein Holzklotz beziehungsweise Felsblock verbirgt die in ihm bereits angelegte schöne Statue. Um sie freizulegen, muß die unförmige Umhüllung abgehoben werden. Denn unter der groben Rinde, die ausdrücklich mit groben Formfehlern gleichgesetzt wird, findet sich viel Schönes. Diese Rinde abheben heißt Ordnung herstellen. Übrigens kennen auch Yart und Letourneur das Ordnen als Mittel, der Schönheit ans Licht zu verhelfen. Dieses Wegräumen einer groben, häßlichen Deckschicht halte ich daher für das Hauptmerkmal der Treue gegenüber der verborgenen Schönheit.

Stärker noch als Prévost setzten Yart und Letourneur bei der Entwicklung ihrer Vorstellungen auf das, was sie für typisch französisch hielten. Weil es den Franzosen an Erfindungsgabe mangele, empfahl ihnen Yart, sich in ausländischen Antikenimitationen nach Neuerungen umzutun – »chercher dans les ouvrages des étrangers, de nouvelles manières d'imiter les Anciens« –, um dann in ihren eigenen Übersetzungen diesen Werken das angedeihen zu lassen, wozu sie als Franzosen besonders befähigt seien: »perfection«. Yarts Bild aus dem Bergbau entspricht dem Prévosts von der Herstellung von Skulpturen: »Creusons dans ces mines profondes [la poésie anglaise]; séparons l'or de la terre qui le couvre, polissons-le, et mettons-le en œuvre«. Hier entsprechen Abraum und Gold der Rinde und der eingeschlossenen Skulptur.

Was nun Letourneur angeht, so argumentierte er in der Einleitung zu seiner Übersetzung von Youngs *Night Thoughts* (1769) auf eine Weise, die dem Begriff vom eleganten Übersetzen ebenso nahekommt wie der Idee von der übersetzerischen Befreiung verborgener Schönheit aus ihrem Gefängnis in den ungeschlachten ausländischen Werken. Wie Yart ging es ihm um den übersetzerischen Umgang mit eminenten – und das heißt auch: übersetzenswerten – ausländischen Werken, die jedoch nur zu oft den guten Geschmack verletzen. Mit seiner bekannten Formulierung, er habe sich bemüht, aus dem englischen Young einen französischen hervorzuziehen – »tirer de l'Young anglais un Young français« – stellte er sich konzeptionell eng neben Yarts und Prévosts Programme.

6.6 Verbatim! Die umstrittene Rückkehr der Metaphrase

In den 1770er Jahren gewann eine – auf den Berichtszeitraum bezogen – neue und entschieden auf Wort und Wortfolge achtende Übersetzungspoetik besondere Bedeutung. Letourneur, der 1776 vom Vertreter einer Variante der »belles infidèles« zu einem Befürworter dieses wörtlichen Übersetzens wurde, ist schon oben im fünften Abschnitt, »Abbau des Begriffs vom eleganten französischen Übersetzen«, vorgestellt worden. Der neue, auf Worttreue abzielende Übersetzungsbegriff erreichte seinen Höhepunkt in Schleiermachers Akademievortrag von 1813. Wiewohl nicht unumstritten, wurde dieser Traktat später zu einem gern aufgesuchten Mustertext des Begriffs vom fremdhaltenden Übersetzen.

Im Englischen erklang der Weckruf schon 1773 im fernen Schottland. Im Vorwort zu seiner früher *Ilias*-Übersetzung erläuterte Macpherson seine Absicht,

> [to] translate the Greek VERBATIM: Even to a minute attention to the very arrangement of the words, where the different idioms of the two languages

> required not a freedom of expression, to preserve the strength and elegance of the thought.

Das wörtliche Übersetzen wird aus dem schulischen Übersetzungsbegriff entwickelt, allerdings mit einer besonderen Gewichtung. Zunächst übernahm Macpherson das »So wörtlich wie möglich«, indem er das Gelingen übersetzerischer Wörtlichkeit davon abhängig machte, daß die beiden Sprachen an der für die Übersetzungslösung wichtigen Stelle einander entsprechen. Im gleichen Argumentationszug wandte er sich dem überlieferten Gegenstand einer Übersetzung zu, den Gedanken. Aber sie stehen bei ihm nicht als Instrumente der Semantik, sondern sind Anlaß für zwei aus der Antike überkommene poetische Werte: Stärke und Eleganz. Dieser Idee des poetologischen Übersetzens verlieh Macpherson für seine Zeit besondere Prägnanz. Der zweite Teil des schulischen Begriffs, »so frei wie nötig«, kommt dort ins Spiel, wo Sprachenpaardifferenz der Wörtlichkeit entgegensteht.

Das Übersetzungsziel ist also nicht vorrangig die treue Wiedergabe des Sinns, sondern so gut wie möglich die Wiedergabe der Wörter und der Wortfolge des Texts. Natürlich gehört dazu auch der Sinn, allerdings hier in seiner poetischen Dimension.

Macphersons Ruf verhallte. Nichts weist darauf hin, daß Schleiermacher dessen Vorwort zur *Ilias*-Übersetzung kannte, als er seinen Akademievortrag vorbereitete. Sein rein theoretisches Interesse bekundete er mit der Absicht, »das Übersetzen deutlich [zu] denken«. Seine Poetik, die das fremdhaltende Übersetzen auf die Spitze trieb, beruht vor allem auf kurz vor ihm von Deutschen entwickelten Ideen. Sie läßt sich verstehen, wenn man sprachphilosophische, hermeneutische, psychologische und praktische Momente aufeinander bezieht. Aus deren Zusammenhang entsteht jener Begriff von der Übersetzungstreue, den Schleiermacher vertrat.

Eine kühne Verbindung von Sprachphilosophie und Hermeneutik stammt aus seinem Traktat über die Methoden des Übersetzens. Für Schleiermacher stand fest, daß

> wesentlich und innerlich Gedanke und Ausdrukk ganz dasselbe sind, und auf dieser Überzeugung beruht doch die ganze Kunst allen Verstehens der Rede, und also auch allen Übersetzens.

Dieser Grundsatz gilt allerdings nur für

> Kunst und Wissenschaft [...] und überall, wo mehr der Gedanke herrscht, der mit der Rede Eins ist, nicht die Sache, als deren willkührliches vielleicht aber fest bestimmtes Zeichen das Wort nur dasteht.

Dieses Einssein beschrieb er an einer anderen Stelle etwas anders und noch etwas kühner. Er charakterisierte künstlerische und wissenschaftliche Werke als solche, in denen »der Gegenstand [...] von dem Gedanken und Gemüth beherrscht wird, ja oft erst durch die Rede geworden und nur mit ihr zugleich da ist«. Ein so gestaltetes Werk kann als sinnstiftend gelten.

»Kunst« verweist hier auf schöne Literatur im alten Sinn des Wortes und »Wissenschaft« nicht auf die szientifischen Disziplinen, die damals bereits entwickelt waren, sondern auf die ebenfalls mit Patina überzogene Gelehrsamkeit. Die Identität von Gedanke und Rede gilt also nicht für sachbezogene Texte, deren Sinn sich darin erfüllt, daß beispielsweise das neue Gerät funktioniert (Betriebsanleitung), der Wanderer den richtigen Weg findet (Reiseführer) oder das Geschäft zustande kommt (Geschäftskorrespondenz).

Nun bedeutet die Identität von Gedanke und Rede, von Gedanke und Ausdruck, daß zwei Sprachen im Grundsatz inkommensurabel sind. Ausgenommen sind Fälle, in denen enggeführte Traditionen zwei Länder miteinander verbinden oder eine internationale Fachterminologie vereinbart worden ist. Für das literarische Übersetzen folgt daraus, daß die Übersetzersprache grundsätzlich eigene Assoziationen und Verbindungen hervorruft. Dies könnte im Sinne Schleiermachers vermieden werden, wenn die Sprache des Übersetzers derjenigen der Grundschrift in der Hoffnung angenähert wird, daß durch aufmerksamen und häufigen Gebrauch nicht nur das fremde Wort übernommen wird, sondern auch der damit verbundene Sinn. Schleiermacher sprach in diesem Zusammenhang davon, daß die eigene Sprache zur fremden »hinübergebogen« wird. Insoweit wird in der Übersetzung der Eindruck des Fremden gewahrt. Wenn etwas verfremdet wird, ist es die Übersetzersprache. Es handelt sich also um fremdhaltendes Übersetzen.

Der Eindruck des Fremden entsteht auch aus einem hermeneutischen Grund. Denn auch in der eigenen Sprache ist die Äußerung eines anderen, wiewohl verständlich, doch fremd. Schleiermacher erinnerte daran, daß selbst eigene frühere Schriften über die Jahre in diesem Sinne fremd werden können. Ferner gilt, daß ein Verständnis nur dann möglich ist, wenn es in dem Werk mindestens einen Anknüpfungspunkt gibt, einen Punkt, an dem diese grundsätzliche Fremdheit nicht besteht. Von dem jeweiligen Kontaktpunkt ausgehend entwikkelt ein jeder Leser sein eigenes Verständnis. Nun wird das Fremde zum Eigenen und das Eigene insoweit fremd, als die neue Lektüre Empfindungen und Erfahrungen hervorrufen kann, die das bisherige Bewußtsein in Frage stellen. Der subjektiv-objektive Kontakt und die Eindringlichkeit des Akts des Verstehens unterscheiden das Verständnis der verschiedenen Leser, das sich letztendlich am ganzen Werk bewähren muß.

Zu den psychologischen Momenten, die Schleiermachers Übersetzungspoetik verstehen helfen, gehören sowohl Haltungen beziehungsweise Einstellungen zu fremdsprachigen Werken als auch Fähigkeiten der Übersetzer. Schleiermacher stellte den Sprachenkenner in den Mittelpunkt seiner Überlegungen zu diesem Aspekt des Fremden. Die beiden Extreme sind bei ihm der Schüler und die als »wunderbare Männer« bezeichneten Überflieger der Sprachenbeherrschung.

Die Fähigkeiten eines Anfängers beschrieb Schleiermacher an zwei Stellen, wobei sich die Angaben wiederum ein wenig voneinander unterscheiden. Liest ein Schüler einen fremdsprachlichen Text, so gilt, daß er sich »das einzelne wieder in der Muttersprache denken muß, ehe er das ganze fassen kann«. Ein andermal stellte er eine »schülerhafte Dürftigkeit« fest, »der über dem einzelnen das ganze verloren geht«. Das erinnert an die eigenen ersten Lektionen. Allerdings halte ich dafür, daß der Verlust des Ganzen beziehungsweise das Erfassen eines fremdsprachlichen Ganzen auf dem Umweg über die Übersetzung von Details nicht so sehr auf mangelnder Fremdsprachenkenntnis als vielmehr auf den Schwierigkeiten beruht, die ein ungeübter Leser mit dem integralen Verständnis eines ganzen Werks hat, einerlei in welcher Sprache. Für seine Übersetzungspoetik braucht Schleiermacher freilich diesen fremdelnden Anfänger als Kontrast zu dem Kenner, dem die Fremdsprache zwar geläufig ist, aber nicht vertraut.

Das andere Extrem sind die mit der Ironie der Übertreibung eingeführten »wunderbaren Männer«, die eine oder gar mehrere Fremdsprachen so beherrschen, als seien sie ihre Muttersprache, und die deshalb keiner Übersetzung bedürfen. Doch es dauert nicht lange, bis deutlich wird: Die vollkommene Beherrschung einer Fremdsprache – sofern es dies gibt – ist für Schleiermacher Anathema. Dies sei »gegen Natur und Sitte«, heißt es da. Anderswo ist sie, schlimmer noch, »eine frevelhafte und magische Kunst«. Ja, sie ist so etwas wie das »Doppeltgehen, womit der Mensch nicht nur die Geseze der Natur zu spotten, sondern auch andere zu verwirren gedächte«.

Ich sehe zwei Gründe für diese schrille Verurteilung. Der erste ist sprachnational bedingt: Wegen der Identität von Ausdruck und Gedanke bedeutet das perfekte Reden und Schreiben in einer Fremdsprache, daß man sich dem fremden Gedankengut ergeben hat. Der andere liegt darin, daß Schleiermacher den sprachphilosophischen Grundsatz der Identität von Gedanke und Ausdruck gewissermaßen auf die Spitze getrieben hat.

Aus diesen Setzungen und Erwägungen ergibt sich die Frage, wie eine Übersetzung literarischer und sinnbezogener Werke beschaffen sein soll:

> Wie soll nun der Uebersezer es machen, um eben dieses Gefühl, daß sie ausländisches vor sich haben, auch auf seine Leser fortzupflanzen, denen er seine Uebersezung in ihrer Muttersprache vorlegt?

Ein Übersetzer steht zwischen der Grundschrift und dem Leser seiner Übersetzung. Das ist selbstverständlich. Nicht selbstverständlich ist Schleiermachers Forderung, der Übersetzer müsse seine Leser bis zu jenem Stand des Verständnisses der Grundschrift führen, den er selber erreicht hat. Der Fremdsprache unkundig, wären sie ohnehin nicht weiter gekommen. Hinter diesen Verständnisstand zurückfallen dürfe die Übersetzung allerdings nicht.

Der Treuebegriff des fremdhaltenden Übersetzens lautet also: »[J]e genauer sich die Uebersezung an die Wendungen der Urschrift anschließ[t], um desto fremder werden sie schon den Leser gemahnen«.

Im unmittelbaren Einzugsgebiet von Schleiermachers Akademievortrag steht Humboldt mit der Einleitung zu seiner *Agamemnon*-Übersetzung von 1816. An mehreren Stellen gibt es Übereinstimmungen. Ob sie von Humboldts Kenntnis des Vortrags herrühren, ist nicht ausgemacht. Beide Gelehrte können unabhängig voneinander zu ähnlichen Überlegungen gekommen sein. Dies gilt auch für ihre Ausführungen zur Übersetzungstreue.

Wie Schleiermacher ging Humboldt nicht auf Texte ein, die »bloß körperliche Gegenstände bezeichnen«, und konzentrierte sich auf solche, deren Wörtern ihre »Bedeutung nicht unmittelbar durch die Sinne gegeben ist«, sondern durch den Sinn.[6] Es handelt sich also auch hier um sinnbezogene, wenn nicht gar sinnstiftende Werke. Für sie erhob Humboldt als »erste Forderung einfache Treue«:

> Diese Treue muss auf den wahren Charakter des Originals, nicht, mit Verlassung jenes, auf seine Zufälligkeiten gerichtet seyn, so wie überhaupt jede gute Uebersetzung von einfacher und anspruchsloser Liebe zum Original, und daraus entspringendem Studium ausgehen, und in sie zurückkehren muss. Mit dieser Ansicht ist freilich nothwendig verbunden, daß die Uebersetzung eine gewisse Farbe der Fremdheit an sich trägt, aber die Gränze, wo dies ein nicht abzuläugnender Fehler wird, ist hier sehr leicht zu ziehen. Solange nicht die Fremdheit, sondern das Fremde gefühlt wird, hat die Uebersetzung ihre höchsten Zwecke erreicht; wo aber die Fremdheit an sich erscheint, und vielleicht das Fremde verdunkelt, da verräth der Uebersetzer, dass er seinem Original nicht gewachsen ist.[7]

Humboldt machte es seinen Lesern schwer. Zunächst schrieb er der Übersetzung – jeder Übersetzung – eine »gewisse Farbe der Fremdheit« zu, nur um sie umgehend als schädlich zu bezeichnen, sofern sie das »Fremde verdunkelt«. Die erste »Fremdheit« dürfte der Rahmenbegriff sowohl für das Fremde als auch das Befremdliche sein. Letzteres wäre dann die schädliche Fremdheit, und das Fremde könnte dann wie bei Schleiermacher als Teil jenes »wahren Charakter[s] des Originals« bestimmt werden, wie er sich aus der Sicht des Übersetzers ausnimmt.

Humboldts hermeneutische Überlegungen münden in praktische Hinweise. Die übersetzerische Treue liegt darin, die »eigenthümliche Schönheit des Originals [zu] erreichen« und dem Text – nicht etwa dem Sinn – so genau wie möglich zu folgen.[8] Es handelt sich also hier ebenfalls um einen Begriff der Werktreue.

6.7 Poetische Treue

In den 1790er Jahren entwickelte A. W. Schlegel seine einflußreiche Poetik und Praxis des poetischen Übersetzens. Auch er stellte dem Eindeutschen das Fremdhalten gegenüber, allerdings zunächst mit umgekehrtem und später mit gespaltenem Vorzeichen. In einer Rezension der Voßschen Übersetzung der Homerischen Epen, die – jedenfalls im Berichtszeitraum – in ihrer Eindringlichkeit und Ausführlichkeit unübertroffen ist, zieh er den Übersetzer 1796 der »Undeutschheit«. Klopstock übernahm dieses schwerwiegende Urteil und widerrief damit seine ursprünglich positive Beurteilung. Voß, der zum Älteren als Vorbild und Förderer aufgeblickt hatte, zeigte sich begreiflicherweise von dem Vorwurf, er schreibe kein richtiges Deutsch, enttäuscht und zutiefst verletzt. Er trat 1799 in einen Briefwechsel mit Klopstock ein, der schließlich als ergebnislos und unersprießlich eingestellt wurde.

Schlegels Ausstellungen beginnen mit dem Schulbegriff. Als Übersetzer habe sich Voß

> überall an die griechische Wortfolge anschmiegen wollen, nicht so nahe wie möglich (dies wäre sehr zu loben), sondern so nahe, wie in unserer Sprache unmöglich ist.

Voß hat also die Treue übertrieben und ist dem Fremdhalten zu nahe gekommen. Allerdings ersetzte Schlegel den Treuebegriff durch den der Wahrheit. Das ist sehr hoch gegriffen. Doch bot er als Alternative auch den der Richtigkeit an. Ich halte dies für eine hervorragende Neuerung. Schlegel begründete seine Entscheidung damit, daß Treue allzu leicht auf den »Begriff von buchstäblicher Genauigkeit« zurückgeschnitten wird. Außerdem haftet, so will mir scheinen, der Treue immer auch eine Vorstellung von Moral an. Mit Richtigkeit und Genauigkeit hingegen ist Sachlichkeit verbunden.

Richtigkeit bezieht sich bei Schlegel auf die eine oder andere Weise stets auf zweierlei, Wortsinn und »poëtische Form«. Für die »dichterische Darstellung« stufte er die höheren, geistigen Fähigkeiten zugunsten der niederen, sinnlichen und gemütvollen zurück: Der Eindruck, den man von einer Dichtung empfängt, »hängt [...] nur dem kleinsten Theile nach von dem Sinne der Wörter und Redesätze ab, in so fern der Verstand ihn ausmachen kann«. Was zählt, sind die Eindrücke auf das Gemüt: der »lebendigste [...] Hauch der Rede«, die »Fülle beseelter Töne«, ja die »ganze Empfänglichkeit des Menschen«. Die Vorstellung von den höheren und niederen Fähigkeiten zeigt sich auch daran, daß Empfänglichkeit eine im Grunde genommen passive Fähigkeit ist, während der Verstand aktiv ist, wenn er den Sinn erkennt. Diese Zuordnung von Sinnhaftem und Poetischem begleitet auch die späteren Überlegungen Schlegels.

Wichtig ist es ferner, festzuhalten, daß der Vorwurf der Undeutschheit bedeutet, die Übersetzung sei dem Abbilden des Fremden zu nahe gekommen. Für seine Shakespeare-Übersetzung, an der er seit 1796 arbeitete, sind seine Überlegungen zur Fremdheitsgrenze von besonderer Bedeutung. Sie trugen maßgeblich zur Idee einer besonderen Affinität zwischen Shakespeare und den Deutschen bei. Wer, so schrieb er, den englischen Dramatiker so viel liest, so tief studiert und so warm liebt wie die Deutschen, für den verliert er seine Fremdheit. Das heißt aber auch, daß ein deutscher Shakespeare-Übersetzer weniger in der Gefahr steht, sich in der Fremdheit zu verrennen. Deshalb mag er in diesem Fall die Wiedergabe des Sinns nicht, wie noch 1796, abgewehrt haben. Die Aufgabe einer poetischen Shakespeare-Übersetzung sah er in buchstäblicher Sinntreue, verbunden mit dem Bemühen, die poetischen Schönheiten zu erhaschen, die nicht im Buchstaben liegen, sondern wie ein geistiger Hauch über ihm schweben.

Seine Überlegungen zum poetischen Übersetzen schloß Schlegel mit einer Unterscheidung, wie in bezug auf die fremde Sprache und die fremde poetische Schönheit zu verfahren ist. Sprachlich sei Shakespeare einzudeutschen. Seine poetischen Qualitäten hingegen (von »qualis«, wie beschaffen) müßten importiert werden. Vor dem Einschreiben deutscher poetischer Eigenheiten warnte er.

Es ist natürlich richtig, daß poetische Qualitäten auf der Sprache des jeweiligen Dichters beruhen. Aber viele davon sind erkennbar, selbst wenn sich die Ausdrücke in den beiden Sprachen kaum berühren. Daß beim Übersetzen von Dichtung die fremde Sprache eingedeutscht werden und das fremde Poetische erkennbar bleiben und in diesem Sinne fremdgehalten werden soll, stimmt mit einer Ansicht überein, welche die Brüder Schlegel teilten: daß zwar die deutsche Sprache ausgebildet sei, aber die deutsche Dichtung durchaus noch bereichert und ausgebaut werden müsse.

7 Rationalistische und empiristische Übersetzungsbegriffe als Alternative

Wie die Überzeugung der Antike, daß alle Menschen mit derselben vernunftgeleiteten Denkfähigkeit begabt sind, begründet und ausgestaltet wurde, braucht hier nicht wiederholt zu werden. Auch genügt es wohl, den von Descartes angestoßenen Rationalismus des 17. und 18. Jahrhunderts in Erinnerung zu rufen. Mit Sicherheit war der vielseitige Leibniz dessen herausragender Philosoph.

Seine Berufung auf die »vérités de raison« ist glasklar. Sein Plan einer Universalsprache als logische Maschine ist möglicherweise die extremste Form, in der sich dieser erneuerte Rationalismus äußerte. In den deutschen Ländern war Christoph Wolff, im Briefwechsel mit Leibniz zu so etwas wie dessen Schüler geworden, die große Autorität des Rationalismus. Er ist auch für den vorliegenden Gegenstand wichtig, weil Gottsched mit seiner literarischen Poetik das Wolffsche System mit poetologischen Elementen zu ergänzen suchte und Venzky aus einer ähnlichen Sicht die Übersetzungspoetik des Gottschedkreises entwarf.

Die erste Gegenbewegung zum Rationalismus, der Empirismus, entstand ebenfalls im 17. Jahrhundert, allerdings in Großbritannien, mit Hobbes, Locke und Hume als Hauptvertreter. Sie erteilten der Metaphysik, der Transzendenz und der Idee einer ewigen Wahrheit eine Absage und erklärten die Sinneseindrücke und deren nichtrationale Verknüpfungen zu den Grundlagen des Erkennens und Argumentierens.

Ein Indiz für den Rationalismus liegt überall dort vor, wo die Gedanken als das Entscheidende und Übersetzenswerte gelten. In der französischen Tradition während des Berichtszeitraums zeigt sich der Rationalismus bei Batteux (1746) unter anderem in der Art des Argumentierens sowie in der Berufung auf die Raison als Grundlage der Geschmacksbildung. Seine neue Poetik des tonerhaltenden Übersetzens geht allerdings über rationalistische Vorstellungen hinaus.

Die 1770er Jahre sind für die Frage entscheidend, was der Gegenstand des Übersetzens sei. Zum einen hielt der *Encyclopédie*-Autor Marmontel im Jahr 1777 daran fest, daß der »fond de pensées« zu übersetzen sei, wobei »fond« sowohl auf den Grund als auch auf das Wesentliche verweisen kann. Indem er aber auch angab, daß Qualitäten des Ausdrucks zu Attributen des Gedankens werden können, begann er, die Rationalität mit fast sinnlichen Momenten aufzuweichen. Mir scheint allerdings, daß er darin nicht weiter gegangen ist als Batteux.

Während die Überlegungen der *Encyclopédie*-Autoren Beauzée und Marmontel als gestufte Abbauformen des Rationalismus gelten können, räumte Saint-Simon schon 1771 mit dem Rationalismus in der Übersetzungspoetik gründlich auf. Dadurch, daß er nicht Gedanken, sondern Sinneseindrücke als Gegenstand des Übersetzens bestimmte, gab er als erster dem Empirismus einen Platz in den französischen Überlegungen zum literarischen Übersetzen und stellte sie so auf eine neue Grundlage. Im Vereinigten Königreich war schon früher das Bild oder der Eindruck als Übersetzungsgegenstand genannt worden.

Das bedeutet aber nicht, daß der Rationalismus in Übersetzungsdingen nun überwunden war. In Frankreich zeigte sich ja noch sechs Jahre später Marmontel nicht überzeugt von Saint-Simons Neuorientierung. Er überging sie unerwähnt. Ein nicht besonders stark modifizierter Rationalismus und ein gründlicher

Empirismus standen somit nebeneinander. Beide Denkweisen traten in der französischen Übersetzungspoetik in den Hintergrund, auch wenn Bignan (1830) die Leidenschaften als Gegenstand des Übersetzens ausmachte, weil sie allgemein menschlich seien. Insoweit sie sich auf den Engländer Cowper und den Deutschen Voß berief – beide Dichter und Übersetzer sind Wegbereiter dessen, was heute als Romantik gilt –, liegt es nahe anzunehmen, daß ihr Konzept weniger dem Empirismus geschuldet ist als der britischen und deutschen Vorromantik.

Als kurzer Anhang sei hinzugefügt, daß auch in Frankreich der rationalistische Sprachbegriff von einem irrationalistischen zur Seite gedrängt worden ist. Insoweit Übersetzungsbegriffe auf Sprachbegriffen aufgebaut wurden und werden, spielt natürlich auch die Sprachgelehrtheit eine Rolle. Den entscheidenden Schritt unternahm Condillac schon 1746 auf eine Weise, die deutlich zeigt, daß er, wie Saint-Simon fünfundzwanzig Jahre später, empiristische Hypothesen über das Wesen der Sprache übernommen hatte. Ich spreche hier von Hypothesen, weil er die positive Seite seiner Überlegungen gern in Frageform vortrug. So fragte er, ob es nicht für jedes Volk natürlich sei, dem allgemeinen Schatz an Hauptideen eigene untergeordnete Ideen beizufügen. Langer Sprachbrauch garantiere, daß solche Verknüpfungen das »génie de la langue«, den Sprachgeist, befördern und bilden. Als Bindekräfte nannte Condillac ausdrücklich Vorurteile und Leidenschaften. Die hierfür notwendige Fähigkeit ist ihm zufolge ganz offensichtlich nicht die Raison, sondern die Phantasie.

8 Wendepunkte

Hier fasse ich nun in kompakter Form diejenigen Punkte zusammen, an denen das Umschlagen der überlieferten Begriffe gewissermaßen wie unter einer Lupe sichtbar wird. Ein Großteil spielte sich in der Form der Zergliederung, der Partikularisierung ab. Ob man das als eine kopernikanische Wende bezeichnen kann oder soll, mag jeder für sich entscheiden. Revolutionär genug war dieser Umschwung schon.

Vorausschicken möchte ich drei fallübergreifende Regelmäßigkeiten beziehungsweise Beobachtungen, die sich bei der Suche nach dem großen Wandel ergeben haben:

1. Neuerungen werden oft als Sonderfälle eingeführt, bevor sie erweitert oder gar verallgemeinert werden.
2. Die Abbauformen des Bestehenden folgen einander nicht immer geradlinig, sondern überholen einander manchmal wechselweise. Dasselbe gilt für die Entstehung beziehungsweise Entwicklung von neuen Ansichten oder Begriffen.

3. Auch wenn eine Neuerung in Auseinandersetzung mit einem bestehenden Übersetzungsbegriff entwickelt wurde und diesen schließlich unterdrückt hat, stehen doch beide auf lange Sicht im historischen Reservoir der Gedanken zum Übersetzen gleichermaßen zur Verfügung. Auf beide kann also in der Folge zurückgegriffen werden. Die spätere Übernahme einer »veralteten« Position ist allerdings nur gerechtfertigt, wenn diejenigen Argumente widerlegt werden können, die einst ihre Ablösung bewirkt haben.

8.1 Anthropologie

Maßgeblich für die antiken Vorstellungen von Poetik und Übersetzungspoetik sowie von deren Kontexten ist die Unterscheidung zwischen der eigenen Kultur und der Unkultur der Fremden, der Barbaren, für deren Lebensumstände und Lebensweisen kaum ein Interesse bestand. Das Wesen des Menschen durch Verallgemeinerung des eigenen zu bestimmen, fällt leichter als die Entwicklung eines differenzierten und deshalb Vollständigkeit anstrebenden Menschenbildes.

Mit der Erfindung des »génie particulier des nations« und des »national genius« schon im 17. Jahrhundert und der späteren Übernahme dieser Idee als »Volksgeist« wurden Gemeinschaften unterhalb der Menschheitsebene nicht nur politisch, militärisch und wirtschaftlich als Handelnde anerkannt, sondern auch sprachlich, literarisch und kulturell.

8.2. Historisierung

Zur Erklärung der Unterschiede zwischen diesen als handelnde Personen aufgefaßten Entitäten eigneten sich Darstellungen des historischen Wandels, die an die Stelle der statischen, aufzählenden Chroniken und Repertorien traten.

8.3 Weltliteratur *avant la lettre*

Auch poetisch setzten die Antike und die klassizistische Tradition (»The Great Tradition«) auf Allgemeinheit. Die Kunstregeln sollten ein für allemal, sollten überall und jederzeit gelten. Es war eine Weltliteratur der Homogenität. Unter der Ägide der Nationalliteraturen, von denen jede ihre Eigenheit besaß, die auch gepflegt werden sollte, wurde Weltliteratur zu einem Begriff der Vielfalt. Eine Literatur, die nichts leistet, als Fremdes unverändert zu übernehmen, verfehlt ihren Zweck: die Weltliteratur kraft ihrer Eigenart an ihrem Ort und zu ihrer Zeit zu bereichern.

8.4 Kunstregeln und Geniebegriffe

In der Antike galten die Kunstregeln in erster Linie als Vorschriften dafür, wie ein Werk gestaltet sein soll, damit es in die jeweilige literarische Gattung hineinpaßt. Manchmal wurde eingeräumt, daß ein »furor poeticus« im Sinne einer irrationalen Schaffenskraft an der als heiß verstandenen ersten Phase der poetischen Erfindung beteiligt sein kann. Allerdings mußte eine zweite Phase, die kalte des regelgerechten Feilens und Polierens hinzukommen. Zum epochalen Wandel gehörte es, daß die Annahme, es gebe apriorische Kunstregeln, selbst für die literarische Übersetzung ihre Gültigkeit verlor. Für das anfangs des 18. Jahrhunderts erfundene autonome Genie gilt, daß es seine Regeln selbst setzt. Das übersetzerische Genie, das ebenfalls diskutiert worden ist, konnte nicht auf diese Weise frei sein, weil es ja an die Vorgaben der Übersetzungsvorlage gebunden ist. Man kann es daher als eingehegtes Genie bezeichnen.

Als Endpunkt dieser Differenzierungen steht die Auffassung, daß jedes Werk ein eigenes Normengefüge bildet.

8.5 Poetische Form

In der Antike galt Form normalerweise als etwas Äußerliches und Statisches, als ein in der Regel gattungsmäßig bestimmtes festes Gefäß, das mit ihm entsprechendem Inhalt aufzufüllen war. Der neue Formbegriff ist dynamisch und organisch. Ihm zufolge entstehen formale und inhaltliche Momente gleichzeitig, von innen heraus und in idealer Ordnung. Nur so kommen »wahre« Kunstwerke zustande. Für die Übersetzung ist diese Vorstellung nur dort von Belang, wo – nur recht selten – angenommen wurde, daß der Übersetzer zum Keim, zum generativen Zentrum der Grundschrift vordringen und daraus ein entsprechendes Werk in seiner Sprache und Literatur hervorwachsen lassen kann.

8.6 Schönheit

Die Schönheit von Dichtung und die ihrer Übersetzung sind seit je ein großes Thema gewesen, wiewohl seit der Antike auch immer wieder Häßliches seinen Platz fand, bis in der Moderne der Eindruck entstehen konnte, die Künste insgesamt seien nicht mehr schön.[9] Im Frankreich des 17. Jahrhunderts und bis ins 18. hinein galt der Schönheit gerade in der Übersetzung große, auch begriffliche Aufmerksamkeit. Unter dem Kennwort »belles infidèles« herrschte ein Programm, wonach Übersetzungsschönheit auch mit Abstrichen bei der Übersetzungstreue hergestellt werden sollte. Wegen der Überlegenheit der französischen Kultur, die lange Zeit auch im Ausland anerkannt worden war, konnte Schönheit nur etwas sein, das hinzugefügt werden mußte, um eine Übersetzung für den feinen französischen Geschmack genießbar zu machen. Im Verlauf des 18. Jahrhunderts folgte die Vorstellung, daß ausländischen Werken, wiewohl in der Ausführung zumeist chaotisch, doch eine schöne Gestalt innewohnen kann, die der geschickte französische Übersetzer gewissermaßen übersetzend befreien soll. Schließlich kam es zu der Auffassung, daß fremde Werke sehr wohl durch eigene Schönheiten ausgezeichnet sind, die ein Übersetzer zur Bereicherung der Poesie seines eigenen Landes poetisch möglichst genau herüberbringen muß.

8.7 Treue auch jenseits des *Fidus Interpres*

Daß eine Übersetzung treu sein soll, ist die am weitesten verbreitete Annahme. Für Übersetzungen aller Art hat die Forderung, in erster Linie müsse der Sinn und erst in zweiter Linie der Stil getreu übertragen werden, die größte Verbreitung. Für die literarische Übersetzung wurden auch andere Treuebegriffe entwickelt, die über die Sinntreue gestellt wurden. Früh im Berichtszeitraum wurde auch der poetische Ton als übersetzenswert definiert. In der Folge des Empirismus entstand dann die Idee, der Übersetzer müßte zuallererst den sinnlichen Eindruck als poetisches Bild wiedergeben. Im Einzugsgebiet der Romantik galt dann so Gegensätzliches wie die Leidenschaften und die Schönheit, die als poetischer Hauch über den Buchstaben des Sinns schwebt, als übersetzenswert.

8.8 Übertragen jenseits des Übersetzens

Aus der Verletzlichkeit poetischer Schönheit ist gefolgert worden, daß die Übersetzung des Sinns von Sprache zu Sprache literarischen Werken nicht angemessen ist. Es kommt statt dessen auch für den Übersetzer auf poetisches Handeln an, auf eine Übertragung von Poesie in Poesie. Damit kam ein grundlegendes Übersetzungsprinzip der englischen Renaissance zu neuen Ehren.

8.9 Sprache

In der Antike und im Klassizismus galt Sprache im allgemeinen als ein rationales Instrument zum Ausdruck von Gedanken. Der neue Sprachbegriff ist der eines

Mediums, in dem sprachliche und poetische sowie übersetzerische Handlungen vollzogen werden können.

Dem ursprünglichen Begriff von der sprachlichen Rationalität entsprach die Überzeugung, daß jede Sprache auf logischer Grundlage ein System von Bedeutungen herausgebildet hat, das zwar Eigenheiten aufweist, aber mit allen anderen im Gleichklang steht. Nach dieser Auffassung gelingt Übersetzen durch den relativ einfachen Austausch von intersprachlichen Synonymen. Im Verlauf der Zeit führte unter anderem die Erfahrung mit Übersetzungsschwierigkeiten bei sprachlich besonders fernliegenden Werken dazu, in jeder Sprache eine ihr eigentümliche, nichtrationale idiomatische Beigabe zu erkennen. Insbesondere unter dem Eindruck des britischen Empirismus trat auch hier eine entsprechende Umorientierung ein. Der empiristischen Erkenntnislehre zufolge nahm – vielleicht überpointiert gesprochen – ein System von Sinneseindrücken und deren verblassenden Eindrücken auf den Geist die Stelle der Rationalität ein. Solche Ideen können im Extremfall zu einer Poetik der Unübersetzbarkeit führen, weil Sprachen aller ihrer Gemeinsamkeiten verlustig gehen und unweigerlich einander fremd bleiben.

8.10 Gedanke und Äußerung

Zu der ursprünglichen Annahme der Rationalität aller Sprachen paßt die Auffassung, jede Äußerung – insbesondere im Fall von sinnbezogenen Werken – beruhe auf nicht-sprachlichen Gedanken, die erst gefaßt werden müssen, bevor sie sprachlich eingekleidet werden können. Im Verlauf der Zeit stellte sich zunächst die Erkenntnis ein, daß der Ausdruck auf den Gedanken rückwirken, ihn also abändern kann. Zum Grundbestand der neuen Sprachauffassung gehört die weiterführende Annahme, daß Gedanke und Ausdruck identisch sind und gleichzeitig und eng miteinander verbunden entstehen.

8.11 Hermeneutik

Zum Fremden in Dichtung und Übersetzung hat auch die Hermeneutik einiges beizutragen. Die althergebrachte Hermeneutik setzt voraus, daß der wahre Sinn eines Werks vollkommen und endgültig gefunden werden kann, wenn es gelingt, dunkle Stellen und Störungen in der Überlieferung aufzuklären. Dieser Hermeneutik des Findens steht nun eine Hermeneutik des Suchens gegenüber. Das hat zwei Gründe. Zum einen bietet das eigengesetzliche Werk keine offensichtlichen Anknüpfungspunkte für sein Verständnis. Dem Leser bleibt nichts übrig, als tastend vorzugehen und sich der Führung seines Tastsinns anzuvertrauen. Zum anderen steht dem Finden die Erkenntnislehre Kants entgegen, derzufolge sich zwischen dem Gegenstand, so wie er ist und jenem, wie er uns erscheint, eine unaufhebbare Kluft besteht. Jedes Verstehen und jedes Übersetzen ist aus diesen Gründen ein unendlicher Prozeß, der zu keiner Lösung, sondern stets nur zu unvollkommenen Annäherungen führen kann.

8.12 Poetik für Leser

Der prominente Platz, den die Hermeneutik im neuen Übersetzungsbegriff einnimmt, läßt erkennen, daß sie, anders als die althergebrachte, in erster Linie eine Poetik für Leser und nicht für Übersetzer definierte. Natürlich konnten sich Leser nach wie vor auch an der alten Poetik für den Übersetzer orientieren, während umgekehrt Übersetzer in der neuen Poetik Hinweise für ihre Tätigkeit finden konnten.

8.13 »Verbatim«: Fremdhaltendes Übersetzen

Unter der Parole »verbatim« steht im Berichtszeitraum die Begründung einer Übersetzweise, die sich vornehmlich an die Wortfolge der Grundschrift hält. Ob diese Poetik an die Metaphrase im Sinne der Interlinearversion anknüpft oder sich eher an der Annahme aus der Bibelübersetzung orientiert, daß in schwerverständlichen Wortfolgen Geheimnisse ruhen können und deshalb beim Übersetzen auch der Wortfolge Aufmerksamkeit geschenkt werden muß, ist ungewiß. Fest steht, daß in Schleiermachers Akademievortrag von 1813 die Poetik eines fremdhaltenden Übersetzens entwickelt wurde, die radikal mit der Vorstellung bricht, es müßten unbedingt der Sinn und so gut wie möglich auch der Stil erhalten bleiben. Er entwarf damit ein in mehrfacher Hinsicht utopisches Programm für eine Übersetzungskultur, in der wie in einem Museum der Weltliteratur ganze ausländische Literaturen mit ihren speziellen Fremdheitsformen lesbar gemacht werden sollen.

8.14 Literarisches Übersetzen in einem dritten Raum

Schleiermachers Übersetzungsbegriff, wonach der Übersetzer den Leser bis zu dem Stand des Verständnisses der Grundschrift mitnehmen soll, den er selber erreicht hat, skizziert eine Poetik nicht zweier, sondern dreier Räume. In übersetzungswissenschaftlicher Ausdrucksweise: die Ausgangsseite, die Zielseite und – nunmehr zusätzlich – zwischen beiden der Übersetzer mit seiner charakteristischen Verständnis- und Ausdrucksfähigkeit. Wer auf diese Trias achtet, wird sie nicht nur im fremdhaltenden Übersetzen vorfinden, sondern in allen Arten literarischen Übersetzens. Denn selbst sorgfältig einbürgerndes Übersetzen importiert etwas Fremdes in die eigene Sprache und Literatur, nicht unbedingt als Fremdkörper, sondern durchaus auch als eingeladener Gast. Die literarische Übersetzung hat somit ihren Ort in einem Zwischen-Raum. Sie vermittelt zwischen der Grundschrift mit ihren sprachlichen, literarischen, kulturellen und natürlichen Kontexten und der Sprache, Literatur, Kultur und natürlichen Umwelt der Leser, für die sie bestimmt ist. Für eine solche triadische Poetik des Übersetzens kann diese Studie vielleicht eine Grundlage bieten.

Anmerkungen

1 A. W. Schlegel, *Vorlesungen*, Bd. 2, p. 110.
2 Dryden, p. 71; ebenso nächstes Zitat.
3 Dryden, p. 70.
4 Batteux, p. 30.
5 Gordon, p. 101.
6 Humboldt, p. 81.
7 Humboldt, p. 83.
8 Humboldt, p. 84.
9 Vgl. Jauß.

6 Vergleichende Wahrnehmung: Giacomo Leopardi zu Italienisch, Deutsch und Französisch als Übersetzungssprachen (Harald Kittel)

Giacomo Leopardi (1798 – 1837), heute vor allem berühmt als Dichter Romantischer Lyrik und zunehmend für seine übersetzerischen Leistungen anerkannt, macht sich früh einen Namen als Klassischer Philologe. Seine erste moderne Fremdsprache ist Französisch, daneben lernt er Englisch und Spanisch, außerdem noch Hebräisch. Die deutsche Sprache dagegen bleibt ihm offenbar fremd. In eigenen experimentellen Übersetzungen (z. B. aus Homers *Odyssee,* Hesiods *Theogonie* und Vergils *Aeneis*), veröffentlicht in der jungen Mailänder Zeitschrift *Lo Spettatore italiano e straniero*, versucht er, das klassische Potential der modernen italienischen Sprache wieder zu beleben. Diese Absicht, erläutert in dem Vorwort zu seiner *Theogonie*-Übersetzung (1817), führt u. a. zu seiner langfristigen Beschäftigung mit den Grenzen, welche modernen Sprachen durch ihre eigenen aber auch durch fremde Stiltraditionen gesetzt werden. In zwei im *Spettatore* 1816 erschienen Artikeln (»Saggio di traduzione dell'Odissea« und »Discorso su Mosco«) verknüpft er, in teilweiser Anlehnung an Ugo Foscolo, aus seiner Übersetzungspraxis gewonnene Erfahrungen mit theoretischen Überlegungen, welche das Interesse des jungen Leopardi an der sprachlich-kulturellen Erneuerung Italiens und seine aktive Teilnahme an der literatur- und übersetzungshistorisch bedeutsamen programmatischen Auseinandersetzung zwischen italienischen Romantikern und Klassizisten dokumentieren.[1] Diese Debatte war durch einen 1816 in der ersten Ausgabe der Mailänder Zeitschrift *Biblioteca Italiana* erschienen Artikel »Sulla maniera e l'utilità delle traduzioni« der Madame de Staël ausgelöst worden, an welcher sich Leopardi mit einem unveröffentlicht gebliebenen Brief an die Herausgeber zu beteiligen versuchte.[2] Ebenfalls zu Leopardis Lebzeiten unveröffentlicht blieb das von ihm als *Zibaldone di pensieri* bezeichnete, aus 4526 nummerierten Seiten bestehende Manuskript, in welchem er in anscheinend beliebiger Folge über seine Lebens-, Denk- und Leseerfahrungen reflektiert.[3]

Das vorliegende Kapitel befaßt sich im Wesentlichen mit diesen zwischen 1817 und 1832 entstandenen Einträgen. Den größten Anteil haben Kommentare unterschiedlicher Länge zu Sprachen (Griechisch, Latein, Italienisch, Französisch, Deutsch, Englisch, Spanisch) und Literaturen, zu Philosophie und Kunst, Religion, Politik und Naturwissenschaften. Auch werden übersetzungstheoretische Fragestellungen und die Eignung antiker und moderner Sprachen als Übersetzungssprachen eingehend behandelt. Und obwohl diese verstreuten Äußerungen und solche zur Übersetzungspraxis in verschiedenen Ländern, insbesondere in Italien, Frankreich und Deutschland, dabei einen vergleichsweise geringen Raum einnehmen, so tragen sie dennoch Wesentliches zur thematischen Vertiefung des jeweils erörterten Gegenstandes bei, besonders aber zum besseren Verstehen von Leopardis eigenem Denken über Sprachen und nationale Charakteristika, einschließlich der italienischen, im Umgang mit fremden Sprachen und den Literaturen anderer Nationen.

1 Rezeption sprachlicher Äußerung als subjektiver Vorgang

Leopardis Gedanken zur Beziehung von Schreiben und Übersetzen und deren jeweiligen Wirkung auf Hörer bzw. Leser (7. Dezember 1823)[4] stehen in logischer Verbindung zu seinen, auch aus heutiger Sicht ›modernen‹, Vorstellungen von der Bedeutung von Wörtern und damit einhergehenden Assoziationen (30. April 1820). Als Quelle nennt Leopardi Cesare Beccaria, den Autor von *Richerche intorno alla natura dello stile.*[5] Leopardi geht weder von einer bestimmten feststehenden Bedeutung einzelner Wörter, unabhängig von Zeit und Ort, aus, noch von einer uniformen Wirkung insbesondere literarischer bzw. poetischer Texte auf verschiedene Rezipienten.[6] Da, nach seiner Meinung, Vorstellungen der Individualität der jeweiligen Rezipienten entsprechen, sind sie notwendigerweise in vielfacher Hinsicht unterschieden. Dasselbe gilt für die Wirkung ein und desselben Textes, insbesondere von Texten poetischen oder rhetorischen Charakters. Deren Wirkung ist vielfältig, und zwar abhängig von dem jeweiligen Zuhörer oder Leser, der Gelegenheit und den Umständen, ob nun vorübergehend oder dauerhaft, sowie der zeitlichen, geographischen und kulturellen Nähe oder Ferne, und selbst den klimatischen Verhältnissen.[7] So vermag, nach Leopardi, der Anblick einer Naturszenerie in deren Betrachter ganz unterschiedliche Assoziationen zu erzeugen, z. B. bezogen auf seine Herkunft oder seine Kindheitserinnerungen, oder befördert durch seine aktuelle Stimmungslage. Oft macht ein solcher Anblick auf den einen Betrachter keinen Eindruck, auf einen anderen dafür umso mehr. Und mit Blick auf Autoren, Texte und stilistische Verfahren stellt Leopardi fest, daß ein universelles, örtlich unbegrenztes und jederzeit gültiges, stets erfolgreiches Wirkungs- bzw. Erfolgsprinzip nie existiert hat und nie existieren wird.[8] Dies gilt gleichermaßen für Dichter, Schriftsteller, Bücher und Stilformen, aber auch für Übersetzer und Übersetzungen.

Aus den genannten Gründen ist, Leopardi zufolge, Übersetzen, und zwar das gute oder gar das perfekte Übersetzen, bzw. das als solches dauerhaft empfundene Übersetzen, absolut unmöglich, ein Widerspruch in sich selbst. Ein Buch erleidet Verluste in den besten Übersetzungen, aber ganz besonders unübersetzbar sind formbetonte Texte deren Wert auf dem Stil, auf Wörtern und deren Wirkung beruht. Im Wesentlichen handelt es sich hierbei um Sammlungen von ›wahrer‹ Dichtung in Versen oder in Prosa. (7. Dezember 1823) Auch die Dauer des Ruhms des Autors ist begrenzt; dasselbe gilt für die Wertschätzung eines Textes, klassisch oder modern, durch seine Leser, dessen ›perfekte‹ Übersetzung ein Ding der Unmöglichkeit ist, gleichgültig, ob es sich um eine Übersetzung aus einer klassischen Sprache handelt, oder eine Übersetzung aus einer modernen Sprache in eine andere. Obwohl Leopardi in diesem Zusammenhang die einer jeden Textinterpretation innewohnende subjektive Qualität nicht *expressis verbis* thematisiert, so scheint er doch, wie bereits Foscolo, diesen Aspekt zu antizipieren, »der für die spätere italienische Übersetzungskultur maßgeblich werden sollte«, und »der etwa bei Croce im Postulat der grundlegenden Nichtübersetzbarkeit von Literatur kulminiert.«[9]

2 Leopardis Übersetzungsideal

Leopardi setzt sich wiederholt mit der Frage auseinander, ob perfektes Übersetzen grundsätzlich möglich ist und wodurch es sich auszeichnet. In dem Eintrag vom 21. November 1821 stellt er kategorisch fest: eine perfekte Übersetzung zeichnet sich dadurch aus, daß der übersetzte Autor nicht zu einem Autor in der Sprache der Übersetzung umgewandelt wird und dabei seine sprachliche Identität verliert. Er ist und bleibt derselbe Autor in italienischer oder in deutscher Sprache, ebenso wie auf Griechisch oder Französisch. Allerdings ist diese perfekte Übersetzungsleistung nicht in allen Sprachen gleichermaßen möglich. Zum Beispiel ist es unmöglich, einen italienischen Autor auf eine solche Weise in das Französische zu übersetzen, daß er im Verlaufe dieses Transfers seine italienische Identität bewahrt, oder daß er derselbe auf Französisch wie auf Italienisch ist. Andererseits bereitet es keine Schwierigkeiten, einen Autor so in die deutsche Sprache zu übersetzen, daß er Grieche, Römer, Italiener oder Franzose im Deutschen bleibt. Dennoch ist der so übersetzte Autor nicht derselbe auf Deutsch wie in seiner eigenen Sprache.[10]

Wenn aber der Autor in der Übersetzung fremd bleibt, so kann er auch keinesfalls in deren Sprache seine ursprüngliche Identität bewahren. Und wenn der Autor nicht derselbe ist, kann die Übersetzung, und sei sie noch so genau, keine Übersetzung in Leopardis Sinn sein. Der deutsche Leser nimmt den Autor anders wahr als es die Griechen oder die Franzosen tun, und die Übersetzung hat auf deutsche Leser nicht annähernd dieselbe Wirkung wie das Original auf französische Leser. (21. November 1821)[11] Für Leopardi ist Italienisch als Übersetzungssprache allen anderen lebenden Sprachen und Latein überlegen, denn nur Italienisch besitzt, nach seiner Überzeugung, diese paradoxe Fähigkeit zur Realisierung des von ihm imaginierten Übersetzungsideals: nämlich, daß die Übersetzung eines französischen Textes z. B. auf italienische Leser dieselbe Wirkung ausübt wie das französische Original auf französische Leser,[12] und daß die italienische Sprache den Charakter eines Autors auf eine Weise zu bewahren vermag, daß er zugleich Fremder und Italiener ist. (19. Oktober 1821)[13]

Wenige Tage später bezeichnet Leopardi das Potential der italienischen Sprache zu perfektem Übersetzen kurz und knapp als die Fähigkeit zu vollkommener ›Imitation‹.[14] Das Deutsche ist hierzu außerstande, denn es ist eine Sache, zu (ver)fälschen, und eine andere zu ›imitieren‹.[15] Allerdings erzielt das Italienische diese einzigartige Perfektion nicht mit der gewissenhaften Genauigkeit des Deutschen, auch wenn die italienische Sprache ebenfalls eines hohen Maßes an Genauigkeit fähig ist, wie Vincenzo Montis gefeierte Übersetzung der *Ilias* (1810) demonstriert. Entscheidend ist ihre charakteristische Vielseitigkeit und Anpassungsfähigkeit.[16] Zwar gesteht Leopardi auch der deutschen Sprache Anpassungsfähigkeit zu, doch handelt es sich hierbei um eine anerkanntermaßen schädliche Flexibilität, verursacht durch mangelnde Formung und Regelung der deutschen Sprache.[17] Freiheit, eigentlich die schönste und nützlichste Eigenschaft einer Sprache, hat im Deutschen ihren Ursprung in dessen Unvollkommenheit, was in einem gewissen Maß auch auf das Englische zutrifft. Die Freiheit der deutschen Sprache schließt daher die Bildung von Eigencharakter aus, zumindest bleibt dieser unbestimmt und unreif.[18] Eine solche Art von Freiheit ist mit dem Zustand der Anarchie zu vergleichen, oder mit einem Zustand, den alle Menschen genießen bevor die Gesellschaft eine durch und durch geregelte und stabile Form annimmt. Die Freiheit der italienischen Sprache hingegen entspricht dem Zustand, welchen weise, reife Institutionen genießen und erzeugen, was viel seltener vorkommt. Italienisch ist frei und dennoch in seinem Charakter gefestigt; dieser durchdringt die Sprache, ihrerseits Bestandteil des über einen langen Zeitraum perfekt geformten italienischen Charakters. Im Italienischen, wie in klug geführten Sozialgebilden, sind perfekte Gesetzgebung und Freiheit miteinander vereinbar und bereichern sich gegenseitig. Im Deutschen hingegen sind sie unvereinbar, weshalb Freiheit dort nur dank der Nichtexistenz oder Unvollkommenheit der Gesetze überdauert.

Allerdings gibt es in Leopardis Wahrnehmung auch perfekt geformte Sprachen mit unverwechselbarem Eigencharakter, welche zur Unfreiheit neigen. So hat die französische Sprache – als einzige moderne Sprache, neben Italienisch und Spanisch, welche als perfekt geformt bezeichnet werden kann – die Freiheit im Prozeß ihrer Formung verloren. Sie ist unflexibel und unfähig geworden, sich Fremdem anzupassen. Dagegen hat die englische Sprache ihre Freiheit bewahrt,[19] allerdings auf Kosten eines unvollständig ausgebildeten eigenen Charakters. Gleiches trifft auf die deutsche Sprache zu, welche noch am Anfang ihrer Entwicklung steht und deshalb dieselben großen Freiheiten genießt, wie alle Sprachen im Frühstadium ihrer Entwicklung. So auch ursprünglich Latein, welches sich im Laufe der Zeit, strengen Gesetzen unterworfen, zu der am wenigsten freien Sprache der Antike entwickelt hat. Während es in seiner Jugend ebenso anpassungsfähig gewesen ist wie die deutsche Sprache zu Leopardis Zeit, war es im später erreichten Stadium der Perfektion zwar immer noch fähig, fremde Wörter in das Lateinische zu transferieren, aber nicht den Geist und das Leben fremder Texte. In seinem Bemühen, diese komplexen Zusammenhänge differenziert und in angemessener Weise zu erörtern, hält Leopardi es für erforderlich, insbesondere die unterschiedlichen Freiheitsgrade zu vergleichen, welche perfekte Sprachen genießen oder genossen haben. Ohne Interesse sind für ihn in diesem Zusammenhang die nicht-perfekten Sprachen, wie u. a. das Deutsche, deren allzu große Freiheit Leopardi suspekt ist : »non ammireremo la libertà infinita delle imperfette, che son libere com'è libera la nazione degli Otaiti, o degli Ottentotti.« (20. Oktober 1821)[20]

Es ist bemerkenswert, wie scheinbar nahe Leopardis Vorstellung des perfekten Übersetzens jener von Schleiermacher beschriebenen Methode kommt, »welche, ihrem Leser gar keine Mühe und Anstrengung zumutend, ihm den fremden Verfasser in seine unmittelbare Gegenwart hinzaubern, und das Werk so zeigen will, wie es sein würde, wenn der Verfasser selbst es ursprünglich in des Lesers Sprache geschrieben hätte«. Nach Schleiermacher hat »die Sprache des Uebersezers von dieser Methode nicht das mindeste zu befürchten«, denn der Übersetzer darf sich nichts »erlauben was nicht auch jeder ursprünglichen Schrift gleicher Gattung in der heimischen Sprache erlaubt wird.« Ja er hat die Pflicht, den »Schriftsteller so redend einzuführen, wie wir uns denken müssen daß er in der unsrigen würde geredet haben [...] wie Tacitus würde geredet haben, wenn er ein Deutscher gewesen wäre, [...] genauer genommen, wie ein Deutscher reden würde, der unserer Sprache das wäre, was Tacitus der seinigen; und wohl dem, der es sich so lebendig denkt, daß er ihn wirklich kann reden lassen!«[21] Allerdings unterscheidet sich Schleiermachers Bewertung der von Leopardi als ideal gepriesenen Übersetzungsleistung grundsätzlich:

> Wer überzeugt ist daß wesentlich und innerlich Gedanke und Ausdrukk ganz dasselbe sind, und auf dieser Ueberzeugung beruht doch die ganze Kunst alles Verstehens der Rede, und also auch alles Uebersezens, kann der einen Menschen von seiner angebornen Sprache trennen wollen, und meinen, es könne ein Mensch, oder auch nur eine Gedankenreihe eines Menschen, eine und dieselbe werden in zwei Sprachen? [...] das Ziel, so zu uebersezen wie der Verfasser in der Sprache der Uebersezung selbst würde ursprünglich geschrieben haben, ist nicht nur unerreichbar, sondern es ist auch in sich nichtig und leer.[22]

3 Der Charakter der italienischen Sprache (im Vergleich zu der französischen und der deutschen)

Leopardi versichert wiederholt, daß die italienische Sprache für jeden Stil empfänglich ist.[23] Andererseits räumt er ein, daß die französische Art der *conversation* im Italienischen zum gegenwärtigen Zeitpunkt in der gesellschaftlichen Entwicklung Italiens nicht möglich ist. Darin sieht er keinen Widerspruch. Denn obwohl es der italienischen Sprache, von Natur aus locker und geistreich, temporeich und ernsthaft, leicht fällt, allen Nuancen des sozialen Lebens Ausdruck zu verleihen, kann sie keinen fremden Charakter annehmen. Dies gilt für die französische Art der *conversation* ebenso wie für Übersetzungen und trifft angeblich zu allen Zeiten auf alle Sprachen zu.[24] Idealerweise sollte französische *conversation* so übersetzt werden, daß das Ergebnis nicht wie Französisch in italienischer Sprache wirkt, sondern daß die italienische Konversationssprache genauso klingt und wirkt wie die französische, aber eben ohne französisch zu sein. Leopardi ist der Überzeugung, daß die Realisierung dieses Potentials der italienischen Sprache durch ein nationales gesellschaftliches Defizit behindert wird: wenn es die gesellschaftlichen Verhältnisse in Italien zuließen, wenn die Italiener mehr ›Gesellschaft‹ besäßen, wie dies im 16. Jahrhundert bereits der Fall gewesen war, wenn ihre aktuelle Konversationssprache Italienisch statt Französisch wäre, würde sie dies in die Lage versetzen, eine nationale italienische Gesellschaftssprache zu schaffen, so elegant, verfeinert, flexibel, reich und amüsant wie die französische Sprache, aber eben nicht Französisch, sondern charakteristisch Italienisch. Für die Übersetzungspraxis würde dies bedeuten, die Italiener könnten Französisch in Wort und Schrift perfekt übersetzen anstatt, wie (angeblich) die deutschen Übersetzer, lediglich transkribieren. Die Fähigkeit zum perfekten Übersetzen betrachtet Leopardi als latenten Aspekt des italienischen Charakters, dessen Aktivierung jedoch nicht ohne die Schaffung notwendiger Voraussetzungen – gesellschaftlicher und literarischer – möglich ist. Anlaß zur Hoffnung gibt zumindest die Entwicklung der italienischen Sprache und Dichtung, welche, wie Leopardi glaubt, in jüngster Zeit nicht nur den Glanz von Vergils Stil erreicht haben, sondern sogar in Übersetzung sich diesem annähern. Auch hier stellt Leopardi eine Verbindung her zwischen der stilistischen Anpassungsfähigkeit des Italienischen als Übersetzungssprache und dessen gleichzeitigem Unvermögen, den eigenen Charakter zu verändern, dies im Gegensatz zu der deutschen Sprache. Demnach bewahrt die italienische Sprache ihren spezifischen Charakter selbst dann, wenn sie einen fremden Stil adaptiert. Keine andere Sprache ist hierzu fähig, ohne, wie die deutsche Sprache, korrumpiert zu werden. Auch wenn diese mindestens so anpassungsfähig ist wie die italienische, gelingt es ihr nicht, ihren spezifischen Charakter zu bewahren.

4 Nationale Übersetzungskonventionen: Deutsch als Übersetzungssprache und die Übersetzungspraxis deutscher Autoren

Wenn sich Leopardi an verschiedenen Stellen im *Zibaldone* zur deutschen Sprache allgemein, zum Deutschen als Übersetzungssprache und zur Übersetzungspraxis in Deutschland äußert, beruft er sich wiederholt auf Madame de Staël als seine Gewährsperson. Dies geschieht in Form von impliziten Anspielungen, expliziten Verweisungen und direkten Zitaten, wie das folgende aus *De l'Allemagne:*

> L'art de traduire est poussé plus loin en allemand que dans aucun autre dialecte européen. Voss a transporté dans sa langue les poètes grecs et latins avec une étonnante exactitude, et W. Schlegel les poètes anglais, italiens et espagnols, avec une vérité de coloris dont il n'y avait point d'exemple avant lui. Lorsque l'allemand se prête à la traduction de l'anglais, il ne perd pas son caractère naturel, puisque ces langues sont toutes deux d'origine germanique; mais quelque mérite qu'il y ait dans la traduction d'Homère par Voss, elle fait de *l'Iliade* et de *l'Odyssée* des poèmes dont le style est grec, bien que les mots soient allemands. La connaissance de l'antiquité y gagne; l'originalité propre à l'idiome de chaque nation y perd nécessairement. Il semble que c'est une contradiction d'accuser la langue allemande tout à la fois de trop de flexibilité et de trop de rudesse; mais ce qui se concilie dans les caractères peut aussi se concilier dans les langues; et souvent dans la même personne les inconvénients de la rudesse n'empêchent pas ceux de la flexibilité.
>
> Ces défauts se font sentir beaucoup plus rarement dans les vers que dans la prose, et dans les compositions originales que dans les traductions; je crois donc qu'on peut dire avec vérité qu'il n'y a point aujourd'hui de poésie plus frappante et plus variée que celle des Allemands.[25]

Madame de Staëls Charakterisierung der deutschen Sprache und ihr Versuch einer differenzierten Würdigung der Übersetzungsleistungen von Schlegel und Voß animieren Leopardi an verschiedenen Stellen des *Zibaldone* zu seiner ausführlichen Kritik der deutschen Sprache und der von ihm pauschal als ›deutsch‹ verstandenen Übersetzungsmethode. Zugleich benutzt er diese Referenz zur eigenen Positionsbestimmung, hier und in weiteren Einträgen. Eine konkrete, auf eingehender Textanalyse basierende Auseinandersetzung mit den von Voß oder August Wilhelm Schlegel praktizierten unterschiedlichen Übersetzungsverfahren unternimmt Leopardi nicht. Ohne auf de Staëls Kommentar zu Schlegels Übersetzungen insbesondere aus dem Englischen einzugehen, resümiert Leopardi, daß das von de Staël mit Blick auf Voß' Homer-Übersetzung angesprochene Ausgangstext-orientierte, verfremdende Übersetzungsverfahren der Übersetzungsqualität keineswegs förderlich ist: »Questo dunque non si chiama esser buona alle traduzioni.«[26] So zu übersetzen wie Voß bedeute, de Staël zufolge, daß eine bestimmte Sprache – hier die deutsche – sich den Konstruktionen und dem Stil jedweder fremden Sprache mit höchster Genauigkeit anpassen könne, und zwar ohne ihre eigenen grammatischen Regeln zu verletzen. Dem hält Leopardi entgegen, daß ›Genauigkeit‹ nicht mit ›Treue‹ gleichzusetzen ist, denn eine fremde Sprache verliert ihren eigenen Charakter und ›stirbt‹ in der Sprache des Übersetzers, und dessen Sprache wiederum verliert bei diesem Rezeptionsvorgang ihren spezifischen Charakter, ohne daß die Regeln ihrer eigenen Grammatik verletzt worden sind. Für Leopardi gilt daher: Homer ist eben nicht Homer auf Deutsch, ebenso wenig bleibt Homer derselbe in einer Wort-wörtlichen Übersetzung ins Lateinische. Selbst das, im Gegensatz zum modernen Deutsch, unflexible Latein paßt sich insbesondere Konstruktionen des Griechischen gut an, und zwar ohne grammatische Fehler. Dennoch verliert es bei diesem Vorgang seinen eigenen Charakter und zugleich den Charakter des übersetzten Autors. (19. Oktober 1821)[27]

Auch in Deutschland wird Johann Heinrich Voß für seine verfremdende, ›homerisierende‹ Übersetzweise, d. h. das Überschreiten der »Grenze der Idiomatizität« sowie die »der grammatischen und lexikalischen Korrektheit« kritisiert, insbesondere von A. W. Schlegel in dessen Rezension der zweiten Fassung der Odyssee-Übersetzung von 1793. Für J. W. v. Goethe hingegen repräsentiert Voß' Art des Übersetzens die höchste und letzte Entwicklungsstufe, nämlich diejenige,

> wo man die Übersetzung dem Original identisch machen möchte, so daß eins nicht anstatt des anderen, sondern an der Stelle des anderen gelten soll. [...] der Übersetzer, der sich fest an sein Original anschließt, gibt mehr oder weniger die Originalität seiner Nation auf, und so entsteht ein Drittes, wozu der Geschmack der Menge sich erst heranbilden muß.[28]

Daß bei dieser Art des Übersetzens die nationale Identität der Zielsprache und -literatur auf der Strecke bleibt, steht für Leopardi als negatives Resultat fest. Diesen Verlust vermögen weder die neugewonnene »Versatilität« noch die rhetorischen, rhythmischen und metrischen »Vorteile« auszugleichen: Das Ende der Übersetzungsgeschichte ist mit der Übersetzungsleistung von Voß noch nicht gekommen.

Nicht nur in diesem Zusammenhang geht Leopardi signifikant über das von de Staël in *De l'Allemagne* zur Übersetzungsmethode von Voß Gesagte hinaus. Bemerkenswert ist zudem, daß Leopardi an anderer Stelle, wahrscheinlich mit implizitem Bezug auf de Staël, eine Behauptung Dritter über die angebliche Leistungsfähigkeit der deutschen Sprache kolportiert, um dann eigene spekulative Schlußfolgerungen bezüglich der Charakterlosigkeit der deutschen

Sprache zu ziehen. Angeblich brüsten sich die Deutschen mit dem Vermögen ihrer Sprache, jede beliebige fremde Sprache, geschrieben oder gesprochen, und jedwede stilistische Eigenart von Autoren mühelos nachzuahmen (*imitare*), ja daß sie sich praktisch jeder beliebigen Sprache anverwandeln könne.[29] Leopardi paraphrasiert de Staëls Ausführungen unter Hinzufügung zahlreicher Details, welche in ihrer Gesamtheit bestätigen, daß sich ›die Deutschen‹ bereits im Besitz von Übersetzungen der Werke zahlreicher Autoren unterschiedlicher Epochen, Herkunft und Sprache, von Übersetzungen aus dem Griechischen, Lateinischen, Englischen, Französischen, Spanischen, von Homer, Ariost, Shakespeare, Lope de Vega, Calderón usw. befinden. Diese Übersetzungen entsprechen allesamt, so wird laut Leopardi von anderen behauptet, allen äußeren und inneren Qualitäten der Originale geradezu idealtypisch und bewahren dabei den Charakter des jeweiligen Autors und seines Stils. Sie ahmen den Genius und die ideale Form einer beliebigen Sprache nicht nur nach, drücken sie aus, oder stellen sie dar, sondern korrespondieren Zeile für Zeile, Wort für Wort, Silbe für Silbe; ihre Syntax, ihre genaue Wortfolge, die Zahl der Wörter, ihr Metrum entsprechen der Zahl und dem Rhythmus einer jeden Verszeile oder Prosaperiode, ihrer mimetischen Harmonie, ihrer Kadenz, allen möglichen äußeren und inneren Qualitäten des Originals. Insbesondere das zuletzt Behauptete könnte dem von deutschen Kritikern beschriebenen Ideal einer Übersetzung nahe kommen, und dennoch entspricht es nicht der idealen Übersetzung in Leopardis Sinn. Denn, Leopardi zufolge, kann man solche Übersetzungen nicht wirklich als ›Imitationen‹ eines Originals bezeichnen, sondern lediglich als Kopien, welche in der gleichen Beziehung zu dem Original stehen wie die als Ölgemälde auf eine Leinwand übertragene exakte Kopie eines Frescos.

In ihrer verallgemeinernden Tendenz, in ihrer Ausführlichkeit und Entschiedenheit bei der Klassifizierung deutscher Übersetzungen als Kopien vermitteln Leopardis Äußerungen den Eindruck seiner sehr festen Überzeugung, wonach Übersetzen nicht Handwerk, sondern Kunst, der Übersetzer nicht Handwerker, sondern Künstler ist, den geistige Harmonie, eine Art Metempsychose, mit dem Autor verbindet. Ähnlich bestimmt sind seine Äußerungen über die deutsche Sprache und deren angeblichen Mangel an Charakter:

> Se questo è, che certo non si può negare, resta solamente che si spieghi con dire che la lingua tedesca non ha carattere proprio, o che il suo proprio carattere si è di non averne alcuno, oltre i cui limiti non possa passare, il che viene a dir lo stesso. (29–30. Juni 1823)[30]

Ob er noch über andere Quellen, von Madame de Staël abgesehen, verfügte, welche ihn über die bei den Deutschen angeblich vorherrschende Übersetzungsmethode hätte informieren können, sei dahingestellt. Man kann allerdings mit Gewißheit sagen, daß das Bild, welches er sich vom Charakter der deutschen

Sprache zwischen dem 19. Oktober 1821 und dem 3. Juni 1823 gemacht hat, gravierend von seiner Idealvorstellung einer für das Übersetzen geeigneten Sprache, wie die italienische, abweicht.

Im Folgenden zeichnet Leopardi das Bild einer Sprache, deren besonderer Charakter sich darin manifestiert, daß sie keinerlei Grenzen kennt und gerade daher keinen Charakter besitzt, einer Sprache eben, die so reich, vielfältig, ungezwungen, kraftvoll, flexibel, nachgiebig, dehnbar ist, wie von der deutschen Sprache behauptet wird. All dies ist in seinen Augen ein Ding der Unmöglichkeit für eine entwickelte, formvollendete, perfekte Sprache – in der Vergangenheit, Gegenwart oder Zukunft – selbst für die griechische Sprache, die machtvollste, anpassungsfähigste, aller ›geformten‹ bekannten Sprachen. Und es läßt nur den einen Schluß zu: die deutsche Sprache ist (noch) nicht formvollendet, noch nicht perfekt und eben ohne Charakter.[31] Dieses Thema beschäftigt Leopardi wiederholt und intensiv, wobei der Eindruck entsteht, daß es ihm nicht um die real existierende deutsche Sprache geht – die ihm ja weitgehend fremd ist – sondern um eine fiktive Sprache mit imaginären Eigenschaften, von Leopardi stilisiert als typologischer Gegenentwurf zu der allzu charakterfesten, in Formen erstarrten real existierenden französischen Sprache einerseits, und zu Leopardis Wunschbild einer italienischen Sprache, welche beide Ideale in sich vereint: Perfektion und Charakter.

Leopardi vergleicht die deutsche Sprache sehr anschaulich mit Wachs oder weichem, formlosem Teig (*pasta*), also einem Material, welches geeignet ist, jede gewünschte Form, jedweden Abdruck anzunehmen.[32] Ungeachtet der Fremdheit einer beliebigen Sprache, die deutsche Sprache absorbiert sie, und im Handumdrehen ist die Übersetzung fertig. Warum also sollte man den Übersetzer loben für eine Leistung, welche keine Leistung ist, das Resultat keine Kunst, der Übersetzer ein Handwerker? Denn weder die Herstellung der Paste, noch des Stempels, mit welchem er die Prägung vollzieht, sind seine Leistung. Der Wert von ›Imitation‹, wie sie Leopardi versteht, liegt eben nicht darin, daß sie dieselbe Sache wiederholt, sondern im Erfinden von Ähnlichkeit, ohne dabei den Charakter des von dem Künstler-Übersetzer verwendeten Materials zu verändern. Man schätzt das Material als solches, aber noch mehr das Maß, in welchem der Künstler selbst zu der Ähnlichkeit beigetragen hat, welche zwischen dem Artefakt und dem Modell besteht, und je mehr diese Ähnlichkeit dem schöpferischen Geist verdankt als äußeren Umständen. Sollte dies jedoch nicht der Fall sein, so kann die Übersetzung die Sprache, in welcher sie verfaßt ist, weder signifikant erweitern noch bereichern und formen. Tatsächlich wird der Sprache geschadet, da sich die neuen ›Eindrücke‹ oder Formen durch ihre Vielfalt gegenseitig daran hindern, eine dauerhafte Verbindung mit ihr einzugehen. Nach Leopardis Überzeugung gilt dies besonders für die deutsche Sprache. Auch sind viele der mittels Übersetzungen in die deutsche Sprache eingeführten neuen

Formen dem Nationalcharakter und der Literatur der Deutschen völlig fremd und behindern die deutsche Sprache und Literatur in ihrer Entwicklung hin zur Perfektion. Wäre dieser Zustand erreicht - entsprechend dem der modernen italienischen und der klassischen griechischen Sprache - so würden die in der Gegenwart noch hoch gelobten Übersetzungen eher als Kuriositäten und nicht als geniale Werke von solchen Lesern verkannt werden, deren Geschmack ein mathematischer, kein literarischer ist, und welche die Werke mit dem Zirkel vermessen, anstatt sie zu genießen. Leopardi behauptet, die in einem fremdsetzenden Verfahren angefertigten Übersetzungen kämen den Deutschen weder deutsch vor, noch könnten sie dem Volk eine Vorstellung von den Originalen vermitteln. Dies nicht zuletzt, weil den deutschen Lesern die Sprache der Originale fremd sei, was Leopardi wiederum als Symptom der Unvollkommenheit und Unreife deutet.

5 Französisch als Inbegriff der »modernen Sprache«

In seinen Notizen vom 20.–22 April 1821 beschäftigt sich Leopardi besonders ausführlich mit der französischen Sprache und deren Eignung als Übersetzungssprache.[33] Er beginnt mit einem Zitat aus de Staëls folgenreichem Artikel »Sulla maniera e la utilità delle traduzioni«,[34] in welchem de Staël Delille von ihrer generellen Kritik französischer Zieltext- und Zielsprachen-orientierten Übersetzungen ausnimmt. De Staël zufolge mangelt es an guten französischen Gedichtübersetzungen, ausgenommen die *Georgica* Übersetzung des abbé Delille. Es gibt durchaus geschickte französische Übersetzer, die das anderorts Gefundene ohne erkennbaren Unterschied zu autochthon französischen Werken in die französische Sprache verwandeln. Doch ist kein dichterisches Werk auffindbar, welches in seiner französischen Übersetzung noch ein fremdes Erscheinungsbild bewahrt, was wohl grundsätzlich im Französischen nicht möglich ist.[35]

Zur Begründung weist de Staël auf die Nähe der französischen Sprache zu Latein hin und die daraus resultierenden großen Unterschiede zwischen anderen modernen Sprachen und dem Französischen. Wollte sich das Französische diesen angleichen - vermutlich mittels eines verfremdenden Übersetzungsverfahrens, wie in anderen Sprachen möglich - würde dies die französische Sprache ihrer in der lateinischen Sprache wurzelnden Würde berauben.[36] Leopardis Replik ist dezidiert: Darüber, ob Delilles Übersetzung besser als irgendeine andere französische Übersetzung qua Übersetzung ist, können und sollen nur Franzosen selbst entscheiden. Doch wenn es um den Vergleich zwischen Übersetzung und Original geht, liegen die Dinge anders. Franzosen neigen dazu, bei Delille ein ebenso hohes Maß an Konformität und Äquivalenz zu erkennen, wie bei irgend einer beliebigen französischen Version. Ob dies jedoch tatsächlich zutrifft, darüber können nur Ausländer, nicht Franzosen urteilen, und keine andere Nation ist hierfür besser qualifiziert als die italienische.[37] Dabei hat Leopardi nicht etwa genetisch bedingte nationale Prädispositionen im Sinn, sondern sprachliche. Das Anpassungsvermögen der französischen Sprache an fremde Sprachformen hält er für minimal, und folglich sind, nach seiner Überzeugung, Sprecher des Französischen zwar fähig, fremde Sprachen mit dem Intellekt sehr gut zu verstehen und zu kennen, doch sind sie kaum dazu in der Lage, fremde Sprachen vom Gefühl geleitet zu schätzen und zu erfahren – im Gegensatz zu Italienern. Leopardi ist davon überzeugt, daß man das Besondere einer fremden Sprache nur in dem Maße fühlen kann, wie die eigene Sprache und die gesellschaftlichen Verhältnisse dies erlauben.

Bereits in einem früheren undatierten Eintrag spricht Leopardi diese Problematik an, und auch hierzu hat de Staël den Anstoß gegeben. In der französischen Gesellschaft, so heißt es in *Corinne*, »l'esprit naturel se tourne en épigrammes plutôt qu'en poésie«,[38] was Leopardi dahingehend ergänzt, daß alles auf Französisch Geschriebene epigrammtisch und dem unterhaltsamen, geistreichen Stil französischer Konversation angeglichen ist. Dieser Stil, der Autoren durch den Lesergeschmack aufgezwungen wird – und zu dessen Formung sie ihrerseits beitragen – entspricht gesellschaftlichen Vorstellungen von stilistischer Natürlichkeit und Schlichtheit, welche das französische Lesepublikum merkwürdigerweise in La Fontaines Werken realisiert sieht. Dabei wird übersehen, daß wahre innere und äußere Schlichtheit des Stils nichts mit der konventionellen Eleganz und Raffinesse von Konversation zu tun hat, sondern mit der Direktheit des sprachlichen Ausdrucks, dessen Eleganz angeboren, nicht erworben ist. Er findet sich ganz allein in der Natur, in der reinen unmittelbaren Manifestation von Gefühl, welches nicht der Vermittlung bedarf. Die besondere Art des ›natürlichen‹ Sprechens und Schreibens beherrschten angeblich die Griechen – Leopardi nennt Xenophon und Herodot – und, bei den Italienern, Autoren des 14. Jahrhunderts. Doch gerade deren Werke – Prototypen von absoluter Klarheit und Einfachheit – sind bezeichnenderweise nicht in jene Sprache übersetzbar, welche stets für ihre Einfachheit gepriesen wird. Tatsächlich genügt es, die französischen Übersetzungen der Klassiker des Altertums zu lesen, um zu erkennen, wie wenig sie vom Charakter des ursprünglichen Stils der Texte bewahrt haben, und wie schwer es den Übersetzern gefallen sein muß, die fremdsprachigen Ausgangstexte in ihr eigenes gesellschaftliches und kulturelles Umfeld und ihren angeblich einfachen Konversationsstil zu transponieren, welcher inzwischen mit der französischen Sprache selbst gleichgesetzt wird.[39]

Im Gegensatz vor allem zu dem Französischen ist die italienische Sprache, wie Leopardi erläutert, ein Aggregat aus mehreren Sprachen (darin angeblich der deutschen Sprache ähnlich) und daher Fremdem gegenüber anpassungsfähiger.[40] Wenn nötig, findet sie Äquivalente und bewahrt damit etwas von der Farbe der fremden Sprache, was wiederum Kennern dieser Sprache eine ›imaginative‹ Rekonstruktion ermöglicht. Das Gesagte trifft insbesondere auf das Verhältnis des Italienischen zu Griechisch und Latein zu, deren Tochter es geblieben ist und deren Genius und Charakter es mit ihnen teilt. Dagegen hat sich Französisch weit von Latein, seiner Mutter, und deren Genius entfernt. Unter Berufung auf Pietro Giordani[41] argumentiert Leopardi, daß der Erwerb einer Fremdsprache gewissermaßen im Austausch mit der eigenen Sprache – Wort für Wort, Satz für Satz – erfolgt. Wenn aber die eigene Sprache nur wenig oder widerwillig zu diesem Austausch beiträgt, erschwert dies nicht nur das Erlernen fremder Sprachen, sondern auch das Übersetzen: ihre exklusive und aufdringliche Sprache läßt Franzosen nur wenig Raum, die Sprache Vergils wahrhaft zu erfühlen und zu schätzen. Dies ganz im Gegensatz zu Italienern, die mit Hilfe ihrer eigenen Sprache am besten in der Lage sind, die spezifischen Qualitäten des Französischen und, mehr noch, des Lateinischen zu erfassen. Leopardis Fazit: Da Sprache das einzige dem Menschen zur Verfügung stehende Instrument ist, um sich ein Bild von der Natur, dem Gewicht und Wert fremder Wörter und Sätze zu machen, wenn also dieses Instrument für diese Aufgabe ungeeignet oder zu schwach ist, dann wird auch das Ergebnis schwach und unangemessen sein.[42]

Im Folgenden geht Leopardi auf systemische und andere Gründe ein, welche nach seiner Überzeugung gerade die französische Sprache als Übersetzungssprache disqualifizieren. Kategorisch stellt er fest, daß keine Sprache ein perfektes Mittel zum angemessenen und vollständigen Erfassen jedweder Eigenschaft jeder fremden Sprache ist. Dennoch sind einige weniger geeignet als andere. Warum dies besonders auf die französische Sprache zutrifft, versucht Leopardi, de Staël paraphrasierend, zu begründen.[43] Demnach ist keine Sprache an eine strengere Wortfolge und festere Regeln gebunden, stärker eingeengt, monotoner, ängstlicher, weniger zu kühnen Höhenflügen bereit, geschmeidig, frei und variabel, dabei von größerer Konformität ihrer Teile als die französische. Womit sie, nach Leopardis Überzeugung, das am wenigsten geeignete, unwirksamste, unangemessenste, gröbste Instrument ist, um das Begreifen anderer Sprachen und deren Eigenheiten zu fördern. Wie also kann sich die Mehrheit der Franzosen, selbst die gebildeten und kultivierten, unter den gegebenen Bedingungen eine so klare Vorstellung von anderen Sprachen machen und ein so tiefes, vollkommenes Gefühl für deren Anmut empfinden, um bereit zu sein, sich »in andere Sprachen und deren ›Genie‹ zu kleiden?«[44]

Die Konsequenzen solchen Unvermögens sind vielfältig und tiefgreifend. Für Leopardi ist es ganz natürlich, daß jedes Volk ein Gefühl für seine eigene Literatur entwickelt hat, sie schätzt und anderen Literaturen vorzieht. Allerdings ist dies bei den Franzosen im Übermaß der Fall, zumal sie, außer mit der eigenen, mit keiner anderen Literatur vertraut sind – im Unterschied zu den Naturwissenschaften und der Philosophie. Angeblich sind ihnen fremde Literaturen nur in Übersetzung bekannt, und zwar von der vertrauten Art, nämlich charakterisiert durch mangelnde Flexibilität, Begrenztheit und ›Genius‹ ihrer Sprache. So transferieren französische Übersetzer fremde Werke nicht nur in ihre eigene Sprache, sondern machen sie zu einem Teil der französischen Literatur, mit dem Ergebnis, daß diese die einzige in Frankreich allseits bekannte Literatur bleibt, selbst für die meisten Gelehrten. In Leopardis Wahrnehmung sind fremde Literaturen den Franzosen weitgehend gleichgültig, allerdings nicht die griechische und die lateinische Literatur. Diese werden als Mütter der französischen Literatur geschätzt sowie als Modell und Norm in der festen Überzeugung zitiert, Franzosen seien prädestiniert, die Werke der Klassischen Antike voll und ganz zu verstehen und zu würdigen. Dabei übersehen sie möglicherweise bewußt, daß ihre eigene Literatur, welche sie als die vollkommenste und als die einzig wahre und perfekte Literatur anerkennen, sich fundamental von der griechischen und lateinischen unterscheidet, ja in vielerlei Hinsicht deren Gegenteil ist.[45] Tatsächlich ist die französische Literatur genauso durch gesellschaftliche Verhältnisse und Tradition versklavt wie die französische Sprache: ohne Originalität, ohne Imagination und daher für wahre Dichtung ungeeignet. (7. November 1821)[46]

Es kann nicht überraschen, daß sich Ausländer bei der Beurteilung der Fehler oder Vorzüge einer fremden Sprache, sei sie tot oder lebend, und der in dieser verfaßten Literatur irren. Dies betrifft insbesondere sprachspezifische Stilmerkmale. In deren Beurteilung, behauptet Leopardi, irren sich Franzosen fast immer, selbst die gebildetsten und berühmtesten unter ihnen, wobei die Größe des Irrtums in direktem Verhältnis zu Kühnheit und Selbstbewußtsein der Behauptung steht. Überhaupt verfügen Franzosen und Italiener – anders als Engländer, Deutsche und Holländer – über die geringsten Fremdsprachenkenntnisse. Was die neueren Sprachen betrifft, so leben die meisten Franzosen im Zustand selbstzufriedener Ignoranz, oder sie maßen sich das Recht an, wie Madame de Staël, auf der Grundlage rudimentärer Kenntnisse abfällig zu urteilen. Leopardi nimmt ausdrücklich einige wenige französische Literaten von seiner Kritik aus, welche fremde Sprachen und Literaturen gemeistert haben. Insbesondere Ginguiené kann wohl als einziger französischer Autor die italienische Sprache und Literatur kompetent beurteilen. So wirkt also, nach Leopardi, die französische Sprache als trennendes Element im Verhältnis zu anderen Nationen: sie behindert ein angemessenes Begreifen und gefühlsmäßiges Erfassen anderer Sprachen, und sie erweist sich als ungeeignetes Instrument zu deren Erwerb und Würdigung.[47]

Was Leopardi generell über die Ursachen gesagt hat, welche für Franzosen den Umgang mit fremden Sprachen erschweren, einschließlich der beschriebenen Konsequenzen für das Übersetzen in das Französische, ist seiner Meinung nach speziell mit Blick auf die Sprachen der Klassischen Antike aber auch auf Italienisch, als moderne europäische Kultursprache, relevant. In seiner Notiz vom 1. May 1821 ergänzt er seine bereits referierte Argumentation sowohl mit Blick auf die neuere Entwicklungsgeschichte der französischen Sprache als auch auf sprachvergleichende Aspekte.[48] In der Zeit vor Ludwig XIV. war die französische Sprache, in Fénelons Worten, noch nicht ›geometrisiert‹ und in ›Reih und Glied‹ aufgestellt.[49] Leopardi ergänzt, daß Amyots Übersetzungen und sein sehr einfacher Stil, welcher dem des Originals gleiche, sich substantiell vom Charakter des modernen Französisch unterscheiden, nicht nur lexikalisch und durch den Gebrauch antiquierter Formen. Ganz anders die französische Sprache der Gegenwart, in welcher ihre klassischen Werke verfaßt sind, die Sprache, deren Form durch die Akademie fixiert worden ist. Wie geeignet ist diese Sprache als Instrument zum Erlernen, zur Würdigung und vor allem zum Übersetzen der Sprachen der Klassischen Antike? Madame de Staël irrt gewaltig, wenn sie glaubt, daß die französische Sprache auf Grund ihres Ursprungs besser als andere Sprachen geeignet sei, Latein Ausdruck zu verleihen.[50] Das Gegenteil trifft zu. Denn Latein ist, nach Leopardi, die Sprache, in welcher Vernunft die geringste Rolle spielt, dagegen die Imagination – wie bei allen Sprachen des Altertums – eine beherrschende. Bei den modernen Sprachen besitzt für ihn Italienisch den höchsten Grad an Imagination (dicht gefolgt von Spanisch) und kommt daher den Sprachen und dem Charakter der Antike am nächsten. Man könnte also sagen, daß das Verhältnis der französischen Sprache zum Italienischen seinem Verhältnis zu den Sprachen der Antike gleicht. Doch die Fakten sprechen für sich: keine andere moderne Kultursprache ist in Frankreich so unbekannt oder wird dort so mißverstanden, wie die italienische; und französische Übersetzungen aus dem Italienischen, aus Latein oder Griechisch sind nicht wiederzuerkennen. (1. Mai 1821)[51] Gerade weil die französische Sprache nur ihren eigenen einzigartigen Stil zuläßt – und sich in fast alle europäischen Sprachen insinuiert hat – ist sie einerseits unfähig zum Übersetzen, andererseits ist sie selbst sehr leicht und detailgetreu in alle anderen Kultursprachen übersetzbar. Das Gegenteil trifft auf Italienisch zu, weil es alle anderen Sprachen an stilistischer Vielfalt und daher an Übersetzungsvermögen übertrifft. (12. September 1821)[52]

***

Während Leopardis frühe Kommentare zum Übersetzen in enger Verbindung zu eigenen experimentellen Übersetzungen Klassischer Texte stehen, fehlt seinen späteren Äußerungen im *Zibaldone* in der Regel dieser direkte textnahe, übersetzungspraktische Bezug. An dessen Stelle tritt die Verbindung sprach- und literaturbezogener Gedanken, sowohl abstrakt-theoretischer wie historischer

Natur, mit Leopardis Interesse an den mannigfaltigen Aspekten des Übersetzens. Den dominanten Kontext für diese Überlegungen bieten die italienische Sprache, Literatur und Kultur, zumeist in deren Beziehung zur klassischen Antike, aber auch aktuelle literarische Themen, wie der Konflikt Klassik versus Romantik. Allerdings werden in dem Gedankentagebuch zeitgenössische inneritalienische Kontroversen zu Übersetzungsfragen nicht explizit angesprochen oder gar ausführlich diskutiert. Dennoch sind sie im Hintergrund präsent und damit impliziter Teil von Leopardis Argumentation. Dies betrifft z. B. seine Nähe zu dem von Ugo Foscolo vertretenen kulturhermeneutischen Übersetzungsprinzip: beide teilen die Auffassung, daß Sprache und Textverständnis historisch und relativ sind; in beider Übersetzungskonzeptionen steht ein Übersetzer-Dichter im Mittelpunkt, welcher über die zur sprachlich-stilistischen Rekonstruktion des Originals und dessen historisch-kulturellen Kontext erforderlichen Kenntnisse verfügt; und beide vertreten die These, »dass eine Übersetzung den expressiven Kern des Originals wiedergeben müsse, also die Vorstellungskraft, die der Autor mit seinem Werk verbindet.« Allerdings führt Leopardi im *Zibaldone* »diesen Gedanken weiter und definiert Übersetzungstreue als geistige Harmonie zwischen Übersetzer und Autor, deren Umsetzung eben erhebliche literarische Kompetenzen des Übersetzers erfordere [...] und erst dann erreicht werde, wenn Sprache und Stil der Übersetzung bei den Lesern der Ausgangs- und der Zielkultur dieselbe Wirkung erzielten«.[53]

Im Gegensatz zu Leopardi verteidigen Vertreter des Mailänder Kreises des *Concilatore* Madame de Staël und deren Aufforderung an italienische Literaten, sich für eine sprachlich-kulturelle Erneuerung ihrer Kultur, insbesondere auch auf dem Weg der Übersetzung aus modernen Sprachen, einzusetzen. Einen der bekanntesten der *Conciliatori*, Giovanni Berchet, dessen *Lettera semiseria di Crisostomo al suo figliolo* (1816) »als Manifest der romantischen Dichtungs- und Übersetzungskonzeption gilt«,[54] erwähnt Leopardi im *Zibaldone* namentlich nicht. Dennoch ist es schwer vorstellbar, daß Berchets übersetzungstheoretischen und gattungstypologischen Überlegungen, insbesondere seine Demonstration verfremdenden Übersetzens anhand von Gottfried August Bürgers Balladen, Leopardi unbekannt waren, zumal er die italienische Fassung von Bürgers *Leonore* vermutlich aus Berchets *Lettera semiseria* kannte.[55] Im Übrigen fehlen im *Zibaldone* Hinweise darauf, daß Leopardi Berchets Glauben an eine »Möglichkeit der Erschließung neuer literarischer Räume durch bewußte Konfrontation mit dem Fremden für Italien« teilte. Auch Lodovico di Breme, in dessen beiden einschlägigen Artikeln im *Spettatore Italiano* (1818) Übersetzung als »Quelle der Kultur- und Sprachbereicherung gepriesen wird«[56], findet in Leopardis Aufzeichnungen nur im Rahmen seiner Auseinandersetzung mit romantischer Literaturtheorie und -praxis (einschließlich Bürgers *Leonore*) Erwähnung. Der Grund für dieses Fehlen mag in dem oft spontanen Charakter dieser Aufzeichnungen liegen, oder ganz einfach darin, daß ihm die Auseinandersetzung mit den Verfechtern Romantischer Anschauungen auf literarischem Terrain wichtiger war, als die private Fortführung der lang andauernden Diskussion über die beste Übersetzungsmethode, zu der er ja im *Zibaldone* mit der Beschreibung ›perfekten Übersetzens‹ seinen persönlichen (wenn auch zu seinen Lebzeiten unveröffentlichten) Beitrag lieferte.

Anmerkungen

1 Vgl. Bschleipfer/Schwarze, pp. 1953.

2 Madame de Staël's Artikel »De l'esprit des traductions«, übersetzt aus dem Französischen von Pietro Giordani, erschien im Januar 1816 in der 1. Nummer der Mailänder Zeitschrift *Biblioteca Italiana.* In einem Folgeartikel, »Riposta alle critiche mossele« (Juni 1816), bekräftigt sie ihre Ansichten. – Leopardis »Lettera in riposta a quella di Mad. la baronessa di Staël Holstein« trägt das Datum 18. Juli 1816. http:/www.bibliotecaitaliana.it/indice/visualizza_testo_htmi/bibit000789.

3 *Zibaldone di pensieri* wurde erstmals zwischen 1898 und 1900 veröffentlicht.

4 Z 3952–54. Diese und alle folgenden mit ›Z‹ markierten Seitenangaben folgen der Nummerierung von Leopardis Manuskriptseiten und den entsprechenden Kennzeichnungen in Walter Binnis Ausgabe des *Zibaldone.*

5 Cesare Beccaria, *Richerche intorno alla natura dello stile.* Milan 1770.
»Le parole come osserva il Beccaria (trattato dello stile) non presentano la sola idea dell'oggetto significato, ma quando più quando meno immagini accessorie. Ed è pregio sommo della lingua l'aver di queste parole. Le voci scientifiche presentano la nuda e circoscritta idea di quel tale oggetto , e perciò si chiamano termini perchè determinano e definiscono la cosa da tutte le parti.« Z 109–110. Vgl. auch Z 1234–36; Z 1701–06.

6 Vgl. Z 1234–36 und Z 1701 zu Leopardis Unterscheidung von ›Wörtern‹ und ›Termen‹.

7 Z 3953.

8 Z 3954.

9 Schwarze, p. 1948.

10 Z 2134–36.

11 Z 2136.

12 Z 2136; vgl. auch Z 1926 (16. Oktober 1821).

13 Z 1950.

14 Z 1988 (zu Z 1950); vgl. auch Z 319–20; Z 1947–50.

15 »La piena e perfetta imitazione è ciò che costituisce l'essenza della perfetta traduzione, come altrove ho detto. Or questo è ciò che sa fare la nostra lingua, e che non può la tedesca, essendo altro il contraffare, altro l'imitare.« (25. Oktober 1821); Z 1950. Vgl. auch Z 2845 ff. (29. Juni 1823).

16 Z 1950.

17 Z 1954.

18 Z 1955.

19 Z 1956.

20 Z 1957.

21 »Ueber die verschiedenen Methoden des Uebersezens.« Zitiert nach Störig, pp. 58–59.

22 Störig, p. 60. Schleiermacher wird im *Zibaldone* nicht erwähnt, obwohl seine 1813 gehaltene Akademierede bereits 1816 gedruckt worden war.

23 Z 1947; vgl. Z 244–45, Z 321, Z 685–86, Z 1313–15.

24 Vgl. de Staël, *De l' Allemagne*, Bd. 1, Teil 1, Kap.11 – 12: »De l'esprit de conversation«; »De la langue allemande dans ses rapports avec l'esprit de conversation«.

25 *De l'Allemagne*, Bd. 1, Teil 2, Kap. 9; p. 248, Paris 1815.

26 Z 1949.

27 Z 1949 – 50. Vgl. Albrecht, p. 1096.

28 J. W. v. Goethe, »Noten und Abhandlungen zum besseren Verständnis des west-östlichen Divans.« Störig, p. 36.

29 »Vantano che la lingua tedesca è di tale e tanta capacità e potenza, che non solo può, sempre che vuole, imitare lo stile e la maniera di parlare o di scrivere usata da qualsivoglia nazione, da qualsivoglia autore, in qualsivoglia possibile genere di discorso o di scrittura; non solo può imitare qualsivoglia lingua; ma può effettivamente trasformarsi in qualsivoglia lingua. Mi spiego. I tedeschi hanno traduzioni dal greco, dal latino, dall'italiano, dall'inglese, dal francese, dallo spagnuolo, d'Omero, dell'Ariosto, di Shakespeare, di Lope, di Calderon ec. le quali non solamente conservano (secondo che si dice) il carattere dell'autore e del suo stile tutto intero, non solamente imitano, esprimono, rappresentano il genio e l'indole della rispettiva lingua, ma rispondono verso per verso, parola per parola, sillaba per sillaba, ai versi, alle costruzioni, all'ordine preciso delle parole, al numero delle medesime, al metro, al numero e al ritmo di ciascun verso, o membro di periodo, all'armonia imitativa, alle cadenze, a tutte le possibili qualità estrinseche come intrinseche, che si ritrovano nell'originale; di cui per conseguenza elle non sono imitazioni, ma copie così compagne com'è la copia d'un quadro di tela fatta in tavola, o d'una pittura a fresco fatta a olio, o la copia d'una pittura fatta in mosaico, o tutt'al più in rame inciso, colle medesimissime dimensioni del quadro.« Z 2845 – 46. Vgl. Z 1948 ff. und Z 2079 ff. Kritik an der allzu großen Flexibilität der deutschen Sprache und der Praxis deutschsprachiger Übersetzer, ausgangssprachliche Muster zu übernehmen, wird auch in Deutschland geäußert, z. B. von Karl Gustav Jochmann (Vgl. Albrecht, p. 1096).

30 Z 2846.

31 »Che una lingua per ricca, varia, libera, vasta, potente, pieghevole, docile, duttilissima ch'ella sia, possa ricevere, non solo l'impronta di altre lingue, ma per così dir, tutte intiere in se stessa tutte le altre lingue; ch'ella si rida della libertà, della infinita moltiplicità, della immensità della lingua greca, e dopo averla tutta abbracciata, ed ingoiatone tutte le innumerabili forme, ella si trovi ancora tanta capacità come per lo innanzi, e possa ricevere e riceva, sempre che vuole, tutte le forme delle lingue le più inconciliabili colla stessa greca (che con tante si concilia) e fra loro; [...] questo, dico, non può umanamente accadere, se non in una lingua che non abbia carattere; non è accaduto alla greca ch'è stata ed è la più libera, vasta e potente e la più diversissimamente adattabile di tutte le lingue formate che si conoscono; non è accaduto e non accade, che si sia mai saputo o si sappia a nessun'altra lingua perfetta di questo mondo.« Z 2846 – 47.

32 2857 – 58; vgl. auch Z 2079 – 80; nüchterner Z 4191.

33 Z 962 – 974.

34 Vgl. auch Z 2851, zitiert weiter unten, sowie Z 94.

35 »Sono perciò rare tra' francesi le buone traduzioni poetiche; eccetto le *Georgiche* volgarizzate dall'abate De-Lille. I nostri traduttori imitan bene; tramutano in francese ciò che altronde pigliano, cosicchè nol sapresti discernere: ma non trovo opera di poesia che faccia riconoscere la sua origine, e serbi le sue sembianze forestiere: credo anzi che tale opera non possa mai farsi. E se degnamente ammiriamo la *Georgica* de l'abate De-Lille, n'è cagione quella maggior somiglianza che la nostra lingua tiene colla romana onde nacque, di cui mantiene la maestà e la pompa. Ma le moderne lingue sono tanto disformi dalla francese, che se questa volesse conformarsi a quelle, ne perderebbe ogni decoro.« Z 962. Leopardi zitiert aus de Staël's Artikel »De l'esprit des traductions«, übersetzt aus dem Französischen von Pietro Giordani, erschienen 1816 in *Biblioteca Italiana* Bd.1, p. 12.

36 Zur unpoetischen Qualität der französischen Sprache, s. Z 2052 und Z 3864.

37 Z 962 - 63.
38 *Corinne*, 15. Buch, Kap. 9, p. 80. Weitere bibliographische Angaben in Z 87.
39 Z 92 - 94.
40 Z 964; ausführlicher in Z 321 - 324; vgl. auch Z 2095 - 96.
41 *Biblioteca Italiana,* Bd. 2, p. 153.
42 »E siccome questa lingua già posseduta è l'unico strumento che abbiamo a formare il concetto della natura forza e valore delle frasi e delle parole straniere, se lo strumento è insufficiente o scarso, scarso e insufficiente sarà anche l'effetto.« Z 966 - 967.
43 Hinweis auf de Staël, »Sulla maniera e la utilità delle traduzioni«, pp. 11 - 12.
44 Z 969 - 970.
45 Z 971.
46 Z 2067 - 69.
47 Z 972 - 974.
48 Z 1001 - 02.
49 Z 324; Z 94.
50 Vgl. Z 962.
51 Z 1003.
52 Z 1087.
53 Bschleipfer/Schwarze, p. 1953.
54 Bschleipfer/Schwarze, p. 1954.
55 Vgl. Z 18.
56 Bschleipfer/Schwarze, p. 1954.

7 Chronologie

Die folgende Tabelle bietet einen Überblick über die besprochenen Autoren beziehungsweise Dokumente. Das Pluszeichen (+) hinter einem Namen gibt an, daß auch ein späterer Beitrag oder mehrere dieses Autors berücksichtigt worden sind.

Jahr	**französisch**	**britisch**	**deutsch**
1611		Chapman	
1656		Denham, Cowley	
1680		Dryden +	
1733			Venzky
1736	Silhouette		
1740			Breitinger
1741		Guthrie	
1744		Gordon	
1746	Batteux +		Bodmer
1751	Prévost +		
1753	Yart		
1759	D'Alembert	Barrett	
1765	Beauzée	Colman	
1767		Smart	Herder +
1769	Letourneur +		
1770	Delille		
1771	Saint-Simon		
1773		Macpherson	
1776	Marmontel		
1783	Geoffroy		
1787	Panckoucke/Framery		
1789		Campbell	
1791		Cowper, Tytler +	A. W. Schlegel +
1798	Laharpe		
1799			Klopstock::Voß
1808			Solger

Fortsetzung

Jahr	französisch	britisch	deutsch
1811	Vaultiers		
1813	Loyson		Schleiermacher
1814	De Staël		Pudor
1816			W. von Humboldt
1819			Goethe +
1821		Shelley	
1822	Courier		
1824		Carlyle	
1829	Patin		
1830	Bignan		
1832			Riemer
1839			Schäfer
1840			Prutz
1847	Littré		

8 Literaturverzeichnis

Abbt, Thomas. *Alexander Gottlieb Baumgartens Leben und Charakter.* Halle: Hemmerde, 1765.

Abrams, M. H. *The Mirror and the Lamp: Romantic Theory and Critical Tradition.* Oxford, Engl.: Univ. Press, 1953.

Addison, Joseph, & Richard Steele. *The Spectator.* Bd. 1. London: Dent, [1906].

Adler, Hans. »Übersetzen als Kulturtransfer«. Couturier-Heinrich, pp. 45 – 52.

Albrecht, Joern. »Bedeutung der Übersetzung für die Entwicklung der Kultursprachen«. Kittel, Bd. 26.2, pp. 1088 – 1108.

Alembert, Jean le Rond d'. »Observations sur l'art de traduire« (1759). D'hulst, *Cent ans*, pp. 36 – 40.

Anon, Hg. *Histoire et les théories de la traduction: Les actes – 3, 4 et 5 octobre 1996.* Genève, Berne: ASTTI, 1997.

Apel, Friedmar. *Sprachbewegung: Eine historisch-poetologische Untersuchung zum Problem des Übersetzens.* Heidelberg: Winter, 1982.

Arndt, Andreas. »Schleiermacher und Platon«. Peter M. Steiner, Hg. *Friedrich Daniel Ernst Schleiermacher: Über die Philosophie Platons.* Hamburg: 1996, pp. VII – XXII.

Ballard, Michel. *De Cicéro à Benjamin: Traducteurs, traductions, réflexions* (1992). Villeneuve d'Asqu: Septentrion, ^{3}2007.

Ballard, Michel, & Lieven D'hulst, Hg. *La Traduction en France à l'âge classique.* Villeneuve d'Asqu: Septentrion, 1992.

Barnstone, Willis. *The Poetics of Translation: History, Theory, Practice.* New Haven, Conn.: Yale Univ. Press, 1993.

Barrera-Vidal, Arturo, u. a., Hg. *Lebendige Romania: Festschrift für Hans-Wilhelm Klein.* Göppingen: Kümmerle, 1976.

Bate, Jonathan. »Shakespeare and Original Genius«. Murray, *Genius*, pp. 76 – 97.

Bate, Walter Jackson. *The Burden of the Past and the English Poet.* Cambridge, Mass.: Belknap of Harvard Univ. Press, 1970.

Batteux, Charles. Aus *Cours de belles-lettres distribuée par exercices* (1747 – 48). D'hulst, *Cent ans*, pp. 25 – 43.

Batteux, Charles. *Les Beaux-Arts réduits à un seul principe* (1746). Paris: Saillant & Nyon, 1773.

Batteux, Charles, Übers. *Les Poësies d'Horace traduite en français.* Amsterdam: Fischer, ^{2}1762.

Batteux, Charles. *Principes de littérature.* Göttingen: Lucaz, 1755.

Batteux, Charles. *Traité de la construction oratoire* (1763). Paris: Desaint, ^{2}1775.

Baumgarten, Alexander Gottlieb. *Aesthetica.* Frankfurt/O: Kleyb, 1750 – 58.

Baumgarten, Alexander Gottlieb. *Theoretische Ästhetik: Die grundlegenden Abschnitte aus der Aesthetica.* Hg. von Hans Rudolf Schweizer. Hamburg: Meiner 1983.

Beauzée, Nicolas. »Version, traduction« (1765). D'hulst, *Cent ans*, pp. 42 – 45.

Beccaria, Cesare. *Richerche intorno alla natura dello stile.* Mailand 1, 1770.

Berman, Antoine. *L'épreuve de l'étranger: Culture et traduction dans l'Allemagne romantique.* Paris: Gallimard, 1984.

Berman, Antoine. »Présentation: Le penchant à traduire«. Schleiermacher, *Méthodes*, pp. 11 – 26.

Bignan, Anne. »Essais sur l'épopée homérique« (1830). D'hulst. *Cent ans*, pp. 161 – 66.

Blackwell, Thomas. *Enquiry into the life and writings of Homer* (1736). Hildesheim: Olms, 1976.

Blumenberg, Hans. »Wirklichkeit und Möglichkeit des Romans«. H. R. Jauß, Hg. *Nachahmung und Illusion: Kolloquium Gießen Juni 1963 – Vorlagen und Verhandlungen.* München: Eidos, 1964, pp. 9 – 27.

Bodmer, Johann Jakob. »Von der erforderten Genauigkeit beim Übersetzen«. *Die Mahler der Sitten.* Bd. 2. Zürich: Orell, 1746, pp. 512 – 24.

Boeckh, August. *Encyklopädie und Methodologie der philologischen Wissenschaften.* Hg. von E. Bratuscheck. Leipzig: Teubner, ^{2}1886.

Boise-Beier, Jean. *A Critical Introduction to Translation Studies.* London: Continuum, 2011.

Bosse, H. »Dichter kann man nicht bilden: Zur Veränderung der Schulrhetorik nach 1770«. *Jahrbuch für Internationale Germanistik.* Bd. 10 (1978), pp. 80 – 125.

Borchardt, Rudolf. »Dante und deutscher Dante« (1908). Störig, pp. 144 – 55.

Bouhours, Dominique. *Les entretiens d'Ariste et d'Eugène* (^{3}1671). Hildesheim: Olms, 2009.

Bourne, Randolph. »Trans-National America«. *The Radical Will: Selected Writings, 1911 – 1918.* Hg. von Olaf Hansen. New York: Urizen, 1977, pp. 128 – 64.

Breitinger, Johann Jakob. *Critische Dichtkunst* (1740). Hg. von Wolfgang Bender. 2 Bde. Stuttgart: Metzler, 1966.

Breitinger, Johann Jakob. »Von der Kunst der Uebersetzung«. *Critische Dichtkunst.* Bd. 2, pp. 136 – 99.

Brett, R. L. *The Third Earl of Shaftesbury: A Study in Eighteenth-Century Literary Theory.* London: Hutchinson House, 1951.

Bschleipfer, Andreas, & Sabine Schwarze. »Übersetzungstheorie und Übersetzungskritik in Italien im 19. und 20. Jahrhundert«. Kittel, Bd. 26. 3, pp. 1951 – 62.

Burke, Kenneth. *A Grammar of Motives and A Rhetoric of Motives.* Cleveland, O.: World, 1962.

Campbell, George. *The Four Gospels Translated from the Greek, with Preliminary Dissertations and Notes Critical and Explanatory.* 2 Bde. London: Strahan; Cadell, 1789.

Carlyle, Thomas. *The Works of Thomas Carlyle in Thirty Volumes.* Nachdruck New York: AMS Press, 1974.

Cary, Edmond. *Les Grands traducteurs français.* Genève: George, 1963.

Cassirer, Ernst. *Die Philosophie der Aufklärung* (1932). Hamburg: Meiner, 2007.

Catelli, Nora, & Marietta Gargatalli. *El tabaco que fumaba Plinio: Escenas de la traducción en España y América – relatos, leyes et reflexiones sobre lo otro.* Barcelona: Serbal, 1998.
Cercel, Larisa. *Übersetzungshermeneutik: Historische und systematische Grundlegung.* St. Ingbert: Röhrig, 2013.
Chapman, George. *Chapman's Homer: The Iliad, the Odyssey, and the lesser Homerica.* Hg. von Allardyce Nicoll. Bd. 1. *The Iliad:* London, Kegan Paul, 1957.
Christmann, Hans H. »Bemerkungen zum *génie de la langue*«. Barrera-Vidal, pp. 65–79.
Coleridge, Samuel Taylor. »Organic Form«. Harold Bloom u. a., Hg. *The Oxford Anthology of English Literature.* Bd. 2. *1800 to the Present.* New York: Oxford Univ. Press, pp. 655–56.
Courier, Paul-Louis. »Préface du traducteur« (1822). D'hulst, *Cent ans*, pp. 152–56.
Couturier-Heinrich, Clémence, Hg. *Übersetzen bei Johann Gottfried Herder: Theorie und Praxis.* Heidelberg: Synchron, 2012.
Cowley, Abraham. »Preface« zu *Pindarique Odes* (1656). T. R. Steiner, pp. 66–67.
Cowper, William, Übers. *The Iliad of Homer.* Hg. von Robert Southey. London: Bohn, 1854.
Delille, Jacques. »Discours préliminaire« (1770). D'hulst, *Cent ans*, pp. 120–25.
Denham, John. »The Preface« zu *The Destruction of Troy* (1656). T. R. Steiner, pp. 64–65.
Denham, John. »To Sir Richard Fanshawe« (1648). T. R. Steiner, pp. 66–67.
D'hulst, Lieven, Hg. *Cent ans de théorie française de la traduction: De Batteux à Littré, 1748–1847.* Lille: Presses Univ., 1990.
D'hulst, Lieven. »Unité et diversité de la réflexion traductologique en France (1722–1789)«. Ballard & D'hulst, pp. 83–100.
Dryden, John. »Preface« to *Ovid's Epistles* (1680). T. R. Steiner, pp. 68–72.
Dubos, Jean Baptiste. *Réflexions critiques sur la poésie et la peinture* (1719). Genève: Slatkin, 1967.
Duff, William. *An Essay on Original Genius and its Modes of Exertion in Philosophy and the Fine Arts.* London: Dilly, 1767.
Eliot, Thomas Stearns. »Preface«. St. John Perse. *Anabasis: A Poem.* Übers. von T. S. Eliot. London: Faber, ^{2}1959.
Eliot, Thomas Stearns. *The Sacred Wood.* London: Methuen, 1960.
Eliot, Thomas Stearns. »The Three Voices of Poetry«. *On Poetry and Poets.* London: Faber, 1957, pp. 89–102.
Eßmann, Helga, & Udo Schöning, Hg. *Weltliteratur in deutschen Versanthologien des 19. Jahrhunderts.* Berlin: Schmidt, 1996.
Favre D'Olivet, Antoine. *La langue hébraïque restituée et la véritable sens des mots hébreux rétabli et prouvé par analyse radicale.* Paris: Chez l'Auteur, 1816.
Ferguson, Adam. *An Essay on the History of Civil Society.* London: Millar & Cadell, 1767.
Fletcher, Angus. *Allegory: The Theory of a Symbolic Mode.* Ithaca, N.Y.: Cornell Univ. Press, 1964.
France, Peter, & Kenneth Haynes, Hg. *The Oxford History of Literary Translation in English.* Bd. 4. *1790–1900.* Oxford, Engl. : Univ. Press, 2006.
Francis, Philip. »Preface« to *A Poetical Translation of the Works of Horace* (1747). T. R. Steiner, pp. 103–09.
Francis, Philip. *A Poetical Translation of the Works of Horace with the Original Text: Translated by Philip Francis.* 4 Bde. London: Millar, ^{6}1756.

Frank, Armin Paul, Hg. *Die literarische Übersetzung: Der lange Schatten kurzer Geschichten.* Berlin: Schmidt, 1989.

Frank, Armin Paul. »Main Concepts of Translating: Transformations during the Enlightenment and Romantic Periods in France, Great Britain, and the German Countries«. Kittel, Bd. 26.2, pp. 1531 – 1609.

Frank, Armin Paul. »*The Waste Land:* A Drama of Images«. Shyamal Bagchee, Hg. *T. S. Eliot: A Voice Descanting – Centenary Essays.* London: Macmillan, 1990, pp. 28 – 50.

Frank, Armin Paul. »Translation and Historical Change in Post-Renaissance Europe: From Supranational to National Cultures«. Kittel. Bd. 26.1, pp. 1460 – 1520.

Frank, Armin Paul. »Versification and Stanza Formation: Towards a Transfer Approach«. Kittel, Bd. 26.2, pp. 962 – 80.

Frank, Armin Paul, & Kurt Mueller-Vollmer. *The Internationality of National Literatures in Either America: Transfer and Transformation.* Göttingen: Wallstein, 2000.

Frank, Martin. *Das individuelle Allgemeine: Textstrukturierung und -interpretation nach Schleiermacher.* Frankfurt: Suhrkamp, 1977.

Fränzel, Walter. *Geschichte des Übersetzens im 18. Jahrhundert.* Leipzig: Voigtländer, 1913.

Fuchs, Gerhard. *Studien zur Übersetzungstheorie und -praxis des Gottsched-Kreises: Versuch einer Wesensbestimmung des nachbarocken Klassizismus.* Freiburg/Schweiz: Univ. Diss., 1935.

Garber, Jörn. »Peripherie oder Zentrum? Die ›europäische Triarchie‹ (Deutschland, Frankreich, England) als transnationales Deutungssystem der Nationalgeschichte«. Michel Espagne & Michael Werner, Hg. *Transferts: Les relations interculturelles dans l'espace franco-allemand (XVIIIe et XIXe siècle).* Paris: Éditions Recherches sur les Civilisations, 1988, pp. 97 – 161.

García Garrosa, Maria Jesús, & Francisco Lafarga. *El discorso sobre la traducción en la España del siglo XVIII: Estudio y antología.* Kassel: Reichenberger. 2004.

García Yebra, Valentín. »Friedrich Schleiermacher: Sobre los diferentes métodos de traducer«. *Filologia Moderna* 18 (1977 – 78), 63 – 64, 343 – 92.

García Yebra, Valentín. *Traducción: Historia y teoría.* Madrid: Gredos, 1994.

Gebhardt, Peter. *A. W. Schlegels Shakespeare-Übersetzungen: Untersuchungen zu seinem Übersetzungsverfahren.* Göttingen: Vandenhoeck & Ruprecht, 1969.

Gerlach, Hans-Martin. *Christian Wolff: Seine Schule und seine Gegner.* Hamburg: Meiner, 2001.

Gerstenberg, Heinrich Wilhelm von. *Briefe über Merkwürdigkeiten der Literatur.* Hg. von Alexander von Weilen. Stuttgart: Göschen, 1890.

Gillespie, Stuart, Hg. *John Dryden: Classicist and Translator. Translation and Literature* 10, Part 1. Edinburgh 2001.

Gillespie, Stuart, & David Hopkins, Hg. *The Oxford History of Literary Translation in English.* Bd. 3. *1660 – 1790.* Oxford: Univ. Press, 2005.

Gipper, Helmut, & Peter Schmitter. *Sprachwissenschaft und Sprachphilosophie im Zeitalter der Romantik.* Tübingen: Narr, ^{2}1985.

Goethe, Johann Wolfgang von. *Dichtung und Wahrheit* (1814). Ausschnitt in Störig, pp. 34 – 35.

Goethe, Johann Wolfgang von. »Noten und Abhandlungen zum bessern Verständnis des west-östlichen Divans« (1819). Ausschnitt in Störig, pp. 35 – 37.

Goethe, Johann Wolfgang von. »Zu brüderlichem Andenken Wielands« (1813). Ausschnitt in Störig, p. 35.

Gordon, Thomas. »From ›Introduction‹ to the Works of Sallust« (1744). T. R. Steiner, pp. 100 - 02.

Gottsched, Johann Christoph. *Ausgewählte Werke.* Hg. von Joachim Birke u. a.. Bd. 6.1. Berlin: deGruyter, 1973.

Graeber, Wilhelm. »Blüte und Niedergang der *belles infidèles*«. Kittel, Bd. 26.2, pp. 1520 - 31.

Graeber, Wilhelm. *Der englische Roman in Frankreich, 1741 - 1763: Übersetzungsgeschichte als Beitrag zur französischen Literaturgeschichte.* Heidelberg: Winter, 1995.

Graeber, Wilhelm, Hg. *Französische Übersetzervorreden des 18. Jahrhunderts.* Frankfurt: Lang, 1990.

[Greene, Edward Burnaby]. *The Satires of Juvenal Paraphrastically Imitated and Adapted to the Times.* London: Ridley, 1763.

Greiner, Norbert, & Felix C. H. Sprang. »Europäische Shakespeare-Übersetzungen im 18. Jahrhundert: Von der Apologie zum ästhetischen Programm«. Kittel, Bd. 26:3, pp. 2453 - 68.

Grimm, Jacob, & Wilhelm. *Briefe der Brüder Grimm an Savigny.* Wilhelm Schoof. Berlin: Schmidt, 1953.

Gruppe, Otto Friedrich. *Deutsche Übersetzungskunst: Mit besonderer Rücksicht auf die Nachbildung antiker Maaße, nebst einer historisch begründeten Lehre von deutscher Silbenmessung; ein Supplement zu jeder deutschen Litteraturgeschichte.* Hannover: Rümpler, 1859.

Guthrie, William. »Preface« zu den *Orations of [...] Cicero* (1741). T. R. Steiner, pp. 96 - 99.

Hamann, Johann Georg. *Sokratische Denkwürdigkeiten; Ästhetica in nuce.* Hg. von Sven-Aage Jørgensen. Stuttgart: Reclam, 1968.

Hamann, Johann Georg. *Über den Ursprung der Sprache.* Hg. von E. Büchsel. Gütersloh: Mohn, 1963.

Hayes, Julie Candler. *Translation, Subjectivity and Culture in France and England, 1600 - 1800.* Stanford, Cal.: Univ. Press, 2009.

Hegel, Georg Wilhelm Friedrich. *Sämtliche Werke.* Bd. 8. Faksimile Ausgabe. Stuttgart-Bad Cannstadt: Frommann, 1964.

Herder, Johann Gottfried. *Abhandlung über den Ursprung der Sprache.* Hg. und mit Materialien und Kommentar versehen von Wolfgang Proß. München: Hanser, o. J.

Herder, Johann Gottfried. [Begründung einer Ästhetik in der Auseinandersetzung mit Alexander Gottlieb Baumgarten]. *Werke.* Bd. 1, pp. 651 - 78.

Herder, Johann Gottfried. *Ideen zur Philosophie der Geschichte der Menschheit* (1784 - 92). *Werke.* Bd. 10. Hg. von Martin Bollacher u. a. Frankfurt/M.: Deutscher Klassiker Verlag, 1989.

Herder, Johann Gottfried. *Journal meiner Reise im Jahr 1769.* Hg. von Katharina Mommsen u. a. Stuttgart: Reclam, 1976.

Herder, Johann Gottfried. *Sämmtliche Werke.* Hg. von Bernhard Suphan. Bd. 2. Berlin: Weidmann, 1877.

Herder, Johann Gottfried. »Über die verschiedenen Lebensalter einer Sprache« einschließlich 1., 3. & 4. Fragment. *Werke,* Bd. 1, pp. 177 - 87.

Herder, Johann Gottfried. *Vom Geist der Ebräischen Poesie* (1782–83). *Sämmtliche Werke.* Hg. von Bernhard Suphan, Hg. Bd. 11. Berlin: Weidmann, 1879.

Herder, Johann Gottfried. *Werke.* Hg. von Martin Bollacher u. a. Bd. 1. Frankfurt/M.: Deutscher Klassiker Verlag, 1985.

Hermans, Theo. »Concepts and Theories of Translations in the European Renaissance«. Kittel, Bd. 26.2, pp. 1420–28.

Hopkins, David. »Translation, Metempsychosis, and the Flux of Nature: ›Of the Pythagorean Philosophy‹«. Wolfgang Görtschacher u. a., Hg. *Dryden and the World of Neoclassicism.* Tübingen: Stauffenburg, 2001.

Hopkins, David. »Theories of Translation: Dryden and His Contemporaries«. Gillespie & Hopkins, pp. 55–65.

Horguelin, Paul A. *Anthologie de la manière de traduire: Domaine français.* Montreal, Can.: Linguatech, 1981.

Huber, Thomas. *Studien zur Theorie des Übersetzens im Zeitalter der deutschen Aufklärung, 1730–1770.* Meisenheim/Glan: Hain, 1968.

Humboldt, Wilhelm von. »Einleitung [zum *Agamemnon*]« (1816). Störig, pp. 71–96.

Huntsman, Jeoffrey F. »Introduction« zu Alexander Fraser Tytler, Lord Woodhouselee. *Essay on the Principles of Translation.* Hg. von Jeffrey F. Huntsman. Amsterdam: Benjamins, 1978, pp. IX–LI.

Huyssen, Andreas. *Die frühromantische Konzeption von Übersetzung und Aneignung: Studien zur frühromantischen Utopie einer deutschen Weltliteratur.* Zürich: Atlantis, 1969.

Jakobson, Roman. »Linguistics and Poetics«. Thomas E. Sebeok, Hg. *Style in Language.* Boston, Mass.: The Technology Press of Massachusetts Institute of Technology, 1960.

Jauß, Hans Robert, Hg. *Die nicht mehr schönen Künste: Grenzphänomene des Ästhetischen.* München: Fink, 1968.

Jonson, Benjamin. Aus »Timber: or, Discoveries« (1641). Smith/Parks, pp. 259–67.

Keats, John. *Poems.* Hg. von Gerald Bullett. London: Dent, 1944.

Kelletat, Andreas F. *Herder und die Weltliteratur: Zur Geschichte des Übersetzens im 18. Jahrhundert.* Frankfurt/M.: Lang, 1984.

Kelly, Louis. »[Theories of Translation:] The Eighteenth Century to Tytler«. Gillespie & Hopkins, pp. 67–78.

Kelly, Louis G. *The True Interpreter: A History of Translation Theory and Practice in the West.* New York: St. Martin's, 1979.

Kelly, Raymond. *L'Évolution de la théorie de la traduction en France au XVIII siècle: Étude sur les idées esthétiques et littéraires en rapport avec l'anglomanie.* Lyon: Univ. Diss. 1957.

Kittel, Harald, u. a., Hg. *Übersetzung, Translation, Traduction: Ein internationales Handbuch zur Übersetzungsforschung.* Bd. 26.1. Berlin: deGruyter, 2004.

Kittel, Harald, u. a., Hg. *Übersetzung, Translation, Traduction: Ein internationales Handbuch zur Übersetzungsforschung.* Bd. 26.2. Berlin: deGruyter, 2007.

Kittel, Harald, u. a., Hg. *Übersetzung, Translation, Traduction: Ein internationales Handbuch zur Übersetzungsforschung.* Bd. 26.3. Berlin: deGruyter, 2011.

Kitzbichler, Josefine, u. a., Hg. *Dokumente zur Theorie der Übersetzung antiker Literatur in Deutschland seit 1800.* Berlin: deGruyter, 2009.

Kitzbichler, Josefine, u. a. *Theorie der Übersetzung antiker Literatur in Deutschland seit 1800.* Berlin: deGruyter, 2009.

Kitzbichler, Josefine. »Von 1800 bis zur Mitte des 19. Jahrhunderts«. Kitzbichler, *Theorie*, pp. 13 – 28.

Kleist, Heindrich von. »Vom allmählichen Verfertigen von Gedanken beim Reden«. Hamburg: Hauswedell, 1946.

Kliger, Samuel. *The Goths in England: A Study of Seventeenth and Eighteenth Century Thought.* Cambridge, Mass.: Harvard Univ. Press, 1952.

Kloepfer, Rolf. *Die Theorie der literarischen Übersetzung: Romanisch-deutscher Sprachbereich.* München: Fink, 1967.

Konopik, Iris. *Leserbilder in französischen und deutschen Übersetzungskonzeptionen des 18. Jahrhunderts.* Tübingen: Stauffenburg, 1997.

Kopetzki, Annette. *Beim Wort nehmen: Sprachtheoretische und ästhetische Probleme der literarischen Übersetzung.* Stuttgart: M-und-P-Verlag, 1996.

Lafarga, Francisco. *Historia de la traducción en España.* Salamanca: Ambos Mundos, 2004.

Lafarga, Francisco, Hg. *La traducción en España: Lengua, literatura, cultura.* Lleida: Univ. de Lleida, 1999.

Lafarga, Francisco, & Luis Pegenaute, Hg. *Historia de la traducción en España.* Salamanca: Ambos Mundos, 2004.

Laharpe, Jean François de. »Discours préliminaire« (1789). D'hulst, *Cent ans*, pp. 146 – 50.

Lefevere, André. *Translating Literature: The German tradition from Luther to Rosenzweig.* Assen: van Gorcum, 1977.

Leisi, Ernst. *Der Wortinhalt: Seine Struktur im Deutschen und Englischen.* Heidelberg: Quelle & Meyer, [5]1974.

Le Moël, Sylvie. »›Büchersprache‹: Alte und neue Sprachen in den Übersetzungsplänen des jungen Herder«. Couturier-Heinrich, pp. 73 – 84.

Leopardi, Giacomo. *Das Gedankenbuch: Aufzeichnungen eines Skeptikers.* Auswahl und Übersetzung von Hanno Helbling. München: Winkler, o. J.

Leopardi, Giacomo. *Zibaldone: The Notebooks of Leopardi.* Hg. von Michael Caesar u. a. Übersetzt von Kathleen Baldwin. London, New York: Penguin, 2013.

Leopardi, Giacomo. *Tutte le opere. Zibaldone* (1869). Hg. von Walter Binni. Firenze: Sansoni, 1989.

Leopardi, Giacomo. »Lettera in riposta a quella di Mad. la baronessa de Staël Holstein« (18. Juli 1816). http:www.bibliotecaitaliana.it/indice/visualizza_testo_htmi/bibit000789.

Lessing, Gotthold Ephraim. *Laokoon oder die Grenzen der Malerei und Poesie* (1766). Hg. von Friedrich Vollhardt. Stuttgart: Reclam, 2012.

Letourneur, Pierre Félicien. »Discours préliminaire« (1769). D'hulst, *Cent ans*, pp. 114 – 17.

Letourneur, Pierre Félicien. *Préface du Shakespeare traduit de l'anglois.* Hg. von Jacques Gury. Genève: Droz, 1990.

Leventhal, Robert S. *The Disciplines of Interpretation: Lessing, Herder, Schlegel and Hermeneutics in Germany, 1750 – 1800.* Berlin: DeGruyter, 1994.

Lexika s. Wörterbücher

López García, Dámaso, Hg. *Teorías de la traducción: Antalogía de textos.* Cuenca: Univ. de Castilla-La Mancha, 1996.

Lowth, Robert. *De sacra poesi Hebræorum: Prælectiones academicæ Oxonii habitæ* a

Roberto Lowth A. M. Coll. nov. soc. et poeticæ publico prælectore; nunc episcopo oxoniensi. [...] Editio tertia, emendiator. Oxonii, e typographeo clarendoniano MCCLXXV. – Nachdruck in *The Major Works*. Hg. von D. A. Reibel. London: Routledge/ Thoemmes, 1995.

Loyson, Charles. Aus »*De la manière de traduire les poètes anciens*« (1813). D'hulst, *Cent ans*, pp. 80 – 83.

McKeon, Richard. »Literary Criticism and the Concept of Imitation in Antiquity«. Ronald S. Crane, Hg. *Critics and Criticism: Ancient and Modern*. Chicago, Ill.: Univ. of Chicago Press, 1952, pp. 147 – 75.

Macpherson, James. *The Iliad of Homer*. 2 Bde. London: Beckett & De Hondt, [1773].

Marmontel, Jean-François. »Traduction« (1777). D'hulst, *Cent ans*, pp. 48 – 55.

Maurer, Michael. »Herder als Theoretiker der interkulturellen Beziehungen«. Couturier-Heinrich, pp. 29 – 44.

Menudier, Jean. *Le génie de la langue françoise, c'est à dire ses proprietés, ses élégances et ses curiosités* (1674). Jena: Bielke, 1681.

Mercier, Daniel. »La problématique de l'équivalence des langues aux XVIIe et XVIIIe siècles«. Ballard/D'hulst, pp. 65 – 81.

Montesquieu, Charles de Seconat, Baron de. *Esprit de lois* (1748). Paris: Garnier, 2011.

Morgan, Bayard Quincy, Hg. *German Literature in British Magazines, 1750 – 1860*. Madison, Wisc.: Univ. of Wisconsin Press, 1949.

Most, Glenn. »The Second Homeric Renaissance: Allegoresis and Genius in Early Modern Poetics«. Murray, *Genius*, pp. 54 – 75.

Mounin, Georges. *Les Belles Infidèles* (1955). Lille: Presses Univ., ^{2}1994.

Mounin, Georges. *Die Übersetzung: Geschichte, Theorie, Anwendung*. München: Nymphenburger, 1967.

Mueller-Vollmer, Kurt. »Sprachphilosophie und Übersetzung: Das Interesse der Sprachphilosophie an der Übersetzung«. Kittel, Bd. 26.1, pp. 129 – 42.

Mueller-Vollmer, Kurt. »Language, Mind, and Artefact: An Outline of Hermeneutic Theory since the Enlightenment«. *The Hermeneutics Reader: Texts of the German Tradition from the Enlightenment to the Present*. New York: Continuum, 1989, pp. 1 – 53.

Murray, Penelope, Hg. *Genius: The History of an Idea*. London: Blackwell, 1989.

Murray, Penelope. »Poetic Genius and Its Classical Origins«. Murray, *Genius*, pp. 9 – 31.

Notopoulos, James Anastasios. *The Platonism of Shelley: A Study of Platonism and the Poetic Mind* (1949). New York: Octagon, 1969.

Oppel, Horst. *Englisch-deutsche Literaturbeziehungen*. 2 Bde. Berlin: Schmidt, 1971.

Otto, Regine, Hg. *Nationen und Kulturen: Zum 250. Geburtstag Johann Gottfried Herders*. Würzburg: Königshausen & Neumann, 1996.

Panckoucke, Charles-Joseph, & Nicolas-Etienne Framery. »Sur l'art de traduire« (1787). D'hulst, *Cent ans*, pp. 134 – 38.

Patin, Henri. [Rezension einer *Aeneas*-Übersetzung] (1830). D'hulst, *Cent ans*, pp. 206 – 10.

Perrault, Charles. *Parallèle des anciens et des modernès en ci se regarde les arts et les sciences* (1688). Hg. von Hans Robert Jauss. München: Eidos, 1964.

Piper, H. W. *The Active Universe: Pantheism and the Concept of Imagination in the English Romantic Poets*. London: Univ. of London, 1962.

Plotin. »On the Intellectual Beauty« (ca. 260). Hazard Adams, Hg. *Critical Theories since Plato.* New York: Harcourt Brace Jovanovich, 1971, pp. 106 - 13.

Plückebaum, G. »Von der erforderten Genauigkeit beim Uebersetzen [...]«. *Arcadia* 1 (1966), 210 - 12.

Pohling, Heide. »Zur Geschichte der Übersetzung«. Anon., Hg. *Studien zur Übersetzungswissenschaft.* Leipzig: Enzyklopädie, 1971.

Poltermann, Andreas. »Die Erfindung des Originals: Zur Geschichte der Übersetzungskonzeptionen in Deutschland im 18. Jahrhundert«. Brigitte Schultze, Hg. *Die literarische Übersetzung: Fallstudien zu ihrer Kulturgeschichte.* Berlin: Schmidt, 1987, pp. 14 - 52.

Pope, Alexander. »Essay on Criticism«. *The Poetical Works.* Hg. von Adolphus William Ward. London: Macmillan, 1956, pp. 47 - 68.

Pope, Alexander. Aus »Preface« zur Iliasübersetzung (1715). *The Iliad of Homer: Books I - IX.* Hg. von Maynard Mack u. a. London: Methuen / New Haven, Conn.: Yale Univ. Press, 1967.

Porter, Roy. »England«. John W. Yolton u. a., Hg. *The Blackwell Companion to the Enlightenment.* London: Blackwell, 1991, pp. 150 - 51.

Pound, Ezra. *Selected Prose, 1909 - 1965.* W. Cookson, Hg. New York: New Directions, 1973.

Prévost d'Exiles, Antoine-François. »Préface à *Clarisse Harlove*«. *Œuvres*, pp. 370 - 71.

Prévost d'Exiles, Antoine-François. »Préface à *Grandisson*«. *Œuvres*, pp. 376 - 77.

Prévost d'Exiles, Antoine-François. *Œuvres de Prévost.* Hg. von Jean Sgard. Bd. 7. Grenoble: Presses Univ., 1985.

Prutz, Robert. »Zur Geschichte der deutschen Uebersetzungs-Litteratur: Sophokles« (1840). Kitzbichler, *Dokumente*, pp. 145 - 61.

(Pseudo-)Longinus. »On the Sublime«. J. H. Smith & E. W. Parks, Hg. *The Great Critics: An Anthology of Literary Criticism.* New York: Norton, ^{3}1951, pp. 65 - 111.

Pudor, Karl Heinrich (?). »Ueber die Farbengebung des Alterthümlichen in Verdeutschung klassischer Prosa« (1814). Kitzbichler, *Dokumente*, pp. 83 - 93.

Pym, Anthony. »Les Notions de ›réseau‹ et de ›régime‹ en relations littéraires internationales«. Anthony Pym, Hg. *L'internationalité littéraire.* Calaceite, Span.: Noésis, 1988, pp. 5 - 18.

Rener, Frederick R. *Interpretatio: Language and Translation from Cicero to Tytler.* Assen: Rodopi, 1989.

Reynolds, Matthew. »Principles and Norms of Translation«. France & Haynes, pp. 59 - 82.

Rieger, Reinhold. *Interpretation und Wissen: Zur philologischen Begründung der Hermeneutik bei Friedrich Schleiermacher und ihrem geschichtlichen Hintergrund.* Berlin: DeGruyter, 1988.

Riemer, Friedrich Wilhelm. »Einiges zur Geschichte des Uebersetzens« (1832). Kitzbichler, *Dokumente*, pp. 115 - 26.

Robinson, Douglas. *The Translator's Turn.* Baltimore, Md.: Johns Hopkins Univ. Press, 1991.

Robinson, Douglas. *Western Translation Theory from Herodotus to Nietzsche* (1997). Manchester: St. Jerome, ^{2}2002.

Saint-Simon, Maximilien-Henri, marquis de. Aus *Essai de traduction littérale et énergique* (1771). D'hulst, *Cent ans*, pp. 128 - 32.

Santoyo, Julio-César. *Historia de la traducción: Quince apuntes.* León.: Univ. Press 1999.

Santoyo, Julio-César. *Historia de la traducción: Viejos y nuevos apuntes.* Léon: Univ. Press, 2008.

Santoyo, Julio-César, Hg. *Teoría y crítica de la traducción: Antología.* Bellaterra: Univ. Autónoma de Barcelona, 1987.

Santoyo, Julio-César, Hg. *Estudios de traducción y recepción.* León: Univ., 2007.

Schäfer, Johann Albrecht Karl. »Ueber die Aufgabe des Uebersezers« (1839). Kitzbichler, *Dokumente,* pp. 127 – 45.

Schlegel, August Wilhelm. *Athenæum* 2.2 (1799). Stuttgart: Kohlhammer, 1969.

Schlegel, August Wilhelm. »Rezension zu: *Homers Werke,* von Johann Heinrich Voß«. Kitzbichler, *Dokumente,* pp. 3 – 38.

Schlegel, August Wilhelm. *Sprache und Poetik.* Hg. von Erich Lohner. Stuttgart: Kohlhammer, 1962.

Schlegel, August Wilhelm. *Vorlesungen über dramatische Kunst und Literatur* (1809). 2 Bde. Hg. von Erich Lohner. Stuttgart: Kohlhammer, 1957.

Schlegel, Friedrich. »Über das Studium der griechischen Poesie« (1797). *Kritische Friedrich-Schlegel-Ausgabe.* Hg. von Ernst Behler. Paderborn: Schöningh, 1979, Bd. 1, pp. 217 – 316.

Schleiermacher, Friedrich D. E. *Des différentes méthodes de traduire.* Übers. von Antoine Berman & Charles Berner. Paris: Editions du Seuil, 1999.

Schleiermacher, Friedrich D. E. *Hermeneutics: The Handwritten Manuscripts.* Hg. von Heinz Kimmerle. Missoula, Mont.: Scholars Press, 1977.

Schleiermacher, Friedrich D. E. *Hermeneutik und Kritik.* Hg. von Manfred Frank. Frankfurt: Suhrkamp, 1977.

Schleiermacher, Friedrich D. E. »Ueber die Methoden des Uebersezens« (1813). Störig, pp. 38 – 70.

Schmidt, Jochen. *Die Geschichte des Genie-Gedankens in der deutschen Literatur, Philosophie und Politik, 1750 – 1945.* Bd. 1. *Von der Aufklärung bis zum Idealismus.* Darmstadt: Wissenschaftliche Buchgesellschaft, 1985.

Schneiders, Hans-Wolfgang. *Allgemeine Übersetzungstheorie: Verstehen und Wiedergeben.* Bonn: Romanistischer Verlag, 2007.

Schneiders, Hans-Wolfgang. *Die Ambivalenz des Fremden: Übersetzungstheorie im Zeitalter der Aufklärung.* Bonn: Romanistischer Verlag, 1995.

Schulte, Rainer, & John Biguenet, Hg. *Theories of Translation: An Anthology of Essays from Dryden to Derrida.* Chicago, Ill.:Univ. of Chicago Press, 1992.

Schwarze, Sabine. »Übersetzerische Rezeption antiker Klassiker in Italien vom Mittelalter bis zu Mitte des 19. Jahrhunderts«. Kittel, Bd. 3, pp. 1940 – 50.

Sdun, Wilfried. *Probleme und Theorien des Übersetzens in Deutschland vom 18. bis zum 20. Jahrhundert.* München: Hueber, 1967.

Seeger, Ludwig. »Epistel an einen Freund als Vorwort« (1845). Kitzbichler, *Dokumente,* pp. 163 – 78.

Seibold, Eugen (Vorwort), und Wolfgang Neuser (Einleitung). *Newtons Universum: Materialien zur Geschichte des Kraftbegriffs.* Heidelberg: Spektrum, 1990.

Senger, Anneliese. *Deutsche Übersetzungstheorie im 18. Jahrhundert.* Bonn: Bouvier, 1971.

Shaftesbury, Anthony Ashley Cooper, Earl of. »Soliloquy: or Advice to an Author« (1710).

Characteristics of Men, Manners, Opinions, Times. Hg. von Philip Ayres. Oxford, Engl.: Clarendon of Oxford Univ. Press, 1999.
Shelley, Percy Bysshe. »A Defence of Poetry«. Smith & Parks, pp. 555–83.
Sherburne, Sir Edward. »A Brief Discourse concerning Translation« (1702). T. R. Steiner, pp. 88–89.
Silhouette, Etienne de. »Réflexions préliminaires sur le goût des traductions« (1837). Graeber, *Übersetzervorreden*, pp. 96–106.
Simonsuuri, Kirsti. *Homer's Original Genius: Eighteenth-Century Notions of the Early Greek Epic (1688–97).* Cambridge, Engl.: University Press, 1979.
Singer, Rüdiger. »›Wie es *in uns* übertönet‹: Zur Funktion des Übersetzens in Herders Übersetzungstheorie und -praxis«. Couturier-Heinrich, pp. 99–112.
Smart, Christopher. »Preface« zu den *Works of Homer* (1767). T. R. Steiner, pp. 129–31.
Solger, Karl Wilhelm Ferdinand. »Vorrede« zur zweibändigen Sophokles-Übersetzung (1808). Kitzbichler, *Dokumente*, pp. 39–57.
Staël, Anne-Germaine de. *De l'Allemagne* (1813). 2 Bde. Paris: Garnier-Flammarion, 1968.
Staël, Anne-Germaine de. Aus »De l'esprit des traductions« (1816). D'hulst, *Cent ans*, pp. 86–98.
Staël, Anne-Germaine de. »Riposta alle critiche mossele«. *Biblioteca italiana* (Juni 1816).
Staël, Anne-Germaine de. »Sulla maniera e l'utilità delle traduzioni«. *Biblioteca italiana.* Nr. 1 (Januar 1816).
Stackelberg, Jürgen von. *Übersetzungen aus zweiter Hand; Rezeptionsvorgänge in der europäischen Literatur vom 14. bis zum 18. Jahrhundert.* Berlin: deGruyter, 1948.
Steiner, George. *After Babel: Aspects of Language and Translation* (1975). Oxford, Engl.: Univ. Press, ²1992.
Steiner, T. R. *English Translation Theory, 1650–1800.* Assen: van Gorcum, 1975.
Störig, Hans Joachim, Hg. *Das Problem des Übersetzens.* Darmstadt: Wissenschaftliche Buchgesellschaft, 1973.
Szondi, Peter. *Einführung in die literarische Hermeneutik.* Hg. von Jean Bollack. Frankfurt/M.: Suhrkamp, 1975.
Tonelli, Georgio. »Wolff, Christian«. Paul Edwards, Editor in Chief. *The Encyclopedia of Philosophy.* Bd. 8. New York: Macmillan, 1967, pp. 340–44.
Turco, Lewis. *The New Book of Forms: A Handbook of Poetics.* Hanover: Univ. Press of New England, 1986.
Tytler, Alexander Fraser, Lord Woodhouselee. *Essay on the Principles of Translation.* London, Edinburgh: Cadell, a.o., 1791.
Tytler, Alexander Fraser, Lord Woodhouselee. *Essay on the Principles of Translation.* London, Edinburgh: Constable, a.o., ³1813.
Vail, C. C. D. »Shelley's Translations from Goethe«. *The Germanic Review* 23:2 (April 1948), 91–103.
Vaultier, Marie-Claude-Frédéric. Aus *De la traduction.* (1812). D'hulst, *Cent ans*, pp. 70–77.
Vega, Miguel Ángel, Hg. *Textos clássicos de teoría de la traducción.* Madrid: Cátedra, ²2003.
Venuti, Lawrence. *The Translator's Invisibility: A History of Translation.* London: Routledge, 1995.
Venzky, Georg. »Das Bild eines geschickten Uebersetzers«. *Beyträge zur Critischen*

Historie der deutschen Sprache, Poesie und Beredsamkeit. Bd. 3. Leipzig: Breitkopf, 1734, pp. 59–114.

Vigny, Alfred de. »Lettre à Lord***« (1830). D'hulst, *Cent ans*, pp. 91–95.

Voltaire, François-Marie Arouet. *Lettres philosophiques ou lettres anglois.* Hg. von Raymond Naves. Paris: Garnier, 1964.

Voß, Johann Heinrich. *Ausgewählte Werke.* Hg. von Adrian Hummel. Göttingen: Wallstein, 1996, p. 210–34.

Webb, Timothy. *The Violet in the Crucible: Shelley and Translation.* Oxford, Engl.: Clarendon, 1976.

Weisgerber, Leo. »Zum Energeia-Begriff in Humboldts Sprachbetrachtung«. *Wirkendes Wort* 4 (1953–54), 374–77.

Weissbort, Daniel, & Astradur Eysteinsson. *Translation Theory and Practice.* Oxford, Engl.: Oxford Univ. Press, 2006.

Wellek, René, & Austin Warren. *Theory of Literature.* London: Cape, 1949.

Wetzel, Ute Felicitas. *Catulle francisé: Untersuchungen zu französischen Catullübersetzungen des 17. und 18. Jahrhunderts.* St. Augustin: Gardez!, 2002.

Wimsatt, William K., & Cleanth Brooks. *Literary Criticism: A Short History.* New York: Knopf, 1957.

Witemeyer, Hugh. *The Poetry of Ezra Pound; Forms and Renewal, 1908–1920.* Berkeley, Cal.: Univ. of California Press, 1969.

Wolf, Hans Matthias *Die Weltanschauung der deutschen Aufklärung in geschichtlicher Entwicklung.* München: Lehnen, 1949.

Woods, Robert. *Essay on the Original Genius of Homer* (1769, 1775). Hildesheim: Olms, 1976.

Wordsworth, William. »Observations Prefixed to ›Lyrical Ballads‹«. Smith/Parks, pp. 498–518.

Yart, Antoine. *Idée de la Poësie Angloise, Ou Traduction Des Meilleurs Poëtes Anglois qui n'ont point paru dans notre Langue: avec un jugement sur les Ouvrages, & une comparaison de leur Poësies avec celles des Auteurs anciens & modernes, & un grand nombre d'Anecdotes & de Notes Critiques.* 8 Bde. Paris: Briasson, 1753–54.

Young, Edward. *Night Thoughts.* Hg. von Stephen Cornford. Cambridge, Engl.: Univ. Press, 1989.

Zuber, Robert. *Les »Belles infidèles« et la formation du goût classique: Perrot d'Ablancourt et Guez de Balzac* (1968) Paris: Michel, ^{2}1995.

Wörterbücher

Littré, Emile. *Dictionnaire de la langue française.* Edition intégrale. Paris: Pauvert, 1956–1958.

Robert, Paul. *Le Grand Robert de la langue française: Dictionnaire alphabétique et analogique de la langue française.* Deuxième édition entièrement revue et enrichie par Alain Rey. Paris: Le Robert, 1987.

The Compact Edition of the Oxford English Dictionary: Complete Text Reproduced Micrographically. Oxford, Engl.: Univ. Press, 1971.

Gove, Philip Babcock, Editor in Chief. *Webster's Third New International Dictionary of the English Language: Unabridged.* Springfield, Mass.: Merriam, 1981.

Grimm, Jacob & Wilhelm. *Deutsches Wörterbuch* (1854 – 1956). Nachdruck München: dtv., 1948.

Duden. *Das große Wörterbuch der deutschen Sprache.* 6 Bde. Mannheim: Bibliographisches Institut, 1976 – 1981.

9 Personenregister